Deutschdidaktik aktuell

Hrsg. von Günter Lange · Karl Schuster · Werner Ziesenis

Band 6

Erwachsen werden

Jugendliterarische Adoleszenzromane im Deutschunterricht

Grundlagen – Didaktik – Unterrichtsmodelle

von

Günter Lange

3. überarbeitete und veränderte Auflage

Schneider Verlag Hohengehren GmbH

Deutschdidaktik aktuell

Herausgegeben von Günter Lange, Karl Schuster, Werner Ziesenis

Umschlaggestaltung: Gabriele Majer, Aichwald

Umschlagfoto: privat

Gedruckt auf umweltfreundlichem Papier (chlor- und säurefrei hergestellt).

Bibliografische Information der Deutschen Nationalbibliothek

Die Deutsche Nationalbibliothek verzeichnet diese Publikation in der Deutschen Nationalbibliografie; detaillierte bibliografische Daten sind im Internet über ›http://dnb.d-nb.de‹ abrufbar.

ISBN 978-3-8340-1058-2

ISBN E-Book 978-3-8340-3005-4

Schneider Verlag Hohengehren,
Wilhelmstraße 13, D-73666 Baltmannsweiler

Homepage: www.paedagogik.de

© Schneider Verlag Hohengehren, 73666 Baltmannsweiler 2012
Printed in Germany – Druck: Djurcic, Schorndorf

Für Fabian und Markus

Inhaltsverzeichnis

Vorwort der Reihenherausgeber

Deutschdidaktik aktuell ist eine neue Studienreihe, in der möglichst viele relevante Themen des Faches Deutsch in grundlegenden Monographien behandelt werden.

Alle Bände dieser Reihe besitzen in der Regel eine vergleichbare Struktur. In einem ersten Teil werden jeweils die theoretischen Grundlagen eines Themas dargestellt, und zwar sowohl die fachwissenschaftlichen Voraussetzungen als auch die entsprechende didaktische Diskussion. In einem zweiten Teil werden Fragen der Unterrichtspraxis behandelt und, wenn möglich, konkrete Unterrichtsmodelle vorgestellt.

Deutschdidaktik aktuell plant und bietet Einzelbände:
– zu den Grundfragen der Deutschdidaktik
    (z. B. Schriftspracherwerb, handlungs- und produktionsorientierter Literaturunterricht, projektorientierter Deutschunterricht)
– zur Sprachdidaktik
    (z. B. Grammatikunterricht, mündlicher Sprachgebrauch, schriftlicher Sprachgebrauch, Didaktik des Rechtschreibens)
– zur Literatur- und Mediendidaktik
    (z. B. Drama, Roman, epische Kurzformen, Kinder- und Jugendliteratur, Theater, Zeitung und Zeitschrift, Film und Fernsehspiel im Unterricht)

Dabei können die einzelnen Themen mit Stufenschwerpunkt oder schulstufenübergreifend behandelt werden.

Deutschdidaktik aktuell richtet sich an ein breites Lesepublikum, also nicht vorrangig an Hochschullehrerinnen und -lehrer, sondern vielmehr an Studentinnen und Studenten, Referendarinnen und Referendare, Lehrerinnen und Lehrer.

Mit der Wendung zur rezeptionsbezogenen Literaturdidaktik Anfang der 70er Jahre, die unter anderem auch mit einem erweiterten Literaturbegriff einherging, gewann die Kinder- und Jugendliteratur ihren originären didaktischen Ort und wurde zum festen literarischen Bestand des Deutschunterrichts. Das Genre selbst nahm unterschiedliche Formen der Entwicklung an. Eine der Linien führte zum „jugendliterarischen Adoleszenzroman", der sich, wie der Autor konstatiert, in den letzten Jahren „zu einer bedeutenden Gattung der Kinder- und Jugendliteratur" herausgebildet hat. Mit dieser Entwicklung hielt nun jedoch die Literaturdidaktik nicht Schritt. Ähnlich wie das Märchen lange Zeit als legitimer Gegenstand nur des Literaturunterrichts in der Grundschule betrachtet wurde, bleibt auch KJL als Unterrichtsgegenstand, wie Untersuchungen zeigen, in den höheren Klassen der Sekundarstufe I und vor allem in der Sekundarstufe II weitgehend ausgespart.

An dieser Stelle setzt nun Günter Lange mit seinem Buch „Erwachsen werden" an. Die Intention ist „eine grundlegende Einführung in den jugendliterarischen Adoleszenzroman der 90er Jahre", und das Buch will durch beispielhafte Modelle

Anreize schaffen, die defizitäre unterrichtspraktische Tradition zu durchbrechen, um der Jugendliteratur auch in den 9. und 10. Schuljahren sowie in der gymnasialen Oberstufe vermehrt Eingang zu verschaffen.

In einem ersten Zugriff behandelt der Autor das Phänomen der Adoleszenz selbst unter entwicklungspsychologischen und soziologischen Gesichtspunkten. Damit gewinnt er die Basis, den Adoleszenzroman, der speziell für Jugendliche geschrieben ist, im Kontext der Erwachsenenliteratur, in der die Adoleszenzthematik behandelt wird, vorzustellen. Das wiederum heißt, dass der jugendliterarische Adoleszenzroman schließlich vor dem Hintergrund der Geschichte des deutschen Bildungsromans zu sehen ist.

Wenn sich Adoleszenzromane für Jugendliche so einordnen lassen, dann müssten literarästhetische „Qualitätsunterschiede" gegenüber der Erwachsenenliteratur, die das Adoleszenzthema zum Gegenstand hat, weitgehend auszuschließen sein. Die Übergänge werden fließend. Genau das verdeutlicht das Buch in seinem weiteren Verlauf, ein Befund, der zu wichtigen didaktischen Konsequenzen führt. Als entscheidende Schaltstelle sollte in diesem Zusammenhang das Teilkapitel über „Die 'Initiationsreise' als literarisches Modell" (nach Freese) hervorgehoben werden. Es führt unserer Ansicht nach ins Zentrum der Gesamtthematik des vorliegenden Bandes. Günter Lange verdeutlicht dieses Modell zunächst am Beispiel der Kinder- und Hausmärchen der Brüder Grimm, die zu einem großen Teil vom Problem des Erwachsenwerdens handeln, sowie an Jerome D. Salingers „Fänger im Roggen". Indem er so über seinen eigentlichen Untersuchungsgegenstand, den jugendliterarischen Adoleszenzroman, hinausgreift, unterstreicht er aber gerade die Bedeutsamkeit des literarischen Modells der Initiationsreise.

Solche substantiellen Ausweitungen, die nur scheinbar die Thematik verlassen, sind charakteristisch für das gesamte Buch. So wird die intendierte Einführung in den Adoleszenzroman und seine Didaktik zugleich zu einer grundlegenden Einführung in die Didaktik der Kinder- und Jugendliteratur überhaupt. Wenn es überdies nicht richtig ist, eine spezielle Didaktik der KJL von einer wiederum spezifischen Literaturdidaktik abzutrennen, wenn beides letztlich nur in einem zu sehen ist (vgl. S. 37f.), dann muss eine Einführung in die Didaktik der KJL gleichzeitig wieder auf grundlegende Fragen der Literaturdidaktik zielen. Der Autor entwickelt sie am Beispiel der Verfahrensweisen im Literaturunterricht, indem er das Literatur-Gespräch, den analytischen Umgang mit Literatur (bzw. mit KJL) sowie handlungs- und produktionsorientierte Verfahren entgegen heute zu beobachtenden Einseitigkeiten in ein ausbalanciertes Verhältnis zueinander setzt – was anschließend in den Unterrichtsmodellen überzeugend exemplifiziert werden kann.

Die Auswahl der Texte für den Modellteil ist bewusst unter dem Aspekt der Modernität (Adoleszenzromane der 90er Jahre) getroffen worden. Das bedeutet aber keineswegs eine formale chronologische Orientierung. Auch hier setzt der Autor wieder spezifische Akzente, indem er Texte wählt, die inhaltlich z.B. Tabu-Themen aufgreifen oder in der Art der Darstellung das Genre überschreiten. So Charlotte

Kerners „Geboren 1999", ein Buch, das gleichzeitig Adoleszenz-, Sciencefiction-
und Detektivroman ist und dessen Verfilmung den Autor veranlasst, zusätzlich ein
Teilkapitel mit didaktisch-methodischen Überlegungen zu Literaturverfilmungen
im Unterricht anzubieten. – Den Höhepunkt des Buches bildet aber Torill Eides
„Östlich der Sonne – Westlich des Monds", ein kunstvoll komponiertes, ästhetisch
anspruchsvolles und feinsinniges Jugendbuch, in dem sich, wenn man so will,
gleich zwei Adoleszenzromane, wenn nicht gar drei, miteinander verbinden und
gegenseitig spiegeln. Eine Rezensentin fragt, worin die außergewöhnliche Qualität
des Buches bestehen könnte. (Vgl. S. 194) Der Autor vermag überzeugende Antworten zu geben, und er kann am Beispiel von „Östlich der Sonne – Westlich des
Monds" auf eindrucksvolle Weise zeigen, was ein Adoleszenzroman inhaltlich sowie ästhetisch-strukturell sein kann, welch eminente didaktische Bedeutung ihm
inhärent ist und was er potentiell für die Ich-Findung und das Erwachsenwerden einer Leserin / eines Lesers zu leisten vermag.

Günter Lange ist es in ausgezeichneter Weise gelungen, seine Intention sachlich,
didaktisch und methodisch zu verwirklichen – in einer reflektierten und leser-
freundlichen Darstellung. Seine Leser werden aus dem Grundlagenteil ebenso wie
aus dem Modellteil und am Ende auch aus einem gegliederten und ausführlichen
Literaturverzeichnis reichhaltigen Gewinn ziehen.

Bamberg / Göttingen   im September 1999   Karl Schuster
                                                               Werner Ziesenis

Vorwort

Der jugendliterarische Adoleszenzroman hat Konjunktur, nicht nur in Deutschland, sondern international, vor allem in den USA und in den skandinavischen
Ländern. Seit Anfang der 90er Jahre hat er sich zu einer bedeutenden Gattung der
Kinder- und Jugendliteratur entwickelt. Ablesbar ist das u. a. an den mit dem Deutschen Jugendliteraturpreis prämierten Jugendbüchern. Was ihn neben seiner Thematik besonders auszeichnet, ist seine z. T. bemerkenswerte literarische Qualität,
die ihn in seinen gelungenen Werken nahezu gleichberechtigt neben die bekannten
Adoleszenzromane der intentionalen Erwachsenenliteratur wie Jerome D. Salingers „Der Fänger im Roggen" oder Ulrich Plenzdorfs „Die neuen Leiden des jungen W." treten lässt.

Dieser literarischen Bedeutung entspricht aber in keiner Weise seine literaturdidaktische. Denn während sich die Kinder- und Jugendliteratur in der Grundschule
und Sekundarstufe I in den vergangenen 30 Jahren durchgesetzt hat, gilt das nicht
für die gymnasiale Oberstufe, ja nicht einmal für das 9. und 10. Schuljahr an Gymnasien, wie die einschlägige Untersuchung des Nordrheinwestfälischen Kultusministeriums von 1992 (publiziert 1994) und jüngste Lehrplananalysen belegen. Hier
hat der traditionelle Literaturkanon nach wie vor seine beherrschende Position behauptet, eine Literatur also, die intentionale Erwachsenenliteratur ist und die vornehmlich aus dem 18. und 19. und nur z. T. aus dem 20. Jahrhundert stammt.

Die Intention dieses Buches ist es, durch eine grundlegende Einführung in den jugendliterarischen Adoleszenzroman der 90er Jahre und in die Literaturdidaktik der
Kinder- und Jugendliteratur sowie durch Unterrichtsmodelle zu vier beispielhaften
jugendliterarischen Adoleszenzromanen Anreize zu schaffen, die genannte unterrichtspraktische Tradition zu durchbrechen und Mut zu machen, Jugendliteratur
auch in den 9. und 10. Schuljahren und in der gymnasialen Oberstufe einzusetzen.
Denn die Jugendliteratur der Gegenwart hat sich von der rein didaktischen Funktion, die ihr seit dem 18. Jahrhundert immer zugeschrieben worden ist, gelöst und
hat die literarischen Muster der Gegenwartsliteratur adaptiert. Die jugendliterarischen Gegenwartsautorinnen und -autoren handhaben sie mit erstaunlicher Selbst-
verständlichkeit. Dass nicht alle jugendliterarischen Texte, die auf dem Markt sind,
diesen hohen literarischen Ansprüchen genügen, ist selbstverständlich, denn das
tut ja auch nur ein Bruchteil der literarischen Texte für Erwachsene. Aber es erscheint wichtig, auf diesen qualitativen Veränderungsprozess, der in der Kinder-
und Jugendliteratur der Gegenwart zu beobachten ist, mit Nachdruck aufmerksam
zu machen, wie das ja auch schon verschiedene KJL-Forscher und -didaktiker wie
Hans-Heino Ewers, Carsten Gansel, Dagmar Grenz, Bettina Hurrelmann, Maria
Lypp, Wilhelm Steffens u. a. getan haben. Erst das Wissen um diesen literarischen

Veränderungsprozess kann auch zu literaturdidaktischen und unterrichtspraktischen Konsequenzen führen und damit zu einer Veränderung des gegenwärtigen Literaturunterrichts.

Die Unterrichtsmodelle, die im Teil B dieses Buches abgedruckt sind, wollen keine Rezepte sein, die der Lehrende einfach kopiert, sondern sie sind als Hilfe und Anregung für den eigenen Unterricht gedacht. Der Lehrende muss also den Umarbeitungsprozess im Hinblick auf die eigene Klasse selbst leisten. Er sollte eigene Akzente setzen und die Materialien nach seinen individuellen Vorstellungen auswählen.

Die Untersuchung zum jugendliterarischen Adoleszenzroman und die Unterrichtsmodelle basieren auf drei Seminaren, die ich im WS 1996/97, im SS 1997 und im SS 1998 als Projektseminare an der TU Braunschweig durchgeführt habe. Eine Reihe von Texten und Collagen, die die Studierenden im Rahmen der Projektarbeit hergestellt haben, sind als Material den Unterrichtsmodellen beigefügt. Sie können als eigenständige Texte in den Unterricht einbezogen werden oder aber als Anregungen für Schülerarbeiten dienen. Einige Studierende, die in die Projektarbeit eigenständige Überlegungen eingebracht haben, seien namentlich genannt: Sonja Stephanie Becker, Silke Haupt, Andrea König, Tanja Mühlan, Andrea Schröder und Heike Schünemann.

Ein besonderer Dank gilt Nadine Geisler, die außerordentlich sorgfältig Korrektur gelesen hat.

Den größten Anteil an der Entstehung des Buches hat meine Frau, der es deshalb in Dankbarkeit gewidmet ist.

Bovenden, Pfingsten 1999   Günter Lange

Vorwort zur 3. überarbeiteten und veränderten Auflage

Dieses Buch zum jugendliterarischen Adoleszenzroman ist inzwischen seit zwölf Jahren auf dem Markt. Seine Bedeutung und Wirkung wird an den hohen Auflagen der in ihm vorgestellten Jugendbüchern deutlich: Myron Levoys „Ein Schatten wie ein Leopard" ist 2011 bei dtv in der 22. Auflage erschienen, Charlotte Kerners „Geboren 1999" 2011 bei Beltz & Gelberg in der 19. Auflage und A. M. Homes „Jack" seit 2007 von Arena zu Kiepenheuer & Witsch gewechselt. Leider ist der vierte Adoleszenzroman „Östlich der Sonne – Westlich des Monds" von Torill Eide, der den Abschluss dieses Buches bildete, nicht mehr auf dem Markt. Aus diesem Grunde musste er in dieser 3. überarbeiteten und veränderten Auflage ausgetauscht werden. Die Wahl fiel auf den anderen Adoleszenzroman von Charlotte Kerner mit dem Titel „Blueprint. Blaupause", da er auf ungewöhnliche Weise das Erwachsenwerden und die Identitätskrise einer jungen Frau schildert, die ein Klon, eine Kopie ihrer eigenen Mutter ist: ein eineiiger Zwilling und zugleich deren Tochter. Wie Siri, so der rückwärts gelesene Name ihrer Mutter Iris, mit dieser Situation im Verlaufe ihres Lebens und vor allem ihrer Adoleszenz fertig wird, erzählt Charlotte Kerner auf äußerst sensible und literarisch gekonnte Art. Für die Entscheidung, diesen Roman in das Buch „Erwachsen werden" aufzunehmen, sprach zudem, dass Charlotte Kerners Jugendbuch als Film, der mehrfach prämiert wurde, und als Theaterstück vorliegt, so dass ein multimedialer Unterricht möglich ist – eine sehr seltene Möglichkeit. Das Unterrichtsmodell zu diesem Buch wurde erstmals in meinem Buch über Charlotte Kerner publiziert: „Charlotte Kerners Jugendromane in der Sekundarstufe I und II". Baltmannsweiler: Schneider 2006 (Kinder- und Jugendliteratur im Unterricht, Bd. 2).

Bovenden, den 7. April 2012   Günter Lange

Teil A:
Grundlagen

1   Der Adoleszenzroman für Jugendliche

1.1 Definition und Abgrenzungen

„Adoleszenzroman" ist ein relativ neuer Gattungsbegriff, der erst seit Ende der 80er Jahre in den Forschungen zur Kinder- und Jugendliteratur Verwendung findet und der sich erst Anfang der 90er Jahre durchgesetzt hat. Deswegen ist dieser Begriff weder in der jüngsten Auflage des „Wilpert" noch des „Metzler Literaturlexikons" zu finden. Auch in den 1996 erschienenen „Grundzügen der Literaturwissenschaft" von Arnold / Detering oder dem im selben Jahr von Ulfert Ricklefs herausgegebenen dreibändigen „Fischer Lexikon Literatur" sucht man dieses Stichwort vergeblich. Der Begriff „Adoleszenzroman" ist in Anlehnung an die angloamerikanische „adolescent novel" gebildet worden und findet gegenwärtig hauptsächlich Anwendung auf Romane des 20. Jahrhunderts, die sich mit dem Thema des Erwachsenwerdens beschäftigen. (Ewers 1989, 1991) Allerdings gibt es das Phänomen des Adoleszenzromans literaturhistorisch gesehen schon früher; in der fachwissenschaftlichen Diskussion wird diesbezüglich meist auf „Die Leiden des jungen Werthers" von Goethe (1774) und den „Anton Reiser" von Karl Philipp Moritz (1785–1790) als seine frühesten und zugleich klassischen Ausprägungen verwiesen. (Ewers 1991/1992) Die Forschungen zum Adoleszenzroman sind seit Anfang der 90er Jahre vor allem vom Frankfurter „Institut für Jugendbuchforschung" unter Hans-Heino Ewers angeregt worden.

Eine Auseinandersetzung mit dem Adoleszenzroman macht es erforderlich, eine Abgrenzung gegenüber benachbarten Gattungen vorzunehmen, um ihm so einen adäquaten Platz im Gefüge der literarischen Gattungen zuzuweisen.

Als unmittelbare „Nachbarn" können der Bildungsroman, der Erziehungsroman, der Entwicklungsroman sowie die jugendliterarischen Gattungen der problemorientierten Jugendliteratur, der Jeansliteratur und der emanzipatorischen Mädchenliteratur gelten.

Das wesentliche Unterscheidungsmerkmal zwischen Bildungs-, Erziehungs- und Entwicklungsroman zum Adoleszenzroman könnte auf den ersten Blick im erwachsenen bzw. jugendlichen Adressaten zu suchen sein, aber die genannten klassischen Beispiele von Goethe und Moritz lassen dieses Argument nicht generell zu. Zweifellos müssen aber die Adoleszenzromane, die seit den 80er Jahren erschienen sind, als intentionale Jugendliteratur bezeichnet werden. Hier hat sich also ein eindeutiger Zuordnungsprozess vollzogen. Bildungs-, Erziehungs- und Entwicklungsroman werden in der Gattungsdiskussion und in den einschlägigen Sachwörterbüchern zwar voneinander abgegrenzt, aber alle wesentlichen Definitionsversuche kommen letztlich zu dem Ergebnis, dass die Grenzen zwischen ihnen nicht scharf zu ziehen, sondern fließend sind. Prämisse des Bildungsromans (ein Begriff Diltheys) ist nach Gerhart Mayer die Idee von der Bildsamkeit des Individuums, sich im Verlaufe seines Lebens in „Auseinandersetzung mit den Anforderungen der Umwelt zur personalen Identität, zum Bewußtsein der Konsistenz und Kontinuität des Ichs zu entwickeln." (Mayer 1992, S. 19) Unverwechselbare Identität des Protagonisten, didaktische Intention des Erzählers und ein humanes Menschenbild nennt er als weitere Merkmale. Die Entwicklung des Protagonisten stellt sich im Bildungsroman als ein gesetzmäßiger Prozess dar. Geht man davon aus, dass der Bildungsroman die gesellschaftliche, religiöse und kosmische Übereinstimmung von Ich-Welt-Gott zum Ziel hat, also von einem „klassischen" Bildungsbegriff bestimmt ist, wird der Bildungsroman zu einem historischen Epochenphänomen, dem nur wenige Beispiele vor allem der deutschen Klassik zuzurechnen sind. Rolf Selbmann versucht daher, diese historische Einengung durch epochenübergreifende Aspekte aufzuheben und alle die Texte dieser Gattung zuzurechnen, in denen „ 'Bildung' als zentraler Diskurs thematisiert wird." Seiner Ansicht nach muss der Bildungsprozess auch nicht bruchlos verlaufen, ja, er kann sogar misslingen. (Selbmann 1994, S. 32 f.) Damit weitet sich das Spektrum des Bildungsromans, und es können auch moderne Beispiele wie „Die Blechtrommel" von Günter Grass dieser Gattung zugerechnet werden.

Der Entwicklungsroman (dieser Begriff stammt von Melitta Gerhard, 1926) stellt ~Ent-~ im Gegensatz zum Bildungsroman kein historisch festgelegtes Genre dar; er ist ~wick-~ vielmehr ein übernational verwendeter, „quasi-überhistorischer Aufbautypus" ~lungs-~ (Mayer 1992, S. 411); Ziel und Weg der Entwicklung des Protagonisten sind ~roman~ epochen- und kulturunabhängig, aber jeweils zeittypisch. Er ist nicht wie der Bildungsroman auf einen bestimmten Lebensabschnitt festgelegt, sondern kann die gesamte Lebensgeschichte einer Person umfassen, während der Bildungsroman spätestens im 4. Jahrzehnt des Protagonisten endet. Die didaktische Dimension ist im Entwicklungsroman im Vergleich zu den beiden anderen Romanformen am wenigsten ausgeprägt.

Sie steht dagegen im Zentrum des Erziehungsromans. Er hat seinen Ursprung in ~Erzie-~ dem aufklärerischen Glauben an die Erziehbarkeit des Menschen mit Hilfe ratio- ~hungs-~ naler Belehrung. Daraus ergibt sich auch sein stets optimistischer Schluss. (Vgl. ~roman~ Mayer 1992, S. 412) Der Erziehungsroman gestaltet einen durch einen Mentor geleiteten Erziehungsprozess und beschreibt dabei die Wirkung pädagogischer Maßnahmen und Grundsätze am exemplarischen Beispiel. Damit unterscheidet sich dieser Typus auch strukturell deutlich von den beiden anderen, denn es gibt in ihm keinen im Zentrum der Handlung stehenden Protagonisten, sondern hier sind Zögling und Erzieherfigur(en) als gleichgewichtige Personen bipolar angeordnet. Während Goethes „Wilhelm Meister" unbestreitbar den Typus des Bildungsromans verkörpert, gilt Rousseaus „Émile" als klassischer Erziehungsroman und der „Simplizissimus" von Grimmelshausen als Beispiel für den Entwicklungsroman.

Die beiden oben genannten jugendliterarischen Gattungen der problemorientierten Jugendliteratur und der emanzipatorischen Mädchenliteratur haben mit dem Adoleszenzroman und der Jeansliteratur gemeinsam, dass sie sich auf die Entwicklungsphase der Adoleszenz beschränken. Das unterscheidet sie vom Bildungs-,

Erziehungs- und Entwicklungsroman sehr deutlich. Sie haben zudem Jugendliche als Adressaten, während – wie oben angemerkt – der Adoleszenzroman, aber auch die Jeansliteratur bis in die 70er Jahre als intentionale Erwachsenenliteratur galten und erst in der Gegenwart ihren Adressatenbezug geändert haben. Alle vier Gattungsbegriffe und die durch sie bezeichneten Jugendromane sind aber letztlich nur im Zusammenhang des kinder- und jugendliterarischen Paradigmenwechsels um 1970 zu verstehen.

Der Gattungsbegriff „Jeansliteratur" fand vornehmlich in den 70er Jahren Verwendung, und zwar bezogen auf lyrische, dramatische und epische Texte. Geprägt wurde der Begriff für Literatur, die in der Nachfolge von Salingers „Der Fänger im Roggen" (1951, dt. 1954) und in Deutschland von Plenzdorfs „Die neuen Leiden des jungen W." (1973) stand. Der Jeansroman war ursprünglich Erwachsenenliteratur, wurde aber sehr schnell von den Jugendlichen als Identifikationsliteratur adaptiert. Sein zentrales Thema ist der Ausstieg der Jugendlichen aus der Erwachsenenwelt, d. h. ihr Protest gegen deren Normen und Zwänge, gegen das Leistungsdenken und die Fremdbestimmtheit. (Vgl. Doderer 1982, S. 320) Sein Weltbild ist dichotomisch: einer festgefügten Welt der Erwachsenen steht die zwanglose, spontane, kreative Welt der Jugendlichen gegenüber, die sich aber letztlich nicht durchsetzen lässt. Das Scheitern des Protagonisten wird darum geradezu zum Gattungsmerkmal. Neu an dieser Literatur ist vor allem ihre Sprache, die vom Jargon der jugendlichen Alltagssprache geprägt ist. Ewers betrachtet in seinen jüngsten Publikationen die Jeansliteratur nicht als eigenständige Gattung, sondern eher als eine „Stiltendenz", die von Salinger ihren Ausgang nahm, die aber in den 80er Jahren im Schematismus erstarrt sei, so dass sie von „besseren Autoren" gemieden werde. (Ewers 1989, S. 12) Hier scheint Widerspruch angebracht, denn eine genaue Analyse lässt eine Unterscheidung von Jeans- und Adoleszenzliteratur nicht zu, weder im thematischen, strukturellen noch sprachlichen Bereich. Es handelt sich hier vielmehr um ein historisch begründetes Begriffsproblem, zumal auch die Texte, die als Jeansromane bezeichnet werden, zugleich als Musterbeispiele des Adoleszenzromans gelten.

Etwas anders gelagert stellt sich die Abgrenzung gegenüber der problemorientierten Jugendliteratur dar. Dieser Begriff fand nach 1970 Verwendung für die neue Jugendliteratur, die versuchte, die aktuellen gesellschaftlichen Probleme zum Gegenstand von Jugendliteratur zu machen. Es handelt sich um „realistische Jugendliteratur", die keine globale Wirklichkeits- und Gesellschaftsanalyse zum Ziel hat, sondern sich begrenzt mit ganz konkreten sozialen Problemen auseinandersetzt. Scheiner formuliert, diese Literatur habe den „Trend zur Segmentierung der Realität in einzelne Problemfelder". (Scheiner 1984, S. 55) Die Protagonisten besitzen weniger Individualität, sie sind geradezu austauschbar. Die problemorientierte Jugendliteratur ist eine engagierte Literatur, die gesellschaftlich etwas bewegen und die über einzelne Probleme gezielt aufklären will. Gegen Ende der 70er Jahre ist bei verschiedenen Autoren dieser Literatur der Trend festzustellen, sich dem Adoleszenzroman als Gattung anzunähern. Insofern werden auch hier die Grenzen fließend.

Für die emanzipatorische Mädchenliteratur lässt sich eine ähnliche Entwicklung konstatieren. Ewers führt in seinen Thesen zum Adoleszenzroman (1991/1992) aus, dass sich die emanzipatorische Frauenliteratur der 70er Jahre nicht vorrangig auf dem Gebiet des Adoleszenzromans vollzogen habe, sondern dass sich ihr Autonomieanspruch eher auf Ehe, Mutterschaft und Beruf richte und damit auf ältere Leserinnen als Adressatinnen ziele. Der Vorbehalt aber, dass der Adoleszenzroman auf Grund der historischen Entwicklung in erster Linie als typisch männliche Gattung zu bezeichnen sei, lässt sich heute nicht mehr aufrecht erhalten, denn anhand jüngerer jugendliterarischer Textbeispiele kann Ewers nachweisen, dass diese Literatur eine „emanzipatorische Wendung" genommen habe, dass aus dem Liebes- ein „Entwicklungs- bzw. Adoleszenzroman mit weiblichen Protagonisten geworden" sei. (Ewers 1991, S. 11)

Dass sich diese Tendenz seit Anfang der 90er Jahre noch verstärkt hat, machen vor allem die Untersuchungen von Inge Wild (1996b) und Gertrud Lehnert (1995, 1996) deutlich. „Die Mädchenliteratur ist nach wie vor die wichtigste Textart, die weibliche Adoleszenz nicht nur nebenbei, sondern zentral als wesentliche Epoche der weiblichen Identitätssuche und neuer Weiblichkeitsbilder thematisiert. Sie erweist sich damit in ihren innovativsten Beispielen (...) als bedeutendes Genre einer aktuellen Literatur." (Lehnert 1995, S. 24f.)

Dass dieses tatsächlich der Fall ist und dass der weibliche Adoleszenzroman durchaus andere, eigenständige Definitionsmerkmale besitzt, die auf „zeitlosen" geschlechtsspezifischen Prinzipien beruhen, hat die Untersuchung von Andrea König (1998) am Beispiel des Romans „Östlich der Sonne – Westlich des Monds" von Torill Eide ergeben. Dieses Buch wird von ihr deswegen als spezifisch „weiblicher Adoleszenzroman" bezeichnet, weil in ihm

„– das Thema ‘Identität' als Geschlechtsidentität behandelt wird

– die Besonderheiten weiblicher Adoleszenz in der Identitätssuche berücksichtigt werden, die sich auf die Besonderheiten des adoleszenten Empfindens aufgrund weiblicher Geschlechtlichkeit begründen (...)

– die Bedeutung des männlichen Geschlechts in der weiblichen Adoleszenz keineswegs vernachlässigt wird (...)

– durch die Verschmelzung der Zeit- und Personenebenen das weiblichste aller ‘zeitlosen' Adoleszenzprobleme, die Ursprungs- und Schöpfungsforschung, auf literarischer Ebene verwirklicht wird

– der weibliche Fruchtbarkeitszyklus (Bestandteil der Geschlechtsidentität) in der Verwendung von wiederkehrenden Bildern, Symbolen und sprachlichen Elementen seinen Ausdruck findet und seine Eingebundenheit in die Gesamtzusammenhänge des Lebens deutlich wird

– durch die generationsübergreifende reflektierende Arbeit der Selbstsuche der Erzählerin inhaltlich vermittelt wird, dass Autonomie nicht im Abbrechen, sondern im Erkennen, Verarbeiten und Akzeptieren gleichzeitiger Bezogenheit auf andere liegt (...)". (König 1998, S. 88 f.)

Die bisherigen Ausführungen und Abgrenzungsversuche lassen nun eine zusammenfassende Definition des Adoleszenzromans zu:

Der Adoleszenzroman ist eine Gattung, die erst in den letzten Jahren zum Gegenstand jugendliterarischer Forschung geworden ist. Eine Abgrenzung gegenüber Bildungs-, Erziehungs- und Entwicklungsroman lässt sich eindeutig vollziehen; hingegen sind die Übergänge zum problemorientierten Jugendbuch fließend. Die emanzipatorische Mädchenliteratur wie auch der Jeansroman können heute als integrative Bestandteile des Adoleszenzromans gelten.

Thematisch handelt der Adoleszenzroman von den Problemen des Erwachsenwerdens; dabei ist er aber nicht auf einige wenige Aspekte wie die problemorientierte Jugendliteratur begrenzt, sondern er hat den Anspruch, die Zeit der Adoleszenz möglichst umfassend darzustellen. Seine Protagonisten befinden sich im Alter zwischen Vorpubertät und Postadoleszenz; sie erscheinen in den Romanen als unverwechselbare Individuen, äußerst differenziert und nuanciert dargestellt. Beschrieben wird die existentielle Erschütterung, die tiefgreifende Identitätskrise des Jugendlichen, der auf der Suche nach einem eigenen Weg in der Gesellschaft und zu sich selbst ist. Der Adoleszenzroman ist problemorientiert und problemoffen, insofern wird auch gerade das Scheitern des Jugendlichen in seinem Entwicklungsprozess thematisiert.

Weitere Merkmale sind die „Schnoddrigkeit" des Protagonisten, die als raue Schale eine „zartbesaitete Psyche" überdecken soll. Vor allem die männliche Hauptfigur des Adoleszenzromans erscheint nach außen hin „großmäulig, vulgär, ironisch bis zynisch". Damit verbunden sind ein „Zurschaustellen der eigenen Sexualität", ein „Sich-in-Szene-Setzen und Sich-selbst-wichtig-Fühlen. Kurz: das typisch männliche Grandiositätsgefühl". (Ewers 1991, S. 11)

Der weibliche Adoleszenzroman kann ebenfalls dieses „Grandiositätsgefühl" aufweisen, er setzt sich aber auf Grund der spezifischen weiblichen Identität in seinen gelungenen Beispielen durchaus davon ab und arbeitet die Besonderheiten einer weiblichen Geschlechtsidentität heraus.

Schließlich: Der Adoleszenzroman der Gegenwart ist eine internationale Gattung. Zahlreiche Beispiele aus den englischsprachigen und skandinavischen Ländern liegen in Deutschland in Übersetzungen vor und haben die Diskussion intensiv belebt. Das ist auch an der Vergabe des Deutschen Jugendliteraturpreises deutlich ablesbar: 1990 Peter Pohl „Jan, mein Freund" (schwed.), 1993 A. M. Homes „Jack" (amerik.), 1995 Peter Pohl/Kinna Gieth „Du fehlst mir, du fehlst mir!" (schwed.), 1996 „Die Reise in den Norden" von Karla Schneider (dt.), 1997 „So lonely" von Per Nilsson (schwed.), 1999 „Bruder" von Ted van Lieshout (niederl.),

2000 „Blueprint.Blaupause" von Charlotte Kerner (dt.), 2001 „Die ohne Segen sind" von Richard Van Camp (engl.), 2002 „Ich habe einfach nur Glück" von Alexa Hennig von Lange (dt.), 2004 „Marsmädchen" von Tamara Bach (dt.), 2005 „Schneeweiß und Rosenrot" von Dorota Maslowska (poln.) und 2008 „was wäre wenn" von Meg Rosoff (engl.).

1.2 Entwicklungspsychologische und jugendsoziologische Grundlagen

Adoleszenz ist ein Begriff der modernen Entwicklungspsychologie und Jugendsoziologie, der mehr beinhaltet als das, was alltagssprachlich unter Pubertät verstanden wird. Pubertät bezeichnet den biologischen Prozess, der schon relativ früh in der Entwicklung des Jugendlichen abgeschlossen ist. Der Begriff Adoleszenz ist sehr viel weiter gefasst; er meint den langwierigen Prozess der Integration des Jugendlichen in die Welt der Erwachsenen, einen Prozess, der vorwiegend soziokulturell determiniert ist. Je höher der kulturelle Status einer Gesellschaft ist, desto ausgeprägter wird diese Problematik. Es handelt sich hier um ein Wechselspiel zwischen dem Verhalten und den Reaktionen des Jugendlichen und der ihn umgebenden Gesellschaft. Seine Rolle in der Gesellschaft, die sozioökonomischen und erzieherischen Faktoren, die Anforderungen, die an ihn gestellt werden, wirken in diesem Wechselspiel mit. Ebenso aber auch das Ausmaß an Anerkennung und an Statusunsicherheit, das die jeweilige Erwachsenengesellschaft in unterschiedlicher Art und Weise dem Jugendlichen zuteil werden lässt. Nickel (1975, S. 317) betont, dass sich beim Heranwachsenden im Wesentlichen zwei Grundtendenzen erkennen lassen: „eine mehr nach innen, auf das eigene Selbst gerichtete, und eine nach außen, auf die Auseinandersetzung mit der soziokulturellen Umwelt bezogene." Die mehr nach innen gerichtete ist auf die psychische Verarbeitung der an sich selbst beobachteten körperlichen Veränderungen und den damit einhergehenden inneren Verunsicherungen bezogen: eine Rollen- und Statusunsicherheit, ein Streben nach Selbstständigkeit und damit verbunden die Ablösung von der Familie, vor allem von den Eltern und ihrer Autorität. Die allgemeine Verunsicherung führt zu verstärkter Selbstreflexion, einem Nachdenken über sich selbst und über seine Position in der Gesellschaft; immer stärker wird das Interesse an psychischen Vorgängen bei sich und bei anderen, die Suche nach einem neuen Ich-Ideal, schließlich dessen Entwurf und der Versuch seiner Realisierung. In diesem Zusammenhang spielt die Beziehung zu Altersgenossen beiderlei Geschlechts eine große Rolle; die peer-group übernimmt eine wichtige Funktion bei der Ablösung von den Eltern und der gesellschaftlichen Rollen- und Selbstfindung.

Während die nach innen gerichtete Auseinandersetzung ihr Schwergewicht im ersten Teil der Adoleszenz besitzt, wird die nach außen gerichtete Auseinandersetzung mit der soziokulturellen Umwelt im Verlaufe dieser Entwicklungszeit immer stärker und ausgeprägter. Es findet eine zunehmend intensivere Auseinandersetzung mit gesellschaftlichen Normen, Werten und Institutionen statt. Die Verarbeitung der Sexualproblematik führt zu ersten Erfahrungen mit Sexualpartnern;

diese wiederum bilden die Grundlage für die spätere Partnerwahl. Schließlich rücken die Fragen nach der Lebens- und Zukunftssicherung (Beruf, Arbeit usw.) mehr und mehr in den Vordergrund und werden gegen Ende der Adoleszenzzeit beherrschend.

Die Entwicklungspsychologen Eva Dreher und Rolf Oerter (1998) gehen in ihrer Darstellung von Adoleszenz auf die „Entwicklungsaufgaben" nach Havighurst ein, die von Dreher / Dreher folgendermaßen spezifiziert worden sind:

„– Aufbau eines Freundeskreises: Zu Altersgenossen beiderlei Geschlechts werden neue, tiefere Beziehungen hergestellt.

– Akzeptieren der eigenen körperlichen Erscheinung: Veränderung des Körpers und des eigenen Aussehens annehmen.

– Sich das Verhalten aneignen, das man in unserer Gesellschaft von einem Mann bzw. einer Frau erwartet.

– Aufnahme intimer Beziehungen zum Partner (Freund / Freundin).

– Von den Eltern unabhängig werden bzw. sich vom Elternhaus loslösen.

– Wissen, was man werden will und was man dafür können (lernen) muss.

– Vorstellungen entwickeln, wie der Partner und die zukünftige Familie sein sollen.

– Über sich selbst im Bild sein: Wissen, wer man ist und was man will.

– Entwicklung einer eigenen Weltanschauung: Sich darüber klar werden, welche Werte man hoch hält und als Richtschnur für eigenes Verhalten akzeptiert.

– Entwicklung einer Zukunftsperspektive: Sein Leben planen und Ziele ansteuern, von denen man glaubt, dass man sie erreichen kann." (zit. in: Oerter / Dreher 1998, S. 329)

Diese „speziellen Entwicklungsaufgaben" besitzen nach Dreher / Dreher bei Jugendlichen, wie deren Selbstaussagen bestätigen, eine hohe Akzeptanz. (Dreher/ Dreher zit. in: Oerter / Dreher 1998, S. 329)

Die moderne Jugendsoziologie stellt auf Grund ihrer Untersuchungen fest, dass die Adoleszenzzeit in der gegenwärtigen Gesellschaft zunehmend problematischer und schwieriger geworden ist, da der einzelne Jugendliche mehr und mehr auf sich allein gestellt ist. Die Familie bildet nicht mehr die soziale Schutzzone, die sie einmal war; sie steht nunmehr *neben* den verschiedenen Bildungs- und Erziehungs-, Konsum- und Freizeiteinrichtungen; vor allem haben die Informations- und Unterhaltungsangebote der Massenmedien ihre Funktion wesentlich geschwächt. „Letztlich trägt jede Jugendliche und jeder Jugendliche die Last und die Verantwortung der Koordination der divergierenden Handlungsanforderungen mit ihrer breiten Vielfalt von Optionen und den damit notwendigerweise einhergehenden Entscheidungsschritten ganz für sich allein." (Hurrelmann 1994, S. 291) Das zeitliche Muster der Adoleszenz hat sich auf Grund der gesellschaftlichen Entwicklungen ebenfalls deutlich verändert. Die Adoleszenz nimmt auf der einen Seite einen viel größeren Lebenszeitraum ein; ihre Ausdehnung erstreckt sich inzwischen vom 12. bis fast zum 30. Lebensjahr, und zwar abhängig von den Ausbildungsgängen, die der Einzelne durchläuft. Auf der anderen Seite hat sich ein neuer Rhythmus und „eine nicht immer aufeinander abstimmbare Abfolge von einzelnen 'Statuspassagen'" ergeben, „die jeweils anderen sozialen und zeitlichen Mustern folgen." (Hurrelmann 1994, S. 291) Schon im Alter von etwa 10 Jahren erwerben die Kinder Statusmerkmale der Erwachsenen im Freizeit- und Konsumbereich wie auch in der Nutzung von Medien. Im Politik- und Kulturbereich werden Erwachsenenmerkmale etwa bis zum 18., z. T. auch schon mit dem 16. Lebensjahr erworben. Man denke z. B. an das kommunale Wahlrecht. Der Bereich der Partnerschaft und Familiengründung und der Bereich schulischer und vor allem beruflicher Qualifikationen klaffen heute z. T. weit auseinander. Die berufliche Sicherung erfolgt oft erst zwischen dem 25. und 30. Lebensjahr, während das partnerschaftliche Zusammenleben heute durchaus unabhängig davon ist. Mit dieser Entwicklung geht eine Verlängerung der Abhängigkeit von elterlicher Unterstützung einher, was den eigenen Status und die gesellschaftliche Rolle relativiert. Zwar gelingt – trotz der gezeigten Schwierigkeiten – einer Mehrzahl der Jugendlichen eine relativ problemlose Integration in die Welt der Erwachsenen; aber die Anzahl derer, die den Entwicklungs- und Entfaltungsnormen nicht gerecht wird, ist in den letzten Jahren deutlich gewachsen. Klaus Hurrelmann schätzt sie auf ein Fünftel, evtl. sogar auf ein Viertel eines Jahrgangs. Ihnen „droht die soziale Desintegration und die Gefährdung einer psychisch-gesundheitlich befriedigenden Persönlichkeitsentwicklung." (Hurrelmann 1994, S. 293) Auf Grund der hier aufgeführten zeitlichen Diskrepanz im Erwerb der verschiedenen Erwachsenenmerkmale spricht Thomas Ziehe von „unterstrukturierter Früherwachsenheit" (Ziehe, in: Helsper 1991, S. 64).

Diese Ausführungen zu den entwicklungspsychologischen und jugendsoziologischen Aspekten der Adoleszenz bilden das Bezugsfeld für den Adoleszenzroman der Gegenwart. Die Frage ist, welche dieser Merkmale von Adoleszenz werden in den Adoleszenzromanen der 80er und 90er Jahre dargestellt und problematisiert? Entsprechen also die Adoleszenzromane für Jugendliche in der Gegenwart unserer gesellschaftlichen Realität? Bevor dieser Frage aber weiter nachgegangen wird, soll ein literaturhistorischer Überblick die Geschichte des Adoleszenzromans aufhellen und seine Entwicklungslinien ansatzweise deutlich machen.

1.3 Zur Geschichte des Adoleszenzromans in Deutschland

Eine genauere Aufarbeitung der Literaturgeschichte des deutschen Adoleszenzromans liegt bisher nicht vor. Die wenigen Untersuchungen, die vor allem von Ewers (1991 und 1992) durchgeführt worden sind und auf denen diese Ausführungen basieren, haben daher einen vorläufigen Charakter.

Wie oben schon angesprochen, liegt der Ursprung des deutschen Adoleszenzromans im 18. Jahrhundert. Goethes „Werther" und der „Anton Reiser" von Karl Philipp Moritz können als die frühesten und zugleich klassischen Beispiele dieses

Genres gelten. Mit dem „Wilhelm Meister" setzt sich aber zu Beginn des 19. Jahrhunderts in Deutschland der „Bildungsroman" als neue Gattung durch, die dann beispielgebend für das ganze 19. Jahrhundert geworden ist und die z. B. im romantischen Künstlerroman ihr Pendant findet. Der Adoleszenzroman vollzieht eine „phantastische Wende", indem er in der romantischen Novelle neue Ausprägungen findet, und zwar in den phantastischen Novellen eines E. T. A. Hoffmann („Der Sandmann" und „Das Bergwerk zu Falun") und in den Märchennovellen Hoffmanns „Der goldene Topf", Tiecks „Runenberg", Eichendorffs „Marmorbild". Der realistische Anspruch eines „Werther" und „Anton Reiser" wird hier durch „einen mythischen Diskurs ersetzt". (Ewers 1991, S. 6)

Das 19. Jahrhundert bringt keine weiteren Adoleszenzromane hervor. Seine zweite Blütezeit erlebt diese Gattung erst um die Jahrhundertwende in den Texten von Emil Strauss („Freund Hein", 1902), Robert Musil („Die Verwirrungen des Zöglings Törleß", 1906), Hermann Hesse („Unterm Rad", 1906, und „Demian", 1919) sowie Friedrich Huch („Mao", 1907).

Während der Epoche des Expressionismus und der Neuen Sachlichkeit lassen sich keine Adoleszenzromane nachweisen, da sich die Entwicklung vom individuellen Helden fortbewegte, im Expressionismus zum – wie Ewers (1991, S. 6) formuliert – „personifizierten Abstraktum", dem „jungen Menschen" oder dem „Sohn", in der Neuen Sachlichkeit dann zum politisch-historischen Ereignis, in das die junge Generation als Jahrgang jeweils eingebunden war.

Erst die 1950er Jahre bringen einen gewichtigen Neuanfang, und zwar durch Jerome D. Salingers „Der Fänger im Roggen", einen ungewöhnlichen Adoleszenzroman, der 1951 in den USA erschien, deutsch erstmals 1954, der seit 1958 nur in einer durch ihre Verharmlosung verfälschenden Übersetzung von Heinrich Böll auf dem deutschen Markt ist. Ein sehr viel geringeres Echo erlebte der Roman „Das Mädchen Frankie" von Carson McCullers (1951, dt. 1951 bzw. 1965). Salingers „Fänger im Roggen" stellte eine ungewöhnliche, neue Erfahrung für das deutsche Lesepublikum dar und führte sehr schnell zu einer Adaption durch jugendliche Leser, obwohl der Roman ursprünglich für Erwachsene geschrieben war. Die Rezeption dieser beiden amerikanischen Adoleszenzromane führte zu einer Rückbesinnung auf die deutschen Adoleszenzromane der Jahrhundertwende, die Mitte der 60er Jahre durch den jungen deutschen Film (Schlöndorff 1965) einer breiteren Öffentlichkeit bekannt gemacht wurden. Neben Salingers Buch wurden nun auch die Adoleszenzromane von Hesse und Musil und die 1961 erschienene Adoleszenz-Novelle „Katz und Maus" von Günter Grass zur Kanonliteratur an den Gymnasien. Dieses Interesse an Adoleszenzromanen übertrug sich Anfang der 70er Jahre auch auf Ulrich Plenzdorfs „Die neuen Leiden des jungen W." (1973), einen DDR-Roman, der in der Bundesrepublik allerdings vor allem unter dem Blickwinkel des Ost-West-Gegensatzes und im Vergleich zu Goethes „Werther" gelesen wurde, auf Peter Schneiders „Lenz" (1973) sowie auf Volker Brauns „Unvollendete Geschichte" (1977).

In den 1970er Jahren wurden verstärkt Adoleszenzromane aus den USA in Übersetzungen auf den deutschen Markt gebracht. Ewers (1991, S. 9) nennt hier u. a. die Bücher von Barbara Wersba, Susan A. Hinton und Warren Miller (vgl. Literaturverzeichnis). Angeboten wurden diese Romane – und das war das „Revolutionäre" – von deutschen Jugendbuchverlagen. Durch diesen Schritt entwickelte sich der ursprünglich und bis zu Salinger, Grass und Plenzdorf lediglich für den erwachsenen Leser konzipierte „Adoleszenzroman" zu einem jugendliterarischen Genre. Damit kam die Jugendliteratur zugleich das erste Mal in Berührung mit den modernen Formen literarischen Erzählens der Erwachsenenliteratur, die alsbald von den deutschen Jugendbuchautorinnen und -autoren übernommen und angewendet wurden. Die Grenze zwischen Erwachsenen- und Jugendliteratur wurde dadurch fließend. Allerdings muss einschränkend gesagt werden, dass die jugendlichen Adoleszenzromane nicht die realistische Härte der Romane für Erwachsene aufweisen, die die psychische Ver- und Zerstörung ihrer Protagonisten und ihr Scheitern in unverblümter Deutlichkeit und Härte schildern. Zum anderen weisen die Erwachsenenromane durchweg eine intensivere literarische Verdichtung auf, die nur in wenigen Ausnahmen auch von den Jugendromanen erreicht wird. Dagmar Grenz formuliert daher zu Recht: „Der jugendspezifische Adoleszenzroman erreicht trotz seiner Annäherung an den Adoleszenzroman der Erwachsenenliteratur nicht dessen Polyvalenz und Radikalität (…) Seine Modernität ist im Vergleich zu jenem immer nur eine gemäßigte." (Grenz 1990, S. 199)

Der Paradigmenwechsel in der Kinder- und Jugendliteratur in Deutschland um 1970 brachte neue Gattungen hervor, die sich kritisch mit der Gesellschaft und ihren Problemen auseinandersetzten und deren Autorinnen und Autoren es als ihre Aufgabe ansahen, das Bewusstsein der Heranwachsenden mit Hilfe der Kinder- und Jugendliteratur zu verändern; es entstanden u. a. das problemorientierte Jugendbuch und die emanzipatorische Mädchenliteratur. Wie oben schon erwähnt, näherten sich beide Gattungen seit Ende der 1970er Jahre mehr und mehr dem Adoleszenzroman an, so dass durchaus von der Entstehung eines eigenständigen jugendliterarischen Adoleszenzromans in Deutschland gesprochen werden kann. Als Beispiele für diese Entwicklung können u. a. folgende Jugendromane gelten: Renate Welsh „Einmal sechzehn und nie wieder" (1975), Dagmar Chidolue „Das Fleisch im Bauch der Katze" (1980), „Aber ich werde alles anders machen" (1981) und „Lady Punk" (1985), Christine Nöstlinger „Stundenplan" (1975) und „Pfui, Spinne!" (1990), Leonie Ossowski „Die große Flatter" (1977), Irina Korschunow „Die Sache mit Christoph" (1978) und „Ein Anruf von Sebastian" (1981), Kirsten Boie „Ich ganz cool" (1992), Rainer M. Schröder „Die wundersame Weltreise des Jonathan Blum" (1995), Karla Schneider „Die Reise in den Norden" (1995), Charlotte Kerner „Geboren 1999" (1989) und „Blueprint" (1999), Irma Krauß „Kurz vor morgen" (1999), Klaus Kordon „Hundert Jahre und ein Sommer" (1999); erwähnt werden sollten auch von Siegfried Lenz „Arnes Nachlaß" (1999) und seine Novelle „Schweigeminute" (2008), die zwar intentionale Erwachsenenliteratur sind, aber oft von Jugendlichen gelesen werden und als Schullektüre Verwendung finden.

Dass der Adoleszenzroman nicht allein ein bundesrepublikanisches Phänomen dar-stellte, sondern vor allem auch eine wichtige Gattung der DDR-Literatur für Erwachsene und Jugendliche war, bestätigen die schon genannten Romane von Ulrich Plenzdorf, Volker Braun und Jurij Koch, denen noch andere an die Seite zu stellen sind: Fritz Rudolf Fries „Der Weg nach Oobliadooh" (1966), Uwe Saeger „Das Überschreiten einer Grenze bei Nacht" (1988) und „Aus einem Herbst jagd-baren Wildes" (1988). Dazu gehören wohl auch der posthum erschienene Roman „Ingrid Babendererde, Reifeprüfung 1953" (1985) von Uwe Johnson oder Reiner Kunzes Erzählungenband „Die wunderbaren Jahre" (1976). (Vgl. Gansel 1994 b)

Einige Textarten, die in der Forschung zum jugendlichen Adoleszenzroman der Gegenwart bisher keine Berücksichtigung gefunden haben, sollen hier noch kurz angesprochen werden. In den Ausführungen zur Entwicklung des Adoleszenz-romans in der Romantik war im Hinblick auf die Novellen von E. T. A. Hoffmann, Tieck und Eichendorff von seiner „phantastischen Wende" die Rede. Eine solche lässt sich auch in der Gegenwart erkennen, denn in der phantastischen Jugendlite-ratur werden die Probleme von Emanzipation und Erwachsenwerden häufig the-matisiert. Man denke nur an „Krabat" von Otfried Preußler (1971), „Der weiße Wolf" von Käthe Recheis (1982), „Die unendliche Geschichte" von Michael Ende (1979) oder an „Geboren 1999" von Charlotte Kerner (1989).

Wie in der Phantastik findet man auch in der Abenteuerliteratur und in den geschichtlichen/zeitgeschichtlichen Jugendbüchern Beispiele für Adoleszenzro-mane, denn das Erwachsenwerden kann auch in diesen beiden Gattungen zum zen-tralen Gegenstand des Erzählens werden. Untersuchungen hierzu liegen aber bis-her ebensowenig vor wie zur Phantastik, obwohl in der Jugendliteratur der Gegen-wart genügend Beispiele derartiger Adoleszenzromane zu finden sind. Für den Abenteuerroman wären z. B. Karla Schneiders „Die Reise in den Norden" (1995), Rainer M. Schröders „Die wundersame Weltreise des Jonathan Blum" (1995) oder Sigrid Heucks „Mondjäger" (1983) zu nennen und für das geschichtliche / zeitge-schichtliche Jugendbuch Willi Fährmanns „Der lange Weg des Lukas B." (1980) und „Asche unter der Glut" (1997), Irina Korschunows „Er hieß Jan" (1979), Arnulf Zitelmanns „Paule Pizolka oder Eine Flucht durch Deutschland" (1991). Sehr oft begegnet man der Kombination von historisch / zeitgeschichtlichen The-men und dem Adoleszenzroman bei Klaus Kordon; seine zeitgeschichtliche Trilo-gie „Die roten Matrosen oder Ein vergessener Winter" (1984), „Mit dem Rücken zur Wand" (1990) und „Der erste Frühling" (1993) ist dabei ebenso beispielhaft wie sein historischer Adoleszenzroman „1848. Die Geschichte von Jette und Frieder" (1997).

Als Ergebnis dieses historischen Überblicks kann man festhalten, dass es gegen-wärtig in Deutschland ein großes Angebot an Adoleszenzromanen gibt, zumal seit Anfang der 90er Jahre noch zahlreiche Übersetzungen vor allem aus dem Amerikanischen und Skandinavischen hinzugekommen sind. Der Adoleszenzroman hat sich damit zu einer bedeutenden jugendliterarischen Gattung entwickelt. Die drei im Literaturverzeichnis genannten Zusammenstellungen von Adoleszenzromanen von Ewers (1989 und 1994) und Payrhuber (1996) führen jeweils mehr als hundert Beispiele auf, wobei es nur geringfügige Überschneidungen gibt.

1.4 Typologie

Den historischen Überblick über den Adoleszenzroman, den Carsten Gansel in seinem Artikel in der *Geschichte der deutschen Kinder- und Jugendliteratur* von Reiner Wild (2008, S. 367–373) vorgelegt hat, kann man durchaus als eine Typologie lesen. Nach seinen Ausführungen hat der Adoleszenzroman seit dem Beginn des 20. Jahrhunderts vier verschiedene 'Typen' hervorgebracht, wobei die Übergänge fließend sind. Es wird sich in der folgenden Darstellung zeigen, dass es hier nicht allein um eine Chronologie geht, sondern dass in der Gegenwart zumindest die drei jüngeren Typen parallel nebeneinander existieren und dass fortlaufend neue Texte zu ihnen erscheinen.

Gansel unterscheidet:
(1) den „klassischen Adoleszenzroman",
(2) den „modernen Adoleszenzroman",
(3) den „postmodernen Adoleszenzroman" und
(4) die Adoleszenz- und Popliteratur.

1.4.1 Der „klassische Adoleszenzroman"

Die oben aufgeführten, sogenannten 'Schulromane' von Emil Strauss, Robert Musil, Hermann Hesse und Friedrich Huch stellen Heranwachsende in den Mittelpunkt ihrer Texte, die letztlich an den hochgesteckten Zielen einer Integration in die Erwachsenenwelt scheitern, weil das bürgerliche System ihnen keine Möglichkeit bietet, ihre Identität zu entfalten. Sie geraten vor allem im und mit dem Schulsystem der Kaiserzeit in unlösbare Konflikte, an denen sie letztlich zerbrechen. Eine Analyse dieser Schul-Romane lässt eine Reihe charakteristischer Merkmale erkennen, die Gansel (2000, S. 374) zusammengestellt hat:

– Bei den Protagonisten handelt es sich ausschließlich um Heranwachsende männlichen Geschlechts.

– Die Schule ist eine „Zwangsanstalt, die die Schüler peinigt, schikaniert, diszipliniert und mitunter zu Tode quält."

– Die Schule und ihre Lehrer verbreiten bei den 'Zöglingen' Furcht und Schrecken.

– Der Unterricht verläuft stupide und ist langweilig.

– Schüler und Lehrer stehen sich als „Feinde" gegenüber. Die Lehrer sind brutal, autoritär und verhalten sich oft unmenschlich.

– Schule und Unterricht vollziehen sich in Form von Ritualen, deren Einhaltung die Lehrer rücksichtslos durchsetzen.

– Militärischer Drill, der das besondere gesellschaftliche Kennzeichen des Kaiserreichs war, wird konkret auf die Schulen übertragen.

– Alle Formen der Erniedrigung bis hin zum Zerbrechen der Persönlichkeit werden von den Lehrern praktiziert.

– Lehrer, die von den Schülern verlacht und verspottet werden, rächen sich oft auf brutale und hinterhältige Weise.

– Vor allem sensible Schüler sind diesen Praktiken der Lehrer nicht gewachsen und gehen an ihnen zugrunde. Oft bleibt nur der Selbstmord als Ausweg aus der seelischen Not.

– Die Autoren stellen den sensiblen Jugendlichen häufiger Freunde an die Seite, die robuster sind und sie zu beschützen versuchen, aber sie können sie nicht vor dem Untergang bewahren.

– Die Schulromane werden meistens aus dem Blickwinkel der gepeinigten Schüler erzählt, so dass die Willkür und Unmenschlichkeit dieses Systems für den Leser in besonderer Weise nachempfunden werden kann.

Der 'klassische Adoleszenzroman', wie er hier beschrieben worden ist, ist keine intentionale Jugendliteratur, sondern Literatur für erwachsene Leser. In den 1960er Jahren wurden diese Texte 'wiederentdeckt' und zunehmend häufiger als Lektüre im Deutschunterricht eingesetzt.

1.4.2 Der „moderne Adoleszenzroman"

Die 'klassischen Adoleszenzromane' und dann nach dem Zweiten Weltkrieg Jerome D, Salingers „Der Fänger im Roggen" (1951/dt. 1965), Carson McCullers „Das Mädchen Frankie" (1951/dt. 1951), die Novelle „Katz und Maus" von Günter Grass (1961) u. a. bilden das Fundament für den modernen Adoleszenzroman. Zwar sind die zuletzt genannten Texte ebenfalls noch für Erwachsene geschrieben, aber sie werden nach ihrem Erscheinen sehr schnell von den jugendlichen Lesern adaptiert. In den 1970er Jahren erscheinen dann zunehmend mehr moderne Adoleszenzromane, vor allem aus dem Amerikanischen, die von den Verlagen – obwohl es sich mehrfach um intentionale Erwachsenenliteratur handelt – als Jugendbücher verlegt und von jugendlichen Lesern gelesen werden.

Geht man von den oben im Kapitel 1.2 aufgeführten Charakteristika der Adoleszenzzeit aus, wie sie die moderne Entwicklungspsychologie und die Jugendsoziologie herausgearbeitet haben, kann man feststellen, dass nicht alle dort genannten Entwicklungsaufgaben relevant für die modernen Adoleszenzromane der Gegenwart sind. Die seit den 1970er Jahren erscheinenden Adoleszenzromane behandeln vor allem drei Schwerpunkte: Liebe / Sexualität, die Suche nach der eigenen Identität und die Beziehung zwischen Jugendlichen und ihren Eltern. Eindeutig im Vordergrund stehen die Themen Liebe, Partnerschaft, Sexualität, Eifersucht und die im Umfeld dieser Begriffe liegenden Phänomene. Homosexualität bildet einen Aspekt, der in den Jugendbüchern durchaus eine Rolle spielt, ebenso wird Aids vergleichbar oft abgehandelt. Ungewollte Schwangerschaft, Vergewaltigung und sexueller Missbrauch gehören ebenfalls in das Umfeld dieser Thematik. Über Sexualität wird in den Jugendbüchern mit großer Offenheit gesprochen, trotzdem wird von der Unsicherheit der Jugendlichen gegenüber dem anderen Geschlecht erzählt, von emotionaler Betroffenheit und Verletzbarkeit, und das meist auf sehr differenzierte und sensible Art.

Den zweiten großen Bereich bildet das Thema 'Identität'. In den modernen Adoleszenzromanen geht es vor allem um existentielle Orientierungsprobleme, Identitätssuche und Ichfindung, um die Auseinandersetzung mit dem Selbstbild, mit der eigenen Unsicherheit, Schüchternheit, um die Auseinandersetzung mit dem eigenen Körper und das Aussehen. Häufig wird auch die Suche nach der eigenen Rolle in der Peergroup und in der Schule thematisiert. Dabei macht der Protagonist durchaus Grenzerfahrungen, durchlebt Untergangs- und Sinnlosigkeitsgefühle, aber ein totales Scheitern oder gar Selbstmord als Lösung unerträglicher Ich-Konflikte bleiben in diesen Jugendromanen Randphänomene – ganz im Gegensatz zu den Adoleszenzromanen für Erwachsene. Als Drittes werden in den modernen Adoleszenzromanen die Eltern-Kind-Beziehungen, die Ablösung von den Eltern, aber auch die Sehnsucht nach Kindheit und Geborgenheit häufig thematisiert. Wenig Bedeutung wird dem 'Autoritätskonflikt' eingeräumt, der die problemorientierten Jugendbücher der 1970er und 1980er Jahre sehr stark beherrscht hat. In diesen Büchern steht vielmehr die Partnerschaft zwischen Eltern und Kindern im Vordergrund. Hannelore Daubert (1994, S. 44) spricht von einer „Entdramatisierung des Generationskonflikts". Kinder und Jugendliche müssen sich daher nicht mehr ständig von ihren Eltern und Erwachsenen abgrenzen. Statt dessen entstehen – zeitbedingt – neue Probleme: zum einen die unvollständige Familie mit einem alleinerziehenden Elternteil, zum anderen die Verwischung der Grenzen zwischen den Generationen, da Eltern und Kinder die gleichen kulturellen und medialen Erfahrungen machen und mit ähnlich gelagerten Problemen konfrontiert sind. Die Familie verliert dadurch immer mehr ihre Rolle als beschützende Institution; in ihr gibt es kaum noch einen Halt oder eine Rückzugsmöglichkeit. Diese „Gleichberechtigung" führt nach Ewers zu „Überforderungssyndromen": „Die Mündigkeitserklärung fordert und belastet die Kinder (respektive die Jugendlichen – GL) in erheblichem Maße, und so nimmt es nicht Wunder, dass deren Innenleben unausgeglichen, angespannt und zerklüftet wird." (Ewers 1991)

Deutlich weniger als die drei genannten Themen wird die Peergroup behandelt: die Zusammengehörigkeit in einer Gruppe, die Gruppenrituale, der gemeinsame Drogen- und Alkoholkonsum, Straffälligkeit, Gefährdungen durch andere Delikte, das Leben am Rande der Gesellschaft bis hin zu gemeinsam unternommenen Gewalttaten und Rechtsextremismus. Nur sehr am Rande spielt in der modernen Adoleszenzliteratur für Jugendliche das Thema 'Beruf, Arbeit, Arbeitslosigkeit' eine

Rolle. Das hat seine Ursache darin, dass auf Grund der „unterstrukturierten Früherwachsenheit" (Ziehe, in: Helsper 1991, S. 64) diese Themen im Leben der 13–17-Jährigen kaum eine Relevanz besitzen, denn Berufswahl und Ausbildung sind durch die ausgedehnte Adoleszenzzeit in unserer Gesellschaft, wie die Jugendsoziologie zeigt, auf das dritte Lebensjahrzehnt hinausgeschoben worden. Und da die Angehörigen dieser Altersstufen keine Adoleszenzromane für Jugendliche mehr lesen, ist dieser sehr wichtige Themenkomplex des Erwachsenwerdens aus dem Blickfeld der Autoren geraten.

Randständig sind ebenso Themen wie Ökologie, multikulturelle Gesellschaft, Geschwister, Mode, Religion und Sekten, Behinderung, Krankheit und Tod, Politik, Wirtschaft und Gesellschaft, Medien und Probleme der Mediengesellschaft.

Zusammenfassend kann man also feststellen, dass sich der moderne jugendliterarische Adoleszenzroman nur auf wenige zentrale Themenkomplexe konzentriert, die für die 13–17-Jährigen von Bedeutung sind; Themen, die den Horizont dieser Altersstufe überschreiten, spielen folglich keine oder nur eine geringe Rolle.

Betont werden sollte aber, dass im modernen Adoleszenzroman eine auffällige Literarisierung stattgefunden hat, indem charakteristische Formen des modernen Erzählens aus der Erwachsenenliteratur aufgegriffen worden sind. Es liegt natürlich nahe, dass sich die Jugendbuchautoren an den Erzählmustern Salingers oder Plenzdorfs orientiert und diese in ihren Werken angewendet haben. Einen besonderen Aspekt nimmt die Darstellung des Innenlebens der jugendlichen Protagonisten ein, da sie zum Ausdruck seiner Welterfahrung und seiner analytischen Sicht auf die Wirklichkeit geworden ist. Alle wesentlichen erzählerischen Möglichkeiten des modernen Ich-Romans werden von Autoren wie Kirsten Boie, Dagmar Chidolue, Inger Edelfeldt, Jurij Koch u. a. angewendet. Ebenso finden die differenzierten Formen des personalen Erzählens Verwendung, innere Monologe mit Übergängen zum stream of consciousness, häufige Wechsel des Erzählerstandortes, Rückblenden, das Erzählen auf verschiedenen Zeitebenen, Variationen in den Tempusformen oder collage- und montageartige Formen des Erzählens (vgl. Steffens 2005).

Einen besonderen Bereich nimmt die Darstellung des Innenlebens der jugendlichen Protagonisten ein, da sie zum besonderen Ausdruck seiner Welterfahrung und seiner analytischen Sicht auf die Wirklichkeit geworden ist. Alle wesentlichen erzählerischen Möglichkeiten des modernen Ich-Romans werden von Autoren wie Kirsten Boie, Dagmar Chidolue, Inger Edelfeldt, Jurij Koch u. a. ausgeschöpft. Ebenso finden die differenziertesten Formen des personalen Erzählens Verwendung, innere Monologe mit Übergängen zum stream of consciousness, häufige Wechsel des Erzählerstandortes, Rückblenden, das Erzählen auf verschiedenen Zeitebenen, Variationen in den Tempusformen oder collage- und montageartige Formen des Erzählens. (Vgl. Gansel 1995 b)

Ein ungewöhnliches Experiment literarischer Gestaltung liegt in Kirsten Boies Roman „Ich ganz cool" (1992) vor. „Das besondere (sic.!) des Textes besteht nicht im konsequenten Durchhalten der Ich-Perspektive, im Verzicht auf jegliche Kommentare und Relativierungen, sondern insbesondere darin, daß die Gedankenfetzen, inneren Monologe und Träume durchgängig auch in der Sprachstruktur dem Bewußtseinsniveau und den Auffassungen des jugendlichen Helden entsprechen." (Gansel 1995 b, S. 14)

Ein anderes Beispiel bildet „Kamalas Buch" von Inger Edelfeldt (1988): „Der fragmentarischen Weltsicht der namenlosen Protagonistin entspricht ein episodenhafter Erzählstil; die kurzen Kapitel enthalten Impressionen, Gedanken, Befindlichkeiten, Phantasien, Kindheitserinnerungen. Dennoch lassen sich ein Handlungsgerüst und ein chronologischer Erzählablauf erkennen." (Wild, I. 1996 b) Die Formen literarischer Verdichtung, die gerade für das Buch von Inger Edelfeldt konstitutiv sind, schaffen eine Polyvalenz, die an die Grenzen jugendlicher Lese- und Deutungsfähigkeit stößt bzw. diese sogar überschreitet. Damit stellt sich bei der komplexen Literarizität solcher Textbeispiele die Frage nach dem Leser, nach dem jugendlichen Leser. Es ist zu fragen, ob in diesen literarisch dichten Texten nicht die Grenze zum Erwachsenenroman überschritten wird und ihre jugendliterarische Adressierung nicht Fiktion ist. Zu Inger Edelfeldts Roman muss angemerkt werden, dass er nach Aussagen des schwedischen Verlags im Original an Erwachsene gerichtet ist und dass er erst in der deutschen Übersetzung durch den Spectrum Verlag seine jugendliterarische Umadressierung erfahren hat.

1.4.3 Der „postmoderne Adoleszenzroman"

Eine neue Entwicklung im jugendliterarischen Adoleszenzroman begann sich in den 1990er Jahren abzuzeichnen, die Heinrich Kaulen (1999a) als „postmodern" bezeichnete. Als seine typischen Merkmale gelten

> die Aufhebung des Bruchs zwischen (esoterischer) Hochliteratur und (populärer) Massen- und Unterhaltungsliteratur, das zitathafte Spiel mit unterschiedlichsten literarischen Motiven und Konventionen (Collagetechnik, Intertextualität), der Verzicht auf kohärente Sinnkonstruktion, die Aufsprengung einer linearen Handlungsfolge in zahlreiche mehr oder weniger fragmentarische Einzelepisoden, die oft noch aus der Perspektive unterschiedlicher Figuren erzählt werden. (Kaulen 1999a, S. 9f.)

Inhaltlich lässt sich eine völlig tabulose Darstellung von Sexualität, Alkoholismus und Drogenexessen und die Verklärung einer offenbar zeittypischen Coolness mit fortlaufenden jugendlichen Normverstößen erkennen. Die traditionellen Vorstellungen von Identitätsfindung, Autonomie und Persönlichkeitsentwicklung werden dabei total in Frage gestellt. Kaulen bezeichnet sie deswegen als medien- und werbeabhängige "prekäre bei Bedarf variable Bastelidentität" (Kaulen 1999a, S. 10). Als Beispiele für diesen Trend gelten die Bücher von Dagmar Chidolue „Lady Punk" (1985) und „Magic Müller" (1992), Bücher von Bret Easton Ellis (1985, 1987), „Cool Girl" (1997) von Blake Nelson und „Relax" (1997) von Alexa

Hennig von Lange, „Celine oder Welche Farbe hat das Leben" (1989) von Brock Cole.

> Zu authentischen Zeugnissen postmoderner Adoleszenz werden diese Romane [...] vor allem deshalb, weil sie für das durch die Medien- und Erlebnisgesellschaft geprägte Lebensgefühl adäquate erzählerische Formen finden: Die Autoren treten hinter ihre Figuren zurück, auf Kommentierung wird verzichtet, der 'implizierte Autor' ist mit den Jugendfiguren identisch; Oberflächen spielen eine entscheidende Rolle. (Gansel 2008, S. 37)

Ob diese Art des jugendliterarischen Adoleszenzromans eine Zukunft hat, sei dahingestellt. Kaulen (1999a, S. 10) konstatiert, dass nicht wenige Leser die dargestellte Adoleszenz als konstruiert, befremdlich, fragwürdig und als Angriff auf die eigenen Lebensprinzipien empfinden, da letztlich das Ziel einer Identitätsgewinnung aufgegeben ist. Wie weit die Leser der oben beschriebenen Art des Erzählens zudem folgen wollen und können, ist eine weitere Frage. Trotzdem bilde diese Art des jugendliterarischen Adoleszenzromans Aspekte gegenwärtiger Jugendlichkeit ab und könne sowohl formal wie inhaltlich innovativ wirken.

Andererseits muss man sich fragen, ob hier der Adoleszenzroman in seiner bisher dargestellten Form und Intention nicht aufgehoben wird, da sein Ziel, das Erwachsenwerden darzustellen, praktisch ad absurdum geführt wird, denn das 'Erwachsenwerden' als gesellschaftlich definierter Zustand wird von den Protagonisten gar nicht mehr akzeptiert und daher auch nicht angestrebt.

1.4.4 Adoleszenz- und Popliteratur

Der Übergang vom postmodernen Adoleszenzroman zu dem neuesten Typus, dem popliterarischen, der Mitte der 1990er Jahre entstand, ist fließend. Das wird an der Beschreibung von Carsten Gansel (2008, S. 370ff.) sehr deutlich und an der Tatsache, dass der Roman Relax von Alexa Hennig von Lange (1997) beiden Typen zugeschrieben wird. Zu diesem neuen Typus zählt er weiterhin die erfolgreichen Texte „Soloalbum" (1998) und „Livealbum" (1999) von Benjamin Stuckrad-Barre, „Crazy" (1999), „Der Vogel ist ein Rabe" (2003) und „Kannst Du" (2006) von Benjamin Lebert und „Ich bin's" (2000) und „Ich habe einfach Glück" (2001) von Alexa Hennig von Lange.

Seinen Namen erhält dieser Typ des Adoleszenzromans von der Popmusik, die in ihm eine besondere Rolle spielt. „Es geht dabei nicht nur um Anspielungen, intertextuelle Bezüge, Referenzen; vielmehr erhält Pop(Musik) symbolische Bedeutung und wird zum Wertungsraster, mit dem der Protagonist (mediale) 'Wirklichkeit' kategorisiert und deutet." (Gansel 2008, S. 373) Sie ist Spiegelbild der Stimmungslage und der Werthaltung seiner Protagonisten.

Die Merkmale dieses Typs von Adoleszenzroman kann man am besten anhand von „Relax" von Alexa Hennig von Lange verdeutlichen. Erzählt wird von Chris und seiner Freundin, die namenlos bleibt und nur als „die Kleine" bezeichnet wird. Beide sind etwa 20 Jahre alt. Es geht um ein einziges Wochenende, das im Buch in einem ständigen Wechsel von Figurenrede und inneren Monologen besteht, die wie in einem modernen Film in schnellen Schnittfolgen einander abwechseln. „Ein rationaler Diskurs findet nicht statt, die Protagonisten reflektieren zwar durchgängig, aber ihre Gedanken kreisen in ständigen Wiederholungen und Schleifen ausschließlich um die Banalitäten des Alltags." (Gansel 2008, S. 372) Das, was den 'modernen Adoleszenzroman' ausmacht, findet man hier nicht mehr. Es gibt keine Suche nach der eigenen Identität, nach einer Lebensperspektive, nach einem Ziel. Beruf, Politik, Freundschaften sind unwichtig und finden kaum Erwähnung. Es geht an dem Wochenende, von dem der Roman handelt, nur um Drogen, unmäßigen Alkoholkonsum, Sex und Rumhängen in verschiedenen Kneipen und auf wechselnden Partys. Aber selbst der Sex beschert keinerlei Befriedigung. Und die Abhängigkeit „der Kleinen" von Chris führt zu fortlaufenden seelischen Verletzungen bei ihr, die Chris aber gar nicht wahrnimmt und die ihn deshalb auch nicht berühren. Während Chris immer wieder aufbricht zu irgendwelchen Partys, sitzt „die Kleine" zu Hause und erträumt sich ihre eigene Welt, die durchaus bürgerliche Züge trägt, aber im Eigentlichen aus zahllosen Symbolen, Klischees, Bildern aus Filmen und Comics sowie Elementen der Popmusik besteht.

Gansel (2008, S. 370) resümiert:

> Die neue deutsche Popliteratur ist in ihrem Kern Adoleszenzliteratur, eine Reihe von Texten steht geradezu exemplarisch für den (post)modernen Adoleszenzroman. Mit Inhalten wie Jungsein, Marginalisiertsein, alltäglichen Machtkämpfen, politischen Auseinandersetzungen, sexuellen Konflikten, schließlich der ganzen Palette von Pubertäts-, Jugend- und Lebensbewältigungen thematisieren die Popromane die Probleme eben jener Phase des 'Abschieds von der Kindheit', der Adoleszenz.

1.5 Die „Initiationsreise" als literarisches Modell

Peter Freese (1971/1998) hat in seinen Studien zum modernen amerikanischen Roman die „Initiationsreise" als ein literarisches Modell herausgearbeitet, das für Entwicklungsromane konstitutiv ist. Er geht in seiner Untersuchung aus von den verschiedenen Formen der Initiation, wie sie sich im Lichte der Ethnologie, der Psychologie, Soziologie und Religionsgeschichte darstellen. Der Vorgang der Initiation ist in allen Kulturen und auf allen Kulturstufen anzutreffen und kann deshalb als ein grundlegendes Phänomen der individuellen, sozialen und religiösen Entwicklung der Menschen angesehen werden. Unter Initiation versteht man bestimmte Bräuche, die eine Kultur entwickelt hat, um die Aufnahme eines „Neulings" in eine Standes- oder Altersgemeinschaft zu regeln; insbesondere wird darunter die Einführung des Jugendlichen in den Kreis der Erwachsenen, ob Männer oder Frauen, verstanden. An die Stelle der Initiation tritt in der Gegenwart und hier vor allem in den modernen westlichen Kulturen die Sozialisation mit ihren Entwicklungsaufgaben, wie wir sie oben im Kapitel 1.2 dargestellt haben und wie sie von der modernen Entwicklungspsychologie und Entwicklungssoziologie beschrieben und definiert worden ist.

Freese hat durch die Untersuchung zahlreicher Mythen die Merkmale derartiger Initiationen herausgestellt. In den Mythen wird die Initiation meist als Initiationsreise dargestellt, die einen dreiteiligen Aufbau besitzt: den Aufbruch aus einer Lebensphase, den Übergang und schließlich den Eingang in eine andere Phase sozialer und/oder religiöser Existenz. Der Übergang wird dabei meist als ritueller Tod, der Eingang als eine Art Wiedergeburt verstanden.

Die Initiationsreisen konkretisieren sich nach Freese in den „mythischen Motiven des ‚regressus ad uterum' und des ‚descensus ad inferos', als das Jona- bzw. Nachtmeerfahrt-Motiv oder als das Motiv des paradoxen Durchgangs" (Freese 1971, S. 138). Alle vier Motive besitzen den schon genannten dreiteiligen Aufbau:

1. „regressus in uterum" bedeutet das Verlassen des bisherigen Lebens, eine mehr oder minder gefährliche Rückkehr in den Schoß der lebensspendenden „Großen Mutter" und eine Neugeburt des grundlegend Veränderten.

2. „descensus ad inferos": Hier wird die Initiation als Abstieg in die Unterwelt und als eine siegreiche und geläuterte Rückkehr aus ihr dargestellt, denn nur „der Durchgang durch den Tod führt zum Gewinn des ewigen Lebens" (ebd., S. 140), zur Unsterblichkeit, aber auch zum Wissen und Verstehen des Lebens.

3. „Nachtmeerfahrt": Als weitere sehr verbreitete Versinnbildlichung der Initiationsreise gilt der Aufenthalt im Bauch eines Riesenfischs oder die Nachtmeerfahrt. Auch hier zeigt sich die Dreiteiligkeit, und zwar durch den Auszug, das Verschlungenwerden und durch das Ausschlüpfen zu neuer und gewandelter Existenz. Die Selbstzerstörung als Vorbedingung der Wandlung wird hier besonders betont.

4. „paradoxer Durchgang": Der Held muss auf seiner Wanderung ein unüberwindlich scheinendes Hindernis bewältigen. Dieses Hindernis kann sich als Durchgang durch eine Zahnreihe eines Ungeheuers, als Durchfahrt oder enger Durchgang zwischen zwei Felsen oder z. B. als „Brücke von der Breite eines Haares" oder als lange, scharfe Messerschneide erweisen. Der Held muss diese lebensbedrohende „Falle" überwinden, ehe er als Gewandelter zurückkehren kann. (Freese 1971, S. 146)

Die Initiationsreise stellt sich – so Freese – als ein nach außen projizierter innerer Prozess dar; er wird in den Mythen und in den Initiationsromanen meist als reale Reise gestaltet, bei der die drei Stufen des Aufbruchs, des Aufenthalts in der Fremde mit Überwindung von Schwierigkeiten und der Rückkehr als ein neuer Mensch sichtbar werden.

Diese äußere „reale" Reise kann mehrfach gedeutet werden: zum einen stellt sie den innermenschlichen Verlauf der Selbstfindung und Selbstverwirklichung dar, also der Individuation; zugleich kann die Reise aber auch einen zwischenmenschlichen Prozess abbilden, nämlich den der Einführung in die Gesellschaft, also den Prozess der Sozialisation; schließlich kann dieser Prozess auch religiös gedeutet werden als Begegnung zwischen Mensch und Gott, als Erfahrung des Transzendenten, als Prozess religiöser Offenbarung. Die Initiationsreise besitzt also immer einen symbolischen Charakter; sie bedeutet mehr als nur das rein äußerlich Dargestellte. Die existentiellen Veränderungen des Individuums selbst werden in den Mythen und in der Initiationsliteratur ebenfalls nicht konkret, sondern symbolisch dargestellt: als Kleiderwechsel, als Annahme eines neuen Namens wie bei den Indianern, als Taufe, als Sturz ins Meer oder in einen Abgrund, als Regen, den man als Reinigungsvorgang der Seele deuten kann, als Überwindung einer gefahrvollen Brücke, als Durchfahrt durch einen dunklen Tunnel, als Überquerung eines gefährlichen Gewässers, als mutiges Durchschreiten einer sich plötzlich öffnenden Tür.

Die Initiationsreise ist also Sinnbild einer bedeutenden existentiellen Veränderung, die symbolisch als Tod des alten und Geburt des neuen Menschen verstanden wird.

Und ein Letztes: Oft steht dem Initianten ein Helfer, ein Mentor zur Seite, der ihn begleitet, der ihm rät und der ihm hilft, die Schwierigkeiten zu überwinden. Dieser Helfer kann den Initianten den ganzen Weg über begleiten, oder aber er taucht nur in schwierigen Bewährungsphasen auf.

Dieses literarische Modell von Freese erweist sich bei seiner Anwendung auf Adoleszenzromane als große Hilfe. Freese selbst hat dieses Modell – wie gesagt – in seiner Untersuchung durch eine Analyse von Mythen und Adoleszenzromanen der modernen amerikanischen Literatur gewonnen. Dass er dabei über das hier Referierte hinausgeht und seine Ergebnisse im Kontext der amerikanischen „Open-Road-Romane" und des „American Dream" interpretiert, sei nur der Vollständigkeit halber erwähnt.

Die Effektivität dieses literarischen Modells von Freese soll hier an zwei Beispielen demonstriert werden: an den „Kinder- und Hausmärchen" der Brüder Grimm und an Jerome D. Salingers „Der Fänger im Roggen".

Ein großer Teil der Grimmschen Märchen handelt vom Problem des Erwachsenwerdens. In meiner Untersuchung „Märchen und Adoleszenz" (Scherf 1961, Lange 1983) konnte ich feststellen, dass ungefähr 80 der 200 Märchen diesem Thema gewidmet sind. Die meisten dieser Märchen nennen explizit das Alter ihrer Protagonistinnen und Protagonisten, das sich zwischen 12 und 16 Jahren bewegt. Die Handlungsstruktur der Märchen ist immer dreiteilig; das entspricht der Feststellung Freeses über den Aufbau einer Initiationsreise. Dass es sich auch in den Märchen um eine Initiationsreise handelt, wird an der inhaltlichen Ausfüllung ihrer Dreiteiligkeit deutlich, dass nämlich die Märchenhelden von zu Hause ausziehen müssen, dass sie auf ihrer „Reise" Probleme zu überwinden haben, die existentieller Natur sind, und dass sie am Ende als ein „Verwandelter", „Neuer" nach Hause zurückkehren.

Die Gründe für ihren Auszug von zu Hause können auf einem Eltern-Kind-Konflikt beruhen (z. B. „Frau Holle", KHM 24, die Drei- und Zweibrüdermärchen, KHM 60 und 124, „Rumpelstilzchen", KHM 55, „Allerleirauh", KHM 65, „Sneewittchen", KHM 53, „Hänsel und Gretel", KHM 15, „Brüderchen und Schwesterchen", KHM 11). Oft geht der Antrieb des Märchenhelden, in die Welt zu ziehen, aber auch von ihm selbst aus. Gerade die Zukurzgekommenen wie Daumesdick (KHM 37), Hans mein Igel (KHM 108) oder das Eselein (KHM 144) treibt die Unzufriedenheit mit dem eigenen Aussehen, mit sich selbst hinaus. Andere Märchenhelden müssen eine Aufgabe lösen („Die drei Federn", KHM 63, „Das Wasser des Lebens", KHM 97, „Die sieben Raben", KHM 25, „Die drei Männlein im Walde", KHM 13). Zusammenfassend lässt sich feststellen, dass die Märchen in besonderer Weise den Ablösungsprozess von den Eltern betonen. Der Märchenheld muss in die weite Welt ziehen, um sich zu bewähren.

Als Ort der Bewährung wird in den Märchen oft der Wald genannt. Bettelheim schreibt: „Wir betreten diese Wildnis mit einer noch unentwickelten Persönlichkeit; wenn es uns aber gelingt, das Dickicht zu durchdringen, gelangen wir auf eine viel höhere Stufe des Menschseins." (Bettelheim 1977, S. 91) Das Ziel der Wanderung des Märchenhelden ist also die Suche nach einem neuen Ich. Dafür müssen Hindernisse überwunden werden. Bei den in Tiere verwandelten Märchenhelden wird diese Suche geradezu sinnfällig deutlich gemacht. Sie müssen einen Weg finden, ihre Tierhaut abzulegen, um als neuer Mensch zu erscheinen und so ihre Selbstfindung äußerlich sichtbar zu machen. Die Gänsehirtin (KHM 179) legt am Brunnen ihre alte Haut ab und steht verwandelt da.

Der Selbstfindungsprozess des Märchenhelden kann aber auch in sogenannten Initiationsräumen stattfinden, z. B. im verzauberten Schloss bei Dornröschen (KHM 50), im Turm bei Rapunzel (KHM 12), im Hexenhaus bei Hänsel und Gretel (KHM 15) oder im Schloss der Hexe bei Jorinde und Joringel (KHM 69).

Die Märchenhelden müssen sich oft bewähren wie der Eisenhans (KHM 136): Sie müssen den goldenen Vogel (KHM 57) oder das Wasser des Lebens (KHM 97) suchen oder die drei goldenen Haare des Teufels (KHM 29) holen, sie müssen wie in „Die drei Federn" (KHM 63) den schönsten und feinsten Teppich, den schönsten Ring und die schönste Frau nach Hause bringen.

Bei der Lösung dieser Aufgaben geraten die Märchenhelden bis an den Rand ihrer Existenz, ihre Brüder scheitern und erleiden sogar oft den Tod.

Ähnlich wie Freese das für die Mythen und Entwicklungsromane herausgearbeitet hat, werden auch im Märchen die Verwandlungsprozesse symbolisch dargestellt:

Der Märchenheld gelangt durch eine Falltür über eine Treppe nach unten in die Höhle der Itsche oder muss durch den Brunnen zu Frau Holle hinabsteigen, oder er muss über das Wasser fahren und in die Hölle bis zu des Teufels Großmutter vordringen.

Wenn der Märchenheld seine ihm aufgegebene Aufgabe nicht lösen kann, stehen oft Jenseitige als Helfer zur Verfügung. Das können verzauberte Tiere sein, das kann die gute Fee oder eine freundliche Alte sein.

Hat der Märchenheld seine Aufgabe bewältigt, hat er seinen Entwicklungsprozess durchlaufen, ist er zu einem neuen Menschen gereift. Er hat eine höhere Stufe sei-

ner Existenz erreicht; er hat eine neue Identität gefunden und ist nun bindungs-
und damit heiratsfähig. Er kehrt nach Haus zurück, um mit seinem auserwählten
Partner Hochzeit zu halten.

Unsere Darstellung zeigt, dass das Adoleszenzmärchen auch alle wichtigen Entwicklungsaufgaben, wie sie die moderne Entwicklungspsychologie formuliert hat,
darstellt: den Eltern-Kind-Konflikt, den Ablösungsprozess, die Rollen- und Statusunsicherheit, eine Inkubationszeit, die Suche nach dem neuen Ich, die Erlan-
gung der sexuellen Reife und die glückliche Partnerwahl. Was im Märchen allerdings nicht abgebildet wird, ist die Auseinandersetzung mit gesellschaftlichen Institutionen. Denn: „In einer statischen, historisch fest geprägten Gesellschaft sind
derartige Auseinandersetzungen nicht zu finden, während sie in einer auf Veränderungen orientierten dynamischen Gesellschaft notwendig und funktional sind."
(Lange 1983, S. 165)

„Der Fänger im Roggen" von Jerome D. Salinger spiegelt in seinem äußeren Hand-
lungsaufbau die oben aufgeführte Dreischrittigkeit ebenfalls deutlich erkennbar
wider:

1. das Leben Holden Caulfields in seiner Schule und damit in einer geordneten
   Gemeinschaft;

2. sein Ausbruch aus der Gemeinschaft, indem er sich für zwei Tage nach New
   York begibt, wo er, allein auf sich gestellt, in einer fremden Umgebung lebt;

3. seine Rückkehr in die Familie und damit in die Gemeinschaft.

Chronologisch lässt sich das so darstellen:

1. Der „Auszug" aus der Pencey Prep School umfasst die Zeit von Samstag gegen
   15.00 Uhr bis Mitternacht. Er wird in den Kapiteln 2–7 dargestellt.

2. Der mittlere Teil, der in der „Fremde" New Yorks spielt, umfasst den Sonntag
   von Mitternacht bis Mitternacht und erstreckt sich über die Kapitel 9–19.

3. Der dritte Teil, die „Rückkehr", spielt eher in den Holden bekannten Teilen
   New Yorks, z. B. der Wohnung der Caulfields, und dauert von Montag Mitternacht bis 14.30 Uhr, dargestellt in den Kapiteln 21–25.

Das Kapitel 8 erzählt von der nächtlichen Zugfahrt nach New York, ist also das
Übergangskapitel zwischen Schule und „Fremde". Das 20. Kapitel erzählt von
Holdens nächtlichem Spaziergang im Central Park und bildet die Überleitung zur
„Rückkehr".

Das 1. und das 26. Kapitel klären die Erzählsituation und -intention von Holden.
Er befindet sich etwa ein halbes Jahr nach seiner „Krise" in einem Sanatorium und
schreibt seine damaligen Erlebnisse auf: „Ich will nur die verrückten Sachen erzählen, die sich letzte Weihnachten abspielten, bevor ich vollkommen zusammen-
klappte und hierher gebracht wurde, um mich zu erholen." (Salinger 1965, S. 7)
Von seinem Bruder D. B. gefragt, „was ich mir zu all dem Zeug denke, das ich jetzt
gerade erzählt habe", folgt Holdens Kommentar: „Ich wußte nicht, was zum Teufel

ich darauf antworten sollte. Ehrlich gesagt, ich *weiß* eben nicht, was ich mir dazu
denke." (Ebd., S. 270)

Die Adoleszenzkrise, die Holden durchmacht, ist auf einen Zeitraum von drei
Tagen zusammengedrängt. Trotzdem gewinnt man als Leser den Eindruck, einen
umfassenden Überblick über sie zu erhalten. Durch Rückblenden und Vorausdeu-
tungen wird das Erzählte erweitert, in seiner Bedeutung intensiviert und literarisch
verdichtet.

Diese Adoleszenzkrise bewirkt bei Holden einen Wandlungsvorgang; im Museum
in New York, als er zu den Mumien hinabsteigt, wird er ohnmächtig und erleidet so
einen symbolischen Tod. Durch ihn wird seine Wandlung zu einem „neuen Menschen" eingeleitet. Hier zeigen sich die Motive des „descensus" und „regressus".

Die Initiation Holdens umfasst die Aspekte der Selbstfindung und Selbstverwirklichung, des Erwerbs der zwischenmenschlichen Beziehungsfähigkeit und der Auseinandersetzung mit der eigenen Sexualität. Der Titel des Romans, der auf ein
Gedicht von Robert Burns anspielt, versinnbildlicht Holdens Intention, nämlich
die Kinder im Roggenfeld vor der krisenhaften Situation des Erwachsenwerdens zu
bewahren, einem Erwachsenwerden, das ihn selbst so sehr aus der Bahn geworfen
hat.

Holdens Irrfahrt durch New York symbolisiert seine Irrfahrt zu sich selbst. Das
innere Geschehen wird nach außen verlagert und so sinnfällig gemacht.

Der Übergang in die neue Phase wird mit Hilfe zahlreicher Symbole ausgedrückt:
der Abstieg zu den Mumien, der Brückenübergang, die Tunneldurchquerung, das
Von-der-Klippe-Fallen der Kinder in dem Burns-Gedicht. Seine rote Jagdmütze
und die Art ihres Tragens sind ein Zeichen seiner Unsicherheit und seines Andersseins; dass er sie am Ende seiner Schwester Phoebe schenkt, signalisiert, dass er
einen wesentlichen Schritt auf dem Wege der Veränderung getan hat. Weiterhin
wechselt Holden während seiner „Irrfahrt" häufig seinen Namen – ein Symbol für
seine Identitätsunsicherheit und sein Ausprobieren verschiedener Rollen. Schließlich kann der strömende Regen am Schluss, als seine Schwester im Karussell fährt
und er völlig durchnässt wird, als Symbol einer „rituellen Waschung" gedeutet werden. „(D)as herabstürzende Wasser spült gleichsam alle Sorgen und Ängste der
vergangenen Stunden von ihm ab (...) und bestätigt so noch einmal, daß eine entscheidende Veränderung in ihm vorgegangen ist." (Freese 1971, S. 277)

Holden stehen auch, wie Freese das für die Initiationsreise und für die Mythen konstatiert hat und wie ich es oben für das Märchen herausgearbeitet habe, Mentoren
zur Seite; allerdings erweisen sich im „Fänger im Roggen" diese Initiationshelfer
als „negative" Mentoren: Die Lehrer Mr. Spencer und Mr. Antolini, im Roman
spiegelbildlich am Anfang und am Ende angeordnet, wollen durch ihre Ratschläge
Holden positiv beeinflussen und in „normale Bahnen" lenken. Aber sie finden keinen Zugang zu ihm, da sie zu sehr pädagogisch-theoretisch mit ihrem Schüler
umgehen und seine eigentliche Problematik nicht erfassen. Das Gleiche gilt für

Holdens studentischen Mentor Carl Luce, den er in New York trifft, und für den Psychotherapeuten im Sanatorium. Holden qualifiziert dessen Fragen als „dumm": „Wie kann man denn wissen, was man tun wird, bevor man es wirklich tut?" (Salinger 1965, S. 270).

Eine wirkliche Hilfe auf seinem konfliktreichen Wege ins Erwachsensein stellt überraschenderweise allein seine kleine Schwester Phoebe dar. Durch ihre spontanen und von Natürlichkeit geprägten Reaktionen und durch ihre große Zuneigung zu ihrem Bruder findet sie Zugang zu ihm und kann ihm einen Weg aus der Krise zeigen. Ihm wird dieser Weg klar, als er Phoebe auf dem Karussell beobachtet:

> Die Kinder versuchten alle den goldenen Ring zu erwischen, auch Phoebe, und ich hatte manchmal Angst, daß sie von dem blöden Pferd fallen würde, aber ich sagte nichts und unternahm nichts. Wenn die Kinder den goldenen Ring erwischen wollen, muß man sie es versuchen lassen und nichts sagen. Wenn sie herunterfallen, dann fallen sie eben in Gottes Namen, aber man darf nichts zu ihnen sagen. (Salinger 1965, S. 267)

Holden hat erkannt, dass man die Kinder und auch seine Schwester Phoebe nicht vor etwas bewahren kann, dass man sie als der „Fänger im Roggen" nicht gegen ihren Willen fangen darf. Zugleich damit hat er seine Verantwortung seiner Schwester gegenüber begriffen; deswegen kehrt er mit ihr zusammen nach Haus zurück. Ob seine „Initiationsreise" als geglückt gelten kann, macht der Roman am Ende nicht deutlich; und auch Holden hält sich in dieser Frage bedeckt. Aber er hat erkannt, dass diesen schmerzlichen Weg in das Erwachsenwerden jeder durchmachen muss und dass man sich nicht in den „musealen Bereich der Entwicklungslosigkeit" (Freese 1971, S. 266) zurückziehen oder in eine Traumwelt flüchten darf. Das Glück, das Holden empfindet, als er seine Schwester im Park beim Regen auf dem Karussell beobachtet, lässt aber die Hoffnung auf eine positive Bewältigung der Initiationsreise zu: „Ich hätte beinahe geheult, so verflucht glücklich war ich, falls das jemanden interessiert. Ich weiß nicht warum. Einfach weil sie so verdammt nett aussah, während sie dort herumfuhr – in ihrem blauen Mantel und allem. Großer Gott, so was muß man gesehen haben." (Salinger 1965, S. 269)

Mit diesem Kapitel über den Adoleszenzroman wurde die literaturwissenschaftliche Basis gelegt für die im Teil B ausgeführten Unterrichtsmodelle. Dieses Kapitel diente nicht nur der Definition der Gattung und der Darstellung ihrer historischen Entwicklung, sondern es sollte zugleich die entwicklungspsychologischen und gesellschaftlichen Hintergründe der Adoleszenzzeit, die thematischen Schwerpunktbildungen in der adoleszenten Jugendliteratur und mögliche Interpretationsansätze aufzeigen, die später für die Sachanalyse der ausgewählten Adoleszenzromane von Belang sind.

2 Zur Didaktik der Kinder- und Jugendliteratur

2.1 Kinder- und Jugendliteratur als Gegenstand des Deutschunterrichts

In diesem Kapitel werfen wir nun einen Blick auf die Didaktik der KJL, ihre Entwicklung seit Beginn der 1970er Jahre und ihre Kontroversen.

Kinder- und Jugendliteratur gehört seit etwa 30 Jahren zum festen literarischen Bestand des Deutschunterrichts. Die gesellschaftspolitischen Auseinandersetzungen um 1970, die Studentenbewegung und die massive Gesellschaftskritik wirkten sich erheblich auf den Deutschunterricht und sein fachlich-didaktisches Selbstverständnis aus. In der Sprach- und Literaturwissenschaft und in der Sprach- und Literaturdidaktik führte die öffentliche und fachinterne Kritik zu einer Legitimationskrise, die erhebliche Veränderungen nach sich zog.

In der Literaturwissenschaft und der Literaturdidaktik galt die Kritik vor allem der „herrschenden Lehre", der werkimmanenten Methode, ihrem verengten Literaturbegriff, ihrer Vernachlässigung aller außertextualen Faktoren im Verstehensprozess, ihrem elitären Anspruch; sie galt aber auch den herrschenden Bildungsvorstellungen, der fehlenden Schülerorientierung, den normierten Unterrichtsverfahren und der fehlenden gesellschaftlichen Einbindung von Schule.

Eine der wichtigsten Veränderungen in der Literaturdidaktik stellte die Erweiterung des Literaturbegriffs dar. Galt bis dahin im Sinne der „werkimmanenten Methode" nur die Dichtung vor allem der deutschen Klassik und Romantik als wertvoll und für den Literaturunterricht als allein akzeptabel, öffneten sich Literaturwissenschaft, -didaktik und Schule nun auch der Gegenwartsliteratur, der Trivialliteratur, den Gebrauchstexten, den Texten der auditiven und audiovisuellen Medien und der KJL.

2.1.1 Anna Krüger und die Folgen

Ein wesentliches Verdienst daran, dass die KJL in der Literaturdidaktik und im Literaturunterricht im Zuge der Reformdiskussion akzeptiert wurde, kommt Anna Krüger zu. Mit ihrer Publikation „Kinder- und Jugendbücher als Klassenlektüre" (1963, 3. Aufl. 1973) hat sie bahnbrechende Arbeit geleistet. Ihr Plädoyer für KJL im Unterricht blieb aber nicht unwidersprochen. Es gab Widerstand z. B. von Alexander Beinlich, der aus der Wolgast- und Dilthey-Tradition heraus den Vorstoß von Anna Krüger negativ beurteilte, und z. B. von Hermann Helmers, der in seiner „Didaktik der deutschen Sprache" von 1966 eine Einordnung der KJL unter die „vorpoetische" Literatur vornahm und sie damit als „Trivialliteratur" abqualifizierte.

Anna Krügers Ansatz aber war damals geradezu revolutionär. Sie stellt fest, dass sich bis Anfang der 60er Jahre die „Kinderliteratur von Rang" (Krüger 1973, S. 28) deswegen noch nicht in der Schule habe durchsetzen können, da sich die Literaturwissenschaft ausschließlich mit Dichtung beschäftigt. Sie sieht aber einen Teil der

KJL als geeignet an, um literarische Bildung zu vermitteln, da diese Texte durchaus den „Sprachkunstwerken" zuzurechnen seien. (Ebd.) Deswegen hält sie es auch für erforderlich, dass die für den Literaturunterricht vorgesehenen Texte der KJL einer literaturwissenschaftlichen Analyse zu unterziehen seien; die Literaturwissenschaft stelle dazu die nötigen Maßstäbe zu ihrer Beurteilung zur Verfügung. Anna Krüger ist der Ansicht, dass man die erzählerische Qualität der KJL mit Hilfe solcher Analysen erkennen könne und dass man diese im Hinblick auf den Unterricht auch literaturwissenschaftlich herausarbeiten müsse. Ihre Untersuchungsaspekte entsprechen darum konsequenterweise denen der Literaturwissenschaft:

> Thematik, Motiv, Aufbau, Anfang, Ende, künstlerische Gesamtheit, der Handlungsablauf mit seinem Einsatz, seinen Höhepunkten und seinem Schluß, die erzählte Zeit, der Raum, die Allgemeingültigkeit der Aussage, der Symbolgehalt, die Erzählperspektive. Außerdem sind die Anwendung der Wiederholung, der Steigerung und des Kontrasts wie der Darstellungsformen und -mittel des Humors in ihrer Bedeutung für die Erzählstruktur zu untersuchen. (Krüger 1973, S. 28)

Anna Krüger verweist für die Analyse kinderliterarischer Texte explizit auf die „Bausteine und -formen des Erzählens", wie man sie in der damaligen literaturwissenschaftlichen Forschung entwickelt hatte und diskutierte.

Im Vergleich zur damaligen Literaturwissenschaft und -didaktik hat Anna Krügers Ansatz aber durchaus auch Züge, die ungewöhnlich und modern anmuten, denn er ist zugleich rezeptionsorientiert und kritisch. Sie betont, dass man über die literaturwissenschaftlichen Untersuchungen der KJL den jugendlichen Leser nicht aus den Augen verlieren dürfe, denn „der didaktische Aspekt verlangt (...) eine Durchleuchtung der Erzählform im Hinblick auf das Kind und den Jugendlichen." (Krüger 1973, S. 29)

Zudem ist es nach Anna Krügers Überlegungen möglich und sinnvoll, mit Hilfe der KJL „breite Schichten der Jugendlichen ihrer Lektüre gegenüber *zur kritischen Stellungnahme zu erziehen*, weil sie sich durch sie nicht überfordert fühlen. Wer jahrelang daran gewöhnt wurde, sich kritisch und wach über die gelesenen Texte zu äußern, ist auf dem Wege, ein mündiger Leser zu werden." (Krüger 1973, S. 33) Um diese literarische Mündigkeit zu erreichen, ist es nach Anna Krügers Vorstellungen sogar akzeptabel, Texte und Gattungen von unterschiedlicher Art und unterschiedlichem Niveau im Unterricht einzusetzen; es dürfe dabei nur nicht fortlaufend die „untere Grenze" des Niveaus unterschritten werden.

Mit ihrem damaligen Vorstoß hat Anna Krüger die KJL in die literaturdidaktische Diskussion gebracht und – so urteilt Gerhard Haas aus heutiger Sicht – „endgültig der spezifischen Literatur für junge Menschen eine legitime Funktion im alltäglichen Deutschunterricht zugewiesen" (Haas 1998, S. 724).

2.1.2 KJL im Kontext der literaturdidaktischen Diskussion seit Anfang der 1970er Jahre

Oben ist schon angedeutet worden, dass die gesellschaftspolitische, wissenschaftliche und didaktische Reformdiskussion zu Beginn der 70er Jahre für die Deutschdidaktik von einschneidender Bedeutung war. Nicht nur die in Literaturwissenschaft und -didaktik herrschende „werkimmanente Methode" wurde in Frage gestellt, sondern ihre Defizite führten zu neuen Fragestellungen und Methoden im Umgang mit Literatur. Stichwörter der damaligen Diskussion waren Gesellschaftskritik und Gesellschaftsveränderung durch die Schule und mit Hilfe entsprechend ausgewählter Literatur, Ideologiekritik als Intention und Methode, Schülerorientierung als didaktisches und methodisches Prinzip und dementsprechend veränderte Schul- und Unterrichtsformen, Verwissenschaftlichung des Unterrichts und Operationalisierung seiner Lernvorgänge, Öffnung von Schule und Unterricht gegenüber der gesellschaftlichen Wirklichkeit, Ausbrechen aus dem Schonraum Schule und das Hereinholen des gesellschaftlichen Ernstfalls in die Schule. Der Literaturunterricht sollte zum Spiegelbild des literarischen Marktes werden, weswegen dessen Formen und Gattungen zum Gegenstand von Unterricht werden sollten, denn nur so könnten die Schülerinnen und Schüler in dieser Gesellschaft und für sie literarisch handlungsfähig werden.

Seit Beginn der Reformdiskussion sind in der Deutschdidaktik verschiedene didaktische Ansätze bzw. Positionen entwickelt worden, die im Hinblick auf die Integration der KJL in den Literaturunterricht unterschiedliche Vorstellungen und Vorschläge entwickelt haben. Im Folgenden sollen sie daher vorgestellt und die jeweilige Stellung der KJL hervorgehoben werden. (Vgl. Dahrendorf 1989, S. 460–466)

Die **Didaktik der Leseerzieher** (Ende der 60er/Anfang der 70er Jahre) ging von einem erweiterten Literaturbegriff aus. Sie wollte die Lesewirklichkeit der Schülerinnen und Schüler in die Schule einbeziehen; daher sollten ihre häusliche Lektüre, aber auch der literarische Markt mit allen seinen Ausprägungen von der Trivialliteratur über die Comics bis hin zur KJL zum Gegenstand des Literaturunterrichts werden. Ebenso sollten die bis dahin vernachlässigten Medien im Unterricht ihren legitimen Platz erhalten. Die Unterhaltungsfunktion von Literatur und Medien wurde hier erstmals didaktisch ernst genommen. Die Vertreter dieses Ansatzes bezogen in ihre Überlegungen Ergebnisse der Soziologie und Psychologie mit ein; es ging ihnen um die Fragen des literarischen Marktes, der Leserschichten, um Leserpsychologie, Leserrollen, Lesemotivation und Lesebedürfnisse und eine didaktische Auseinandersetzung mit ihnen. Die Schülerinnen und Schüler sollten in den literarischen Markt eingeführt werden und sich mit ihm und seinen Angeboten kritisch auseinandersetzen lernen. Der Umgang mit Literatur unterschiedlicher Qualität in der Schule sollte letztlich dazu dienen, sich über die triviale und jugendliterarische Literatur zur Dichtung „hinaufzulesen", denn als Ziel dieser Literaturdidaktik gilt der „mündige Leser".

Die **ideologiekritische Literaturdidaktik** (etwa seit 1970) wurde vor allem vom Bremer Kollektiv vertreten; sie war politisch-soziologisch orientiert, fußte auf der marxistischen Literaturtheorie und war stark beeinflusst von der Kritischen Theorie der Frankfurter Schule unter Adorno und Horkheimer. Die Vertreter dieses Ansatzes verstanden Literatur im Sinne der marxistischen Literaturtheorie als Widerspiegelung historisch-politischer Verhältnisse; Parteilichkeit der Literatur im Sinne des historisch-dialektischen Materialismus und der Interessen der Arbeiterklasse bildeten die Basis zu ihrer Bewertung. Die Literaturwissenschaft und -didaktik hatte die Aufgabe, mit Hilfe gesellschaftskritischer Literatur die bürgerliche Gesellschaft zu verändern und die Schülerinnen und Schüler entsprechend zu beeinflussen, andererseits aber die bürgerliche Literatur, wozu auch die Trivialliteratur und KJL zu rechnen war, ideologiekritisch zu analysieren und ihren ideologischen Charakter zu entlarven. In ihrem Verfahren wurde diese Literaturdidaktik, die sich als emanzipatorisch und progressiv verstand, auf Grund ihrer ideologisch determinierten Werturteile und ihrer ideologischen Setzungen selbst wieder autoritär. Gegen die „bürgerliche" KJL versuchte man eine „aufklärerische" zu etablieren, die sich aber auf Grund ihres oft doktrinären Charakters, ihrer mangelhaften Literarizität und ihres geringen Unterhaltungswertes nicht durchsetzen konnte.

Die **rezeptionsorientierte Literaturdidaktik** (Ende der 70er Jahre) knüpfte an die Rezeptionsästhetik und -theorie von Wolfgang Iser, Harald Weinrich u. a. an. Ihre Intention war es, die Leser mit ihrer Rezeption, ihren verschiedenen Rezeptionsvollzügen und das Wechselspiel zwischen Leser und Text in den Mittelpunkt der Analyse zu stellen; das bedeutete geradezu einen Paradigmenwechsel.

Unterstützung fand dieser Ansatz in den Kommunikationswissenschaften, der Semiotik und der Pragmatik, die Verstehenshilfen und -methoden zur Verfügung stellten. Das zentrale methodologisch-didaktische Problem, ob es denn überhaupt eine „richtige" Interpretation eines Textes geben könne, wird hier didaktisch zugunsten des Rechts der Schüler auf ihre Lese- und Verstehensweise beantwortet. Die rezeptionsorientierte Literaturdidaktik redet aber keineswegs einer subjektiven Beliebigkeit von Interpretationen das Wort, denn nach Kreft (1977, S. 213) erlaubt zwar ein Text unbegrenzt viele, aber nicht alle Interpretationen. Dieser Ansatz stellt wegen seiner Leser- und Rezeptionsorientierung eine außerordentlich wichtige didaktische Position dar, da sie im Hinblick auf die Schule und ihren Literaturunterricht mit der Schülerorientierung wirklich ernst macht. Auf Grund dieser Tatsache rückt die KJL zentral ins Blickfeld, denn sie bietet sich wegen ihres Adressatenbezugs als sinnvolles Lese- und Interpretationsmaterial unmittelbar an.

In der „rezeptionsorientierten Literaturdidaktik" besitzt der **handlungs- und produktionsorientierte Literaturunterricht** (Ende der 70er/Anfang der 80er Jahre) eine seiner Wurzeln; andere sind in der Reformpädagogik und Kunsterzieherbewegung auszumachen oder in texttheoretischen, produktionsästhetischen und differenztheoretischen Theorien. Die Intentionen dieses Literaturunterrichts und seine Verfahren sind schülerorientiert. Die Jahrzehnte lang herrschende Praxis eines analytisch-reflexiven Literaturunterrichts wird durch dieses Konzept radikal in Frage gestellt. Der Schüler soll sich in den Verstehensprozess durch Handlung und Produktion einbringen; der Unterricht soll durch Lesen, Schreiben, Umschreiben, Dagegenschreiben, durch Spielen, durch Umsetzung in andere Medien usw. den Verstehensprozess am Original intensivieren und auf andere Weise als über die kognitive Dimension vollziehen. Dass solche produktiven Verfahren aber nicht zum Selbstzweck werden dürfen, sondern auf den Text und seine Verstehensmöglichkeiten zurückgebunden werden müssen, wird in der Unterrichtspraxis allzu leicht vergessen. Jeder Text lässt zudem nicht jedes produktive Verfahren zu; außerdem setzen zahlreiche der produktiven Verfahren einen recht genauen Einblick in den Text voraus. Produktive Verfahren können allerdings auch dem Textverstehen selbst vorgeschaltet werden. KJL hat in einem handlungs- und produktionsorientierten Literaturunterricht ihren legitimen Platz. Sie eignet sich in besonderer Weise für alle produktiven Verfahren; zudem bieten diese Verfahren einen sehr direkten Zugang zu den Personen, Problemen und Strukturen der Texte und ermöglichen eine sinnvolle Auseinandersetzung mit ihnen. Für einen solchen Unterricht gibt es inzwischen zahlreiche Modelle und Unterrichtsvorschläge.

In seinem Aufsatz **Literaturdidaktik der 1990er Jahre** nennt Kaspar H. Spinner „vier Schwerpunkte der literaturdidaktischen Diskussion, in denen die Perspektiven eines zugleich subjekt- und textorientierten Literaturunterrichts erörtert werden". (Spinner 1993, 23) Diese „Perspektiven" sollen unseren Überblick abschließen und zugleich verdeutlichen, welche Schwerpunkte in der literaturdidaktischen Diskussion der Gegenwart relevant sind:

„1. Durch Einbeziehung von Rezeptions- und Mentalitätsgeschichte wird die Beschränkung auf die Textanalyse mit ihrer Form-Inhalt-Analyse und dem Herausarbeiten einer Autorenintention überwunden.

2. Im produktionsorientierten Ansatz wird das Mitschaffen des Schülers als eines aktiven Rezipienten in den Vordergrund gerückt.

3. Poststrukturalistische Literaturtheorie und postmoderne Bewußtseinslage lösen die Vorstellung von einem einheitlichen Sinn im Text auf. Die Arbeit an Widersprüchen, Ambiguitäten und intertextuellen Bezügen tritt an die Stelle der traditionellen Interpretation.

4. Das Gespräch über literarische Texte wird nicht mehr nur als Mittel zur Texterschließung, sondern als eigenes Ziel gefaßt und im Hinblick auf Deformationen durch die institutionellen Bedingungen von Schule und in seinem Bildungswert analysiert." (Spinner 1993, S. 24)

Auf Grund unserer Ausführungen können wir zusammenfassen:

Seit Beginn der Reformdiskussion können die übergeordneten Lernziele von Schule und Unterricht mit Hilfe der Stichwörter „Aufklärung" und „Emanzipation" charakterisiert werden; darin hat sich seit Anfang der 70er Jahre nichts geändert; wie aber diese Begriffe gefüllt werden, darin lassen sich neue und weiterführende Akzente erkennen. Übertragen auf den Literaturunterricht allgemein und den Unterricht mit KJL sehen wir den „mündigen Leser" als Ziel: einen Schüler bzw. späteren Erwachsenen also,

– der eine möglichst stabile Lesemotivation besitzt,
– der durch den Literaturunterricht befähigt wird, seine Auswahlentscheidungen hinsichtlich seiner Lektüre selbstständig zu treffen,
– der kompetent ist im Umgang mit den Kultureinrichtungen der Gesellschaft wie Bibliotheken, Buchhandlungen, Theater, Kino, Fernsehen und Hörfunk usw.,
– der mit Rezeptionskompetenz ausgestattet ist, so dass er sein Leseverhalten bewusst steuern und verschiedene Leserollen einnehmen kann,
– der mit Textanalysekompetenz ausgestattet ist, die ihn befähigt, mit Texten aller Art sachgerecht und reflektiert umzugehen und sie zu beurteilen,
– der über Verstehenskompetenz verfügt, die ihn in die Lage versetzt, unterschiedliche Interpretationen eines Textes, Widersprüche und Ambiguitäten wahrzunehmen, auszuhalten und sich mit ihnen auseinanderzusetzen,
– der mit Produktionskompetenz ausgestattet ist, so dass er sich auch anders als nur „über den Kopf" mit Literatur auseinanderzusetzen vermag,
– der schließlich mit Hilfe der Literatur in der Lage ist, gedanklich Grenzen zu überschreiten, Phantasie zu entwickeln, alternative Lebens- und Gesellschaftsentwürfe durchzuspielen und seine Erfahrungs- und Bewusstseinsräume zu erweitern, um durch sie für sich selbst Autonomie und Selbstidentität zu gewinnen.

2.2 Grundlagen und Kontroversen der KJL-Didaktik

2.2.1 Didaktische Grundüberlegungen zur Jugendliteratur

In den folgenden „didaktischen Grundüberlegungen" legen wir das Schwergewicht auf die Jugendliteratur, da die Unterrichtsmodelle im Teil B. diesem Bereich der KJL angehören.

Im Bereich der KJL gibt es seit über 200 Jahren spezielle Bücher für die heranwachsenden Jugendlichen. Im 19. Jahrhundert waren sie nach den Formulierungen ihrer Autorinnen und Autoren „für die reifere Jugend" gedacht. Diese Jugendbücher sollten die literarischen Bedürfnisse ihrer jugendlichen Leserinnen und Leser befriedigen, ihnen als Orientierungshilfe im Hinblick auf die Erwachsenenwelt dienen und zugleich die Aufgaben eines Aufklärungs- und Erziehungsmittels erfüllen. Jugendromane dieser Art stellten ein wichtiges Instrument der Sozialisation, der Einübung in die bürgerliche Gesellschaft, in ihre Rollen-, Norm- und Wertvorstellungen dar und dienten der gesellschaftlichen Anpassung. Besonders deutlich werden diese Intentionen in den klassischen Mädchenbüchern wie „Trotzkopf" oder „Nesthäkchen", die zusammen mit ihren Nachfolgerinnen bis in die Gegenwart ihre nicht unproblematischen „erzieherischen" Wirkungen ausüben.

Für die heranwachsenden Jungen waren die zahlreichen Abenteuer- und historischen Romane gedacht. Sie erzählten am Beispiel heroischer Vorbilder vom
Bewährungskampf des Mannes in der Ferne (Abenteuer- und Entdeckungsreisen)
oder in den großen vaterländischen Kriegen. Mut, Entschlossenheit und Opferbe-
reitschaft wurden hier als Ideale vorgelebt und propagiert.

Dieselben Formen der Anpassung an überholte und deswegen problematische Rollen, Normen und Wertvorstellungen werden heute noch von der Masse der trivialen
Jugendromane vermittelt. Sie müssen von ideologiekritischen und sozialisations-
theoretischen Ansätzen her hinterfragt werden. Die Jugendlichen müssen das falsche Weltbild und die Klischees dieser Literatur durchschauen und über ihre möglichen Wirkungen nachdenken lernen.

Seit etwa 30 Jahren gibt es aber eine Fülle anderer Jugendromane, die weder trivial
noch ideologisch problematisch sind, in denen sich oft Einfachheit und Anschaulichkeit mit literarischer Qualität verbinden und die bei allem Unterhaltungswert
Fragen aufwerfen, die Fragen der jugendlichen Leser von heute sind. Sie beschäftigen sich mit den Verhältnissen, unter denen Menschen leiden; sie stellen Probleme
des Erwachsenwerdens dar: Ablösungsprozesse, Beziehungsprobleme, Fragen
nach dem Ich, politische und ökologische Fragen, Probleme der Dritten Welt, der
Zukunft usw. Intention dieser Jugendbücher ist es, Selbstfindung und Selbstständigkeit, Phantasie und Veränderungswillen der jungen Leser zu fördern; nicht von
der Wirklichkeit abzulenken, sondern provozierende Fragen im Hinblick auf die
Wirklichkeit zu stellen; keine fertigen, endgültigen Antworten zu liefern, sondern
zum Nachdenken anzuregen.

Vorteilhaft für diese Jugendromane wirkt sich aus, dass sie oft von Schriftstellern
verfasst sind, die sowohl für Jugendliche als auch für Erwachsene schreiben, die die
Fragen der Jugendlichen ernst nehmen, da sie erkannt haben, dass zwischen den
Problemen der Erwachsenen und Jugendlichen höchstens graduelle Unterschiede
bestehen. Diese Schriftsteller holen ihre jugendlichen Leser dort ab, wo sie sich
befinden, sie sprechen die Probleme so an, dass sie von ihren jugendlichen Lesern
verstanden werden. Eine Konsequenz dieser Art der Darstellung ist, dass inzwischen viele ältere Leser, Studierende und Erwachsene, ebenfalls zu diesen Jugendromanen greifen. Das hängt u. a. auch mit der Art des Erzählens zusammen.

Formale Experimente sind in Jugendromanen nur begrenzt möglich, will man den
jugendlichen Leser nicht von vornherein vor unüberwindbare Barrieren stellen.
Sehr viele Jugendromane besitzen eine einfache Episodenreihung, die sie relativ
leicht rezipierbar machen. Der Handlungsverlauf ist meist einsträngig und chronologisch; Nebenhandlungen kommen relativ selten vor. Häufige Dialoge machen die
Handlung anschaulich und führen zum unmittelbaren Miterleben. Die Personendarstellung ist oft eindeutig und klar. Die Protagonisten sind Jugendliche im Alter
der Leserinnen und Leser. Die Erzählhaltungen entsprechen denen der Erwachsenenromane: vornehmlich verwendet werden die personale und die Ich-Erzählsituation; die auktoriale Erzählsituation kommt kaum vor, da ein überlegener Er-

zähler die Jugendlichen auf Grund seiner Allwissenheit und seines lehrhaften Verhaltens abschreckt. Neben den üblichen Romanformen finden sich auch Tagebuch- und Briefromane; bisweilen werden Montage- und Collagetechniken angewendet. Kompliziertere Darstellungs- und Erzählformen wie das Erzählen auf mehreren Ebenen, Perspektivwechsel, innere Monologe, erlebte Rede usw. kommen seit Anfang der 90er Jahre häufiger vor, sogar schon im psychologischen Kinderroman, wie Wilhelm Steffens (1998) herausgearbeitet hat. Hier sind für ungeübte Leser schon Grenzen des unterhaltenden Lesens erreicht. Allerdings zeigen die „literarischen Projekte" von Wilhelm Steffens (1995, S. 155–178), dass selbst Kinder in der Grundschule komplexere Erzählformen häufig problemlos rezipieren und in eigenen Produktionen selbst anwenden können.

Der Trend zu diesen neuen, ästhetisch anspruchsvollen Jugendromanen ist in nahezu allen Gattungen zu beobachten, auch im historischen und zeitgeschichtlichen Jugendbuch. Tendenzen dieser Art findet man ebenso in den modernen Krimis und in den Sciencefiction-Romanen für jugendliche Leser.

In der Bundesrepublik erschienen 1996 über 4600 neue bzw. neu aufgelegte Titel auf dem KJL-Markt; damit hat sich ihre Zahl im Verlauf der letzten zwei Jahrzehnte mehr als verdoppelt. Die KJL stellt nach der Belletristik die größte Sachgruppe auf dem Buchmarkt dar. (Börsenblatt vom 18.11.1997, S. 32) Die realen Verkaufsziffern in zweistelliger Millionenhöhe lassen aber erst erkennen, welche gewichtige Bedeutung die KJL im Leben der Heranwachsenden besitzt.

Das ist der Grund, warum die KJL literaturdidaktisch eine so große Bedeutung besitzt; der andere ist darin zu sehen, dass es eine Literatur ist, die speziell für Jugendliche eines bestimmten Alters geschrieben worden ist. Diese Literatur geht daher viel direkter und in psychologisch einfühlsamer Weise auf die Lebenssituation, die Erlebnisse, die Erfahrungen und das Denken von Jugendlichen ein, als es die Erwachsenenliteratur je könnte.

KJL hat für ihre Leser je nach ihrer individuellen Ausprägung unterschiedliche Funktionen. Diese Funktionen bilden die Grundlage für die didaktischen Begründungen.

Allgemein liegt die Bedeutung der KJL in ihrem Freizeit- und Unterhaltungswert. Jugendbücher verschaffen ihren Lesern Spaß, Freude und Ablenkung. Dieser Faktor spielt literaturdidaktisch eine bedeutende Rolle.

In *entwicklungs- und sozialpsychologischer* Hinsicht befriedigen Jugendliche beim Lesen dieser Literatur ihre Identifikationsbedürfnisse. Sie können sich auf Grund der sie ansprechenden Darstellung leicht in die gleichaltrigen Protagonisten, ihre Denk- und Verhaltensweisen hineinversetzen. Sie können deren Handlungen gedanklich unmittelbar nachvollziehen und auf sich selbst übertragen. Sie erweitern durch die Lektüre ihre Erlebnis- und Erfahrungsräume. Die Literatur lässt wegen ihrer Alters- und Rezipientenorientierung in besonderer Weise Rückschlüsse auf die eigene Situation des Lesers zu; daher können Reflexionen in Gang gesetzt und Anstöße für Verhaltensveränderungen initiiert werden.

In *informatorischer* Hinsicht erfüllen die verschiedenen Gattungen der KJL die jeweiligen individuellen Bedürfnisse ihrer Leser. Nicht allein das Sachbuch, sondern auch das realistische, politische, historische oder zeitgeschichtliche Jugendbuch, die Abenteuerbücher über fremde Völker und ferne Zeiten liefern Informationen über geographische, politische, historische und anthropologische Themen. Jugendliche dieses Alters sind an derartigen Informationen meistens in hohem Maße interessiert.

In *kritisch-reflektorischer* Hinsicht zeigt die KJL ihren Leserinnen und Lesern historische, soziale, politische, anthropologische Zusammenhänge auf. Sie stellt Denk-, Verhaltens- und Handlungsmuster vor und regt zu kritischem Nachdenken über sie an. Sie fordert dazu auf, diese Muster auf die Realität zu übertragen, sie auszuprobieren oder in Frage zu stellen. In ihrer antizipatorischen Funktion dienen diese Jugendbücher der Erweiterung des eigenen Bewusstseins- und Erfahrungsraumes.

In *ästhetischer* Hinsicht vermögen Jugendbücher ihre Leserinnen und Leser ebenfalls besonders anzusprechen und herauszufordern. Diese Literatur entspricht in ihren Sprach- und Darstellungsmustern den Gefühls- und Denkmustern, den Erfahrungen und Verhaltensweisen der Jugendlichen. Die meist spannende Handlung kommt ihren Leseinteressen unmittelbar entgegen. Dadurch ist die Leseschwelle meist niedrig, und der Zugang zur Lektüre wird erleichtert. Folglich gelingt es dieser Literatur besser, die Jugendlichen zum Lesen zu verlocken, vor allem auch zum Lesen einer epischen Langform, die ja an die Leserinnen und Leser in Bezug auf Konzentration, Ausdauer und Imaginationskraft hohe Anforderungen stellt. Die komplexeren Darstellungs- und Erzählformen, die literarische Verdichtung und die Polyvalenz, die in den gegenwärtigen Kinder- und Jugendromanen zu beobachten sind, grenzen oft eng an die Erwachsenenliteratur bzw. gehen in sie über. Hier sind in ästhetischer Hinsicht besondere Erfahrungen möglich.

Es ist sinnvoll, in der Schule an die private Lektüre der Schülerinnen und Schüler anzuknüpfen und von ihren aktuellen Leseinteressen und ihrer Lesefähigkeit her die Auswahl der Lektüre zu bestimmen. Am Beispiel der Jugendromane können die Schülerinnen und Schüler lernen, mit einer komplexen literarischen Form umzugehen, ihre Rezeptionsweise so zu organisieren, dass sie das Gelesene verstehen und in lebenswirkliche Zusammenhänge bringen können. Sie lernen, Zusammenhänge zu erkennen und Disparates oder im Jugendroman weit Auseinanderliegendes aufeinander zu beziehen, sie lernen, zu analysieren und zu beurteilen und produktiv mit dieser Literatur umzugehen. Insofern besitzen Jugendromane durchaus auch eine wichtige „Brückenfunktion" zur weiterführenden Literatur, zur Erwachsenenliteratur. Aber darin sollte sich ihre Funktion nicht erschöpfen, denn die Jugendbücher – besonders die neuen – erfüllen, da sie in ihren Inhalten und Problemstellungen an die Erfahrungswelt der Schüler anknüpfen, sie behutsam erweitern und differenzieren und über die Welt und die Gesellschaft insgesamt zum Nachdenken anregen und über sie aufklären, dieselbe Funktion wie die

Romane der Erwachsenenliteratur für ihre Leserinnen und Leser. Hier werden die Grenzen zwischen „beiden" Literaturen fließend.

Der Literaturunterricht mit dem Jugendbuch darf aber nicht allein bei den Inhalten stehen bleiben, er sollte vielmehr die literarischen Gestaltungsweisen, die Erzählstrukturen, die Personendarstellung und -konstellation, die Sprache und sonstigen ästhetischen Mittel in die Analyse mit einschließen, um so die literarische Erschließungskompetenz der Schülerinnen und Schüler zu erweitern.

Der Literaturunterricht sollte aber auch auf die Buchproduktion, den Büchermarkt und Informationen zum literarischen Leben in der Gesellschaft ausgeweitet werden. Die Schülerinnen und Schüler müssen lernen, wie man seine Schwellenangst vor einer Buchhandlung oder einer Bibliothek überwindet, wie man an Bücher herankommt, wie man sich schnell über Bücher informieren kann. Sie sollen wissen, welche Jugendbuchgattungen es gibt, um ihren Informations- und Leseinteressen nachgehen zu können. Schließlich müssen sie den kritischen Umgang mit Jugendbüchern lernen, nämlich sie zu beurteilen und sich kritisch mit ihnen auseinanderzusetzen.

2.2.2 Kontroversen in der KJL-Didaktik der 1980er und 1990er Jahre

Seit etwa zehn Jahren gibt es in der Didaktik der KLJ zwei grundlegende Kontroversen, die die didaktische Diskussion bis in die jüngsten Publikationen hinein bestimmen und die hier vorgestellt werden sollen, da sie den Kern einer KJL-Didaktik betreffen.

2.2.2.1 Die Haas-Hurrelmann-Kontroverse

In der Zeitschrift „Praxis Deutsch" veröffentlichte Gerhard Haas im Mai 1988 einen als Provokation gedachten Artikel mit dem Titel „Das Elend der didaktisch ausgebeuteten Kinder- und Jugendliteratur" (Haas 1988, S. 3–5), in dem er sich über die Verschulung der KJL im Unterricht beklagte und der eine heftige Kontroverse auslöste, die sich über mehrere Hefte dieser Zeitschrift bis März 1989 hinzog. Als Kontrahentin von Gerhard Haas meldete sich vor allem Bettina Hurrelmann zu Wort, die „Wider die neue Eindimensionalität" (Hurrelmann 1988, S. 2–3) Stellung bezog. Worum geht es in dieser Kontroverse?

Gerhard Haas beklagt, dass die KJL in der Forschung und in der Didaktik lediglich unter dem pädagogisch-erziehlichen Gesichtspunkt gelesen und verstanden werde. Dadurch verkürze man ihren ästhetischen Anspruch, den diese Literatur mit Recht auch für sich beanspruchen könne. Literaturwissenschaft und Literaturtheorie haben die KJL immer als Sekundärphänomen abgetan und in ihre Diskussion gar nicht erst einbezogen, da sie in ihrem ästhetischen Anspruch der wirklichen Literatur immer hinterher laufe. Sie will ihre Leser in erster Linie aufklären über die gesellschaftlichen Entwicklungen und Normen, sie will sie sozialisieren und erziehen, aber das habe mit literarischem Anspruch nichts zu tun. Dagegen geht, „(d)aß

Kinder- und Jugendliteratur nicht nur Inhalte transportiert, sondern *zuerst* ein künstlerisches Gebilde ist (oder doch sein sollte), (…) in der Regel völlig unter oder wird beiläufig *auch* erwähnt." (Haas 1988, S. 4) Haas stützt sich in seiner Argumentation auf Wolgast, an dessen Buchtitel die Überschrift seines Artikels erinnert, der die Einbeziehung der KJL in **eine** Gesamtliteratur forderte und deswegen auf ihre ästhetische Qualität besonderen Wert legte. Wenn KJL in der Schule nur unter dem pädagogischen Signum gelesen werde, verliere sie ihren legitimen künstlerischen Anspruch und „degeneriere" zur „nützlichen Literatur" (ebd., S. 4). Ihr legitimer ästhetischer Anspruch muss aber nach Haas nicht zur Folge haben, dass sie deswegen komplizierter, schwieriger oder gar elitär würde. „Insoweit die Kinder- und Jugendliteratur Kunst ist und sein will, verschließt sie sich einer instrumentellen Benutzung. Dafür öffnet sie Wirklichkeit, individuelle und überindividuelle, zeitlose und zeitgenössische – aber wie auch immer dem didaktischen Verwendungsdenken entzogen: unverfügbar und deshalb wirksam, deshalb lebendig, deshalb als elementare Erfahrung durch nichts ersetzbar." (Haas 1988, S. 5)

Bettina Hurrelmann (1988, S. 2–3) sieht in der Betonung des ästhetischen Anspruchs der KJL durch Haas die Gefahr einer „neue Eindimensionalität", nämlich dass das pädagogische Signum nun durch das ästhetische ausgetauscht werden soll. „Wenn die Kinderliteratur nach der Diktatur der Erziehungsinhalte nun unter die ästhetische Autonomie gestellt wird – so wechseln wir eine Ideologie durch die andere aus" (ebd., S. 2). In ihrer Argumentation verweist Bettina Hurrelmann einmal auf die historische Entwicklung, derzufolge die KJL immer eine sehr enge Beziehung zur Pädagogik und deswegen eine besondere erzieherische Funktion besaß. Zum anderen zeigt sie auf, dass die KJL-Forschung sich seit 15 Jahren darum bemühe, die Methoden der Literaturwissenschaft auch auf die KJL anzuwenden. Und die Jury zum „Deutschen Jugendliteraturpreis" nehme die KJL zu allererst unter dem ästhetischen Anspruch wahr. Dieses geschehe aber nicht, um diese Literatur damit aufzuwerten, „sondern deshalb, weil die Entwicklung der Kinder- und Jugendliteratur selbst die literarische Betrachtung inzwischen unvermeidlich macht." (Ebd., S. 3) So seien in den letzten Jahren der literarische Anspruch und die ästhetische Qualität der KJL deutlich höher geworden, und es sei nicht zu übersehen, dass in der KJL Autorinnen und Autoren am Werke sind, „die schreiben können und die auf das Schreckbild der didaktischen Zweckliteratur nicht angewiesen sind" (ebd., S. 3). Die Übergänge zwischen KJL und Erwachsenenliteratur sind nach Ansicht Bettina Hurrelmanns durchaus fließend, eine schlichte Identität beider Bereiche aber gebe es nicht. Allerdings finde man schon in der klassischen KJL durchaus Texte, die zugleich auch „anspruchsvolle Erwachsenenliteratur" seien. Bettina Hurrelmann verweist dabei auf „Gulliver", „Alice im Wunderland", die Grimmschen Märchen und „Des Knaben Wunderhorn". Daneben gebe es aber auch zahlreiche Bücher, die primär kindliche Lesebedürfnisse befriedigten und keine höheren Ansprüche erfüllten.

Die weitere Diskussion von Haas und Hurrelmann bringt kaum weiterführende Gedanken, da es z. T. um den gegenseitigen Vorwurf ungenauer Lese-, Zitier- bzw. Interpretationsweisen geht, z. T. aber um eine nicht zu übersehende Polemik. Ein Argument von Haas (1988b, S. 9) sollte allerdings hervorgehoben werden, wenn er mit den Worten von Hannes Hüttner feststellt: „Die Erkenntnisfunktion von Kunst wird in der Schule überbetont, die hedonistische Funktion kaum gestreift." Damit spricht Haas etwas an, das er in den folgenden Jahren immer wieder kritisch anmerkt: Der Literaturunterricht in der Schule grenze durch seine Überbetonung des Reflexiven und Analytischen zahlreiche Schülerinnen und Schüler aus; allein durch handlungs- und produktionsorientierte Verfahren sei dieser Kopflastigkeit zu begegnen und Spaß am Lesen zu vermitteln. Dieses Argument wird zu einem wichtigen Baustein für die Begründung seines „handlungs- und produktionsorientierten Literaturunterrichts" (Haas 1997).

Bettina Hurrelmann beendet ihren „abschließenden Versuch der Störung eines Rituals" mit der Feststellung, dass es, „gemessen an der ästhetischen Theorie der Gegenwart (...) Grenzen der ästhetischen Möglichkeiten der Kinder- und Jugendliteratur (gebe – GL), die auf den besonderen Rezeptionsvoraussetzungen und legitimen Lesebedürfnissen von Heranwachsenden beruhen" (Hurrelmann 1989, S. 14). Damit betont sie, dass es für sie im literarischen Anspruch letztlich doch deutliche Unterschiede zwischen der KJL und der Erwachsenenliteratur gibt, dass also von zwei Literaturen ausgegangen werden müsse.

Unterstützung für ihre Position findet Bettina Hurrelmann in verschiedenen Aufsätzen von Dagmar Grenz, z. B. in „Kinder- und Jugendliteratur, Alltagsbewußtsein und 'hohe' Literatur", einem kurzen Statement zum „Ort der Kinder- und Jugendliteratur im literarischen und kulturellen System", wie es im Untertitel heißt. (Grenz 1993, S. 29–38) Dagmar Grenz stellt darin fest, dass die KJL seit den 70er Jahren Schübe von Literarisierungen erfahren und sich dadurch der Erwachsenenliteratur angenähert habe. Aber selbst die Adoleszenzromane für Jugendliche, die literarisch am weitesten entwickelt seien, erreichten zumeist nicht die „Polyvalenz und ästhetische Distanz" wie die Adoleszenromane der „hohen Erwachsenenliteratur" (ebd., S. 29). Das habe seine Ursachen vor allem in der Art der Auseinandersetzung mit der „Alltagswelt"; in den Jugendromanen werde zwar ein gewisses Hinaustreten über ihre Grenzen und Krisenerfahrungen gestattet, aber prinzipiell werde diese Alltagswelt nicht in Frage gestellt. Insofern sei KJL gut geeignet, in die Welt der Erwachsenen einzuführen, aber sie stelle nicht deren Auflösung oder Veränderung dar.

2.2.2.2 Eine einheitliche Literaturdidaktik oder eine eigenständige KJL-Didaktik

Die Haas-Hurrelmann-Kontroverse kann man als Bestandteil der Kontroverse um eine einheitliche Literaturdidaktik bzw. eine eigenständige KJL-Didaktik sehen. Es geht im Kern darum, ob die KJL als eine eigenständige Literatur betrachtet werden soll, was vor allem Malte Dahrendorf tut, oder ob man sie als einen Teil der all-

gemeinen Literatur betrachtet, was z. B. Karl-Heinz Kliewer und Valentin Merkelbach befürworten. Diese kontroversen Positionen werden vor allem im Heft „Kin-
der- und Jugendliteratur" von „Praxis Deutsch" (1989, H. 109) und in dem kürzlich
erschienenen Sammelband „Kinderliteratur im Unterricht", herausgegeben von
Karin Richter und Bettina Hurrelmann (1998), vorgetragen. Der zuletzt genannte
Sammelband stellt die Publikation der Vorträge dar, die auf der 9. Jahrestagung der
„Arbeitsgemeinschaft Kinder- und Jugendliteraturforschung" 1996 in Erfurt gehalten worden sind.

Von den Vertretern einer eigenständigen KJL-Didaktik werden einige der Argumente, die in der Haas-Hurrelmann-Kontroverse von Bettina Hurrelmann vorgetragen wurden, aufgegriffen, wenn auch Bettina Hurrelmann einer eigenständigen
KJL-Didaktik nicht das Wort redet. (Vgl. Hurrelmann 1998, S. 55)

Folgende Argumente werden in die Debatte eingebracht:

- KJL ist eine eigenständige Literatur, die sich von der Erwachsenenliteratur deutlich unterscheidet.

- Sie ist eine Literatur, die auf einen altersmäßig begrenzten Rezipientenkreis
  zugeschnitten ist.

- Sie ist seit ihren Anfängen immer eine pädagogische, erzieherische Literatur
  gewesen. Dieses Merkmal besitzt sie bis in die Gegenwart, und sie verleugnet es
  auch nicht.

- Sie hat eine große Nähe zu den alltäglichen Situationen; sie stellt sie dar, und
  zwar in einer reduzierten, dem Alter des Lesers entsprechenden Weise.

- Ihre literarischen Darstellungsformen und ihre Sprache sind einfach und dem
  Verstehenshorizont der Leser angepasst. Anders formuliert: KJL erreicht nicht
  die „Polyvalenz und ästhetische Distanz" der Erwachsenenliteratur (Grenz
  1993, S. 29).

- Form und Gestalt treten in der KJL hinter die Inhalte zurück; sie werden hauptsächlich in einer dem Inhalt dienenden Weise eingesetzt. (Dahrendorf 1997,
  S. 158)

- KJL wird von Erwachsenen für kindliche und jugendliche Leser geschrieben.
  Die erwachsenen Autorinnen und Autoren spiegeln darin ihr Alltagsbewusstsein
  und -wissen wider, das sie aber – im Gegensatz zur Erwachsenenliteratur – nicht
  in Frage stellen. (Grenz 1993, S. 30f.)

- Auf Grund ihres Adressatenbezugs bietet die KJL Leseanreiz, Spannung,
  Komik, Identifikation usw.; sie knüpft an die Erfahrungen ihrer Leserinnen und
  Leser an. (Dahrendorf 1998, S. 15)

- KJL ist Einstiegsliteratur, die die Funktion hat, zur Erwachsenenliteratur hinzu-
  führen; dazu die Schlagwörter: Brückenfunktion und Hinauflesen.

- Eine „Verliteraturwissenschaftlichung" der KJL läuft Gefahr, ihre Adressaten zu
  vergessen und damit ihre didaktische Funktion zu verdrängen. (Dahrendorf
  1998; S. 20)

Die Schlussfolgerung, die aus dieser Charakteristik der KJL von Dahrendorf gezogen wird, lautet, dass es eine eigenständige Didaktik der KJL geben muss, da der Hauptakzent dieser Literatur auf dem Pädagogischen und Didaktischen liege und nicht auf dem Literarischen. Das Didaktische und Pädagogische sind dabei keine der KJL hinzugefügten Aspekte, sondern sie konstituieren geradezu die KJL. Weil sich also KJL und Erwachsenenliteratur in diesem zentralen Punkt unterscheiden, kann es keine einheitliche Literaturdidaktik geben. (Dahrendorf 1998, S. 22)

Karl-Heinz Kliewer geht in seiner Argumentation für eine **einheitliche Literaturdidaktik**, die KJL **und** Erwachsenenliteratur umfasst, von einem weiten Literaturbegriff aus. Er konstatiert zwar, dass es zwischen beiden Literaturen Unterschiede gibt, aber Unterschiede gibt es auch in der sogenannten Erwachsenenliteratur, die von der Trivialliteratur bis zur Dichtung reichen. Ebenso gibt es in der KJL erhebliche literarische Qualitätsunterschiede. Die Übergänge zwischen beiden Literaturen sind aber fließend.

KJL wird von Dahrendorf vor allem als Hinführungsliteratur verstanden; dadurch wird ihr vorpoetischer Charakter betont, was sich aber auf Grund der KJL-Forschung nicht generell halten lässt.

Da KJL eine Literatur ist, die durchaus auch mit anspruchsvollen ästhetischen Mitteln arbeitet, müsse sie **auch** unter literaturanalytischen Gesichtspunkten im Unterricht betrachtet werden. Die Gefahr des heutigen Unterrichts mit KJL aber besteht darin, dass man diese Literatur fast ausschließlich unter dem thematischen Aspekt auswählt und behandelt. Dadurch kann aber der Literaturunterricht seinem Bildungsauftrag einer literarischen Erziehung nicht gerecht werden.

Nicht allein die KJL ist Zielgruppenliteratur, wie Dahrendorf u. a. behaupten, sondern ebenso die Erwachsenenliteratur, ob es sich nun um anspruchsvolle Literatur für die „literarischen Eliten mit ihren eigenen AutorInnen, Verlagen, Rezensionsorganen" handelt oder um Trivialliteratur. (Kliewer 1998, S. 28) Man kann ergänzen: Und nicht nur die KJL ist didaktische Literatur, denn didaktische Literaturformen kommen ebenso in der Erwachsenenliteratur vor; man denke an Märchen, Sagen, Kalendergeschichten, Fabeln und Parabeln.

Die anspruchsvollere KJL fordere den Schülerinnen und Schülern genauso viel an Lese- und Verstehensleistungen ab wie die traditionelle Dichtung. Hier wie dort bleiben Verstehensreste; hier wie dort gibt es Überforderungen.

Die Entwicklung einer autonomen Leserpersönlichkeit ist das Ziel des Literaturunterrichts, unabhängig von KJL oder Erwachsenenliteratur. Mit Hilfe „beider" Literaturen können die Schülerinnen und Schüler die verschiedenen Arten des Lesens erlernen wie auch die Fähigkeit zur Auseinandersetzung mit ihr: nämlich „das Sicheinlassen auf die Fiktionalität, auf die Faszination des Leseerlebnisses auf der einen Seite und das Sich-neben-sich-stellen-Können, der Blick auf sich als Leser auf der anderen Seite" (Kliewer 1998, S. 30). Leser wird man allerdings nur durch Lesen, durch ständiges Lesen, durch Sich-Auseinandersetzen, durch Vergleichen von Texten und durch Erweiterung seines Zugriffsrepertoires. Das Ziel allen Literaturunterrichts ist es, literarische Texte immer besser zu verstehen. Und das heißt: „produktives Assoziieren und Entwickeln von Fragen, nicht nur zum Fortgang der Handlung und zu Aussehen und Charakter der Figuren, sondern zu möglichen Alternativen, zu früheren Leseerfahrungen" (ebd., S. 31). Dieses Instrumentarium kann und muss man Kindern der Grundschule ebenso vermitteln wie Gymnasiasten; man kann das sowohl an einfach strukturierten als auch an komplizierten Texten tun.

Den „produktionsorientierten Literaturunterricht", den Haas als „dritten Weg" (Haas 1998, S. 40 f.) vorschlägt, sieht Kliewer nicht, da er diesen Ansatz als „typisches Kind der Postmoderne" betrachtet; diese Art Unterricht stelle lediglich ein Methodenrepertoire zur Verfügung, vernachlässige aber die didaktische Reflexion. (Kliewer 1998, S. 28)

Selbst wenn es **zwei** Literaturen gäbe, so schließt Kliewer seine Argumentation ab, bedürfe es doch nur **einer** Literaturdidaktik, da sich für beide Literaturen in allen Fällen dieselben Fragen stellen: „(W)arum soll gelesen werden, d. h. mit welchem Ziel, wie soll gelesen werden, was soll wann, d. h. in welcher Phase des Lernprozesses, gelesen werden?" (Ebd., S. 33)

2.2.2.3 Fazit und Folgerungen

Wenn man unserem Gedankengang zur Didaktik der KJL gefolgt ist, wird man nicht umhin können, den Argumenten Kliewers zuzustimmen, der eine einheitliche Literaturdidaktik fordert, da allein schon ein weiter Literaturbegriff das nahe legt. Die Reformdiskussion hat hier eine Tür weit aufgestoßen, die man nicht ohne weiteres wieder zuschlagen sollte. Anna Krüger forderte schon in den 60er Jahren eine Einheit der Literaturdidaktik unter Einbeziehung der KJL, wobei diese Texte natürlich einer literaturwissenschaftlichen Analyse und Beurteilung zu unterziehen sind.

Wenn man heute ein modernes Lesebuch aufschlägt, sieht man, dass in ihnen Texte aller Art zusammengestellt sind, man findet also Literatur im weiten Sinn. Diese Texte unterschiedlicher Art dienen dazu, die Schülerinnen und Schüler zu kompetenten Lesern und damit literarisch handlungsfähig zu machen.

So bilden etwa im Lesebuch „Unterwegs" Bd. 9 (Klett) elf verschiedene Texte das Lesebuchkapitel „Erwachsen werden": neben drei Auszügen aus Jugendromanen von Myron Levoy, A. M. Homes und Hans-Georg Noack stehen die Kurzgeschichte „Im Spiegel" von der Jugendbuchautorin Margret Steenfatt, ein autobiographischer Text der Jugendbuchautorin Anne-Lise Grobéty und ein Tagebuchtext einer Schülerin zusammen. Hinzu kommen aus der Erwachsenenliteratur das Gedicht „Selbstbildnis im Supermarkt" von Rolf Dieter Brinkmann, ein Auszug aus „Abschied von den Eltern" von Peter Weiss, die Kurzgeschichte „Mittagspause" von Wolf Wondratschek, das Gedicht „Für mehr als mich" von Günter Kunert und die Parabel „Der Aufbruch" von Franz Kafka. Es stehen hier also Texte aus der KJL zusammen mit Texten aus der Erwachsenenliteratur. Alle Texte sagen etwas zum Problem der Adoleszenz, jeder Text auf seine Weise und mit seinen literarischen Mitteln, aber alle Texte des Lesebuchkapitels werden unter dem thematischen **und** dem literarästhetischen Aspekt analysiert, um ihren Aussagen auf die Spur zu kommen, und alle Texte werden auf der inhaltlich-thematischen und der literarischen Ebene miteinander verglichen, so dass Erfahrungen über literarische Darstellungsmöglichkeiten gemacht werden können.

Wenn man einen Blick in die bekannten Handbücher zur Deutschdidaktik tut, das „Handbuch für Deutschlehrer" von Baurmann / Hoppe (1984), „Handbuch ‚Deutsch' Sekundarstufe I" von Hopster (1984) oder das „Taschenbuch des Deutschunterrichts" von Lange / Neumann / Ziesenis (1998), findet man meist einen zentralen Aufsatz zur „Literaturdidaktik", der übergreifend die generellen, alle Gattungen betreffenden Fragen darstellt und diskutiert; daneben gibt es Aufsätze zur Didaktik der einzelnen Gattungen, und zwar der fiktionalen und nicht-fiktionalen. Die Begründungen dafür, so zu verfahren, liegen in der Literatur selbst: Die einzelnen Gattungen sind durch spezifische literarische Merkmale, Inhalte, Funktionen usw. gekennzeichnet, die didaktisch relevant sind und die deswegen in jedem einzelnen Fall diskutiert und reflektiert werden müssen. Eine Dramendidaktik macht beispielsweise eine Einbeziehung des Theaters erforderlich, eine Fabeldidaktik wird besonders die didaktische Funktion dieser Gattung berücksichtigen, eine Didaktik der Gebrauchstexte ihren Wirklichkeitsbezug und ihren pragmatischen Gebrauchswert. Aber übergeordnet bleibt, dass alle diese Gattungen literarische Texte sind, die deswegen in der Schule gelesen, untersucht und mit denen produktiv umgegangen wird, weil die Schülerinnen und Schüler zu kompetenten Lesern werden sollen. „Wo KJL selbstverständlich in den Unterricht gehörte, wo man aufhörte, nur sie als ‚Zielgruppenliteratur' zu nennen, statt diesen Aspekt grundsätzlich zu berücksichtigen, wo in verschiedenen Altersstufen nur verschiedene, aber nicht kategorial verschiedene Literatur ihr Recht hätte, dort müsste die KJL nicht weiterhin ihre Berechtigung, ihren Eigenwert beweisen und dazu auch eine eigenständige Didaktik liefern." (Kliewer 1997, S. 154f.)

2.3 KJL im Unterricht – die unterrichtspraktische Realität

Dass KJL in den letzten drei Jahrzehnten einen festen Platz im literarischen Spektrum des Deutschunterrichts gewonnen hat, haben wir oben schon festgestellt. Wie es aber tatsächlich um den Gebrauch von KJL im Unterricht bestellt ist, welcher Gebrauch von ihr gemacht wird und welche Probleme es hier gibt, machen einige empirische Untersuchungen, die in jüngster Zeit durchgeführt worden sind, konkret deutlich und überprüfbar.

2.3.1 Empirische Untersuchungen zur KJL im Unterricht

Wir stützen uns hier auf die Untersuchung des Kultusministeriums von NRW, die Anfang der 90er Jahre in den Sekundarstufen I der Gymnasien dieses Bundeslandes durchgeführt worden ist; sie sollte als Grundlage für die Revision der Lehrpläne von 1993 dienen (KuMi NRW 1994); ferner auf die Habilitationsschrift von Irmtraud M. Oskamp „Jugendliteratur im Lehrerurteil. Historische Aspekte und didaktische Perspektiven" (1996) und die Untersuchung von Gabriele Runge „Lesesozialisation in der Schule. Untersuchungen zum Einsatz von Kinder- und Jugendliteratur im Unterricht" (1997).

Alle drei Untersuchungen haben eine jeweils besondere Fragestellung und Aussagekraft. Die Befragung des Kultusministeriums NRW zielte auf die „Lektüre von Ganzschriften" im Fach Deutsch der Sekundarstufe I an Gymnasien.

In der Untersuchung von Irmtraud M. Oskamp (1996) wurden 1179 durch Zufallszahlen ausgewählte Lehrerinnen und Lehrer an Grund-, Haupt- und Sonderschulen im Regierungsbezirk Unterfranken über den Einsatz von KJL in ihrem Deutschunterricht befragt, und zwar über die Häufigkeit des Einsatzes von KJL, über die Bevorzugung bestimmter Bucharten und Titel, über die Wege ihrer Orientierung über unterrichtsrelevante KJL, gefragt wurde auch nach Begründungen für den Einsatz bzw. Nichteinsatz von KJL, nach Fördermaßnahmen hinsichtlich der Freizeitlektüre ihrer Schülerinnen und Schüler und nach ihren eigenen Erfahrungen mit KJL in Kindheit und Schulzeit.

Die Untersuchung von Gabriele Runge (1997) gliedert sich in zwei Teile: Im ersten wertet sie die Absatzzahlen von Klassensätzen der drei größten Taschenbuchverlage für KJL aus: „Ravensburger TB", „rororo rotfuchs" und „dtv junior"; im zweiten unternimmt sie eine repräsentative Lehrerbefragung in vier Bundesländern zum Umgang mit KJL im Unterricht (Baden-Württemberg, NRW, Sachsen-Anhalt und Thüringen).

Was sagen nun diese Untersuchungen zum Einsatz von KJL im Unterricht aus?

Die Untersuchung an den Gymnasien des KuMi in NRW (1994) kommt zu folgenden allgemeinen Aussagen:

Eine Auswertung für die gesamte Sekundarstufe I ergibt, dass unter den 16 am häufigsten genannten „Ganzschriften" sich immerhin 6 Kinder- und Jugendbücher befinden, nämlich „Rolltreppe abwärts" von Hans-Georg Noack, „Damals war es Friedrich" von Hans Peter Richter, „Insel der blauen Delphine" von Scott O'Dell, „Die Welle" von Morton Rhue, „Als Hitler das rosa Kaninchen stahl" von Judith Kerr und „Vorstadtkrokodile" von Max von der Grün. Zu den 32 am häufigsten genannten „Ganzschriften" gehören immerhin 10 zur KJL. Sieht man sich die Auswertung der einzelnen Jahrgangsstufen genauer an, erhöht sich die Bedeutung der KJL als Lektüre erheblich, allerdings nur in der Unter- und Mittelstufe. Bei den 10 am häufigsten genannten „Ganzschriften" für die Klassenstufe 5 und 6 handelt es sich ausschließlich um KJL. Neben die schon genannten Texte treten vor allem Bücher von Peter Härtling, Christine Nöstlinger und Enid Blyton. Es zeigt sich also deutlich, dass sich in der Unterstufe des Gymnasiums in NRW die Lektüreauswahl an den Leseinteressen der Kinder orientiert.

In den Klassen 7 und 8 spielt die KJL ebenfalls noch eine große Rolle, allerdings keine so überragende mehr wie in der Unterstufe. Aber immerhin gehört fast die Hälfte (nämlich 24) von den 50 am häufigsten genannten Titeln zur KJL.

Für die Klassen 9 und 10 verändert sich dieses Bild schlagartig. Unter den 10 am häufigsten genannten Titeln befindet sich **kein** einziges Jugendbuch mehr; unter den 50 am häufigsten genannten sind es lediglich noch drei: Morton Rhue „Die Welle", Leonie Ossowski „Die große Flatter" und Gudrun Pausewang „Die letzten Kinder von Schewenborn". In diesen Jahrgangsstufen steht bei der Lektüreauswahl allein das „Ziel der literarischen Bildung" im traditionell verstandenen Sinne im Vordergrund. (KuMi NRW 1994, S. 27)

Eine Auswertung dieser NRW-Befragung führt zu folgenden Ergebnissen:

1. Es ist erfreulich, dass die KJL im Literaturunterricht an den Gymnasien inzwischen solch große Bedeutung gewonnen hat.

2. Die Auswahl orientiert sich allerdings an KJL aus den 70er und frühen 80er Jahren.

3. Bevorzugt wird fast ausschließlich realistisch-problemorientierte KJL; phantastische Texte kommen bis auf „Momo" von Michael Ende, Gudrun Pauswangs Sciencefiction-Text „Die letzten Kinder von Schewenborn", Christine Nöstlingers „Wir pfeifen auf den Gurkenkönig" und Otfried Preußlers „Krabat" nicht vor.

4. Eine schülerorientierte Lektüreauswahl findet in den Gymnasien lediglich bis zum 8. Schuljahr statt; danach beherrscht eindeutig der klassische Literaturkanon den Unterricht, und das, obwohl es gerade auch für die 14–18-Jährigen so vorzügliche Adoleszenzromane gibt, die literarischen Ansprüchen in hohem Maße genügen.

Die Untersuchung von Irmtraud M. Oskamp für Grund-, Haupt- und Sonderschulen von 1996 liefert in einigen wichtigen Punkten eine Bestätigung der NRW-Studie für Gymnasien. Von den Lehrerinnen und Lehrern dieser Schulformen wird ebenfalls „realistisch-problemorientierte KJL" bevorzugt. Mit fast 83 % liegt sie eindeutig an der Spitze der genannten Gattungen; an zweiter Stelle der Nennungen stehen mit 61 % Abenteuer- und Detektivgeschichten, gefolgt von Tiergeschichten (37 %). 34 % der Nennungen entfallen auf die „phantastische KJL".

Auch hinsichtlich der am häufigsten gelesenen Titel ergibt sich – wie in NRW für das Gymnasium – ein heimlicher Kanon. Die fünf am häufigsten gelesenen Kinderbücher sind: „Der rote Rächer" von Ursula Wölfel, „Vorstadtkrokodile" von Max von der Grün, „Die feuerrote Friederike" von Christine Nöstlinger, „Fliegender Stern" von Ursula Wölfel und „Hanno malt sich einen Drachen" von Irina Korschunow.

Wie in der Gymnasialstudie für NRW stammen alle diese Texte aus der Zeit von 1970 bis Anfang der 80er Jahre. Neuere Texte der KJL werden nicht genannt, also auch nicht gelesen.

Die Untersuchung von Gabriele Runge (1997) bestätigt die bisher gemachten Aussagen auch von Seiten der Verlage. Bei Ravensburger ist der absolute Spitzenreiter aller Klassenlektüren in der Grundschule „Fliegender Stern" von Ursula Wölfel, und zwar mit etwa doppelt so viel verkauften Exemplaren wie das an zweiter Stelle liegende Buch „Die Insel der 1000 Gefahren" von Edward Packard.

Bei Rowohlt ist für die Grundschule Christine Nöstlingers „Wir pfeifen auf den Gurkenkönig" unbestrittener Spitzenreiter.

Für die Klassen 5–7 erwiesen sich bei Ravensburger „Als Hitler das rosa Kaninchen stahl" von Judith Kerr und „Rolltreppe abwärts" von Hans-Georg Noack als die beiden Spitzenreiter. Bei Rowohlt standen die „Vorstadtkrokodile" von Max von der Grün einsam an der Spitze. Das Buch wurde siebenmal so oft verkauft wie das auf dem 2. Platz folgende „Hau ab, du Flasche!" von Ann Ladiges. dtv junior verkaufte von Hans Peter Richter „Damals war es Friedrich" 1992 insgesamt ca. 60 000 Exemplare als Klassenlektüre. (Runge 1997, S. 79, Anm. 29)

Für die Klassen 8–11 war bei Ravensburger „Die Welle" von Morton Rhue absoluter Spitzenreiter mit ca. 25 000 verkauften Exemplaren, gefolgt von „Die Wolke" und „Die letzten Kinder von Schewenborn" von Gudrun Pausewang. Rowohlts Spitzenreiter in dieser Altersklasse waren „Hass im Herzen" von Margret Steenfatt und „Hau ab, du Flasche!" von Ann Ladiges.

Die verkauften Unterrichtshilfen aller drei Verlage korrespondieren mit der Häufigkeit dieser Lektüreauswahl.

Während in der Grundschule Lektüre mit spannend-abenteuerlichen Inhalten bevorzugt wird, es folgen humoristisch-phantastische und problemorientierte Kinderbücher, verändert sich diese Reihenfolge in den Klassen 5–7 erheblich. Hier überwiegt mit 63 % die Problemliteratur, während die abenteuerlich-spannende Literatur auf 24 % absinkt. Dieser Trend verstärkt sich noch massiv in den Klassenstufen 8–11, in denen die Problemliteratur sogar 93 % der Klassenlektüre ausmacht. Diese Zahlen, die allein auf einer Untersuchung der Ravensburger Taschenbücher beruhen, bestätigen sich aber auch bei Rowohlt und dtv junior. „Die Übereinstimmung, sowohl in den ausgewählten Literaturgattungen wie auch in Inhalt und Thematik, ist bei allen drei Verlagen in der gesamten Sekundarstufe groß. Ich bin mir deshalb sicher, dass meine Untersuchungsergebnisse gültig sind." (Runge 1997, S. 81)

Auch der zweite Teil von Gabriele Runges Untersuchung, nämlich die Lehrerbefragung in den vier genannten Bundesländern, bestätigen die bisher gemachten Aussagen und aufgezeigten Trends hinsichtlich des Einsatzes von KJL im Unterricht, der Präferenzen der KJL-Gattungen und der Präferenzen in der Auswahl der Bücher.

Als Ergebnis aller drei Untersuchungen über KJL im Unterricht können wir also zusammenfassen:

1. KJL wird in einem recht erfreulich hohen Maße im Deutschunterricht eingesetzt.

2. Bei den Gattungen liegt in der Grundschule das Schwergewicht auf der Spannungs- und Abenteuerliteratur, ab dem 5. Schuljahr aber eindeutig auf der problemorientierten, realistischen KJL mit deutlich steigender Tendenz in den höheren Klassen. Phantastische KJL besitzt dagegen einen auffallend geringen Stellenwert.

3. In den Klassen 9 und 10 des Gymnasiums nimmt vor allem nach der NRW-Studie die Lektüre von KJL drastisch ab; an ihre Stelle tritt die „Dichtung" im Sinne der traditionellen gymnasialen Literaturdidaktik. Adressatenspezifische Literatur wird dagegen im Literaturunterricht nahezu gänzlich vernachlässigt.

4. Beim Einsatz von KJL im Unterricht lässt sich eine eindeutige Konzentration auf wenige Autoren und wenige Texte beobachten, die geradezu den Status von Kanonliteratur erworben haben. „Experimente mit neuen Autoren werden kaum gewagt." (Runge 1997, S. 159) Es sei denn, es handelt sich um neue Texte von bekannten Autoren, die bereits in dem Kanon vertreten sind, wie z. B. Peter Härtling.

5. Diese „Kanon-Literatur" stammt fast ausschließlich aus der Zeit von 1970 bis Anfang der 80er Jahre.

6. Die Ursachen für diese Entwicklung sind: Die von uns als „Kanonliteratur" bezeichnete KJL hat sich in den Augen der Lehrerinnen und Lehrer in der Vergangenheit „bewährt"; deswegen wird immer wieder auf sie zurückgegriffen. Zudem liegen für sie bei den Verlagen oder in pädagogischen Fachzeitschriften ausgearbeitete Unterrichtshilfen vor.

2.3.2 KJL in den Richtlinien und Lehrplänen

Bei einer Durchsicht der aktuellen Lehrpläne und Richtlinien aller Bundesländer für die Sekundarstufe I hat Henryk Pattensen (1998) festgestellt, dass es zwei Gemeinsamkeiten gibt, die ins Auge fallen: einmal ein fachdidaktischer Aspekt und zum anderen die Auswahl von Kinder- und Jugendromanen. Alle Lehrpläne gehen inzwischen von einem weiten Literaturbegriff aus; deswegen spielt die KJL in den Lektürevorschlägen aller Richtlinien und Lehrpläne eine durchaus gewichtige Rolle. Die einschlägige Begründung dafür lautet, mit Hilfe dieser Literatur könne bei den Schülerinnen und Schülern am besten die Bereitschaft zum Lesen längerer Texte geweckt werden. Besonders bevorzugt wird von den Lehrplanmachern die problemorientierte KJL, da sie zur Auseinandersetzung mit den Entwicklungsproblemen der Heranwachsenden und mit religiösen und sozialen Fragen besonders geeignet sei. Wie in den oben zitierten empirischen Untersuchungen kann auch Pattensen eine deutliche Kanonbildung in den Lektüre-Empfehlungen der Lehrpläne ausmachen; noch viel problematischer ist allerdings, dass die empfohlene KJL sogar noch älteren Datums ist als die in den empirischen Untersuchungen ermittelte, denn sie stammt vornehmlich aus den 60er und 70er Jahren. Nicht die literarische Qualität spielt für die Lehrplanmacher bei ihren Lektüre-Empfehlungen eine Rolle, sondern die Themen und Probleme der kinder- und jugendliterarischen Texte. Allerdings wird die moderne KJL und vor allem der moderne Kinder- und Jugendroman der 90er Jahre bis auf ganz wenige Ausnahmen überhaupt nicht erwähnt; diese Literatur kann folglich auch nicht Gegenstand eines Literaturunterrichts werden, wie ihn die Lehrpläne aber propagieren. Pattensen konstatiert eine „paradoxe Situation", wenn er feststellt, dass in den Präambeln aller Lehrpläne gefordert wird, dass die Schule sich mit den **gegenwärtigen** gesellschaftlichen Entwicklungen, der veränderten Kindheit, dem Einfluss der Medien und den Veränderungen in der familialen und individuellen Sozialisation auseinanderzusetzen habe, aber dazu KJL empfehlen, die diese Entwicklungen überhaupt nicht widerspiegelt, weil sie aus der Zeit um 1970 stammt. Einen ähnlichen Widerspruch kann Pattensen auch hinsichtlich der Lehrerfort- und -weiterbildung entdecken.

„Trotz der aktuellen Bildungsplandiskussionen – nahezu alle Bundesländer haben ihre Rahmenpläne in den 1990er Jahren modifiziert, korrigiert bzw. neu erstellt – und der Forderung nach Hereinnahme moderner Kinder- und Jugendromane in den Unterricht" (Pattensen 1998, S. 82) hat sich nichts Wesentliches geändert: Die KJL der 1990er Jahre mit ihrer Darstellung der aktuellen Probleme von Kindern und Jugendlichen und mit ihrer z. T. deutlich gesteigerten literarischen Qualität wird weder von den Lehrplanmachern noch von den Lehrern wahrgenommen – das ist das sehr problematische, ja beunruhigende Ergebnis der oben dargestellten empirischen Untersuchungen vom NRW-Kultusministerium, von Irmtraud M. Oskamp und Gabriele Runge sowie der Analyse der Lehrpläne aller Bundesländer durch Henryk Pattensen.

2.3.3 Fazit und Folgerungen

Diese empirischen Untersuchungen machen einige beunruhigende Sachverhalte deutlich:

1. In der Schule wird gegenwärtig fast ausschließlich KJL der 1970er Jahre gelesen. Die Gründe dafür sind vermutlich, dass sich die im Unterricht verwendete KJL in den Augen der Lehrerinnen und Lehrer bewährt hat und dass es für diese Literatur Unterrichtsvorbereitungen gibt.

2. Auch die Lehrerausbildung und -fortbildung scheint in diesem Punkte bisher keine Veränderungen bewirkt zu haben.

3. Die Richtlinien aller Bundesländer, obwohl in den 90er Jahren überarbeitet, bestätigen die Aussagen der empirischen Untersuchungen, dass nämlich vornehmlich KJL der 70er Jahre in den Schulen gelesen wird, ja sie gehen mit ihren Lektürevorschlägen noch weiter, bis in die 1960er Jahre, zurück.

4. D. h., in der Schule wird – vorsichtig ausgedrückt – keine KJL der Gegenwart als Lektüre gelesen, obwohl sich diese – wie wir festgestellt haben – in thematischer, aber vor allem ästhetischer Art stark verändert hat. Das betrifft den psychologischen Kinderroman genauso wie die Adoleszenzromane für Jugendliche.

5. In den Gymnasien hat die KJL Einzug gehalten, aber lediglich bis zum achten Schuljahr. In den höheren Klassen wird nach wie vor allein der „klassische Lite-

raturkanon" bearbeitet, der mit der Lebenswirklichkeit der Schülerinnen und Schüler wenig zu tun hat, der aber als literarisches Bildungsgut gilt. Die moderne KJL könnte hier Veränderungen bewirken und zur tatsächlichen Leseförderung beitragen.

6. Hinsichtlich der KJL im Unterricht ist es bei Autoren und Texten zu einer „heimlichen Kanonbildung" gekommen. Es werden ganz bestimmte Autoren überproportional bevorzugt, und es gibt einige wenige Texte, die im Unterricht als absolute Spitzenreiter gelten.

7. In hohem Maße bevorzugt wird die realistisch-problemorientierte KJL, die sich im Sinne Dahrendorfs besonders gut zur inhaltlichen Auseinandersetzung mit gesellschaftlichen Problemen der Heranwachsenden eignet. Sie macht am Ende der Sek. I 97 % der in den Schulen gelesenen KJL aus.

8. Die Unterrichtsvorschläge zur KJL, die von den Verlagen oder in den Fachzeitschriften publiziert werden, haben ein großes Manko, weil sie eine andere Qualität besitzen als die Unterrichtsvorschläge für die Erwachsenenliteratur. Kliewer hat in seinem Aufsatz „Lady Punk Unterm Rad. Ist die Literaturdidaktik teilbar?" (1997) Unterrichtsvorschläge für beide „Literaturen" genau analysiert und dabei festgestellt, dass die Unterrichtsmodelle für KJL jeweils ohne eine qualifizierte Interpretation auskommen. Da es sich in den Augen der Verfasser ja offenbar **nur** um KJL handelt, wird der Leser mit ein paar inhaltlichen Paraphrasen abgespeist. In den Unterrichtsmodellen selbst spielen lediglich Fragen des Inhalts eine Rolle; literarästhetische Aspekte kommen nicht vor. Das Problem verschärft sich noch, wenn man feststellt, dass die Unterrichtsvorschläge oft allein auf Methodisches reduziert werden. Hier zeigt sich das Dilemma, das in Dahrendorfs Forderung nach einer **eigenständigen KJL-Didaktik** begründet liegt, wenn er über die KJL sagt: „Die hauptsächliche Meta-Ebene der Reflexion liegt (in der KJL – GL) jedoch nicht im Literarischen, sondern auf pädagogischem und didaktischem Felde." (Dahrendorf 1998, S. 21) Und: „Form und Gestaltung treten sozusagen hinter den Inhalt zurück, drängen sich nicht auf und vor, werden mehr in einer dem Inhalt dienenden Weise eingesetzt" (Dahrendorf 1997, S. 158). Diese Aussage macht Dahrendorf, obwohl – wie er einen Satz später formuliert – auch ihm bekannt ist, „dass die KJL seit Jahren erhebliche Anstrengungen unternimmt, um Anschluß an anspruchsvolle, zur 'literarischen Moderne' hintendierende Darstellungsweisen zu finden."

Die KJL verliert nicht ihren Eigenwert, wenn sie mit Hilfe literaturwissenschaftlicher Methoden analysiert wird, sondern sie erfordert sie geradezu, wenn sie zur literarischen Erziehung der Schülerinnen und Schüler ihren Beitrag leisten soll.

Die Literaturdidaktik hat die hier aufgeführten beunruhigenden Fakten hinsichtlich der Literaturauswahl der KJL und der Verfahren im Unterricht zur Kenntnis zu nehmen und Veränderungsvorschläge zu unterbreiten. Die im Folgenden aufgeführten Modelle sollen dazu einen Beitrag leisten.

3 Didaktisch-methodische Prinzipien für den Umgang mit Kinder- und Jugendliteratur im Unterricht

Dieses Kapitel bildet den Übergang zu den konkreten Unterrichtsmodellen und hat daher eine Gelenkfunktion: Die hier dargestellten didaktisch-methodischen Prinzipien dienen als Grundlage für die konkrete Unterrichtsarbeit mit Adoleszenzromanen.

3.1 Romane für Jugendliche im Unterricht

3.1.1 Schwierigkeiten beim Lesen einer epischen Großform

Mit dem Begriff „Romane für Jugendliche" meinen wir im Bereich der KJL eine epische Großform, ohne nun den Begriff „Roman" literaturwissenschaftlich näher spezifizieren oder gar definieren zu wollen.

Das zentrale didaktische Problem im Umgang mit Romanen für Jugendliche, also mit einer epischen Großform, ist das Problem des Umfangs. Schülerinnen und Schüler – egal welchen Alters – sind nicht unbedingt so gute Leser, dass sie einen umfangreichen Text ohne Schwierigkeiten bewältigen.

Eine der wichtigsten Voraussetzungen, um einen Roman für Jugendliche lesen zu können, ist die Lesemotivation. In diesem Punkte spielt die literarische Sozialisation im Elternhaus eine besondere Rolle, denn „die Leseentwicklung der Kinder baut sich vor allem über die sozialen Bezüge der Lesetätigkeit in der Familie auf" (Hurrelmann / Hammer 1994, S. 7). Die Schule hat im Vergleich zur Familie nur relativ wenig Einfluss darauf, wieviel die Kinder und Heranwachsenden in ihrer Freizeit lesen, allerdings verhält sich das anders bei Kindern aus anregungsarmen Elternhäusern. Bei ihnen fördert der Literaturunterricht in der Schule durchaus die Lesemotivation, wenn er interessant und abwechslungsreich gestaltet ist. Ein buchorientierter Literaturunterricht kann sogar der Familie überlegen sein, weil er deutliche Auswirkungen darauf hat, „wie die Kinder Gelesenes aufnehmen und verarbeiten" (ebd., S. 9). Die Möglichkeiten der Leseförderung und Stabilisierung der Lesekultur werden im bisherigen Literaturunterricht noch zu wenig genutzt. Er müsste insgesamt viel stärker auf die Freizeitlektüre und den Spaß am Lesen ausgerichtet sein.

Das Lesen einer epischen Großform bedarf neben der Lesemotivation und der reinen Lesetechnik vieler Fertigkeiten, die Heranwachsende erst langsam erwerben müssen.

Ist die Lesefertigkeit noch wenig entwickelt, fällt es z. B. Kindern schwer, einen Text zu verstehen, da sie ihr Hauptaugenmerk auf das Rekodieren und satzweise Dekodieren richten; darüber kann ihnen leicht der Sinn eines Abschnitts, eines Kapitels, mehrerer Kapitel und schließlich des ganzen Textes verloren gehen. Die Folgen sind Frustrationen, die schließlich sogar in Leseunlust umschlagen können.

Einen Roman für Jugendliche zu lesen und zu verstehen, erfordert aber noch mehr: Der Leser muss über den Zeitraum des Lesens, der ja durchaus mehrere Tage, manchmal Wochen dauern kann, das Gelesene präsent haben, um das neu Erlesene mit diesem zu verknüpfen und zu einer inhaltlichen Einheit werden zu lassen.

Der Leser muss z. B. die Identität der einzelnen Personen genau gespeichert und ihre Stellung innerhalb der Personenkonstellation des Romans im Bewusstsein haben, um sie in allen Phasen der Handlung wiederzuerkennen. Schwierigkeiten bereiten hier Romane mit einem umfangreichen Personenarsenal. Es dauert oft lange, bis man sich als Leser in einem so großen Personenkreis zurecht gefunden hat.

Der Leser muss weiterhin den Handlungsverlauf genau verfolgen, seine Einzelheiten miteinander verknüpfen, eventuell Nebenhandlungen mit der Haupthandlung in Beziehung setzen und ihr Verhältnis zueinander durchschauen können. Gelingt es ihm nicht, einen konsistenten Handlungsbogen zu entwickeln, verliert er notwendigerweise das Interesse. Die Gliederung des Romantextes durch Überschriften oder das Inhaltsverzeichnis können hierbei gute Dienste leisten. Der Leser muss jedoch gelernt haben, deren Bedeutung zu erkennen und ihre leseunterstützende Funktion zu nutzen.

Der Romanleser muss die Sprache des Romans verstehen und in der Lage sein, unbekannte Wörter aus dem Kontext zu erschließen, um nicht bei jedem unbekannten Wort den Lese- und Gedankenfluss zu unterbrechen.

Er muss wichtige Einzelheiten des Romans auch über einen längeren Zeitraum im Gedächtnis behalten, um sie an späterer Stelle zur Verfügung zu haben, wenn auf sie zurückgegriffen oder auf sie verwiesen wird. Selbst erfahrene Leser blättern bisweilen in ihrem Roman zurück, um eine Einzelheit, die ihnen nicht mehr ganz gegenwärtig ist, wieder ins Bewusstsein zu holen. Um so verfahren zu können, muss der Leser aber wissen, wo in dem umfangreichen Text die entsprechenden Einzelheiten vorgekommen sind, damit er sie auch schnell wiederfindet.

Symbole und Leitmotive dienen der Strukturierung eines umfangreichen Textes, haben Signalfunktion und verweisen auf etwas Bedeutsames. Der Leser muss sie als textuale Signale wahrnehmen und ihre Funktion erfassen.

Dialoge sind in umfangreichen Texten bisweilen nicht so einfach zu lesen, da Autoren häufiger aus stilistischen Gründen auf die Redeeinführungen verzichten. Dem Leser muss jedoch bei jedem einzelnen Redebeitrag klar sein, wer hier spricht. Er muss daher die Redefolgen und die inhaltlichen Aussagen mit den einzelnen Personen in Beziehung setzen können.

Ein besonderes Lesehindernis entsteht für Leseanfänger oder schwächere Leser durch das Weglassen der Anführungszeichen bei der wörtlichen Rede, was z. B. Peter Härtling trotz heftigster Proteste seiner jungen Leser nach wie vor aus literarischen Gründen tut. Die jungen Leser werden gerade in der Phase mit dieser Härtlingschen Eigenheit konfrontiert, in der sie im Unterricht den Umgang mit den

Anführungszeichen zur Kennzeichnung der wörtlichen Rede lernen, nämlich im vierten oder fünften Schuljahr.

Eine besonders wichtige Fähigkeit, die Kinder und Jugendliche erwerben müssen, wenn sie einen Roman lesen, ist, dass es ihnen gelingt, das Gelesene in ihrem Kopf zum „Leben zu erwecken", dass sie es in Bilder umsetzen können, dass sie eine klare Vorstellung von den Personen, den Handlungsorten und den Handlungsabläufen bekommen, denn ohne diese Bilder im Kopf bleibt ein literarischer Text „tot" und damit uninteressant.

Eine weitere wichtige Fähigkeit beim Lesen eines Romans ist schließlich darin zu sehen, dass die Schülerinnen und Schüler das Gelesene auf sich selbst beziehen, dass sie es mit den eigenen Erfahrungen in Verbindung bringen, dass sie zu den literarischen Personen eine Beziehung entwickeln, sich mit ihnen identifizieren. Die kritische Reflexion darüber, wodurch die Identifikation und die emotionale Betroffenheit in einem literarischen Text bewirkt werden, müsste sich im Unterricht anschließen. (Dahrendorf 1996, S. 37)

3.1.2 Leseverfahren im Unterricht

Diese Schwierigkeiten beim Lesen eines Romans im Bewusstsein, muss der Lehrer in Kenntnis der Lesefähigkeiten und -erfahrungen seiner Schülerinnen und Schüler eine Entscheidung darüber treffen, wie der Roman gelesen werden soll. Für das Lesen einer literarischen Großform als Klassenlektüre bieten sich verschiedene Verfahren an, die Michael Sahr in das „analytische", „synthetische" und „integrative" Verfahren unterteilt. Im „analytischen Verfahren" findet die Lektüre des Textes zu Hause statt, während sie im „synthetischen Verfahren" ganz in den Unterricht hereingeholt wird. Nach Sahr empfiehlt sich in der Regel aber das „integrative Verfahren", in dem häusliche und schulische Lektüre miteinander verbunden werden. (Sahr 1998, S. 17f.)

Die folgende Darstellung versucht diese Dreiteilung ein wenig aufzubrechen, stärker zu differenzieren und zu variieren. Folgende Verfahren sind denkbar:

– Die Schülerinnen und Schüler bekommen den Auftrag, bis zu einem festgesetzten Zeitpunkt den Text zu Hause zu lesen (analytisches Verfahren).

– Der Text wird in verschiedene Leseabschnitte aufgeteilt, die jeweils bis zu einem festgelegten Termin zu Hause zu lesen sind. Nach Ablauf wird über den jeweiligen Leseabschnitt im Unterricht kurz gesprochen, um Nicht-Verstandenes zu klären und um die Schülerinnen und Schüler zum Weiterlesen neu zu motivieren.

– Vor Beginn der häuslichen Lesephase wird im Unterricht der Anfang des Romans oder eine besonders spannende Stelle vorgelesen und über sie, den Titel des Romans, über den Klappentext und über die Erwartungen an das Buch gesprochen. Dieses Verfahren dient in besonderer Weise der Lesemotivation.

– Es wird eine Kombination zwischen häuslichem Lesen und schulischem Erarbeiten gewählt. Der Unterricht zum Roman beginnt mit einer Einführungsstunde, wie sie im vorhergehenden Punkt beschrieben wurde; es folgt eine häusliche Lesephase bis zu einem markanten Handlungspunkt. Im Unterricht wird der jeweils gelesene Abschnitt in unterschiedlichen Unterrichtsformen (Gespräch, Partner- oder Gruppenarbeit, arbeitsteilig oder arbeitsgleich) aufgearbeitet. Eine Antizipation der weiteren Handlung mit Hilfe von Rollenspielen oder vorgreifendem Erzählen schafft neue Lesemotivation. Am Schluss der Unterrichtseinheit erfolgt eine Aufarbeitung der übergeordneten Aspekte des Jugendromans.

– Dieses Verfahren kann durch die gemeinsame Lektüre besonders wichtiger Textabschnitte im Unterricht angereichert bzw. intensiviert werden. Während Passagen des Romans, die aus didaktischen Gründen weniger relevant sind, der häuslichen Lektüre überlassen bleiben und nur kurz in den Unterricht eingebracht werden, um den Handlungszusammenhang herzustellen, wird im Unterrrricht selbst anhand der gemeinsam gelesenen, wichtigen Textstellen gearbeitet.

– Valentin Merkelbach (1998, S. 22 f.) ist der Ansicht, dass es auch gute Gründe für das Vorlesen ganzer Bücher im Unterricht gibt. Das Vorlesen, viele kennen es von Rundfunksendungen wie „Am Morgen vorgelesen" im NDR 3, vermittelt eine ganz andere ästhetische Erfahrung. Durch die Stimme des Vorlesers wird der Text unmittelbar zum Leben erweckt und durch Mimik, Gestik und vor allem Intonation veranschaulicht. Dieses Verfahren hat eine deutlich intensivierende Erlebnisfunktion, und es knüpft an die Literaturerfahrungen der frühen Kindheit und der Grundschulzeit an. Es ist durchaus geeignet, Lesemotivation zu wecken. Zudem macht es das gekonnte Vorlesen möglich, einen Roman wirklich zu „genießen" und so die Unterhaltungsfunktion von Literatur, die normalerweise in der Schule gänzlich vernachlässigt wird, wirksam werden zu lassen.

3.2 Didaktische Reduktion als Unterrichtsprinzip

Meine Gespräche mit Abiturienten und Studierenden über ihren Literaturunterricht führten oft zu folgenden Klagen:

– Der Literaturunterricht auf der gymnasialen Oberstufe beschäftige sich ausschließlich mit klassischer Literatur. Texte der Gegenwartsliteratur kommen nur selten vor. Texte der Jugendliteratur mit gleichaltrigen Protagonisten und aktuellen Problemen bleiben aus dem Literaturunterricht sogar ganz ausgeblendet.

– Für die Analyse und Besprechung der Lektüre werde sehr viel Zeit aufgewendet; die literarischen Texte würden bis in alle Einzelheiten untersucht, oft geradezu „zerpflückt" und zerredet, so dass am Schluss der Unterrichtseinheit das Interesse an dem Text völlig erloschen sei. Das Ergebnis dieses Literaturunterrichts ist es, dass den Schülerinnen und Schülern das Lesen auf Jahre hinaus verleidet wird.

Um derartige Frustrationen im Umgang mit literarischen Texten zu vermeiden und statt dessen Leseförderung zu betreiben, sollte die unterrichtliche Behandlung der

Großformen Roman oder Drama nicht mehr als acht bis höchstens zwölf Unterrichtsstunden umfassen, d. h. nicht mehr als zwei oder drei Schulwochen.

Das Verfahren, um ein so knappes Zeitkontingent auch tatsächlich einzuhalten, ist das der „didaktischen Reduktion". Reduktion in diesem Zusammenhang meint, dass es nicht der Sinn des Literaturunterrichts sein kann, die Komplexität eines literarischen Gegenstandes bis in alle Ausfaserungen zu untersuchen und zu erörtern, sondern dass durch die didaktische Analyse und Reflexion die für die betreffende Klassen- und Altersstufe und die für den unterrichtlichen Zusammenhang relevanten Aspekte des literarischen Textes herausgefunden werden müssen. Sie stehen im Mittelpunkt des Unterrichts, während weniger wichtige nur am Rande behandelt oder sogar ganz ausgeklammert werden.

Das, was in der Unterrichtswissenschaft als Sachanalyse bezeichnet wird, ist die Auseinandersetzung des Lehrenden mit dem Unterrichtsgegenstand, also hier: mit dem ausgewählten Adoleszenzroman für Jugendliche. In ihr geht es literaturwissenschaftlich gesprochen um eine Interpretation, die sich mit der Komplexität des Textes bis in seine Nuancen, mit dem historisch gesellschaftlichen Kontext, mit dem Autor, mit der Rezeption und möglichen Rezeptionsprozessen sowie mit den vorliegenden Interpretationen auseinandersetzt. In der Sachanalyse haben folglich die Begriffe „Schüler" und „Unterricht" keinen Platz, denn es handelt sich um eine rein fachwissenschaftliche Auseinandersetzung mit dem Text, die der Lehrer durchführt, um sich selbst „sachkompetent" zu machen.

In seiner didaktischen Analyse kommt dann die „didaktische Reduktion" zum Zuge, denn der Unterrichtende betrachtet seine Interpretation des Romans nun unter dem Aspekt **seiner** Schulklasse und **seiner** Schüler. Er begründet, warum der Roman überhaupt unterrichtlich relevant ist und welche Teile, Elemente, Aspekte seiner Sachanalyse, also seiner eigenen Interpretation, für die Schüler dieses Alters, dieser Klassenstufe und mit diesen Lernvoraussetzungen von Bedeutung sind, welche sie erfassen, durchdringen und lernen sollen bzw. können. Die Sachanalyse wird also mehr oder weniger stark reduziert und elementarisiert.

Die Reflexion über die „didaktische Reduktion" selbst kann aber auch zum Gegenstand des Unterrichts werden, wenn der Unterrichtende seine Schülerinnen und Schüler an ihr beteiligt. Diese wissen am besten, welche Probleme oder Aspekte eines Romans sie am meisten interessieren und welche für sie am bedeutungsvollsten sind. Die Schülerbeteiligung an der „didaktischen Reduktion" setzt allerdings voraus, dass die Schülerinnen und Schüler den Roman bereits gelesen haben. Der Vorteil dieses Verfahrens ist, dass die Schülerinnen und Schüler merken, dass sie ernsthaft an der Unterrichtsplanung beteiligt werden, ihre Wünsche und Vorstellungen berücksichtigt und ihre Meinungen ernst genommen werden, denn ein gemeinsam erstelltes „didaktisches Reduktionsmodell" bildet die Grundlage des Unterrichts.

Dieses Verfahren hat noch einen weiteren positiven Effekt, denn indem die Schülerinnen und Schüler an der „didaktischen Reduktion" beteiligt werden, lernen sie, über Unterrichtsmethoden und Textanalyseverfahren nachzudenken: Sie reflektieren zusammen mit dem Lehrenden über verschiedene Zugriffsweisen auf einen Roman, diskutieren deren Relevanz und müssen im Klassengespräch ihre eigenen Vorstellungen einbringen und eventuell verteidigen.

Die Schülerinnen und Schüler an der „didaktischen Reduktion" zu beteiligen, ist keineswegs ein Verfahren, das nur auf der gymnasialen Oberstufe möglich ist; es ist vielmehr auch ohne weiteres in der Sekundarstufe I durchführbar. Und selbst in der Grundschule kann man mit den Schülerinnen und Schülern in Ansätzen über Fragen der Reduktion diskutieren.

3.3 Das Gespräch im Literaturunterricht

Die Beteiligung der Schülerinnen und Schüler an der „didaktischen Reduktion" und damit an didaktisch-methodischen Fragen des Unterrichts bildet zugleich den Einstieg in einen literarischen Diskurs, da das Gespräch über die „didaktische Reduktion" ohne eine Auseinandersetzung mit dem literarischen Text selbst nicht denkbar ist.

Das Gespräch über literarische Texte hat im Literaturunterricht eine zentrale Bedeutung. Es war zwar zeitweilig – vor allem durch die Diskussion um den handlungs- und produktionsorientierten Literaturunterricht und den „offenen Unterricht" – in Misskredit geraten, ist aber im Verlauf der letzten Jahre wieder stärker ins Bewusstsein gerückt.

Die Abwertung des Gesprächs im Literaturunterricht ging Hand in Hand mit der Kritik an den textanalytischen Verfahren im Unterricht und den lernzielorientierten Unterrichtsformen. Die damals vorherrschende Gesprächsform war das fragend-entwickelnde Verfahren, in dem der Lehrende ein festes Ziel vor Augen hatte und dementsprechend den Verlauf des Unterrichtsgesprächs plante. In einer von ihm festgelegten Folge wurden den Schülerinnen und Schülern gezielte Fragen zum literarischen Text vorgelegt, die systematisch aufeinander aufbauten und die sie konsequent zu dem vorher fixierten Ziel führen sollten. Von diesem „Gedankengang" abweichende Schüleräußerungen wurden entweder nicht beachtet oder beiseite geschoben, weil sie den Ablauf störten. Die Schülerinnen und Schüler konnten daher keinen eigenen Gedankengang entwickeln und kaum eigenständige Überlegungen anstellen. Die Reaktionen des Lehrenden, seine Zustimmung und positive Verstärkung bildeten die Richtschnur für die Schülerreaktionen und -äußerungen. Dieses Verfahren des fragend-entwickelnden Gesprächs garantierte das Erreichen des gesteckten Unterrichtsziels und bot die erwünschte Möglichkeit, inhaltliche und textanalytische Fragestellungen miteinander zu verknüpfen und die Schülerinnen und Schüler durch Impulse zu bestimmten Überlegungen zu veranlassen. Dieses Verfahren steht in der Tradition der sokratischen Methode, der Mäeutik, die ein wichtiger Bestandteil humanistischer Bildung war und ist.

Die rezeptionsorientierte Literaturdidaktik, die die Verfahren und Erkenntnisse der Rezeptionsästhetik aufgriff und auf den Literaturunterricht anwendete, musste das fragend-entwickelnde Verfahren im Umgang mit Literatur notwendigerweise einer scharfen Kritik unterziehen. Denn nach Vorstellung der Rezeptionsästhetik bietet der literarische Text Personen, Handlungen, Räume, Vorgänge usw. nicht wie in der Realität mit unendlich vielen, sie bestimmenden Merkmalen an, sondern reduziert sie auf einige wenige. Deswegen weist ein literarischer Text entsprechend zahlreiche Unbestimmtheitsstellen auf; er bietet nur „schematisierte Ansichten" (Ingarden), weist „Leerstellen" auf (Iser), ist durch „Ambiguität" (Eco) und „Polyfunktionalität" (S. J. Schmidt) charakterisiert. (zit. in: Waldmann 1998, S. 16f.) Der Leser muss mit dieser Offenheit des literarischen Textes, Waldmann nennt sie „Undifferenziertheit" (ebd., S. 17), beim Lesen konstruktiv umgehen, er muss den literarischen Text in seiner Phantasie in eine quasi konkrete Wirklichkeit umsetzen, andernfalls „sagt der Text ihm nichts". Ein weiteres Problem kommt noch hinzu, denn die Vorstellungen, die in der Phantasie entstehen, sind nicht wie die Realität konturiert und konkret, sondern „unscharf, schwankend, fluktuierend und oszillierend" (ebd.). Im Lesevollzug muss also der Leser zu dem literarischen Text sehr viel hinzutun, um ihn lebendig zu machen. Was er hinzufügt, ist aber nicht beliebig, sondern entspringt seinen eigenen Vorstellungen, seinen Erfahrungen, seiner Sozialisation, seinen Wünschen, Sehnsüchten und Träumen. Deswegen funktioniert beim Lesen die Identifikation, weil sich der Leser auf Grund seiner Phantasieleistung im literarischen Text selbst wiederfindet.

Für den Literaturunterricht bedeutet das, wenn man diesen Ansatz **radikal** vertritt, dass im literarischen Gespräch alle Bewertungen durch den Lehrenden wegfallen müssen. Die Schülerinnen und Schüler haben die Möglichkeit, ohne jegliche Lenkung ihrer Phantasie freien Lauf zu lassen, selbstständig ihre Deutungsansätze zu entwickeln und zu entfalten und sie im Gespräch mit den Mitschülern vorzubringen und zu diskutieren. Der Lehrende beschränkt sich in diesem absolut ungelenkten Gespräch auf die Aufgaben eines Gesprächsleiters, der lediglich auf die Beachtung der Gesprächsregeln zu achten hat. „Ein solcher Umgang mit Literatur entspricht einer Konzeption von Schule, in der einzelne Methoden nicht das Mittel sind, um ein bestimmtes Ziel zu erreichen, sondern in der die praktizierten Umgangsformen ihren Sinn in sich selbst haben." (Spinner 1993, S. 35) Spinner fragt allerdings zu Recht, wie ein literarisches Gespräch in dieser radikalen Form mit den auch notwendigen Lehrgangs- und Lernformen im Unterricht zu vereinbaren ist.

Er selbst vertritt eine gemäßigtere Position, die durch zwei leitende Maximen charakterisiert ist:

1. „Fragen und Impulse sollen sich auf Aspekte beziehen, die den Schülern als Problem einsichtig sind." (Spinner 1993, S. 35) Wenn z. B. zwei Schüler unterschiedliche Positionen vertreten, soll sich eine Erörterung anschließen, in der die Schüler ihre jeweilige Position darstellen und gemeinsam eine Abwägung der Argumente vornehmen. Oder die Schüler sollen bei einer Person die Motive für ihre Handlung ergründen und weniger ihre Charaktermerkmale aufzeigen. Das erste stellt eine eigenständige Interpretationsaufgabe dar, das zweite eine inhaltliche Zusammenfassung.

2. Wenn der Lehrer Fragen stellt, sollten es echte Fragen sein, die auch sein eigenes Textverständnis betreffen. Das literarische Gespräch soll nicht zu einem vordergründigen Abfrage- oder Ratespiel abgewertet werden. Vielmehr sollte gemeinsam an einer Deutung des Textes gearbeitet, sollten unterschiedliche Deutungsmöglichkeiten ausprobiert werden und am Ende, nachdem alle Argumente ausgetauscht sind, durchaus mehrere denkbare Lösungen nebeneinander stehen bleiben. „In der gemäßigten Position wird, so könnte man zusammenfassend sagen, eine Gesprächsform angestrebt werden, die zwar durchaus gelenkt ist, bei der aber nicht auf jede Schüleräußerung eine Bewertungsaktion des Lehrers folgt." (Spinner 1993, S. 36)

Eine ähnliche Position vertreten auch Eva Fischer / Valentin Merkelbach u. a. (1998, S. 23–27). Auf der Basis gesprächstheoretischer Erkenntnisse und eigener unterrichtspraktischer Erfahrungen haben sie für das literarische Gespräch drei Regeln aufgestellt, die nach meiner Einschätzung für den Lehrenden sehr hilfreich sind:

„– Die Lehrperson hält sich zunächst mit eigenen interpretativen Beiträgen zurück und konzentriert sich auf die Moderation des Gesprächs.

– Die Vermittlung von Struktur- und Kontextwissen wird als solche von der Lehrperson markiert, damit dieses Expertenwissen von den SchülerInnen nicht als Interpretation missverstanden wird.

– Die Lehrperson lässt auch abwegig erscheinende interpretative Beiträge zu und gibt den SchülerInnen die Chance, auch solche Beiträge mit dem Text in Einklang zu bringen oder sie als unvereinbar zu verwerfen." (Fischer / Merkelbach u. a. 1998, S. 25)

Mit diesen Verhaltensregeln soll verhindert werden, dass die zu rasch geäußerte Interpretation des Lehrenden die Schülerinnen und Schüler in ihrem weiteren, eigenständigen Denken hindert oder sie lediglich zu einer Anpassung an seine Meinung verführt; es soll durch dieses Verhalten aber erreicht werden, dass der Lehrende zunehmend mehr zum tatsächlichen Gesprächspartner im literarischen Dialog wird. Schließlich sollen die Schülerinnen und Schüler durch diese Art des literarischen Gesprächs dahin geführt werden, zu erkennen, dass es kein Interpretationsmonopol gibt, sondern durchaus unterschiedliche Deutungen nebeneinander stehen bleiben können. „Einsames Lesen als Textverstehen und gemeinsames Interpretieren als Sich-Verständigen über dieses Verstehen ist kein Luxus höherer Bildung, sondern schwer ersetzbare Teilkompetenz einer allgemeinen Wahrnehmungs- und Interpretationsfähigkeit, die zu erwerben jeder eine reelle Chance haben muss." (Fischer / Merkelbach u. a. 1998, S. 27)

3.4 Textanalytischer Umgang mit KJL

Wie wir oben in der Diskussion um die Kontroversen der KJL-Didaktik (Kap. 2.2.2) und im Anschluss an die Untersuchungen von Karl-Heinz Kliewer über die Unterrichtsmodelle zur KJL (Kliewer 1997) dargestellt haben, werden im Umgang mit KJL im Unterricht textanalytische Fragen fast vollständig ausgeklammert; der Schwerpunkt des Unterrichts liegt allein auf dem Inhalt und/oder dem Thema in seiner „didaktischen Verpackung".

Die Diskussion um textanalytische Verfahren im Unterricht ist aber auch ein allgemeines literaturdidaktisches Problem, das z. B. 1989 in der Zeitschrift „Praxis Deutsch" (1989, H. 98) von Kaspar H. Spinner, Otto Ludwig, Wolfgang Menzel, Hans Kügler und Klaus Gerth, den Herausgebern der Zeitschrift, sehr kontrovers diskutiert worden ist. „Unsere Kontroverse drehte sich vor allem um die Frage, ob analytische Verfahren Teil einer jeden Texterschließung sein müssen oder ob auch Formen des Textumgangs ohne analytische Schritte möglich und sinnvoll sind." (Spinner 1989, S. 20)

In den 60er und 70er Jahren wurde der textanalytische Zugriff im Unterricht als Befreiung vom irrationalen Umgang mit Literatur, wie er vorher üblich war, empfunden; zudem erwies sich das textanalytische Verfahren im Umgang mit Literatur, da es um das Erlernen von „Handwerkszeug" ging, als kontrollierbar und überprüfbar. Kritik daran wurde aber bald, und zwar schon Ende der 70er Jahre, geübt mit dem Argument der Verkopfung des Literaturunterrichts. Das textanalytische Verfahren zerstöre das ästhetische Erleben und verhindere die Identifikation mit der literarischen Welt. Die rezeptionsästhetische Didaktik lehnte daher textanalytische Verfahren ab, betonte die Subjektivität des Verstehensprozesses und forderte handlungs- und produktionsorientierte Verfahren im Umgang mit Literatur. Dass gerade auch produktive Verfahren zur textanalytischen Auseinandersetzung mit literarischen Texten geeignet sind, wird erst bewusst, wenn man darüber nachdenkt, dass produktive Verfahren auch zum Umgang mit textualen oder erzähltechnischen Faktoren sinnvoll einsetzbar sind: Man denke z. B. an eine Veränderung der Erzählerrolle oder der Erzählperspektive, das Erfinden einer Rahmenhandlung, Schreiben von Ich-Geschichten oder das Einfügen von Gedanken und Überlegungen handelnder Personen in inneren Redeformen. Derartige Aufgaben bedeuten immer eine Auseinandersetzung mit der Text- und Erzählstruktur des Originals.

Spinner stellt in seinem Aufsatz verschiedene textanalytische Verfahren kurz vor, erläutert ihre Vorgehensweisen und Intentionen: die werkimmanente Interpretation, die Stilanalyse, die rhetorische Analyse, die strukturalistische und semiotische Analyse, die literatursoziologische Analyse und die linguistische Textanalyse. In seinem Fazit macht er deutlich, dass es sinnvoll ist, diese Verfahren im Literaturunterricht nie rein anzuwenden, sondern immer in Kombination miteinander. Das schafft den Vorteil, dass man die jeweils ergiebigsten Verfahren auswählen und aufeinander beziehen kann. (Ebd., S. 21 f.)

Der Umgang mit literarischen Texten im Unterricht macht es daher nötig, dass die Schülerinnen und Schüler im Laufe der Schulzeit immer mehr Analysekategorien an die Hand bekommen, um so ihre Kompetenz im Umgang mit Texten zu erweitern. Allerdings sollten die Analysekategorien und Fachtermini grundsätzlich auf induktivem Wege gewonnen und in ihrer Bedeutung und Funktion durchschaut werden. Zudem ist unbedingt zu beachten, dass der Lehrende beim Umgang mit literarischen Texten die Analysekategorien nicht in den Vordergrund stellt, denn die Auseinandersetzung mit dem Inhalt / Thema / Problem des Textes besitzt grundsätzlich Vorrang. Mit Hilfe seiner eigenen Sach- und didaktischen Analyse muss er ermitteln, welche Analyse-Kategorien für den jeweiligen Text relevant und funktionsträchtig sind und welche den Zugang zu ihm besonders erleichtern.

Diese Überlegungen gelten nicht nur für den Umgang mit „klassischer Dichtung" im Unterricht, sondern unbedingt auch für den Umgang mit KJL. Das Kapitel 1.4 hat gezeigt, dass in der KJL der Gegenwart vor allem in den psychologischen Kinderromanen und in Adoleszenzromanen moderne Formen des Erzählens intensiv angewendet werden. Das Verstehen dieser Texte erfordert daher neben anderen **auch immer** textanalytische Verfahren.

Zur Orientierung und zur Hilfe im textanalytischen Umgang mit KJL stellen wir hier ein Modell vor. Es ist als „Checkliste" gedacht, die dem Interpreten empfiehlt, den Text auf diese Punkte hin zu befragen, ob sie für eine Interpretation ergiebig sind. Unergiebige Punkte sollten unberücksichtigt bleiben:

1. Der Autor und sein sonstiges Werk
   (Inwiefern helfen diese Informationen zum besseren Verstehen des Textes?)

2. Der historisch-gesellschaftliche Kontext
   (Spielt vor allem bei historischen Texten eine Rolle, aber auch schon bei Texten aus den 70er Jahren.)

3. Analysebereiche des Textes
   – Thema und Inhalt des Textes
   – äußere Gliederung und innerer Aufbau
   – Personen und ihre Darstellung, Personenkonstellation
   – Titel und Überschriften (Bedeutung und Funktion)
   – Erählsituation und Einstellung des fiktiven Erzählers zum Geschehen und zu den Personen
   – Behandlung der Zeit:
     – das Verhältnis von Erzählzeit und erzählter Zeit
       (raffend, dehnend, zeitdeckend)
     – Zeitverlauf (chronologisch, sprunghaft, Rückblenden)
   – Behandlung des Raumes / Handlungsortes (Art, Darstellungsweise, Bedeutung)
   – Verwendung epischer Grundformen des Erzählens und deren Funktionen
     (Bericht, Beschreibung, Erörterung, szenisches Erzählen)
   – Redeformen (Dialoge, Monologe, indirekte Rede, innere Rede- und Denkformen)
   – Metaphorik, Symbolik, Motivik
   – Sprache:
     – Syntax (eher hypo- oder parataktisch)
     – Wortarten (Auffälligkeiten im Gebrauch von Nomen / Verben / Adjektiven)

> – Tempus- und Modusgebrauch
> – Satzzeichen (vor allem Ausrufe-, Fragezeichen und Gedankenstriche)
> – Gattung / Textart
> – Fiktiver Leser, intendierte Leserrollen und deren Funktion
> 4. Deutung des Textes unter Einbeziehung aller Analysebereiche
> 5. Rezeption und Rezeptionsgeschichte des Textes
>   (Interpretationen, Bewertungen, Rezensionen, historisch oder gesellschaftlich
>   bedingte Veränderungen in den Interpretationen)

3.5 Handlungs- und produktionsorientierte Verfahren

Die Kritik am textanalytisch-kognitiven Literaturunterricht Ende der 70er Jahre führte dazu – so hatten wir oben ausgeführt –, dass in der Literaturdidaktik die Rezeptionsästhetik mit ihrer Forschung zum Leser und zum Verhältnis von Text und Leser ganz stark in den Vordergrund rückte, vor allem weil auf Grund des Leserbezugs dieses Ansatzes didaktisch der Schüler mit seiner Rezeption ins Blickfeld geriet.

Die verschiedenen Befürworter eines „handlungs- und produktionsorientierten Literaturunterrichts" vertreten kein einheitliches Konzept. Schon die Begriffe, die für diesen didaktischen Ansatz gewählt worden sind, verdeutlichen das: Gerhard Haas benutzt den von uns verwendeten Terminus, Günter Waldmann spricht vom „produktiven Umgang mit Literatur im Unterricht", Kaspar H. Spinner von der „emotionalen und imaginativen Vergegenwärtigung literarischer Texte durch Produktionsaufgaben". Gerhard Rupp geht es nicht so sehr um produktive Verfahren als vielmehr darum, durch handelnden Umgang die Rezeption literarischer Texte möglichst nachhaltig zu stärken und die ursprünglich poetische Funktion der literarischen Texte wahrzunehmen, während für Karlheinz Fingerhut die Textanalyse die Voraussetzung aller produktiven Verfahren ist. Das Umerzählen und der Vergleich des Umerzählten mit dem Original soll zur Erkenntnis der spezifischen Merkmale des literarischen Textes führen. (Vgl. Waldmann 1998, S. 52–61, wo sich die einzelnen Didaktiker mit ihrer Position selbst vorstellen.)

Während Waldmann, Spinner und Rupp von der Rezeptionsästhetik her kommen und aus Sicht des Lesers und seines Leseprozesses argumentieren, orientiert sich Gerhard Haas (1997) vor allem an den Schülern und ihrem Lesen. Der kognitiv-textanalytische Literaturunterricht gehe an den meisten Schülerinnen und Schülern und ihren Interessen vorbei und führe dazu, dass der Literaturunterricht eher einen Nicht-Leser als einen Leser produziere. Mit Hilfe der handlungs- und produktionsorientierten Verfahren sollen die nicht so Begabten schreibend, malend, spielend usw. mit literarischen Texten in Kontakt treten, sich also auf andere Weise in den Leseprozess einbringen und so auf Dauer Leseinteresse gewinnen und eine stabile Lesemotivation aufbauen. Man kann den Ansatz von Gerhard Haas „schülerorientiert" nennen; er basiert auf den Überlegungen der Reformpädagogik, der

Kunsterzieherbewegung, von Freinet, des Offenen Unterrichts und des kreativen Schreibens. Die beiden Begriffe „Handlungs- und Produktionsorientierung" benennen zwei verschiedene Umgangsweisen mit dem literarischen Text: In den handlungsorientierten Verfahren geht es um „bildlich-illustratives, musikalisches, darstellendes und spielerisches Reagieren" auf einen Text (Haas, in: Haas / Menzel, Spinner 1994, S. 18), während die produktionsorientierten Verfahren stärker die kognitiven, konstruktiven und antizipatorischen Fähigkeiten der Schüler fordern, indem sie von einem bestimmten Thema, einer besonderen Personenkonstellation, einem Element der Handlung oder den Eigenschaften von Personen aus zur eigenen Textgestaltung führen. (Haas 1997, S. 43)

Günter Waldmanns Ausgangspunkt ist die Rezeptionsästhetik mit ihrem Theorem, dass der literarische Text erst konkret wird durch die Rezeption des Lesers, der durch seine Phantasie den Text quasi zum Leben erweckt und so zum Koproduzenten des Textes wird. (Waldmann 1998, S. 56) Der Leser soll zum eigenen kreativen Schreiben angeregt werden, dadurch produktive Erfahrungen mit der Literatur machen und so Lust an Literatur gewinnen.

Waldmann setzt den produktiven Literaturunterricht aber nicht absolut. „Neben dem produktiven Umgang mit Literatur muss das Anhören, das gemeinsame Erlesen und Erleben, das Vorlesen, das Darstellen, das gemeinsame Besprechen, Erörtern und Diskutieren, das Interpretieren und Analysieren literarischer Texte stehen." (Waldmann 1998, S. 41) Die produktiven Verfahren bilden für ihn aber die **Grundlage** für den schulischen Umgang mit literarischen Texten, denn sie dienen der Hinführung zur Literatur und der Einführung in ihr Verstehen.

Spinner wendet sich vor allem in seinem Aufsatz „Wider den produktionsorientierten Literaturunterricht – für produktive Verfahren" (1987) gegen eine Verabsolutierung der handlungs- und produktionsorientierten Verfahren im Literaturunterricht. Viele dieser Verfahren, die z. B. Haas und Waldmann propagieren, sind – seiner Ansicht nach – ohne eine genaue Kenntnis und ein differenziertes Verstehen des literarischen Textes nicht möglich. In die produktiven Verfahren müssten auch immer kognitive Operationen eingebracht werden. Und die Verfahren Waldmanns z. B. im Umgang mit Lyrik dienten in erster Linie als Mittel zur Analyse bzw. zum Nachschaffen lyrischer Schemata. Aber auch Spinner kritisiert das traditionelle Interpretationsgespräch als zu kopflastig und sieht in den Produktionsaufgaben die Möglichkeit, dieses Gespräch zu intensivieren und zu verdichten, und zwar unter deutlich größerer Beteiligung der Schüler. In seinen neueren Arbeiten, die wir oben schon referierten (1993), betont Spinner die Offenheit von Interpretationen und die Vielfältigkeit der Deutungsmöglichkeiten von literarischen Texten, die im literarischen Gespräch erfasst und nebeneinander gestellt werden müssten. Auch hierbei könnten produktive Verfahren sinnvoll eingesetzt werden.

Der handlungs- und produktionsorientierte Literaturunterricht ist nicht ohne Widerspruch geblieben. Vor allem Hans Kügler hat durch seine Kritik eine Kontroverse in Gang gesetzt, die sich über mehrere Hefte von „Praxis Deutsch" hinzog:

1988, H. 90 und 91; die Reaktionen der Befürworter 1988, H. 92 und 93; die Antwort Küglers 1989, H. 94 und abschließend 1989, H. 98.

Küglers Kritik bezieht sich auf folgende Aspekte:

1. Der literarische Text sei ein autonomes Kunstwerk, in das man nicht einfach eingreifen dürfe.

2. Die Leerstellen in einem literarischen Text seien vom Autor intendiert. Ihr Ausfüllen führe zu einer vom Autor nicht gewollten Genauigkeit.

3. Normale Leser würden „handlungslos" lesen und sich gerade nicht auf handlungs- und produktionsorientierte Verfahren einlassen. Handlung zerstöre eher den Lese- und Verstehensprozess, als dass sie sie fördere.

4. Die Schüler würden zu Ko-Autoren gemacht; ihre Produkte kämen aber über Banalisierungen nicht hinaus. Der Vergleich von Original und Schülerarbeit müsse notwendigerweise zu Frustrationen und schließlich zu Schreibunlust führen.

5. Die literarischen Texte werden zu „Steinbrüchen" herabgewürdigt, die man beliebig ausbeuten könne.

6. Die handlungs- und produktionsorientierten Verfahren würden dem literarischen Text, dem Autor, den historisch-gesellschaftlichen Verhältnissen und den Entstehungsprozessen nicht gerecht. Ein Bewusstsein von historischer Differenz könne so gerade nicht aufgebaut werden.

Diese Kritik ist von den Verfechtern des handlungs- und produktionsorientierten Literaturunterrichts entschieden, z. T. recht polemisch zurückgewiesen worden. Ein besonnenes Urteil, bedingt durch seine Distanz, fällt über diese Kontroverse Albert Bremerich-Vos (1996, S. 45–47), wenn er feststellt, dass vom Standpunkt einer kritischen Hermeneutik nichts gegen produktive Verfahren spreche, wenn man sie nicht gegen andere Formen des Lesens und Verstehens ausspiele. Und auch didaktisch sollten unterschiedliche Verfahren im Unterricht Verwendung finden. Aber die Favorisierung produktiver Verfahren dürfe nicht zu der These verleiten, dass das als „traditionell eingestufte Interpretationsgespräch" (ebd., S. 46) generell abgelehnt wird, denn es hat – und das betont ja auch Waldmann – im Literaturunterricht seine Berechtigung neben möglichen anderen Verfahren. Der Lehrer muss im Einzelfall entscheiden, welche methodischen Zugriffsweisen auf einen literarischen Text sinnvoll und welche produktiven Verfahren möglich und Erfolg versprechend sind. Denn nicht alle Verfahren, die in der Produktionsdidaktik diskutiert werden, sind auch auf alle Texte ohne weiteres anwendbar.

Eine derartige vermittelnde literaturdidaktische Position, die versucht, die handlungs- und produktionsorientierten Verfahren mit anderen zu verknüpfen, wird hier unterstützt und befürwortet. Bei den Vertretern des handlungs- und produktionsorientierten Literaturunterrichts besteht leicht die Gefahr, dass sie ihre Position aus Gründen der Vermittlung überbetonen und nicht aufzeigen, wie z. B. die produktiven Verfahren auf das Verstehen des literarischen Textes selbst zurückgebunden werden können. Die meisten Darstellungen bleiben in diesem Punkte bei vagen Andeutungen oder allgemeinen Aussagen stehen. Und die Unterrichtspraxis läuft immer wieder Gefahr, dass sich die produktiven Verfahren verselbstständigen, sogar zum Selbstzweck werden. Dieser Gefahr sollte sich jeder Lehrende bewusst sein, der sich auf einen handlungs- und produktionsorientierten Literaturunterricht einlässt, denn am Ende einer produktiven Auseinandersetzung mit dem literarischen Text stehen nicht die Produkte der Schüler, sondern die Erkenntnisse, die ihnen ihre Produkte im Hinblick auf den literarischen Text und dessen Verstehen vermittelt haben.

Kataloge zu den Verfahren des „handlungs- und produktionsorientierten Unterrichts" gibt es inzwischen in zahlreichen Versionen: der „berühmte systematische Katalog" (Kügler) von Waldmann im „Handbuch Deutsch" von Hopster (1984, S. 17–27), das „Auswahlverzeichnis der wichtigsten Verfahrensweisen" von Haas / Menzel / Spinner in „Praxis Deutsch" (1994, H. 123, S. 24), der in der Unterrichtspraxis wohl die intensivste Verbreitung gefunden hat, der Katalog von Spinner (1997, S. 27–30) oder von Fischer / Merkelbach u. a. (1998, S. 27–34).

Sie enthalten z. B. Vorschläge für „Textproduktive Verfahren", „Szenische Gestaltung", „Visuelle Gestaltung" und „Akustische Gestaltung" (Haas / Menzel / Spinner 1994, S. 24) oder zum „Schreiben", zum „Szenischen Interpretieren", zu den „Visuellen und akustischen Darstellungsformen" und „Zum Lesetagebuch" (Fischer / Merkelbach u. a. 1998, S. 29–34; Hintz [4]2011).

In seiner Publikation „Produktiver Umgang mit Literatur im Unterricht" ([5]2007) hat Günter Waldmann einen sehr umfangreichen Katalog von 166 Verfahren entwickelt, den er systematisch aufbaut und im einzelnen kommentiert:

1. „Aktives und produktives Lesen – teilweise veränderter – literarischer Texte"
2. „Produktive Konkretisation literarischer Texte"
3. „Produktive Veränderung literarischer Texte"
4. „Produktive Auseinandersetzung mit literarischen Texten"
5. „Anhang: Freie Produktionsaufgaben zur Erprobung eigenen Schreibens in literarischen Formen" (ebd., S. 68–85).

Zusätzlich hat Günter Waldmann in diesem Buch einen „Mini-Katalog von Verfahren zum produktiven Umgang mit Erzähltexten für die Hand der Schüler" (ebd., S. 92f.) zusammengestellt. Er soll im Folgenden abgedruckt werden, da er in der Unterrichtspraxis unmittelbar einsetzbar ist.

Mini-Katalog von Verfahren produktiven Umgangs mit Erzähltexten für die Hand der Schüler

1. *Lesen des Textes*
   - 'Kommentierendes Lesen' des Textes (oder eines wichtigen Teils von ihm), indem darüber, darunter, daneben und zwischen die Zeilen Bemerkungen, Einwände, Berichtigungen, Fragen, Ausrufe usw., gegebenenfalls auch als Sprech- und Denkblasen, geschrieben werden.
   - 'Kolorierendes Lesen' des Textes durch verschiedenfarbiges Überstreichen, An- und unterschiedliches Unterstreichen sowie Einrahmen wichtiger Wörter und Wortgruppen mit Überstreich- und Farbstiften.

2. *Konkretisierende Aneignung des Textes*
   - Ausführen von im Text nur knapp erzählten Stellen; Ausfüllen von Handlungslücken und -sprüngen; Schreiben von Parallelepisoden; Erfinden einer Rahmenhandlung.
   - Hineindichten von sich selbst in eine schwierige Situation oder einen Konflikt des Textes und Ausführen der Szene.
   - Vorstellen der Figuren in der Ich-Form; genaueres Beschreiben einer Figur (gegebenenfalls als Steckbrief), Hinzuerfinden einer Vorgeschichte; genauere Darstellung von Randfiguren und Erfinden ihrer Lebensgeschichte.
   - Einfügen von Äußerungen und Überlegungen der Figuren zu wichtigen Vorgängen und Handlungen (als Sprech- und Denkblasen, im inneren Monolog, als Tagebucheintragungen, im Dialog mit anderen Figuren des Textes).
   - Schreiben von Briefen zu auffälligen oder problematischen Handlungsvorgängen an die Figuren sowie von Antwortbriefen der Figuren, die die Mitschüler schreiben.

3. *Arbeiten am Text*
   - Spielen von Entscheidungs- und Konfliktsituationen des Textes im Rollenspiel und Erspielen und Erproben eigener Entscheidungen und Konfliktlösungen.
   - Herstellen von Varianten der Kernstellen; Umschreiben des Schlusses.
   - Verändern des Äußeren und des Charakters einer Figur; Verändern bzw. Vertauschen von Alter, Beruf, Geschlecht der Hauptfiguren; Umdrehen einer Figur von der Freund- zur Feindfigur und umgekehrt.
   - Verändern der Erzählform von der Er- in die Ich-Form (gegebenenfalls innerer Monolog) und umgekehrt; Erzählen einer Ich- oder Er-Erzählung in der Ich-Form aus der Perspektive einer anderen als der Hauptfigur oder gleichzeitig aus der Perspektive mehrerer Figuren.
   - Umformen des Erzähltextes in Dialogform, in ein Hörspiel, ein Drehbuch, ein Drama, in einen Comic.

4. *Auseinandersetzung mit dem Text*
   - Vorbereiten und Durchführen einer Befragung, eines Verhörs, einer Gerichtsverhandlung über Fehlverhalten, Verfehlung, Schuld oder Unschuld der Hauptfigur.
   - Verfassen von Briefen an die Hauptfigur zum Gesamtvorgang der Erzählung; Schreiben einer Diskussion zwischen der Hauptfigur und dem Autor; Verfassen von (wirklichen und fingierten) Briefen an den Autor.
   - Schildern des Erscheinens der Hauptfigur in der eigenen Lebenswelt (Familie, Schule, Sportverein usw.); Darstellen der eigenen Einstellung zu ihr durch Schildern einer Begegnung mit ihr oder durch Schreiben einer Grabrede oder eines Nachrufs auf sie.
   - Schreiben einer Fortsetzung, in der die Folgen oder Auswirkungen der Handlung nach einigen Jahren dargestellt werden.
   - Transponieren der (unveränderten) Handlung aus der Vergangenheit in die Gegenwart; Aktualisieren des Textes; Umschreiben des Textes in eine realistische (etwa Zeitungsbericht), triviale, utopische, parodistische usw. Fassung; Schreiben eines gegenläufigen 'Zweiten Teils' oder einer Gegen-Erzählung.
   - Schreiben einer eigenen Erzählung in der Erzählform des Textes mit aktuellem Inhalt; Reagieren mit einem eigenen freien Text auf den Erzähltext.

(Auszug aus Waldmann [5]2007, S. 92 f.)

3.6 Ein Modell zur Behandlung von KJL im Unterricht

Das folgende Modell zur Behandlung von KJL im Unterricht ist für Lehramtsstudenten entwickelt und im Studium, in Praktika und im Zusammenhang mit literaturdidaktischen Hausarbeiten und Examensarbeiten ausprobiert worden. Es hat hier zusammenfassende Funktion, da es die oben dargestellten didaktisch-methodischen Prinzipien für den Umgang mit KJL aufgreift:

---

1. Sachanalyse

   Interpretation des Textes der KJL mit Hilfe literaturwissenschaftlicher Methoden und nach literaturwissenschaftlichen Kategorien (vgl. Kap. 3.4)

2. Didaktische Überlegungen
   - In welcher Klassenstufe soll das Buch behandelt werden?
     (Begründungen entwicklungspsychologischer und lernpsychologischer Art)
   - Welche Schwerpunkte (inhaltlich / formal) setze ich in meinem Unterricht?
     (didaktische Reduktion – vgl. Kap. 3.2)
   - Welche Kapitel des Jugendbuchs sollen daher in meiner Klasse gemeinsam gelesen und intensiv besprochen werden? (Vgl. Kap. 3.1)
   - Wie sollen die übrigen Kapitel des Jugendbuchs in den Unterrricht einbezogen werden? (Vgl. 3.1.2)
   - Welche Lernziele will ich mit meinem Unterricht erreichen?
     (Die Lernziele sind die knappe Zusammenfassung der didaktischen Analyse. Alle relevanten Aspekte müssen in Lernziele umgesetzt werden. Umgekehrt können keine Aspekte auftauchen, die nicht didaktisch reflektiert worden sind. Die Lernziele sollen ganz konkret formuliert werden.)

3. Besondere unterrichtliche Aspekte übergreifender Art
   - Wie verläuft die Einführungsstunde?
     (Einstieg, Motivation, Erzeugung von Leseinteresse)
   - Wie verläuft das Lesen des Buchs?
     (zu Hause; teils zu Haus / teils in der Schule; in der Schule. Vgl. Kap. 3.1.2)
   - Welche handlungs- und produktionsorientierten Verfahren können bei der Behandlung des Jugendbuchs eingesetzt werden? (Vgl. Kap. 3.5)

4. Methodische Überlegungen
   - Wie verteile ich meine didaktischen Schwerpunkte auf ca. 8–12 Unterrichtsstunden? (Vgl. Kap. 3.2)
   - Kurze Darstellung der einzelnen Unterrichtsstunden nach folgenden Gesichtspunkten:
     - Thema der Stunde (dazu Kapitel und Seiten des Buchs, die konkret behandelt werden sollen)
     - Lernziele der Stunde
     - Beschreibung der inhaltlichen Schwerpunkte der Unterrichtsstunde (grober Stundenverlauf)
     - Besondere methodische Verfahren: das literarische Gespräch (vgl. Kap. 3.3), textanalytische Verfahren (vgl. Kap. 3.4), handlungs- und produktionsorientierte Verfahren (vgl. Kap. 3.5)

Teil B:
Unterrichtsmodelle

1 Vorüberlegungen zu den Unterrichtsmodellen

In diesem Kapitel laufen die Fäden aller drei vorhergehenden Kapitel zusammen und werden miteinander verknüpft: Das Kapitel über „Adoleszenzromane für Jugendliche" liefert die Grundlagen hinsichtlich der Gattung, das Kapitel zur „Didaktik der KJL" allgemeine didaktische Überlegungen und das Kapitel zu den „didaktisch-methodischen Prinzipien" spezielle didaktische Überlegungen zum Umgang mit Jugendromanen im Unterricht.

1.1 Zur Textauswahl

Für die Unterrichtsmodelle, die in diesem Kapitel vorgestellt werden, wurden vier verschiedene Adoleszenzromane ausgewählt. Mehrere Kriterien waren dabei ausschlaggebend:

1. Es sollen Adoleszenzromane behandelt werden, in denen Jungen bzw. Mädchen als Protagonisten fungieren, also eine Auswahl nach geschlechtsspezifischen Kriterien: Aus diesem Grunde fiel die Wahl auf Charlotte Kerners „Blueprint.Blaupause" als Roman mit einer weiblichen Hauptperson; männliche Protagonisten dagegen haben wir in den Romanen „Ein Schatten wie ein Leopard" von Myron Levoy, „Geboren 1999" von Charlotte Kerner und „Jack" von A. M. Homes.

2. Neben realistischen Adoleszenzromanen der Gegenwart sollten auch Romane behandelt werden, die zugleich einer anderen Gattung zugehörig sind. Die Wahl fiel auf Charlotte Kerners „Geboren 1999" und „Blueprint.Blaupause", die beide Sciencefiction-Romane sind. Beide sind herausragende Adoleszenzromane, die literarisch und in ihrer Thematik und Problematik sehr anspruchsvoll sind. In der Forschung und Diskussion um den Adoleszenzroman für Jugendliche finden Texte, die zugleich einer anderen Gattung zugeordnet werden können, merkwürdigerweise kaum Beachtung. Dieser Trend solle hier bewusst durchbrochen werden.

3. Die Entscheidung für die beiden Romane von Charlotte Kerner lag deswegen nahe, weil beide inzwischen in beachtenswerten Verfilmungen vorliegen, so dass das Verhältnis von einem literarischen Text zu seiner Umsetzung in ein anderes Medium einen weiteren, unterrichtlich interessanten Schwerpunkt bietet. Dass zudem „Blueprint.Blaupause" zu einem Theaterstück umgearbeitet worden ist, erhöht den Anreiz erheblich, diesen Roman zum Gegenstand des Unterrichts zu machen. Eine derartige Dreifach-Kombination gibt es in der Jugend- und in der Erwachsenenliteratur nur äußerst selten. Sie sollte unbedingt genutzt werden.

4. Die empirischen Untersuchungen (Teil A, Kap. 2.3.1) haben gezeigt, dass KJL in den Schulen gelesen wird, die aus den 1970er Jahren stammt. Unsere Auswahl sollte dagegen vor allem modernere Adoleszenzromane aus den vergangenen 20 Jahren anbieten. Leider ist es nicht möglich, ganz aktuelle Romane ein-

zubeziehen, da sie meistens nur in gebundener Form vorliegen und daher recht teuer sind. Erst wenn sich Texte als Lesestoff bewährt haben, werden sie auch als Taschenbücher auf den Markt gebracht. Das sieht man an den ausgewählten Texten: Charlotte Kerners „Geboren 1999" und Myron Levoys „Ein Schatten wie ein Leopard" erschienen erstmals 1989; Kerners Roman hat inzwischen den Verlag gewechselt und liegt bei Kiepenheuer Witsch in der 7. Auflage vor; Levoys Jugendbuch hat 2011 die 22. Auflage erreicht. „Jack" von Homes erlebte von 1992 fünfzehn Jahre lang zahlreiche Auflagen bei Arena, ehe es 2007 zu Kiepenheuer & Witsch wechselte und dort als Taschenbuch vertrieben wird.

5. Ein weiterer Gesichtspunkt bei der Auswahl der vier Jugendbücher galt den Klassenstufen. Das Buch von Myron Levoy passt auf Grund seiner Erzählstruktur, seiner Problematik und des Alters seines Protagonisten in die Klassen 7 bis 9, während die Bücher von A. M. Homes und „Geboren 1999" von Charlotte Kerner eher der Verstehensfähigkeit und dem Problembewusstsein von Schülerinnen und Schülern der Klassen 9 bis 11 entsprechen. Der Adoleszenzroman „Blueprint.Blaupause" von Charlotte Kerner wird auf Grund seiner Identitätsproblematik, seiner literarischen Verdichtung und seiner komplexen Erzählweise Leserinnen und Leser ansprechen, die 16 Jahre und älter sind.

1.2 Didaktische Begründungen für den Umgang mit Adoleszenzromanen im Unterricht

Das Erwachsenwerden mit seinen körperlichen, geistigen und seelischen Veränderungen und seiner Einführung in die Gesellschaft der Erwachsenen gilt sowohl entwicklungspsychologisch wie jugendsoziologisch als schwierige Phase, da unsere Gesellschaft so komplex geworden ist und da die Eltern aus verschiedenen Gründen ihre unterstützende Funktion während dieser Phase oft nicht mehr wahrnehmen können oder wollen.

Zu den Entwicklungsaufgaben, wie sie die moderne Entwicklungspsychologie (vgl. Teil A, Kap. 1.2) sieht, gehören die Akzeptanz des eigenen, sich verändernden Körpers, der Erwerb der männlichen bzw. weiblichen Rolle, der Erwerb neuer, reiferer Beziehungen zu Angehörigen des eigenen und des anderen Geschlechts, die Gewinnung einer geistigen und materiellen Unabhängigkeit von den Eltern, die Vorbereitung einer beruflichen Karriere, die Aufnahme intimer Beziehungen, die Vorbereitung auf ein eheliches Zusammenleben und die Gründung einer eigenen Familie, die Auseinandersetzung mit den Normen und Werten der Gesellschaft und der Aufbau eines eigenen Wertesystems und ethischen Bewusstseins, die Übernahme von Verantwortung für sich selbst und für andere und – alles zusammenfassend – die Gewinnung einer eigenen Identität.

Dass die Bewältigung dieser Entwicklungsaufgaben nicht ohne Störungen und Konflikte abläuft, lehrt die Erfahrung, die jeder Erwachsene selbst gemacht hat, oder die Beobachtung heutiger Jugendlicher. Früher, als es ein festes und allgemein gültiges soziales Werte- und Normensystem gab und überschaubare Verhältnisse herrschten, war das Erwachsenwerden einfacher und daher konfliktfreier.

Die Adoleszenzromane für Jugendliche, die seit Ende der 80er Jahre vermehrt in der Bundesrepublik erscheinen, haben diesen eben beschriebenen Prozess des Erwachsenwerdens zum Thema. In ihnen agieren Jugendliche, die im Alter der heranwachsenden Leser sind, die ihnen also auf fiktionale Weise ihre Probleme vorleben und am verfremdeten literarischen Modell bewusst machen. Das verfremdete Modell hat den Vorteil, dass Leserin und Leser das Dargestellte auf sich beziehen können, und zwar über die Identifikation, dass aber die dargestellten Probleme nicht so dicht an sie heranrücken, dass eine kognitive Auseinandersetzung nicht mehr möglich ist.

Die Gleichaltrigkeit von Protagonisten und Lesern führt weiterhin zu der Erkenntnis, dass die behandelten Probleme stellvertretend durchlebt und durchlitten werden. Das Sich-Hineindenken in die Protagonisten wird also erleichtert. Da das Erwachsenwerden ganz realistisch dargestellt wird, und zwar am Beispiel einer Gesellschaft, die der der Leser entspricht, wirkt diese Literatur authentisch. Jugendliteratur und damit auch die Adoleszenzromane für Jugendliche, die in den 90er Jahren erschienen sind, haben den Vorteil, dass sie – wie das auch in unseren Beispielen der Fall ist – aktuell sind, dass also das Dargestellte der Wirklichkeit der Leser und ihren eigenen Erfahrungen entspricht. Hier liegen erhebliche Vorteile gegenüber den Texten aus der Literaturgeschichte des 19. und frühen 20. Jahrhunderts, die meist in einer Gesellschaft angesiedelt sind, die für die heutigen Jugendlichen nicht mehr aktuell und daher nur schwer vorstellbar ist.

Die modernen Adoleszenzromane für Jugendliche sind in einer Sprache verfasst, die der der jugendlichen Leser sehr ähnlich ist. Auch das erleichtert den Zugang zu ihnen. Andererseits haben die Autorinnen und Autoren in den vergangenen zehn Jahren in vielen Fällen ein literarisches Niveau erreicht, das sich dem der Erwachsenenliteratur deutlich angenähert hat. Moderne Formen des Erzählens, Redeformen wie innere Monologe, erlebte Rede oder stream of consciousness, Ich- und personale Erzählsituationen, Perspektivenwechsel, Erzählen auf verschiedenen Ebenen, intensivierte Metaphorik und Symbolik finden Verwendung. Die Konsequenz beim schulischen Umgang mit dieser Literatur ist, dass man nicht allein bei der Thematik stehen bleiben darf, sondern dass in den Verstehensprozess die literarischen Darstellungsformen unmittelbar mit einbezogen werden müssen. Unterricht mit modernen Adoleszenzromanen für Jugendliche dient folglich auch der literarischen Erziehung, der Einübung in das Entschlüsseln komplexer literarischer Texte und den Umgang mit ihnen.

Die modernen Adoleszenzromane für Jugendliche liefern für den schwierigen Prozess des Erwachsenwerdens keine Lösungen oder fertige Antworten. Sie enden meist problemoffen und können durchaus auch das Scheitern des Protagonisten zeigen. Die jugendlichen Leser lernen dadurch am literarischen Modell, Problemoffenheit auszuhalten und psychisch mit ihr umzugehen. Andererseits wollen die

Adoleszenzromane das Erwachsenwerden in seinen verschiedenen Facetten den jugendlichen Lesern vor Augen stellen, wollen sie für sie sensibilisieren, wollen Entwicklungsstörungen und Schwierigkeiten antizipativ, im Vorgriff auf die eigene Realität, zum Gegenstand der Reflexion machen. Dadurch werden die Erfahrungsräume der jugendlichen Leser erweitert und vertieft.

In einigen modernen Adoleszenzromanen für Jugendliche werden aber auch Lösungsmöglichkeiten und -strategien dargestellt, die die jugendlichen Leser nachvollziehen und auf ihre Realität übertragen können. Hier liefern die Adoleszenzromane so etwas wie „Lebenshilfe".

In den Adoleszenzromanen für Jugendliche werden die Normen und Wertvorstellungen der Gegenwartsgesellschaft auf den Prüfstand gestellt, indem sich die Protagonisten stellvertretend für die Leser im Verlaufe der Handlung an ihnen reiben, sich mit ihnen auseinandersetzen, sie in Frage stellen oder provozierend gegen sie verstoßen. Die Jugendlichen lernen folglich, dass gesellschaftliche Normen und Werte keine feststehenden, fraglosen Größen sind, sondern dass ihre Bedeutung und Funktion in der Gesellschaft und für sie immer wieder überprüft werden müssen. Jeder Jugendliche sollte diesbezüglich seine eigenen Erfahrungen machen und sich nicht voreilig anpassen. Die Adoleszenzromane der Gegenwart helfen dabei.

Die in den letzten zehn Jahren erschienenen Adoleszenzromane für Jugendliche behandeln vornehmlich drei Problemfelder des Erwachsenwerdens:

1. Liebe, Partnerschaft, Sexualität

2. die Eltern-Kind-Beziehung und die Ablösung von den Eltern, aber auch die Sehnsucht nach Kindheit und Suche nach Geborgenheit. Der Generationskonflikt, der die Problemliteratur der 70er Jahre beherrschte, hat in den modernen Adoleszenzromanen eine Entdramatisierung erfahren.

3. die existentielle Orientierungslosigkeit und die Ich-Konflikte, die Identitätssuche und -findung, die Auseinandersetzung mit dem Selbstbild, die Suche nach der eigenen Rolle in der Peer-Group und in der Gesellschaft allgemein. (Vgl. Teil A, Kap. 1.4.2)

Diese drei Problembereiche haben – so stellt die moderne Entwicklungspsychologie fest – ebenfalls eine zentrale Bedeutung für die heutigen Jugendlichen zwischen 14 und 18 Jahren.

Wenn **sie** also hauptsächlich in den Adoleszenzromanen thematisiert werden, zeigt sich, dass diese Romane aktuell sind und das Bewusstsein der heutigen Jugendlichen treffen. Deswegen besitzen diese Romane eine so außerordentlich wichtige didaktische Bedeutung.

Das hier Ausgeführte gilt nicht für die 'postmodernen' und 'popliterarischen Adoleszenzromane', da sie lediglich das chaotische Lebensgefühl von Jugendlichen widerspiegeln, ihre absolute Ich- und Gegenwartsbezogenheit, in der „das Leben als Endlosparty und die Welt als Erlebnispark" betrachtet wird (Gansel 2008, S. 369), in denen eine Zukunftsperspektive keine Rolle spielt und das Erwachsenwerden mit seinen Entwicklungsaufgaben schon gar nicht. Derartige Texte mit Jugendlichen in der Schule zu lesen, kann sich als ausgesprochen schwierig erweisen, da schon bei Studierenden heftiger Widerstand gegen ihre Inhalte, Darstellungsweisen und Sprache artikuliert wurde. Trotzdem sollte man die Schülerinnen und Schüler mit diesen Texten konfrontieren, denn sie sind auch Beispiele jugendlicher Gegenwartsliteratur.

2   Myron Levoy: Ein Schatten wie ein Leopard (7.–9. Schuljahr)

(München: dtv 1992 = dtv pocket 78026; 22. Aufl. 2011)

2.1 Sachanalyse

Zum Autor

Der Amerikaner Myron Levoy wurde 1930 in New York geboren und wuchs dort in einem ethnisch gemischten Stadtteil auf. Die Erfahrungen, die er hier machte, bilden häufig den sozialen Hintergrund seiner Jugendbücher. Levoy studierte zunächst Ingenieurswissenschaften an der Purdue-Universität und arbeitete in der Raumfahrt. Schon früh begann er zu schreiben. Sein erster Roman „A Necktie in Greenwich Village" erschien 1968 bei Vanguard Press. Neben seiner Tätigkeit als Berater bildet die Schriftstellerei seinen zweiten wichtigen Arbeitsbereich. Er und seine Familie leben in Rockaway in New Jersey. Sein politisches und humanitäres Engagement ließen ihn zu einem aktiven Mitglied der amerikanischen Friedensbewegung werden.

Myron Levoy gilt schon seit vielen Jahren auch in Deutschland als hervorragender Jugendbuchautor. Sein eindrucksvolles Buch „Der gelbe Vogel" (dtv pocket 7842), das sich mit den psychotischen Auswirkungen der Judenverfolgung auf ein 12-jähriges Mädchen beschäftigt, erhielt 1982 den „Deutschen Jugendliteraturpreis". 1987 erschien in Deutschland sein Adoleszenzroman „Adam und Lisa" (dtv pocket 78014), in dem sich die 14-jährige Lisa zum ersten Mal verliebt und sich mit den Vorurteilen ihrer Umgebung gegen ihren sozial und psychisch geschädigten Freund Adam auseinandersetzen muss.

Der Jugendroman „Ein Schatten wie ein Leopard", 1981 in den USA publiziert, erschien 1989 in deutscher Übersetzung und liegt seit 1992 als Taschenbuch vor (dtv pocket 78026). Dieses Jugendbuch erzählt auf sehr sensible Art von den Problemen des 14-jährigen Puertoricaners Ramon Santiago, der in den Slums von New York lebt, und von seinem Versuch, sich mit den Ansprüchen seines Vaters, seiner sozialen Umgebung und seiner Gang auseinanderzusetzen und zugleich seinen eigenen Weg zu finden. Der 75-jährige Maler Arnold Glasser, wegen seiner Arthritis an den Rollstuhl gefesselt, bildet Ramons Gegenpart. Als Ramon ihn berauben will, kommt es zu einem ersten Gespräch zwischen ihnen; weitere Begegnungen führen auf mühevollem Weg zu wechselseitigem Verstehen und helfen schließlich beiden, mit sich selbst und ihrer Situation besser fertig zu werden.

Der Schauplatz

Die Handlung umfasst einen Zeitraum von 11 Tagen, vom 30. September bis zum 10. Oktober. Der Schauplatz ist New York, und zwar Manhattan. Ramon und die Mitglieder der Gang wohnen und leben westlich des Broadways zwischen der 47. und 57. Straße; ihr „Operationsgebiet" liegt in den weiter nördlich gelegenen, etwas besser situierten Wohngegenden; die Grenze zu den vornehmen Vierteln

New Yorks bildet der Broadway; er wird von ihnen nur selten überschritten. Es ist das andere New York mit seinen breiten Straßen, seinem flutenden Verkehr, den vielen Menschen, den Touristen, den vornehmen Hotels, den Kinos und glitzernden Geschäftspassagen. Ramon sagt über diese beiden „Gesichter New Yorks":

> Die Fifth Avenue war nicht seine Gegend, da paßte er nicht hin. Seine Straßen, die Zehnte, die Neunte, Achte, sie alle waren ihm vertraut wie sein eigenes Wohnzimmer. Die mit zerrissenen Zeitungen, Bierbüchsen, Papiertüten und Glasscherben übersäten, schadhaften Gehsteige erschienen ihm so freundlich wie Tauben und Eichhörnchen im Park. Und immer waren Menschen da. Männer und Frauen saßen auf den Vordertreppen und lehnten sich aus den Fenstern. Immer waren sie da. (...) Der Broadway war wie ein Fluß, der überquert werden musste, der seine Stadt von der anderen trennte. (S. 79)

Ramon ist einmal durch die Halle eines dieser vornehmen Hotels gegangen.

> Zwischen den dicken Teppichen und gepolsterten Sesseln hatte er gespürt, wie die Leute ihn anstarrten, und plötzlich hatte er sich seiner Kleidung geschämt, seines Gesichtes, sogar seines Körpers. Er hatte sich geschämt, Puertoricaner zu sein. Während er jetzt weiterging, spürte er die Erinnerung daran noch immer wie einen spitzen Dorn. (S. 81)

Die zitierten Textstellen machen deutlich, dass New York für Ramon zwei Gesichter hat und dass er sich nur in seiner Welt wohlfühlt. Die andere Welt liegt außerhalb, wirkt fremd und unnahbar. Diese beiden „Gesichter New Yorks" prägen ihn, sein Denken und seine Gefühle.

Personen, Personenkonstellation und Problementwicklung

Ramons Denken und Handeln wird andererseits dadurch bestimmt, dass er Puertoricaner ist. Sein Vater und seine Mutter sind vor Jahren aus Catano / Puerto Rico nach New York gekommen in der Hoffnung auf ein besseres Leben. Ihre Träume haben sich aber nicht erfüllt, denn es gab für sie keine Arbeit, und sie haben auf Grund ihrer Herkunft unter Diskriminierungen zu leiden. Vor Heimweh wird Ramons Mutter schließlich krank.

Die Puertoricaner bilden in den USA eine relativ große Einwanderungsgruppe, da diese Insel in der Karibik durch einen besonderen politischen Status mit den USA verbunden und deswegen die Einwanderung erleichtert ist. Vor hundert Jahren wurde Puerto Rico durch Truppen der USA von der 400-jährigen Herrschaft Spaniens befreit. Man hoffte auf die Unabhängigkeit, doch diese Hoffnung erfüllte sich nicht. Puerto Rico mit seinen 3,7 Millionen Einwohnern genießt derzeit den Status eines Mitglieds des US-Commonwealth; seine Einwohner erhielten 1917 die USA-Staatsbürgerschaft und haben die gleichen Rechte wie die USA-Bürger, aber Puerto Rico ist weder autonom noch ein US-Bundesstaat. Gegenwärtig wird in den USA wieder einmal über den politischen Status der Insel diskutiert; die Puertoricaner haben den Wunsch, durch eine Volksabstimmung selbst über ihre politische Zukunft zu entscheiden.

Der 14-jährige Ramon befindet sich in einer schwierigen Lebenssituation. Sie wird einmal bestimmt durch die gerade aufgeführten geographischen und sozialen Faktoren, zum anderen durch seine adoleszente Krise, er ist in einem Alter, in dem er versuchen muss, erste, aber entscheidende Schritte auf dem Wege zum Erwachsenwerden zu tun, sein Leben selbst zu bestimmen und ein eigenes Lebensziel zu finden. Von Statur her eher schmächtig und klein, aber drahtig und zäh, steht er zwischen zwei Lebensalternativen, die ihn beide faszinieren, die sich aber gegenseitig ausschließen. Man könnte sie als das männliche und das weibliche Prinzip bezeichnen.

Ramons Vater verlangt von ihm, dass er lernt, sich durchzusetzen, um gegen die Armut und Not, die Schwierigkeiten und die Gewalt im Leben gewappnet zu sein. Man muss stark und gerissen sein und darf sich nicht unterkriegen lassen, wenn man in den Slums von New York überleben will. Inbegriff dessen ist für den Vater, für die soziale Umgebung Ramons und für die Mitglieder seiner Gang der „Macho": „Macho zu sein, war gut. Es war notwendig. Das hatte der Vater immer wieder gesagt. Macho. Macho. Männlichkeit, Mut, Stolz." (S. 8)

Demgegenüber steht das andere Prinzip, das von Ramons Mutter, die mit ihrem fröhlichen Gesang stets ihre ganze Umgebung erfreute, und dem Maler Arnold Glasser repräsentiert wird: die Sensibilität, die Nachdenklichkeit und Mitmenschlichkeit, die Aufgeschlossenheit gegenüber dem Leben, der Natur, der Kunst und Literatur. Dieses Prinzip äußert sich bei Ramon in seiner Fähigkeit, seine Umwelt genau zu beobachten und seine Wahrnehmungen und Empfindungen in Worte zu fassen.

Die wichtigsten „Symbole" des männlichen Prinzips sind für Ramon:

– sein Vater, der sich bei einer Demonstration gegen die Polizisten zur Wehr setzte, als er sich ungerecht behandelt fühlte, und deswegen gerade eine Gefängnisstrafe verbüßt,

– die Gang, der er unbedingt angehören und von deren Mitgliedern er anerkannt werden möchte, obwohl er viel jünger ist als die anderen Mitglieder,

– und schließlich als Drittes seine Waffe, sein Messer, mit dem er sich zur Wehr setzt, mit dem er sich Respekt verschafft, das er braucht, um sich sicher zu fühlen. Er bezeichnet das Messer in seinem Notizbuch einmal als „seinen Bruder" (S. 153) und notiert an anderer Stelle: „Niemals würde er ohne sein! Wenn man klein war, wenn man dünn war, dann übte man stundenlang mit einem Messer. Tagelang. Er würde niemals ohne Messer sein. Man konnte nicht wie er ganz allein sein und kein Messer haben." (S. 12)

Aber seine Mutter hasst das Messer, und Ramon muss es vor ihr verstecken. Und auch Glasser hasst Gewalt und Messer. Die wichtigsten „Symbole" des anderen, des weiblichen Prinzips sind für Ramon sein Notizbuch, seine Mutter sowie Glasser und dessen Bilder. Vor Jahren hatte ihm ein Lehrer vorgeschlagen, alle Dinge, die ihn bewegen, die er beobachtet, die er fühlte niederzuschreiben. Seitdem trägt

Ramon sein Notizbuch immer mit sich herum. Wie vor der Mutter das Messer muss
er das Notizbuch vor seinem Vater und vor den Mitgliedern der Gang verbergen.
Einmal hatte ihn sein Vater beim Schreiben „erwischt", „ihn ausgelacht und verhöhnt (...): Weichling! Mädchen! Schreibt blödes Zeugs in ein Buch!" (S. 23)
Ramon hatte sich gewehrt, hatte blindlings auf seinen Vater eingeschlagen, wurde
zu Boden geworfen, aber war aufgestanden und versuchte noch einmal, seinen
Vater zu schlagen, und zog wieder den Kürzeren. Aber er erntete überraschenderweise Lob von seinem Vater:

> Vielleicht kannst du doch ein Mann sein! Wenigstens hast du soviel Mumm, um zu
> kämpfen! Deine Ehre zu verteidigen! Vielleicht habe ich doch einen Sohn. Vielleicht
> bist du doch ein Macho ... Jetzt wirf dieses Buch weg! Das ist was für Mädchen!
> (S. 27)

Das Notizbuch ist also das Gegensymbol zum Messer, es ist seine „Schwester", wie
Ramon notiert. (S. 153) Fast an jedem Tag gibt es Gelegenheiten, etwas in seinem
Buch zu notieren: sei es, dass er in Autoreifen „verrückte Raumschiffe vom Mars"
sieht (S. 58) oder in Glassers wehendem Vorhang einen „Leoparden, der sich
geschmeidig bewegt" (S. 107), sei es, dass er traurige oder fröhliche Gefühle auf-
schreibt oder Gedanken der Selbstwahrnehmung und Selbsterkenntnis. Durch das
ganze Jugendbuch ziehen sich seine Eintragungen wie ein roter Faden. Sie sind ein
Spiegelbild von Ramons Seele und des Veränderungsprozesses, den er durchläuft.
Die letzte Notiz vom 10. Oktober zeigt einen veränderten, selbstbewussten
Ramon, der auf dem Wege der Selbstfindung ein gutes Stück vorangekommen ist:

> Ramon Santiago! Das bin ich! Mit zwei Messerschnitten im Körper. Mit einem puer-
> toricanischen Gesicht. Und einem Verstand halb aus Luft. Und jeder, dem das nicht
> paßt, der kann mir den Buckel runterrutschen! (S. 189)

Ramon, der zuvor oft in seinen Texten Aggressivität zeigte und sich als Macho verstand, hat hier eine neue, selbstbewusste Position gewonnen. Er ist mit sich selbst
im Reinen und trauert seinem anderen Selbst nicht mehr nach. Er hat es abgelegt.
Er braucht die Pose des Macho nicht mehr. Das wird deutlich in der Auseinandersetzung mit dem aus dem Gefängnis vorzeitig entlassenen Vater im letzten Kapitel
des Buches; diese Auseinandersetzung besitzt Spiegelbildfunktion zu der aggressi-
ven Auseinandersetzung mit dem Vater im 3. Kapitel, aus dem wir die Schlägerei
um das Notizbuch oben beschrieben haben. Ramons Fazit am Schluss des Romans,
dem Vater gegenüber geäußert, lautet:

> Ich brauch' überhaupt gegen niemanden zu gewinnen! Ich kann ehrenhaft sein und
> trotzdem verlieren! Ich hab' kein Messer mehr! Ich kämpfe nicht mehr! Also nenn'
> mich, wie du willst! Weil ich auf *meine* Weise 'n Macho sein werd' und nicht auf deine!

Und ein paar Zeilen später:

> Niemand wird mir in Zukunft sagen, wer ich sein soll. Er (der Vater – GL) nicht,
> Harpo nicht. Auch Glasser nicht. Niemand. Ich werd' ich selber sein, innen drin, von
> innen raus. Genau wie Felipe. Ja, ich hab' mich entschlossen. (S. 187f.)

Ramons Mutter, die aus seelischem Kummer um ihre Lebenssituation in New York, aus Kummer um die verlorene Heimat Puerto Rico, aus Sorgen um ihren Mann im Gefängnis und ihren einzigen Sohn Ramon erkrankt ist und im Hospital liegt, verkörpert ebenfalls das andere Prinzip. Sie, die so fröhlich sein und wunderschön singen konnte, ist an den Lebensumständen der unmenschlichen Stadt New York zerbrochen. Ihr Mann, der sie in Puerto Rico liebte und zärtlich zu ihr war, reagiert unter den veränderten Bedingungen der Arbeitslosigkeit und Armut nur noch aggressiv ihr gegenüber. Sie habe ihm – so sein verletzender Vorwurf – keinen Sohn, keinen Macho geschenkt, sondern nur ein „Mädchen", einen „Weichling", und keine weiteren Kinder, die im Alter für sie sorgen könnten. Die lebenslustige Mutter ist an all dem zerbrochen. Aber sie hat Ramon etwas Unverlierbares mitgegeben: die Sensibilität und die Freude am Schönen. Sie verkörpert die Liebe und die Humanität. Und es trifft Ramon hart, wenn sie ihn im Krankenhaus nicht erkennt. Aber dadurch macht er Erfahrungen, die ihn bis ins Innerste treffen, die ihn verzweifelt, einsam und traurig sein lassen: „Auf dem Treppenabsatz des dritten Stocks setzte er sich auf die Stufe und lauschte, dann legte er das Gesicht in die Hände und weinte leise." (S. 29)

Die Gang und Glasser bilden neben Vater und Mutter, neben Messer und Notizbuch ein weiteres Gegensatzpaar. Am Anfang des Romans ist Ramons ganzes Bestreben darauf gerichtet, in diese Gang aufgenommen und als vollwertiges Mitglied anerkannt zu werden. Hier kann er beweisen, dass er ein Macho ist. Er wird von Harpo, dem Chef der Gang, zu einem Raubüberfall mitgenommen. Das Einleitungskapitel erzählt auf sehr realistisch-spannende Art davon. Als der Überfall gelingt, findet Ramon eine vorläufige Aufnahme. Außer Harpo gehören noch Angel und Julio zur Gang und der belämmerte Luis, der als Auslieferer des Kaufhauses für die Gang die lohnenswerten Opfer ausspioniert. Dass Ramon für derartige „Geschäfte" nicht besonders geeignet ist, wird am Ende des geglückten Raubüberfalls auf die alte, dicke Lady deutlich. Er kann ihr verschrecktes, ängstliches Gesicht nicht vergessen: „Also pack dein Gesicht weg, Lady, hau ab und laß mich in Ruhe!" (S. 11)

Der zweite Raubversuch, den er allein bei dem Maler Glasser durchführt, schlägt dann ganz fehl, da Glasser kein Geld hat. Der belämmerte Luis hat falsche Informationen geliefert. Aber auch die wenigen Dollar, die er schließlich mitnimmt, führen bei ihm zu Gewissensbissen. Sein zweiter Versuch bei Glasser endet noch schlimmer. Da die Mitglieder seiner Gang seinen Entschuldigungen, Glasser habe kein Geld, nicht trauen und seinen Umgang mit Glasser missbilligen, gibt es eine Messerstecherei, in der Ramon der Überzahl unterliegt und schwer verletzt wird. Aber er hat sich tapfer gewehrt. Dadurch hat er sich bei den Gangmitgliedern Respekt verschafft, der ihm am Ende hilft, als er sich von der Gang löst:

> Dann trafen sich ihre Augen, und Harpo senkte den Blick, als er an Ramon vorübereilte. Es war klar, Harpo würde ihn nicht mehr belästigen. Es hatte keinen Sieg ge-

geben, keine Ehre, kein Machogehabe – nicht bei vier gegen einen. Er fühlte sich frei. Von der Gang befreit. (S. 183 f.)

Glasser bildet den Gegenpol zur Gang. Er verkörpert andere Wertmaßstäbe. Aber auch er ist auf Grund der Umstände, in denen er lebt, und der Erfahrungen, die er in der Kunstszene gemacht hat, verbittert. Der Tod seiner Frau hat seine Verzweiflung noch vermehrt. Seine Bilder fanden in den 30er Jahren große Anerkennung, aber Glasser musste auch kränkende Verrisse erfahren, vor denen er schließlich in eine Art „innere Emigration" floh. Sein Malstil hat sich im Laufe der Zeit überlebt, so dass er in der Szene vergessen wurde. Seine Angst aber vor der künstlerischen Öffentlichkeit und ihrer Kritik entwickelte sich zu einer massiven Phobie. Trotzdem blieb das Malen sein ureigenstes Ausdrucksmittel; deswegen konnte und kann er nicht damit aufhören, sondern investiert seine ganze Unterstützung, die er von der Fürsorge erhält, in Farben. Seine Bilder aber bleiben in seiner Wohnung unter Verschluss.

Nach ihrer ersten Begegnung entwickelt sich Glasser für Ramon mehr und mehr zu einem Mentor, wie er in den Initiationsromanen dem Adoleszenten als Führer und Helfer während seiner Initiationsreise zur Seite steht. (Vgl. Teil A, Kap. 1.5) Der Unterschied zwischen den „klassischen Initiationsromanen" und diesem ist nur, dass der erwachsene Glasser auch umgekehrt in Ramon selbst eine Art Mentor findet. Ramon gelingt es am Ende durch den Verkauf von Glassers Bildern und ihr beiderseitiges Abkommen, den Maler aus seiner selbst gewählten Isolation herauszuführen. Andererseits erfährt Ramon von Glasser die Ermutigung, sein Schreiben als eine dem Malen gleichwertige, ihm eigene Ausdrucksform zu begreifen, und weiterhin, dass ein Macho auch anders interpretiert werden kann, nämlich als der Versuch, seinen eigenen Weg zu gehen und sich gegen die Missachtung und die Attacken des eigenen Vaters, der Gang und der Gesellschaft zu behaupten.

Ein Vorbild, diesen eigenen Weg zu beschreiten, bildet für Ramon Felipe Brillenschlange, ein Schüler aus seiner Schule, der so ganz anders ist, da er zielstrebig seinen Weg, Arzt zu werden, geht; er wird deswegen und wegen seines Aussehens oft geärgert und von allen geschnitten, aber er erträgt das alles unbeeindruckt. Auch für Ramon ist Felipe ein Sonderling, aber er unterhält sich immer wieder mit ihm. Und immer, wenn er ihm begegnet, taucht in ihm der Gedanke auf, ob der Weg Felipes nicht auch sein eigener sein könnte.

Auf dem Weg zur Selbstbestimmung helfen ihm also Glasser als Mentor und Felipe als Vorbild. Die einzelnen Schritte auf diesem Wege muss Ramon aber allein gehen. Und diese Schritte führen ihn über die Grenze des Broadways in die andere, die Glitzerwelt New Yorks. Als Initiant (vgl. Teil A, Kap. 1.5) muss er eine Initiationsreise in diese andere Welt wagen, vor der er sich bisher gefürchtet hat, und muss sich in ihr behaupten. Beim Verkauf der Bilder Glassers, die nicht in Ramons Lebenswelt der Slums passen, weswegen auch alle seine Versuche fehlschlagen müssen, hier eins zu verkaufen, nähert er sich über den Central-Park dem Zentrum New Yorks, der 5th Avenue, verkauft mit Geschick einige Bilder und kommt schließlich mit dem Galeristen Nielsen ins Geschäft. In die Welt der berühmten Bilder, der großen Malerei, in die Museumswelt New Yorks aber führt ihn sein Mentor Glasser selbst ein. Durch ihn erfährt Ramon etwas, was weit über seinen bisherigen Horizont hinausführt und ihm ganz neue Dimensionen eröffnet: „Picasso schien in einem Dutzend verschiedener Arten zu malen. Aber was davon war wirklich er selbst? fragte sich Ramon. Vielleicht könnte ich in genauso vielen Arten schreiben, wie Picasso malt. Oder sogar noch mehr." (S. 182)

Der Inbegriff von Ramons Individualität ist sein Schreiben; das belegen seine Texte. Dazu gehört aber auch seine Phantasie. Sie äußert sich in den sprachlichen Bildern seiner Texte und in seinen Tagträumen. Ramon hat einen besonderen Nachdenkplatz, eine Art Müllhalde mit hohem Unkraut und spindeldürren Büschen. Wenn er sich auf den Rücken legt, sieht er über den Spitzen der Gräser nur noch den Himmel; hier kann er seine Umwelt vergessen und sich seinen Träumen hingeben. Und er träumt eine Fortsetzungsgeschichte, in der er ein anderer Junge ist, in Illinois oder Indiana lebt, in einer intakten Familie mit einem älteren Bruder und einer jüngeren Schwester. Er träumt vom Fischen, von seinem familiären Zuhause, von einer Tanzveranstaltung mit einem liebenswerten Mädchen. Seine Tagträume entführen ihn aus seiner tristen Umgebung; sie haben also kompensatorische Funktion; aber sie bauen auch eine Welt auf, wie Ramon sie sich wünscht, sie geben ihm die Kraft, die negative Realität zu ertragen, und können zugleich zum Motor werden, die Traumwelt zu verwirklichen – insofern haben Ramons Tagträume auch eine emanzipatorische Funktion.

Im Teil A, Kap. 1.4.2 haben wir herausgestellt, welche Themen und Probleme der Adoleszenzzeit in der Jugendliteratur vornehmlich behandelt werden. Betrachtet man den Roman von Myron Levoy unter diesem Aspekt, erkennt man, dass im Zentrum ganz eindeutig die Frage nach der Identität steht. Es geht für Ramon darum, zu erkennen, wer er eigentlich ist und wie er sich zwischen den beiden Polen seines bisherigen Lebens entscheiden soll: Macho oder „'n TV-Schreiber" (S. 8). Um zu einer Entscheidung zu kommen, braucht er die Hilfe seines Mentors Glasser, das Vorbild seiner Mutter und Felipes, aber auch die Auseinandersetzung mit seinem Vater, mit den Mitgliedern der Gang und mit den sozialen Normen und Werten seiner Umgebung. Seine puertoricanische Herkunft ist ein weiteres Handikap, mit dem er fertig werden muss. Er entscheidet sich schließlich für sein „Buch", seine „Schwester", und gegen das Messer, seinen „Bruder"; er entscheidet sich also für das künstlerische Prinzip, sein Schreiben, seine Träume, seinen „Verstand halb aus Luft" und seine puertoricanische Herkunft: „Ramon Santiago! Das bin ich!" (S. 189)

Zur Erzählkonstruktion

Diese Entwicklung Ramons wird auf 189 Seiten in 24 Kapiteln erzählt. Die Handlung entfaltet sich in vier zentralen Erzählsträngen, in denen jeweils die Beziehung Ramons zu den wichtigen Personen seiner Umgebung dargestellt wird: die Beziehung zum Vater und zur Mutter, die Auseinandersetzung mit der Gang und mit Glasser. Diese vier Erzählstränge laufen nebeneinander her und überlagern sich. Dadurch entsteht die Erzählspannung, denn an allen Bruchstellen oder Überlappungen geschieht etwas Wesentliches, wird die Handlung ein gewichtiges Stück vorangetrieben. Die Handlungsstränge sind dabei aber nicht jeweils einzelnen Kapiteln zugewiesen, sondern in den Kapiteln kommt es meistens zu Verschränkungen. Die Kapitel selbst sind durch die Handlungszeit definiert, die sich vom 30. September bis zum 10. Oktober erstreckt. Der Spannungshöhepunkt liegt zweifellos im 20. Kapitel, in dem es zum Messerkampf zwischen Ramon und seiner Gang kommt. Ramon beweist hier, dass er sich auch gegen eine Übermacht zu wehren versteht. Er erringt die Anerkennung der Mitglieder der Gang, so dass er sich später problemlos aus ihr lösen kann. Der Handlungsstrang, in dem es um die Gang geht, umfasst die Kapitel 1, 7, 11, 20 und 24.

Sporadisch sind die Handlungsstränge von Vater und Mutter über den ganzen Roman verteilt. Während die Mutter durch Ramons Besuche im Krankenhaus und durch einzelne Rückblenden in der Handlung verankert wird, geschieht es hinsichtlich des Vaters fast ausschließlich über Rückblenden. Lediglich im letzten Kapitel kommt es zu einer aktuellen Auseinandersetzung zwischen Ramon und seinem vorzeitig aus dem Gefängnis entlassenen Vater, in der Ramon sein neues Selbstbewusstsein demonstriert.

Die Glasser-Kapitel besitzen das größte Gewicht; sie sind am häufigsten vertreten, nehmen zusammen den größten Umfang ein und sind über den ganzen Roman verteilt. Sie erzählen von der allmählichen Annäherung zwischen Glasser und Ramon, von ihren Besuchen in den Museen (Kap. 15 und 24) und ihren wichtigen Gesprächen (Kap. 6, 9, 13, 19 und vor allem die Kapitel 23 und 24), durch die der Veränderungsprozess Ramons vorangetrieben wird.

Zentrale Bedeutung besitzen die beiden letzten Kapitel, in denen die verschiedenen Handlungsstränge zusammenlaufen. Im Kapitel 23 kommt es zum Handel zwischen Ramon und Glasser: Ramons Angst, ohne sein Messer wehrlos zu sein, gegen Glassers Angst, sich dem Leben zu stellen. Im 24. Kapitel schließlich wird der Selbstfindungsprozess von Ramon abgeschlossen: seine Loslösung von der Gang, die Demonstration seines neuen Selbstbewusstseins seinem Vater gegenüber und die Entscheidung, nur noch er selbst zu sein.

Ein weiteres Gliederungs- oder Strukturierungselement des Romans sind Ramons Texte. Sie verteilen sich auf den 1., 3., 4., 6., 8., 9. und 10. Oktober (Kapitel 3, 7, 9, 14, 20, 21, 22 und 24), verdichten sich also gegen Schluss des Romans und sind ein Spiegelbild der inneren Entwicklung Ramons. Wenn man sie hintereinander liest, wird der Veränderungsprozess von Ramon ganz konkret greifbar.

Das 1. Kapitel des Romans hat expositionale Funktion. Der Leser wird mit Ramon und seiner Lebens- und Gedankenwelt vertraut gemacht. Da in ihm konkret von dem Raubüberfall auf die „alte Lady" erzählt wird, nimmt dieser Einstieg die Leser auf Grund seiner Spannung sogleich gefangen, und er motiviert sie zum Weiterlesen. Eine innere Spannung besitzen aber auch die einzelnen Handlungsstränge, so dass das Leseinteresse mühelos aufrecht erhalten wird. Eine Globalspannung ist schließlich vom ersten bis zum letzten Kapitel auszumachen, die den Veränderungsprozess von Ramon zum Thema hat.

Als Erzählsituation wählt Myron Levoy die personale Erzählsituation. Der Erzähler verzichtet dabei auf eine Einmengung in das Geschehen; er tritt so weit hinter die Akteure zurück, dass seine Anwesenheit dem Leser gar nicht mehr bewusst ist; die Geschichte erzählt sich quasi von selbst. Andererseits steht der Erzähler ganz dicht hinter Ramon. Aus seiner Sicht wird das ganze Geschehen beobachtet und erzählt. Nach den Formulierungen von Stanzel wird Ramon zur „persona, zur Rollenmaske, die der Leser anlegt" (Stanzel 1987, S. 17), denn er blickt quasi durch ihn hindurch, oder, anders gesagt, das ganze Geschehen wird in der Person Ramons gespiegelt. Die personale Erzählsituation ist weiterhin durch das szenische Erzählen gekennzeichnet, dem das berichtende Erzählen untergeordnet ist. Der Leser sieht also die Personen des Romans quasi agieren, er erlebt ihre Handlungen und Gespräche förmlich mit. Es ist die „Illusion der Unmittelbarkeit", die die personale Erzählsituation auszeichnet. (ebd.)

Vogt führt zudem aus, dass die personale Erzählsituation „thematisch stark zum 'Bewußtseinsroman'" tendiere, „der seinerseits Ausdruck für das historisch gewachsene Interesse an psychischen Prozessen ist." (Vogt 1990, S. 55) Es wird also das Innere der Personen, es werden ihre Bewusstseinsprozesse, ihre Gedanken und Empfindungen dem Leser preisgegeben, und zwar in Form von erlebter Rede, inneren Monologen oder Gedankenströmen (stream of consciousness). Und gerade diese inneren Redeformen nutzt Levoy explizit und intensiv. Dadurch gelingt es ihm schon in der Exposition, den Leser an Ramons Denken teilhaben zu lassen:

> Ramon Santiago spürte das Messer in seiner Tasche, das Messer, das auf Knopfdruck eine fünfzehn Zentimeter lange Klinge herausschnappen ließ. Er konnte den Schweiß auf Harpos Gesicht sehen, als sie sich auf dem Treppenabsatz zusammenkauerten. Ja, Harpo schwitzte. Gut, dachte Ramon. Ich bin nicht der einzige, der Angst hat.
> Harpo schwitzte, aber er wußte, was er tat. Er hatte den Treppenabsatz verdunkelt, indem er die kahle Glühbirne ausgeschraubt hatte. Ramon hatte das bewundert, er hatte bewundert, wie Harpo sich die Finger ableckte, bevor er die heiße Glühbirne berührte. (S. 7)

Die Anteilnahme des Lesers am Geschick Ramons wird durch diese innere Art des Erzählens intensiviert. Der Leser kann sich nicht mehr von dem Protagonisten distanzieren; er wird ganz eingefangen, ja hineingezogen in dessen Denken und Handeln. Dieses Erzählen ist ideal für einen Adoleszenzroman, der auf Identifikation angelegt ist und der Bewusstseinsprozesse miterlebbar machen will. Der Protagonist wird so zum Spiegelbild des Lesers; er dient der Erweiterung und Intensivierung seines Denkens und seiner Gefühle. Er hilft, die adoleszente Situation nachvollziehbar und durchschaubar zu machen.

2.2 Didaktisch-methodischer Kommentar zum Umgang mit Myron Levoys Jugendroman im Unterricht

Der Jugendroman „Ein Schatten wie ein Leopard" von Myron Levoy ist für Schülerinnen und Schüler im Alter von 13–16 Jahren geeignet, also für die 7. bis 9. Klassenstufe. Es geht in ihm um das Thema der Selbstfindung, das für diese Altersstufe ein zentrales Problem ist: Wer bin ich wirklich? Wie möchte ich gerne werden? Ramon, der Protagonist des Romans, ist 14 Jahre alt. Der Lehrende sollte deswegen keine Klassenstufe wählen, die deutlich unter diesem Alter liegt, da die Probleme Ramons noch nicht die Probleme dieses Alters sind; er sollte aber auch nicht wesentlich über das Alter Ramons hinausgehen, weil sonst die Schülerinnen und Schüler die Identifikation mit dem Protagonisten verweigern, da sie der Meinung sind, dass sie über dessen Probleme hinausgewachsen sind.

Der Jugendroman hat den Vorteil, dass er eine spannende Handlung hat und spannend erzählt wird. Ramons Zwiespalt hinsichtlich des „männlichen und weiblichen Prinzips", hinsichtlich des Lebens als Macho oder als „Schreiber", stellt heraus, dass nicht die typische Männlichkeit das Ziel der Entwicklung eines Heranwachsenden sein muss, sondern dass es daneben durchaus Alternativen gibt.

Die Auseinandersetzung mit der Gang und dem Vater liefert die nötige Spannung: die Überfälle, der Messerkampf und die Diskussion Ramons mit seinem Vater um seine individuelle Rolle. Andererseits besitzt der Roman aber auch andere Elemente, sanftere, reflektierte, sensible, die den nachdenklichen Schülern und vor allem den Schülerinnen stärker entgegenkommen. Die Glasser-Episoden haben ihre spannenden Stellen, aber auch differenziertere und komplexere. Die Gespräche über das Schreiben und die Malerei, die Besuche im Museum und die Reflexionen darüber gehören zu den schwierigeren Passagen; leichter ist es hingegen, Glassers und Ramons Problematik zu erfassen, ihre Ängste vor dem Leben bzw. vor einem Leben ohne Messer und schließlich ihren „Pakt".

Da die Unterrichtseinheit 8–10 Unterrichtsstunden nicht überschreiten sollte, müssen didaktische Reduktionen vorgenommen werden, denn es können nicht alle die Aspekte, die in der Sachanalyse eine Rolle gespielt haben, zum Gegenstand des Unterrichts werden. Zudem sollte ein solcher Unterricht den Schülerinnen und Schülern auch Hilfen allgemeiner Art liefern, wie man mit einem Roman umgeht und welche Aspekte für eine genauere Untersuchung meistens lohnenswert sind. Es geht also auch um die Vermittlung eines textanalytischen Bewusstseins.

Gespräche über die didaktische Reduktion (Teil A, Kap. 3.2) wurden in mehreren Schulklassen und mit Studierenden durchgeführt. Ihre Vorschläge bilden die

Grundlage der hier vorgestellten Unterrichtseinheit. Folgende Punkte wurden in den Gesprächen als wichtig für die Auseinandersetzung mit dem Buch genannt:

- Personen und Personenkonstellation: Ramon, seine Eltern, die Mitglieder der Gang, Glasser, Felipe Brillenschlange
- New York als Schauplatz
- Aufbau und Entwicklung der Handlung: die Handlungsstränge und ihre Verknüpfungen
- der Protagonist Ramon:
    - das Buch und das Messer als Schwester und Bruder
    - Ramons Träume
    - Ramons Texte
- Ramon und Glasser: Entwicklung ihrer Beziehung und ihr „Pakt"

Ergänzt werden könnten diese Punkte um die gesellschaftliche Situation der Puertoricaner in den USA, da sie eine der Ursachen für die Schwierigkeiten von Ramon und seiner Familie sind.

Überprüfen sollte der Lehrende auch, ob er das Erzählen des Romans thematisieren will. Zu empfehlen ist das vor allen Dingen, wenn man konkret mit dem 1. Kapitel einsteigt und es gemeinsam in der Klasse liest. In diesem Fall drängt es sich geradezu auf, einen Blick auf die Erzählsituation und die inneren Redeformen zu werfen, um mit den Schülerinnen und Schülern die Bedeutung und Funktion des personalen Erzählens zu untersuchen. Das 1. Kapitel bietet sich deswegen besonders gut an, weil hier auf engem Raum viele Aspekte des personalen Erzählens und der inneren Redeformen zusammenwirken und weil den Schülerinnen und Schülern gleich am Anfang des Romans bewusst wird, wer hier wie erzählt und welche Funktionen diese Art des Erzählens im Hinblick auf den Leser besitzt. In den Richtlinien verschiedener Bundesländer ist eine Einführung in die „Erzählsituationen" Gegenstand des 7./8. Schuljahres.

Personen und Personenkonstellation

Die Handlung eines Jugendbuchs oder Romans macht sich meistens an den Personen fest. Diese zu kennen und sich genau vorzustellen, ist eine wichtige Voraussetzung, um die Handlung zu verstehen.

Auf einer Wandzeitung (Tapetenrolle) können die einzelnen Personen in Form eines Steckbriefes mit Hilfe von Stichwörtern beschrieben bzw. charakterisiert werden. Ein Porträt von ihnen kann die Anschauung deutlich erhöhen. Dazu sollten die Schülerinnen und Schüler in Zeitschriften zu den einzelnen Personen nach ihren individuellen Vorstellungen Fotos u. ä. suchen und mitbringen; diese Bilder werden in der Klasse zu einer intensiven Diskussion führen, welches am besten zu welcher Person passt. Zugleich wird den Schülerinnen und Schülern bewusst, dass ihre Vorstellungen deutlich voneinander abweichen. Die Namen der Personen samt Bild und Stichwörtern auf der Tapetenrolle sind beim Lesen und Besprechen des Jugendbuchs eine große Hilfe. Die Stichwörter können zudem fortlaufend ergänzt werden, wenn neue Beobachtungen gemacht oder weitere Einsichten gewonnen worden sind.

Das folgende Schaubild, das ich für das Lesebuch „Unterwegs" (Bd. 7, S. 178f. / Klett) entworfen habe, kann für die Erarbeitung der „Steckbriefe" der einzelnen Personen die Ausgangsbasis bilden. Die Angaben zu Kapiteln bzw. Seiten verweisen darauf, wo die einzelnen Personen im Roman auftauchen. Die Notizen zu den Personen geben einen Hinweis, nach welchen Informationen die Schülerinnen und Schüler suchen sollen.

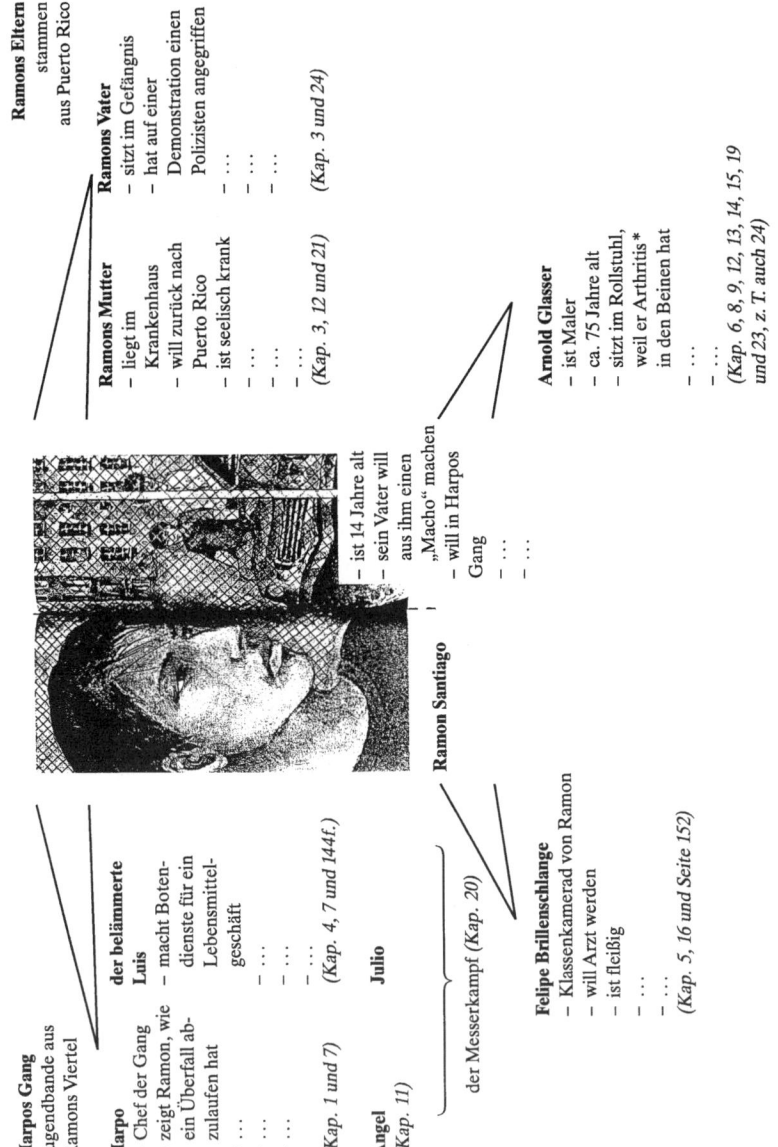

Abb. 1 Steckbriefe

Ramon steht im Mittelpunkt des Jugendromans; alle übrigen Personen reagieren auf ihn. Das macht das Schaubild deutlich. Die Hauptfigur Ramon ist als Person aber auch am komplexesten gestaltet; er wird folglich am schwierigsten zu beschreiben sein, da sein Wesen, Verhalten, Denken und Fühlen letztlich aus der Kenntnis des gesamten Jugendromans verständlich wird und sich erst im Verlaufe der Lektüre langsam aufbaut. Deswegen sollte seine Person als letzte und dann möglichst von allen Schülern gemeinsam erarbeitet werden.

Der Maler Arnold Glasser ist als Person ähnlich komplex strukturiert. Hier empfiehlt es sich, die aufgeführten Textstellen auf mehrere Arbeitsgruppen aufzuteilen, um am Ende gemeinsam die Person Glassers zu erfassen.

Relativ leichte Zugriffe gibt es dagegen auf die Mitglieder der Gang, auf Felipe Brillenschlange und die Eltern Ramons. Die Seiten- bzw. Kapitelangaben auf dem Schaubild lassen sowohl Einzel-, Partner- oder Gruppenarbeiten zu.

Um sich konkret in die einzelnen Personen hineinzuversetzen, bietet es sich an, die Schülerinnen und Schüler Ich-Geschichten schreiben zu lassen. Ich-Geschichten haben den Vorteil, dass sich die Schreiber ganz genau in die darzustellende Person hineindenken müssen. Sie lernen sie dadurch besser kennen. Die Schreiber können von den angegebenen Textstellen ausgehen, sie können aber auch über diese hinausgehen, um die einzelnen Personen noch stärker zu konturieren. Die folgenden Stichwörter können eine Hilfe für die Gestaltung einer Ich-Geschichte sein: Aussehen, Familien- und Lebenssituation, Wohnung und deren Umgebung, Erlebnisse, Freunde / Freundinnen, Gedanken, Wünsche, Träume, Ängste, Zukunftsvorstellungen. Die Ich-Geschichten in dieser Art verweisen auf das, was Waldmann (vgl. Teil A, Kap. 3.5) in Anlehnung an Iser „Leerstellen" oder Unbestimmtheitsstellen nennt. Ihre Ausfüllung ist beim Lesen eine wichtige Aufgabe des Lesers; jedoch bleiben beim Lesen die Personen – wie Waldmann deutlich macht – vage und undifferenziert, während sie durch die Ich-Geschichten an Bestimmtheit und Anschaulichkeit gewinnen. (Vgl. die Ich-Geschichten zu Harpo, Felipe und Ramons Mutter im Materialteil, S. 94–96)

Der Schauplatz

Der Schauplatz besitzt für dieses Jugendbuch eine zentrale Funktion, da es ohne die Großstadt New York mit ihren Bevölkerungsmassen, mit ihrer ethnischen Vielfalt, ihren Gegensätzen von Armen und Reichen, mit ihren Slums und Villenvierteln, mit ihren Parks und Wolkenkratzerschluchten, mit ihrem Lärm, Gestank und Dreck gar nicht denkbar ist.

Ob Ramon und die Mitglieder von Harpos Gang, ob Ramons Eltern als entwurzelte Puertoricaner oder der verbitterte Glasser – sie alle sind durch New York geprägt, sind ein „Produkt" dieser Stadt.

Der folgende Kartenausschnitt des New Yorker Stadtteils Manhattan bietet eine gute Orientierung hinsichtlich der Schauplätze des Jugendbuchs. Er soll den Schülerinnen und Schülern beim Lesen als Hilfe dienen, die Handlungen geographisch zuzuordnen. Die Anschauung könnte durch Bilder von New York, die die Schülerinnen und Schüler mitbringen (Zeitungen, Zeitschriften, Lexika, Geographiebücher, Fotos), erhöht werden. Diese Bilder sollten zusammen mit einer Vergrößerung der hier abgebildeten Karte von Manhattan ihren Platz auf der Wandzeitung finden.

Der Schauplatz: New York

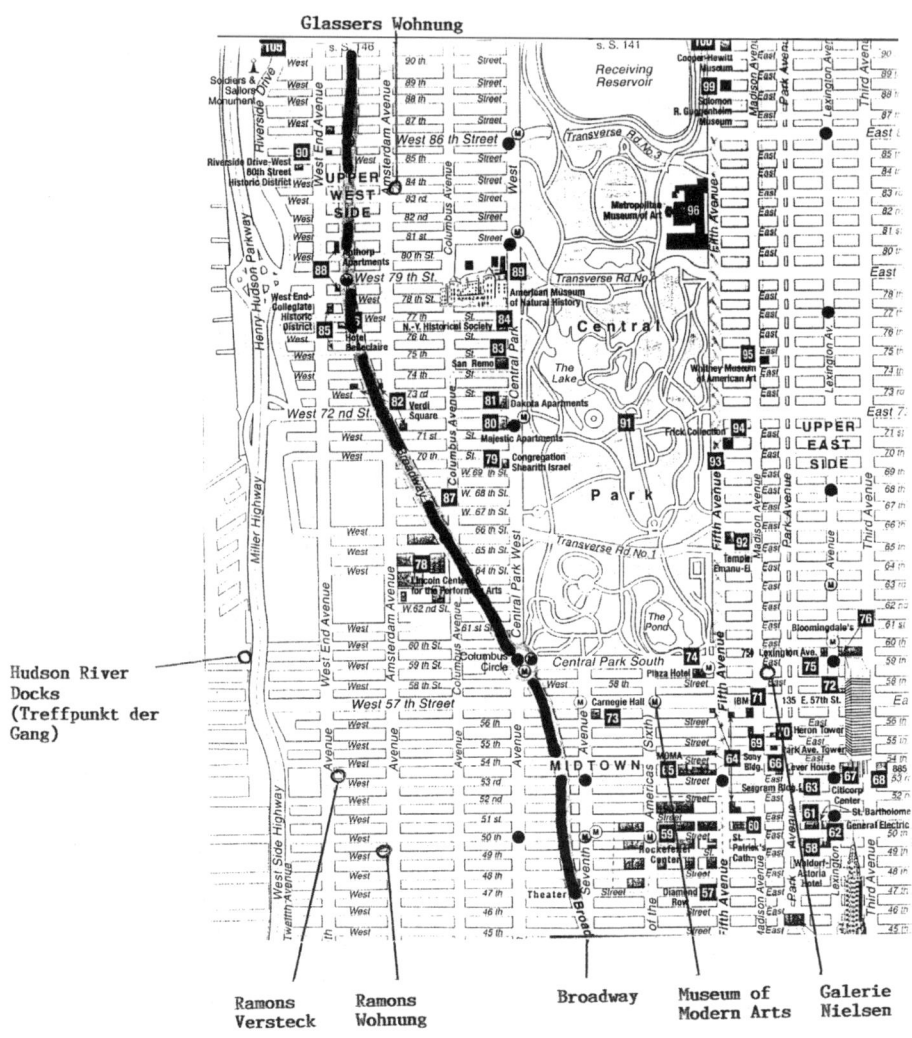

Abb. 2 Der Schauplatz: New York)

New York besitzt für Ramon zwei „Gesichter":

– Da ist einerseits seine Wohngegend, die ärmlich und verrottet, aber vertraut ist, wo die Menschen auf den Straßen sitzen oder aus den Fenstern schauen. Sie liegt zwischen der 42th und 57th West und der 8th und 11th Avenue. Auf den Seiten 36 f. und 79 f. wird sie aus Ramons Sicht anschaulich beschrieben.

– Ihr gegenüber steht die Glitzerwelt New Yorks, die jenseits des Broadways liegt. Ramon muss sich überwinden, die Grenze dorthin zu überschreiten, da er Angst vor dieser Welt hat. Als er Glassers Bilder anbietet, macht er Erfahrungen mit ihr (S. 79 ff.). Andererseits bietet diese Welt aber in ihren Museen Interessantes, Überwältigendes. Die Erfahrungen, die Ramon dort macht, und die Eindrücke, die er hier gewinnt, helfen ihm entscheidend auf dem Wege zur Selbstfindung. Deswegen gehören auch die Kapitel 15 und 24 über die Museumsbesuche mit Glasser in diesen Kontext.

Die „zwei Gesichter New Yorks" können die Schülerinnen und Schüler in Form einer Collage gestalten. Die Bilder, die sie über New York gesammelt haben, finden dabei Verwendung. Der Broadway als Grenze zwischen den beiden Teilen New Yorks sollte diagonal durch die Collage verlaufen und deutlich markiert sein.

Aufbau und Entwicklung der Handlung

Während des Lesens oder während der Bearbeitung des Jugendbuchs im Unterricht empfiehlt es sich, eine Handlungsübersicht des Romans anzufertigen, um sich in ihm leichter zurechtfinden zu können. Im Teil A, Kap. 3.1.1 haben wir die Probleme aufgeführt, die Schülerinnen und Schüler beim Lesen einer epischen Großform wie dem Roman haben können. Besonders schwierig ist es – so betonten wir –, den Überblick über den Handlungsverlauf zu behalten und zu wissen, in welchem Kapitel was geschah und wo welche Personen mit wem agierten. Nur mit Hilfe einer derartigen Handlungsübersicht ist am Schluss eine Gesamtbesprechung des Jugendbuchs erfolgreich möglich.

Diese Handlungsübersicht kann von jedem einzelnen Schüler, in Partnerarbeit oder in Gruppen erarbeitet und auf der Wandzeitung festgehalten werden. Sie sollte für jedes Kapitel eine kurze inhaltliche Zusammenfassung enthalten, die den Handlungsort benennt, etwas über die Zeit aussagt, in der das Kapitel spielt, über die Personen, die handeln, und über das Geschehen selbst. Für die beiden ersten Kapitel könnte die Handlungsübersicht etwa so aussehen:

Kapitel 1

30. September: Ramon und Harpo warten in einem Hausflur, überfallen eine alte Lady, rauben ihr Geld und verschwinden zu einem leeren Bauplatz in der Nähe des Hudson River.

Kapitel 2

1. Oktober: Ramon hat von dem Überfall 25 Dollar als Anteil bekommen. Er schlendert über den Broadway, leimt einen Homosexuellen, frühstückt in einem Café. Gespräch mit der Kellnerin über Vorurteile, Armut und Stolz.

Die Erarbeitung der Personenkonstellation und der Steckbriefe von den einzelnen Personen führen zu der Erkenntnis, dass in diesem Jugendroman vier verschiedene Handlungsstränge nebeneinander herlaufen, da Ramon sich mit vier verschiedenen Personen bzw. Personengruppen auseinandersetzen muss: mit seinem Vater, mit seiner Mutter, mit seiner Gang und mit Glasser. Die Handlungsübersicht kann im Unterricht dazu genutzt werden, diese vier Handlungsstränge in einem Schaubild zu gestalten und anschließend genauer zu untersuchen. Das Ergebnis könnte etwa so aussehen:

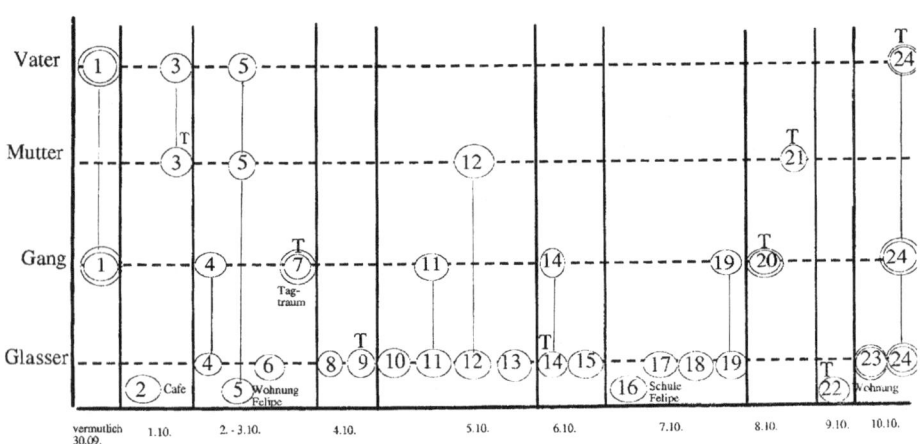

Abb. 3 Die Handlungsstränge von „Ein Schatten wie ein Leopard"
Handlungszeitraum: 30. September bis 10. Oktober
Handlungsort: Manhattan, östlich und westlich des Broadway
Ramons Texte: T

Das Schaubild lässt zahlreiche strukturelle Phänomene erkennen:

– Die vier Handlungsstränge besitzen nicht alle dasselbe Gewicht. Die Kapitel mit Glasser überwiegen deutlich. Sie bilden z. T. fortlaufende Handlungssequenzen. Die Kapitel über die Gang sind zwar geringer an Zahl, sie bilden aber ein deutliches Gegengewicht zu den Glasser-Kapiteln. Oft laufen in einem Kapitel die Handlungsstränge Glasser und Gang zusammen.

– Die Handlungsstränge von Vater und Mutter treten deutlich hinter die beiden anderen zurück. Der Strang über den Vater wird bis auf das letzte Kapitel nur in Rückblenden realisiert, während der Handlungsstrang über die Mutter die Krankenhausszenen ausmacht.

– Das 1. und das 24. Kapitel haben eine besonders wichtige Funktion: Das Anfangskapitel als Exposition wird von dem Raubüberfall mit Harpo und dem Macho-Gedanken Ramons beherrscht. Im 24. Kapitel hat Ramon beides hinter sich gelassen, denn er löst sich in diesem Kapitel von der Gang, setzt sich mit seinem Vater auseinander und bekennt sich zu seiner neuen Identität. Hier laufen also drei der vier Handlungsstränge zusammen und werden zu Ende geführt.

– Die Kapitel, die in der Planskizze mit einem Doppelkreis markiert sind, haben ein besonderes Gewicht. Dazu zählen die eben schon genannten Kapitel 1 und 24 als Exposition und Schluss.

Im 7. Kapitel setzt sich Ramon wegen Glasser mit der Gang auseinander. Es werden erste Brüche zwischen ihm und der Gang sichtbar. Außerdem wird in diesem Kapitel beschrieben, wie Ramon sich an seinem Nachdenkplatz seinen Tagträumen hingibt. Drei Texte schreibt Ramon an diesem 3. Oktober (S. 58); sie äußern sich alle zu seinen wichtigsten Problemfeldern: zur Gang, zu Glasser und zu seinem Schreiben / seiner Phantasie.

Das 20. Kapitel bildet den ersten Spannungshöhepunkt mit dem Messerkampf zwischen Ramon und den Mitgliedern der Gang. Das Ergebnis ist für Ramon: Er hat sich und den anderen bewiesen, dass er selbst vor einer Übermacht keine Angst hat. Damit ist zugleich der entscheidende Schritt auf dem Wege der Abkehr von der Gang vollzogen.

Einen zweiten Handlungshöhepunkt bildet das 23. Kapitel. Hier wird die Glasserhandlung auf ihren Gipfel geführt, denn Glasser und Ramon schließen ihren Pakt: die Angst des einen gegen die Angst des anderen. Am Anfang dieses Kapitels schien es noch so, als könnten Glassers heftige Reaktionen in der Galerie von Nielsen eine Lösung verhindern.

– Die Texte Ramons verteilen sich über den gesamten Roman, nehmen aber gegen Ende deutlich zu. Hier ergibt sich folglich ein Achtergewicht (Kapitel 20, 21, 22 und 24). Die Erklärung dafür ist, dass sich gegen Ende des Romans der Entscheidungsprozess Ramons zuspitzt; er spiegelt sich gedanklich-sprachlich in seinen Texten. (Vgl. dazu die Ausführungen zum Abschnitt „Ramons Texte")

Der Protagonist Ramon

Ramon Santiago steht im Mittelpunkt des Romans von Myron Levoy. Seine adoleszente Situation gilt es zu untersuchen, will man den Kern des Buches erfassen. Ramon ist durch mehrere Attribute gekennzeichnet, die ihn und sein Wesen ausmachen und die Kennzeichen seiner Identitätssuche sind: das Messer und das Buch, seine Tagträume und seine Texte, die er in seinem Notizbuch festhält. Sie sind, wie wir in der Sachanalyse ausgeführt haben, „Symbole" des männlichen und weiblichen Prinzips, zwischen denen sich Ramon entscheiden muss, wenn er seine Identitätssuche erfolgreich abschließen will.

„Buch ist meine Schwester, Messer mein Bruder. Ich brauche sie beide." (S. 153)

Die Untersuchung dieser beiden Attribute erfolgt am besten über die einschlägigen Textstellen des Romans. Auf der Seite 153 steht die gerade zitierte Notiz Ramons vom 8. Oktober über die Bedeutung von Messer und Buch. Andere Textstellen zu Messer und Buch findet man auf den Seiten 12, 27f., 32, 35f., 151f. und 154f. Die Aufgabe für die Schülerinnen und Schüler müsste zuerst darin bestehen, die genannten Textstellen auf die Bedeutung beider Attribute hin zu untersuchen. Das Ergebnis könnte folgendermaßen aussehen:

Ramon ist ein ungewöhnlicher Junge. Auf der einen Seite ist er durch seine soziale Umgebung, die Gang, der er gern angehören möchte, und die Forderung seines Vaters, ein Macho zu werden, geprägt. Auf der anderen Seite zeigt er sich außerordentlich sensibel in seinen Gedanken und Empfindungen und in seiner Wirklichkeitswahrnehmung. Für diese beiden Seiten seiner Persönlichkeit stehen Messer und Buch. Die Textstellen verdeutlichen, dass Ramon nie ohne Messer sein könnte. Bei seiner Körpergröße und auf Grund der sozialen Umgebung, in der er lebt, braucht er es zu seinem Schutz, als Waffe, um sich zu wehren, und zur Stärkung seines Selbstbewusstseins. Immer wieder trainiert er vor dem Spiegel, um schneller als andere zu sein und dadurch seine körperliche Unterlegenheit auszugleichen. Das zeigt besonders die Szene mit dem belämmerten Luis (S. 32). Dass ihm andererseits das Messer bei einer zahlenmäßigen Überlegenheit seiner Gegner gar nichts nützt, muss er schmerzhaft in dem Messerkampf mit seiner Gang (S. 154–156) erfahren.

Das Buch dagegen dient ihm zum Festhalten besonderer Erlebnisse, Erfahrungen und Gedanken. Vor Jahren hat ein Lehrer Ramon auf die Idee mit dem Buch gebracht. (S. 24) Und Glasser macht ihm bewusst, dass das Schreiben für Ramon dieselbe Bedeutung haben kann wie für ihn das Malen: „Auf diese Weise kannst du den Menschen mitteilen, wie es ist, man selbst zu sein, kannst ihnen sagen, wer du bist." (S. 149) Das Buch dient Ramon dazu, schreibend über sich selbst klar zu werden.

Die Personen in Ramons Umgebung schätzen Messer und Buch unterschiedlich ein. Für die Gang und seinen Vater ist das Messer ein Zeichen von Stärke und Selbstbewusstsein. Die Fähigkeit zur Selbstverteidigung sichert nach ihrem Denken das Überleben in einer von Gewalt geprägten Umwelt. Dem Buch gegenüber hat der Vater aber eine total negative Einstellung; die Auseinandersetzung S. 27f. macht das ganz deutlich: Ramons Vater verhöhnt seinen Sohn wegen des Buches als Weichling und „Mädchen".

Seine Mutter und Glasser dagegen schätzen das Messer gar nicht, sie lehnen Gewalt grundsätzlich ab. Und am Beispiel von Felipe Brillenschlange erfährt Ramon, dass man trotz aller Hänselei und Verachtung selbstbewusst seinen eigenen Weg gehen kann.

Produktive Verfahren

Nach der Analyse der genannten Textstellen oder auch ihnen vorausgehend können die Schülerinnen und Schüler aus der Sicht Ramons einen Text verfassen, der
sich mit der Bedeutung von Messer und Buch auseinandersetzt. Den Anfang ihres
Textes könnte die Notiz Ramons vom 8. Oktober bilden, die wir oben zitiert haben.
Diese Schüler-Texte müssten den Zwiespalt aufzeigen, in dem Ramon steckt; sie
können aber auch Ramons Entscheidung für eines der beiden Attribute thematisieren und damit die Lösung vorwegnehmen.

Wenn die Schülerinnen und Schüler im bisherigen Deutschunterricht Erfahrungen
mit der Produktion lyrischer Texte gemacht haben, könnte man ihnen als Alternative auch das Schreiben eines Gedichts zu Messer und Buch vorschlagen.

Die Schülertexte, die hier entstehen, sind in ihrer Anlage auf den Roman selbst und
vor allem auf Ramon als Person zurückgebunden und liefern daher Interpretationen zum besseren Verstehen seines inneren Zwiespalts.

Ramons Träume (S. 56 f.)

Ramon hat einen „Nachdenkplatz", den er aufsucht, wenn er für sich sein und seinen Träumen nachhängen will. Dieser Platz liegt abseits der Straße und von allen
Seiten geschützt; dürre Büsche und hohes Gras verdecken das Gerümpel, und – auf
dem Rücken liegend – sieht Ramon nur Wolken und die Spitzen der Gräser. Diese
„heile" Umgebung und diese Abgeschiedenheit braucht Ramon für seine Tagträume, die ihn aus seiner tristen Umgebung entführen und in denen er sich seine
Wunschwelt ausmalen kann. Dieses Tagträumerische ist ein anderer wichtiger Zug
in Ramons Wesen. Es ist ein Ausdruck seiner Phantasie, es liefert Bilder im Kopf,
es schafft die Möglichkeit, eine Gegenwelt zu entwerfen. Das Tagträumerische ist
eng verbunden mit seinem Schreiben. Ausgangspunkt für eine Auseinandersetzung
mit Ramons Tagtraum könnte wiederum die Darstellung im Jugendbuch sein
(S. 56 f.), um so über die Analyse zur *Produktion* zu kommen.

Produktion

Es ist aber auch ohne weiteres möglich, den Text nur einfach lesen zu lassen, um
anschließend in die Rolle Ramons zu schlüpfen und aus seiner Situation heraus
weitere Wunschträume zu entwerfen. Diese können Ramons Familie betreffen,
seine Lebensumstände, seine Stellung in der Gang, seine Beziehung zu Glasser
oder zu Felipe Brillenschlange, seine mögliche Zukunft als Schriftsteller usw.

Die Schülerinnen und Schüler könnten aber auch ein Bild von Ramon und seinem
Nachdenkplatz malen und in einer Sprechblase einen Tagtraum als inneren Monolog gestalten.

Ramons Texte

In besonderen Situationen schreibt Ramon immer Texte in sein Notizbuch. Sei es,
dass er besonders traurig oder fröhlich ist, sei es, dass ihn etwas bewegt oder be-

troffen gemacht hat, sei es, dass er eine überraschende Beobachtung gemacht oder eine spontane Erkenntnis gewonnen hat. Der Kontext in dem Jugendbuch von Levoy verdeutlicht, was jeweils der Anlass zu einem Ramon-Text ist. Daher müssen sie auch kontextual gelesen werden. Sie befinden sich auf den Seiten 24f., 58, 72, 107, 153, 166, 171 und 189. Die Texte selbst enthalten Feststellungen, interessante Vergleiche, Erkenntnisse oder ungewöhnliche Formulierungen; sie sind ein Stück Selbstaussage und Selbsterkenntnis. Der Ramon-Text, der den Schluss des Romans bildet, zeigt, dass Ramon einen Entwicklungsprozess durchlaufen hat: Er weiß nun, wer er ist und was er will. Der Text zeugt von gewonnenem Selbstbewusstsein.

Produktion

Die Schülerinnen und Schüler sollten selbst versuchen, Ramon-Texte zu verfassen. Das Jugendbuch gibt genügend Anlässe dazu. Vor allem die Kapitelschlüsse eignen sich für eine derartige Produktionsaufgabe, und zwar die Schlüsse von den Kapiteln 5, 6, 10, 14 und 18.

Ramon und Glasser

Die Skizze von den Handlungssträngen zeigt, welche Kapitel von Glasser handeln. Im Zusammenhang gelesen ergeben sie ein Bild von der Entwicklung der Beziehung von Ramon und Glasser. Die wichtigste Szene spielt sich in Nielsens Galerie ab; sie wird auf den Seiten 171–181 beschrieben. Ramon hat der Galerie einige Glasser-Bilder zur Ausstellung und zum Verkauf angeboten. Glasser reagiert überraschend aggressiv, als er seine Bilder dort entdeckt. Die folgende Auseinandersetzung macht deutlich, dass beide vor etwas Angst haben:

– Glasser hat seit der heftigen Kritik an seinen Bildern in den 30er Jahren Angst davor, dass seine Bilder einem Vergleich mit den Bildern anderer moderner Maler nicht standhalten könnten. Er fühlt sich als Versager. Deswegen hat er sich in seiner Wohnung verkrochen, deswegen wirkt er oft so verzagt und depressiv, ja sogar lebensmüde. Der Tod seiner Frau hat diesen Zustand noch verschlimmert.

– Ramon fühlt sich nur mit dem Messer stark. Sein Ziel ist es, ein Macho zu sein und in Harpos Gang und bei seinem Vater Anerkennung zu finden. Er hat Angst davor, wie Felipe Brillenschlange zu sein und ausgelacht zu werden; er hat Angst davor, ein Außenseiter zu sein. Im Grunde hat er Angst, er selbst zu sein.

Beide, Ramon und Glasser, haben die Schwächen des anderen erkannt; beide halten sich daher in dieser Szene einen Spiegel vor; beide müssen einen Selbsterkenntnisprozess durchlaufen. Dabei ist der eine des anderen Mentor. Ihr „Handel" ist der Beginn einer neuen Entwicklung, deren ersten Schritt Ramon am Schluss des Jugendbuchs vollzieht und der in dem Ramon-Text vom 10. Oktober so selbstbewusst formuliert wird: „Ramon Santiago! Das bin ich!" (S. 189)

2.3 Besondere unterrichtliche Aspekte

Einführungsstunde

Wenn man in einer Buchhandlung oder Bibliothek vor der Wahl steht, eines der vielen Bücher, die dort stehen, zum Lesen auszuwählen, benötigt man Entscheidungshilfen. Diese liefert zuerst der Buchumschlag mit seinen Angaben: Nennung des Autors, Titel und Untertitel, Umschlagbild und Klappentext, die meist Genaueres über den Autor und das Buch verraten. Wie man diese Informationsquellen nutzt, wird hier am Beispiel des Jugendbuchs von Levoy gezeigt.

Die Schülerinnen und Schüler tragen zuerst die Informationen von Buchumschlag und Klappentext zusammen. Dabei gibt der Titel Rätsel auf; er ist ein Zitat aus einem der Ramon-Texte, und zwar beobachtet Ramon bei einem seiner Besuche in Glassers Wohnung die Bewegungen eines Vorhangs und vergleicht sie mit dem Schatten eines Leoparden (S. 107). Als Titel des Jugendbuchs und losgelöst von diesem Kontext bietet diese Formulierung ein breites Assoziationsfeld: Es spielen nicht nur Lautlosigkeit, Geschmeidigkeit und Flüchtigkeit eine Rolle, sondern auch Angst, Gefahr, Bedrohung u.ä. Die Schülerinnen und Schüler können also ihrer Phantasie freien Lauf lassen, was der Titel besagen könnte.

Der Informationstext auf der Rückseite des Buches liefert erste Informationen zum Inhalt. Ramon und Glasser werden als wichtige Personen vorgestellt; man erkennt sofort, dass Ramon der Protagonist ist, der in einem Dilemma steckt: Der Vater und die Gang wollen von ihm etwas anderes als Glasser, dessen Identität im Dunkeln bleibt. Die drei Punkte am Schluss signalisieren Spannung.

Für den *Einstieg* in das Jugendbuch bietet sich das spannende erste Kapitel an. Es sollte vom Lehrenden selbst vorgelesen werden, damit sich die Schülerinnen und Schüler ganz auf den Inhalt konzentrieren können.

Der Erzähler führt den Leser ganz unvermittelt in das Geschehen ein. Die ersten Sätze überraschen den Leser geradezu, denn wer ist Ramon, wer Harpo, wo findet das Geschehen statt, worum geht es überhaupt, warum schwitzt Harpo? Das Messer mit der langen Klinge signalisiert Gefahr. Spannung ist geweckt, die zum Weiterlesen motiviert. Erst nach und nach wird klar, dass Harpo und Ramon einen Raubüberfall auf eine alte Frau planen. Beide Jungen werden in der Exposition sehr deutlich charakterisiert; der Leser erfährt viel über ihre Einstellungen, Gedanken und Gefühle.

Offen dagegen bleibt, wo das Ganze spielt; der Kapitelschluss mit dem Hinweis auf den Hudson-River lässt den Schauplatz New York ahnen. Offen bleibt, warum Harpo und Ramon die alte Frau überfallen, welche Probleme es zwischen Harpos Gang und Ramon gibt, warum Ramon verspottet wird, was es mit dem „Macho-Sein" und mit Ramons Vater auf sich hat. Also viele Fragen, die auf Antworten drängen, die nur die Lektüre des Jugendbuchs liefern kann. Auf diese Weise wird Lesemotivation geschaffen.

Das Lesen organisieren

Im Teil A, Kap. 3.1.2 haben wir uns ausführlich zu den Leseverfahren im Unterricht geäußert, so dass sich eine Wiederholung erübrigt. Der Lehrende kann dort Vorschläge finden, die hier angewendet werden können, je nachdem, wie sein Unterricht verlaufen soll. Man kann die Frage nach dem Leseverfahren aber auch zum Gegenstand eines Gesprächs mit den Schülerinnen und Schülern seiner Klasse machen, um sie an der Entscheidung des Wie zu beteiligen. Schließlich ist es das Ziel des Unterrichts, dass sie lesemündig werden. Dazu gehört die Fähigkeit, seinen eigenen Leseprozess selbst zu organisieren und zu steuern.

Handlungs- und produktionsorientierte Verfahren

Das Jugendbuch „Ein Schatten wie ein Leopard" bietet sich für handlungs- und produktionsorientierte Verfahren besonders an. Das hängt schon damit zusammen, dass Ramon selbst Texte verfasst und damit zum eigenen Schreiben (Tagebuch, Tagträumen o. ä.) animiert. Auf der anderen Seite haben wir in unserem Unterrichtsmodell eine ganze Reihe von Produktionsmöglichkeiten aufgezeigt und sie z. T. durch Beispiele verdeutlicht. Der Mini-Katalog von Waldmann für die Hand des Schülers (vgl. Teil A, Kap. 3.5) gibt weitere Anregungen.

Für das Unterrichtsmodell haben wir den Vorschlag gemacht, auf einer *Tapetenrolle*, die in der Klasse aufgehängt wird, den Prozess der Erarbeitung des Jugendbuchs zu begleiten. Alle wichtigen Unterrichtsergebnisse werden auf ihr festgehalten.

Dieses gemeinsame Sammeln aller Unterrichtsergebnisse, Bilder und Texte kann aber auch individualisiert werden, indem man den Schülerinnen und Schülern vorschlägt, ein eigenes „Leopardenbuch" anzulegen, in dem jeder seine eigenen „Produkte" sammelt: Den Anfang können die Überlegungen zum Titel und die Mutmaßungen über den Inhalt des Buches bilden (vgl. Einführungsstunde), dann die Bilder, die gemalt, die Collagen, die gefertigt, die Texte, die geschrieben werden.

Abschlussbesprechung

Für die Abschlussbesprechung bilden die *Tapetenrolle* oder die *Leopardenbücher der Schüler* die Grundlage, denn auf ihr bzw. in ihnen sind die Ergebnisse und Produkte der gesamten Unterrichtseinheit verzeichnet.

Für die Abschlussbesprechung bieten sich verschiedene Fragestellungen an:

– Rückerinnerung an die Einführungsstunde mit den Überlegungen zu den Erwartungen an das Buch und der Interpretation des Titels. Hat das Buch die Erwartungen erfüllt? Wie verhält sich die jetzige Einschätzung im Vergleich zu den Vorerwartungen? Sind die Fragen, die die Schülerinnen und Schüler in der Einführungsstunde an das Buch hatten, beantwortet? Gibt es noch offene Fragen? Eine Produktionsaufgabe könnte hier angeschlossen werden, um diese offenen Fragen im Sinne des Jugendbuchs zu beantworten.

– Der andere Blick kann sich auf die Leseerfahrung mit dem Buch richten und so zu einer Kritik des Jugendbuchs führen. Der Lehrende kann dazu die hier abgedruckten Rezensionen heranziehen, sie mit den Schülerinnen und Schülern besprechen und diese zu einer eigenen Rezension ermuntern. (Vgl. im Materialteil die beiden Rezensionen aus der ZEIT vom 10.11.89 und die von einem Schüler geschriebene im „Wiesbadener Kurier" vom 24.06.94)

– Ein Brief an eine Freundin oder einen Freund könnte über die eigenen Leseerfahrungen mit dem Jugendbuch berichten, könnte es einer Kritik unterziehen, es empfehlen oder vor dem Lesen warnen. Die Gründe für Ablehnung oder Empfehlung führen im Nachhinein zu einer gezielten Auseinandersetzung mit dem Jugendbuch.

– Das Jugendbuch liegt in zwei Ausgaben vor: als gebundene Ausgabe in der „Benziger Edition" und als Taschenbuch bei „dtv junior". Die beiden Buchumschläge sind sehr unterschiedlich gestaltet. Welches der beiden Cover als das passendere für das Jugendbuch angesehen wird, sollte in der Klasse diskutiert werden. Diese Diskussion könnte dazu führen, dass in Gruppen-, Partner- oder Einzelarbeit ein neues Cover gemalt oder collagiert wird. (Vgl. im Materialteil das Cover von der gebundenen Ausgabe.)

2.4 Lernziele

Unter dem Stichwort „Lernziele" erfolgt hier eine Zusammenfassung aller didaktisch-methodischen Überlegungen zur Unterrichtseinheit mit dem Jugendbuch von Levoy. Ziele der hier skizzierten Unterrichtseinheit sind:

– sich am Beispiel des Jugendbuchs „Ein Schatten wie ein Leopard" von Myron Levoy klar machen, nach welchen Gesichtspunkten sich der einzelne Schüler bei seiner persönlichen Buchauswahl orientieren kann;

– auf Grund von Titel, Klappentext und Buchanfang erste Fragen an das Jugendbuch stellen und Erwartungen äußern;

– den Lese- und Erarbeitungsprozess durch einen Lesebegleiter in Form eines „Leopardenbuchs" unterstützen, in dem die Schülerinnen und Schüler ihre eigenen Texte, Bilder, Collagen usw. sammeln;

– den Leseprozess des Buches mit der Klasse organisieren und über leseunterstützende Maßnahmen nachdenken;

– mit Hilfe von „Steckbriefen" die Personen des Jugendbuchs beschreiben, charakterisieren und sich in Texten und Bildern mit ihnen auseinandersetzen;

– sich mit Hilfe eines Stadtplans von Manhattan den Schauplatz New York vor Augen führen und die „zwei Gesichter" dieser Stadt in Bildern, Collagen und Texten veranschaulichen;

– den Aufbau des Jugendbuchs mit Hilfe einer Skizze veranschaulichen und die Strukur des Romans durchschauen;

– die Hauptperson des Jugendbuchs, Ramon Santiago, genauer unter die „Lupe" nehmen, sein Messer und sein Buch, seine Träume und seine Texte;

– den adoleszenten Prozess, den Ramon durchläuft, analysieren und seine Entscheidung für sich selbst nachvollziehen und verstehen;

– die Bedeutung und Funktion Glassers als Mentor Ramons erkennen, aber umgekehrt auch die Funktion Ramons für Glasser;

– im Rückblick über das Jugendbuch kritisch nachdenken, sich mit Rezensionen zum Buch auseinandersetzen und eventuell selbst eine schreiben;

– das Cover der beiden Buchausgaben miteinander vergleichen, kritisch analysieren und evtl. ein eigenes gestalten.

2.5 Materialien

1. Ich-Geschichten
2. Schon gelesen (Rezension aus „Wiesbadener Kurier" vom 24.06.1994)
3. Cover der gebundenen Ausgabe
4. Karla Schneider: Ecke 49. Straße (Rezension aus DIE ZEIT vom 10.11.1989)

Harpo

Mein Name ist Harpo, und ich bin 17 Jahre alt. In meinem kurzen Leben habe ich schon einiges vollbracht. Ich bin der Führer einer Gang. Um in den Straßen von New York zu überleben, muss man stark und cool sein. Man bekommt hier nichts geschenkt. Also, wenn man etwas haben will, muss man es sich holen.

Zu meiner Person kann ich sagen, dass ich ein Macho bin. Ich bin stark, cool, stolz und habe eine Menge Mut. Außerdem kann man auf mich zählen. Ich sage stets die Wahrheit, sonst könnte ich auch nicht der Führer einer Gang sein. Die Jungs verlassen sich auf mich. Deswegen kann ich es auch nicht leiden, wenn mich jemand anlügt – so wie Ramon.

Ich hasse Leute, denen es besser geht als mir. Sie haben Arbeit, Geld und ein gutes Zuhause. Jungen wie ich, die von der Straße kommen, kriegen dagegen nichts. Auf uns wird nur gespuckt.

Deswegen empfinde ich auch kein Mitleid, wenn ich den Leuten das Geld klaue. Die merken doch gar nicht, wenn ihnen ein paar hundert Dollars fehlen.

Ich mach meine Sache gut. Und ich setze schließlich eine Menge auf's Spiel. Wenn die Polizei mich schnappt, komme ich in den Knast. Und was dann wird, das kannst du dir wohl vorstellen!

Sicherlich könnte ich mir ein besseres Leben vorstellen, aber ich habe keine andere Wahl.

(Jennifer Ehlers)

Felipe Brillenschlange

Hallo, ich bin Felipe und werde von den meisten Brillenschlange genannt – rate mal, warum?

An der Juniorhighschool habe ich den zweitbesten Abschluss gemacht. Mein großes Ziel ist es, Arzt, genauer gesagt Neurologe, zu werden, und ich setze alles daran, dieses Ziel zu erreichen: Ich lese so viele Bücher über Medizin, wie ich bekommen kann, und bemühe mich in den Fächern, die damit zu tun haben, um die besten Noten.

Im Gegensatz zu diesen Fächern, die mir großen Spaß machen, hasse ich Sport, und – wenn ich ehrlich bin – schwänze ich sogar manchmal.

Ich bin meistens alleine. Das liegt daran, dass ich nicht so bin wie die anderen Jungs in meinem Alter. O. k., ich bin nicht gern alleine, aber ich habe keine Lust, in eine Gang 'reinzugehen und möglichst auf andere Leute mit 'nem Messer loszugeh'n. Nee, mit denen möchte ich gar nichts zu tun haben … Und die Jungs aus der Gang mögen mich nicht. Ja, die denken, dass ich spinne! – bloß, weil ich nicht dieselben Dinge mag wie sie und nicht so gemein bin.

Und dabei lasse ich mir bestimmt auch nicht alles gefallen, aber ich wehre mich eben anders.

Es gibt einen Jungen, den hätte ich gerne zum Freund. Er heißt Ramon und ist irgendwie auch ein bisschen anders als die anderen … aber im Moment will er dazu noch nicht stehen.

Ich hoffe, dass er es bald kapiert, dass er o.k. ist, wie er ist, und nicht noch riesigen Mist baut.

Ja, ich möchte gerne sein Freund sein … aber dafür würde ich mich nicht selbst verraten!

(Miriam Böke)

Ein Brief von Ramons Mutter

Lieber Ramon,

ich bin so glücklich, dass du dich nun doch entschieden hast, etwas aus dir und deinem Leben zu machen. Dein Vater und ich hätten es nie für möglich gehalten, dass du später einmal selbst die Initiative ergreifen würdest, ein College zu besuchen. Deine Entscheidung, dich weiterzubilden, macht uns stolz. Ich erhoffe mir so sehr, dass dein Leben einmal in geordneten Bahnen verlaufen wird und dass du dir alle deine Träume und Wünsche erfüllen kannst.

Du weißt, dass dein Vater und ich nicht in der Lage waren, dir eine sorgenfreie Kindheit und Jugend zu ermöglichen. Ich schreibe dir diesen Brief, da ich ihn als Chance begreife, um dir all die vielen unausgesprochenen Dinge zu erklären.

Damals, als wir aus Catano nach New York gekommen sind, erträumten dein Vater und ich uns noch so viele schöne Dinge. Unsere Träume und die Sehnsucht nach einem erfüllten Leben in Amerika blieben bald auf der Strecke, weil wir keine

Arbeit bekamen und von vielen Menschen wegen unserer Herkunft verachtet wurden. Die Träume vom eigenen Haus, dem Auto, von unbeschwerten Festen im Kreise der Familie und Freunde, alle diese Hoffnungen wurden zerschlagen, und anstelle dessen verbereiteten sich Frust über unsere Arbeitslosigkeit, Angst vor dem Existenzverlust, Wut und Ärger über die Behörden, die sich nicht für uns verantwortlich fühlten. Das war eine wirklich schwere Zeit für uns, Ramon. Dein Vater litt besonders unter seiner Arbeitslosigkeit. Manchmal wussten wir kaum, wovon wir leben sollten und wie es weitergeht.

Wir waren doch eine so fröhliche Familie. Weißt du noch, wie wir im Sommer in unserer Küche standen und puertoricanische Lieder sangen? Das waren unbekümmerte Momente. Ich werde sie nie vergessen.

Doch dein Vater wurde von dem Ärger über die Behörden und dem Frust geradezu besessen, wurde allmählich zu einem weiteren Fremden in dieser fremden Stadt New York. Er schrie mich an; wir stritten oft wegen Kleinigkeiten. In Catano ist das nie vorgekommen ... Dein Vater war ein so zuvorkommender und freundlicher Mann. Hier hatte er sich verwandelt; er war verbittert und bösartig. Nichts konnte ich ihm recht machen. Auch du, Ramon, bekamst das oft zu spüren.

In all den Monaten und Jahren musste ich so viel ertragen, Ramon. Ich verlor die Kraft zu kämpfen. Ich brach zusammen, nachdem sie deinen Vater in das Gefängnis gebracht hatten.

Dann kann ich mich nur noch an eine Zeit voller Leere erinnern. Das war die Zeit im Krankenhaus. Viel weiß ich nicht mehr, aber ich war froh und glücklich, als ich zu mir kam und dein Gesicht sah. Doch ich war erschrocken über dich. Schlecht sahst du damals aus, so ausgemergelt und so zerrissen.

Gott sei Dank, wurde dann alles etwas besser. Dein Vater bekam Bewährung und konnte mich im Krankenhaus besuchen. Wir redeten damals lange, auch über dich, über uns, über die Zukunft.

Nachdem ich aus dem Krankenhaus entlassen worden war, ging es stetig bergauf. Dein Vater bemühte sich um Arbeit und hatte zeitweilig Glück. Es ist aber immer noch schwer, gute Arbeit zu finden, aber ich bete für ihn. Meine Sorgen um dich schwinden von Tag zu Tag. Ich bin froh, dass dir deine Zukunft am Herzen liegt. Schön, dass dir das Schreiben so liegt, ich habe es immer gemocht. Mach dir um uns keine Sorgen; wir werden es schon schaffen. Vielleicht kehren wir sogar endlich nach Hause, nach Catano, zurück. Dann wird alles wieder gut.

In Liebe

Deine Mama

(Julia Niesen)

SCHON GELESEN ?

● Der große Traum des 14jährigen Ramon ist es, ein Macho zu werden. Denn sein Vater und sein Freund Harpo meinen, in New York könne ein Mann nur als Macho (über-)leben. Damit Ramons Wunsch in Erfüllung geht, soll er als Aufnahmeprüfung für Harpos Gang einen alten Maler ausrauben. Doch der hat nichts außer zwölf Dollar und seinen Bildern. Da macht Ramon eine Entdeckung und findet in dem alten Mann einen guten, wenn auch seltsamen Freund. Doch diese Freundschaft gefällt Harpo und seinen Jungs überhaupt nicht ...

Ich persönlich finde das Buch spannend und gut geschrieben. Es macht deutlich, wie es einem Jungen aus der Unterschicht in New York ergeht. Die Begegnung und Annäherung zwischen Ramon und dem Maler sind amüsant und locker beschrieben. Auch gefällt mir, wie Ramon ein neues Selbstvertrauen entwickelt und aus seinem Leben doch noch etwas machen möchte. Schade ist allerdings, daß die spanischen Sätze, welche des öfteren verwendet werden, nicht übersetzt sind.

Myron Leovy: Ein Schatten wie ein Leopard. dtv pocket (Stuttgart), 7,80 DM.
Abb. 4 Wiesbadener Kurier vom 24.06.94

Abb. 5 Myron Levoy: Ein Schatten wie ein Leopard
Aus dem Amerikanischen von Elisabeth Epple; Benziger-Edition im Arena Verlag, Würzburg 1989; 167 S., 19,80 DM

Rezension zu „Ein Schatten wie ein Leopard"

Ramon – Slumkind aus New York

Ecke 49. Straße

Puertoricaner in New York ... Unwillkürlich fallen einem die *grands jetés* des „West-Side-Story"-Balletts ein, hört man den Musical-Chor sein fröhlich-aggressives „I like to be in America" kreischen, und die aufgeplatzten Müllsäcke, rostigen Benzintonnen und alten Autoreifen sind nur exotische Requisiten. Doch aus einschlägigen Filmen und Reportagen wissen wir, daß sich an der realen Slumkulisse, am Pariastatus der Puertoricaner in den dreißig Jahren seit Bernstein nichts geändert hat, jedenfalls nicht zum Besseren. Ramon Santiago ist vierzehn, sieht aus wie zwölf, wohnt in New York, Neunte/Ecke 49. Straße, hat ein zusammengerolltes Bündel Dollarscheine im Schuh – seinen Beuteanteil vom letzten Überfall auf eine Rentnerin – und in der Hosentasche sein Messer, das unverzichtbare, das lange Reden überflüssig macht.

Sein Vater sitzt eine Gefängnisstrafe ab; er hat auf einer puertoricanischen Protestdemonstration einen Polizisten zusammengeschlagen. Seine Mutter liegt im Hospital, weil sie es aufgegeben hat, sich durch Essen am Leben erhalten zu wollen. Manchmal besucht Ramon sie. Er bringt ihr Geschenke vom ergaunerten Geld und erlebt dann, daß die Mutter, falls sie hin und wieder ihre Apathie durchbricht, ihn mit dem Namen des Vaters anredet. Ramon ist für niemanden vorhanden.

Er haust allein, ernährt sich selber. Sein einziger Umgang ist die Bande, bei der festes Mitglied zu werden sein eifrig angestrebtes Ziel ist. Im Dschungel täuschen die Gesetze des Rudels Sicherheit vor, vermitteln sie doch den Anschein von Zugehörigkeit. Freundschaft und menschliche Wärme allerdings haben in diesem Milieu keine Chance.

Was Ramon aus dem Haufen der jugendlichen Verbrecher heraushebt, was ihn als Helden eines Buches rechtfertigt, sind eine besondere Fähigkeit und ein bestimmtes Bedürfnis. Er kann noch weinen, etwa wenn ihn seine Mutter wieder einmal nicht erkannt hat. Und in seiner anderen Hosentasche steckt ein Heft, in das er heimlich seine Beobachtungen und Gedanken notiert: „... Buch ist meine Schwester, Messer mein Bruder. Ich brauche sie beide." Oder: „Krankenhauszimmer. Es ... ist immer grün. Wie der große Fischbehälter in Mrs. Ryans Tierhandlung. Den Fischen ist es egal, ob es Oktober oder sonstwas ist. Meiner Mamá auch."

Als die Bande Ramon beauftragt, einen angeblich reichen alten Maler in dessen Wohnung auszurauben, findet er statt Geld nur Bilder vor – abstrakte Gemälde, an denen sich sein unentwickelter Schönheitssinn begeistert. Zwischen dem verbitterten alten Menschenfeind und dem Jungen entwickelt sich eine seltsame Symbiose. Beide brauchen einander, da einer dem anderen die notwendige Bestätigung zuteil werden läßt. Die Bestätigung für den Maler, vielleicht doch kein Versager, sondern fast „so was wie Picasso" zu sein, und die Bestätigung für Ramon, daß er auch durch seine aufgeschriebenen Gedanken eine eigene, unverwechselbare Persönlichkeit zum Ausdruck bringen kann, daß es andere Fertigkeiten gibt als die mit dem Messer.

Myron Levoy, mit Auszeichnungen bedachter Kinder- und Jugendbuchautor, kennt das Milieu, das er dem Leser vorsetzt, kennt Slang und Verhaltensweisen seiner Outlaws aus Studien vor Ort. Und er bringt das Kunststück fertig, zwischen Szenen von äußerster Brutalität immer wieder Stellen einzuschieben, die einen daran erinnern, daß unsere Spezies in der Anlage gut ist.

Karla Schneider

Abb. 6 DIE ZEIT 10.11.1989

3   Charlotte Kerner: Geboren 1999 (9.–11. Schuljahr)

(Weinheim / Basel: Beltz & Gelberg 1995 = Gulliver TB 737; 19. Aufl. 2011)

3.1   Sachanalyse

Zur Autorin

Dieses Jugendbuch stand 1990 auf der Auswahlliste des Deutschen Jugendliteratur-preises. Seine Autorin Charlotte Kerner hat sich seit 1979, als sie das Schreiben zu ihrem Hauptberuf machte, in der KJL-Szene und als Wissenschaftsjournalistin einen Namen gemacht. Ihr besonderes Interesse galt und gilt vor allem medizini-schen Themen, worüber sie u. a. in GEO, EMMA oder „Die Woche" häufig publi-ziert. Als Jugendbuchautorin widmete sie sich vornehmlich den Biographien berühmter Frauen. So schrieb sie eine Biographie über die Atomphysikerin Lise Meitner, die mit Max Planck und Otto Hahn an der Kernspaltung arbeitete, bevor sie als Jüdin vor den Nazis ins Ausland flüchten musste. In „Die Schönheit des Him-mels" erzählt sie die Lebensgeschichte der Hildegard von Bingen und in „Seiden-raupe, Dschungelblüte" die der Maria Sybilla Merian. In dem Sachbuch „Nicht nur Madame Curie . . ." porträtiert sie die Frauen, die einen Nobelpreis bekamen; ihm folgt 1997 ein zweiter Band mit dem Titel „Madame Curie und ihre Schwestern". „Kinderkriegen" ist ein „Nachdenkbuch", in dem sich Mädchen, Mütter und Nichtmütter, Alleinstehende und Verheiratete, Berufstätige und Hausfrauen über das Problem „Kinder oder keine?" äußern.

„Geboren 1999" ist ihr erstes fiktionales Jugendbuch; es erschien 1989 und liegt seit 1995 in einer Taschenbuchausgabe vor; in ihr hat Charlotte Kerner vor allem das „Nachwort der Autorin" und das „Glossar" zu den wichtigen naturwissenschaft-lichen Begriffen und zur Diskussion um die Fortpflanzungsmedizin auf den neues-ten Stand gebracht. Charlotte Kerner nennt ihren Jugendroman im Untertitel „Eine Zukunftsgeschichte". Damit ist die Gattungsproblematik dieses Buches angesprochen.

Zur Gattungsfrage

Titel und Untertitel signalisieren, dass es sich bei dem Jugendroman um *Science-fiction-Literatur* (Sf) handelt. Seine Handlung spielt im Jahr 2016. Im Mittelpunkt steht der 17-jährige Karl Meiberg, geboren 1999, der als Baby adoptiert wurde und nun 17 Jahre später mit Hilfe der Journalistin Franziska Dehmel seine genetischen Eltern sucht. Diese Suche entwickelt sich zu einer spannenden Handlung, die in die Problematik von Samenspendern, Eizellenlieferantinnen, Retortenbabys und Leihmüttern führt und damit in die Problematik der Genforschung und Fortpflan-zungsmedizin der Gegenwart. Die Tatsache, dass Karl von einer künstlichen Gebärmutter ausgetragen worden ist, erweist sich heute noch als „Sciencefiction". Charlotte Kerner hat – so sagt sie – hier aber nur Entwicklungen weitergedacht, die in der Gegenwart angebahnt sind. Zwischen der Erstausgabe des Jugendbuches

1989 und der Taschenbuchausgabe 1995 ist die Entwicklung rasant weitergegangen, und es wurden viele Annahmen von 1989 bestätigt oder sogar übertroffen. „Dinge sind möglich und fast alltäglich geworden, die den Rahmen des bisher Bekannten und Erfahrbaren sprengen." (Nachwort, S. 153). Retortenbabys haben tote Väter; 1992 bemühten sich Mediziner darum, das viermonatige ungeborene Kind im Mutterleib einer hirntoten Frau austragen zu lassen; in Italien wurde 1993 eine 63-jährige Frau mit Hilfe von Hormongaben und Embryonenspende Mutter, und 1993 klonten zwei amerikanische Wissenschaftler zum ersten Mal menschliche Retortenembryonen. Das „Göttinger Tageblatt" vom 3. März 1999 berichtet, dass in einem italienischen Krankenhaus ein Baby „von zwei Müttern" zur Welt gekommen ist: „Für die Schwangerschaft war in der Eizelle einer zuvor unfruchtbaren Frau die Zellsubstanz (Zytoplasma) der Eizelle einer Spenderin injiziert worden. Danach wurde die 35jährige Italienerin künstlich befruchtet. Das Baby hatte sich somit aus dem Erbgut der Gebärenden, der Zellsubstanz der Spenderin und dem Sperma des Vaters entwickelt."

„Das Geschäft mit der Fortpflanzung läuft weiter, ein Tabu nach dem anderen fällt." So formuliert Charlotte Kerner in ihrem Nachwort (S. 154), das sie mit einem Zitat des Schweizer Biologen und Anthropologen Adolf Portmann enden lässt, das er schon 1968 warnend formulierte: „Wir stehen in der finsteren Neuzeit, die unter vielen schrecklichen Projekten biotechnische Menschenzüchtung plant." (Nachwort, S. 154)

Das hier Beschriebene ist typisch für die literarische Gattung „Sciencefiction". Suerbaum definiert sie so:

> Die Gattung Science Fiction ist die Gesamtheit jener fiktiven Geschichten, in denen Zustände und Handlungen geschildert werden, die unter gegenwärtigen Verhältnissen nicht möglich und daher nicht glaubhaft darstellbar wären, weil sie Veränderungen und Entwicklungen der Wissenschaft, der Technik, der politischen und gesellschaftlichen Strukturen oder gar des Menschen selbst voraussetzen. Die Geschichten spielen in der Regel, aber nicht mit Notwendigkeit, in der Zukunft. (Suerbaum 1981, S. 10)

„Geboren 1999" muss auf Grund seines Inhalts auch in die literarische Gattung *Adoleszenzroman* eingeordnet werden, wie wir ihn oben ausführlich dargestellt haben.

Im Zentrum des Jugendbuchs steht Karls Suche nach seiner Identität. Er will wissen, wer seine genetischen Eltern sind, er will in Erfahrung bringen, wie er entstanden und wer für seine Existenz verantwortlich ist, und schließlich, wer ihn ausgetragen hat. Auslöser für seine Suche ist eine Existenzkrise, denn Karl hat gemerkt, dass er anders ist. Er will daher sich selbst auf die Spur kommen. Parallel zu dieser Suche nach der eigenen Identität vollzieht sich die Ablösung von den Eltern, denn sie können ihm auf seinem Weg keine Hilfe mehr sein. Karl wird erwachsen. Seine Beziehung zu Sarah Haug spielt in dieser Krise eine wichtige Rolle. Und die Journalistin Franziska Dehmel übernimmt für Karl die Funktion einer Mentorin, wie sie in den amerikanischen Initiationsreiseromanen beschrieben ist. (Vgl. Freese 1971) Sie hört Karl zu, hilft ihm, erteilt ihm Ratschläge und leistet einen Teil der Aufklärungsarbeit für ihn. „Geboren 1999" lässt am Ende offen, ob Karl bei seiner Identitätssuche scheitert oder nicht. Franziska Dehmel hofft, ja sie ist sogar zuversichtlich, dass Karl ihren Artikel lesen und sich danach bei ihr melden wird, aber sicher ist das nicht.

„Geboren 1999" kann man schließlich auch in die Gattung *Detektivgeschichte* einordnen, denn Karl und mit ihm Franziska Dehmel müssen von der Erzählgegenwart 2016 alle Spuren, die Karls Existenz betreffen, bis ins Jahr 1999 zurückverfolgen. Dabei müssen sie Irrwege und ein mögliches Scheitern in Kauf nehmen. Mosaikstein für Mosaikstein tragen sie zusammen, bis sie den Fall „Karl Meiberg" am Ende aufgeklärt haben. Das Kennzeichen der Detektivgeschichte ist ihr Gegen-den-Strich-Verlaufen. Sie setzt mit dem Ergebnis einer Tat ein, und der Detektiv muss von diesem Handlungsendpunkt aus die Voraussetzungen, die zu dieser Tat geführt haben, aufklären; er muss also die Vorgeschichte, das „Unerzählte" der Geschichte (Bloch) rekonstruieren. Es geht um Aufklärung, die über das Feststellen von Fakten, Hypothesenbildungen, deren Überprüfungen, Verifizierung und Falsifizierung verläuft. Dieser Aufklärungsvorgang erzeugt beim Leser Spannung, da er die Hintergründe einer Tat aufgeklärt wissen möchte. (Vgl. Lange 2003b, S. 787–791) Professor Wald, der auf unerlaubte Weise mit Erbgut experimentiert hat, wird am Ende überführt, dass er gegen ethische Gesetze verstoßen hat. Ob er aber bestraft wird, bleibt offen: „Werden sie (die Bürgerinnen – GL) Rüdiger Wald bejubeln? Wird der Professor recht behalten? Winkt ihm der Nobelpreis?" (Kerner 2011, S. 151) Diese Fragen provozieren beim Leser ein Nachdenken über den „Fortschritt" in der Gentechnologie – und gerade das ist die Absicht des Jugendbuchs von Charlotte Kerner.

Personen und Personenkonstellation des Jugendbuchs

Das folgende Schaubild über die Personenkonstellation des Jugendbuchs hat die Studentin Sonja Stephanie Becker entworfen:

```
                                        Fabian Dehmel

                            Beauftragte von AntiGen

            Sarah
                    Karl        Franziska Dehmel

        Anna und Dietrich       Professor Wald

                        Mitarbeiter Bürgerzentrum
```

Die Grafik zeigt zwei Sachverhalte:

1. die Wichtigkeit der Personen für den Fortgang der Handlung: Je näher die Personen dem Zentrum des Schaubildes, d. h. dem Protagonisten Karl, stehen, desto wichtiger sind sie für das Geschehen. Die Größe der Schrift verdeutlicht zugleich ihre Bedeutung in der Handlung.

2. die Einstellung der Personen zu Karls Nachforschungen: Kursiv gedruckt sind alle die Personen, die Karls Beweggründe verstehen und ihn bei seinen Nachforschungen unterstützen; die Personen, die unterstrichen sind, wollen die Nachforschungen verhindern oder heißen sie nicht gut.

Im Mittelpunkt der Handlung steht *Karl Meiberg*, der 1999 geboren und als Baby adoptiert wurde und jetzt im Jahre 2016 mit 17 Jahren auf der Suche nach seiner Identität ist. Schon bei ihrer ersten Begegnung bemerkt Franziska Dehmel, dass Karl ein guter Beobachter ist (S. 13). Aus dem Interview, das die Journalistin mit Karls Adoptivmutter geführt hat, erfährt der Leser, dass Karl schon immer zurückhaltend war und nie seine Gefühle zeigen konnte. Er ließ sich nicht gern in die Arme nehmen, konnte nie aus sich herausgehen und weinte nicht. Das erste und einzige Mal, dass er in seinem Leben Tränen vergoss, war, als er in der Klinik seiner künstlichen Leihmutter gegenüberstand. Von seinen Mitschülern wird er der „kalte Karl" genannt, ein Name, den er hasst, aber andererseits auch wiederum schätzt, weil er ihn treffend charakterisiert. Dass die Gefühlskälte von Karl eine Folge seines Austragens in einer künstlichen Gebärmutter ist, wird zwar nie explizit gesagt, aber durch die ganze Handlung nahe gelegt.

Franziska Dehmel kann man als zweite Hauptperson des Jugendbuchs bezeichnen. Über sie als Person erfährt der Leser wenig, aber bei ihr laufen alle Fäden der Handlung zusammen. Sie ist geschieden, und ihr Sohn Fabian ist ein Klassenkamerad Karls. Fabian hat Karls Kontakt zu seiner Mutter, die Journalistin ist, geknüpft. Zuerst sieht sie in Karls Schicksal eine gute Story. (S. 13) Seine Person interessiert sie kaum; durch seine häufige Anwesenheit fühlt sie sich sogar belästigt. (S. 51) Doch im Verlaufe der Aufklärungsarbeit kommen sich beide näher. Bei ihrem Bruderkuss spüren beide eine gegenseitige Anziehung. (S. 54) Nach der Entdeckung von 1KG/AU intensiviert sich ihre Freundschaft – zum Ärger ihres Sohnes Fabian, der sogar eifersüchtig wird. Das Interesse an ihrem Artikel nimmt in dem Verhältnis ab, wie sich ihr Verhältnis zu Karl intensiviert. „Aber Karl ist weder ein Golem noch ein Spuk, verdammt noch mal. Er ist mein Freund, und er braucht Hilfe." (S. 124) Trotzdem kommen ihr immer wieder Zweifel, ob ihre Unterstützung für Karl richtig ist. Im Gespräch mit Professor Wald bezieht sie aber eindeutig Position. Es geht um den Menschen Karl Meiberg: „Ihn hatte dieser Mann ins Leben gezwungen, ihn hatte er aus anonymen Keimzellenspenden gezeugt." (S. 133)

Sarah Haug ist Karls Freundin. Beide gehen zur selben Schule, Sarah allerdings eine Klasse unter Karl. Über Sarahs Persönlichkeit erfährt man nicht viel, nur dass sie Karl gern mag. In ihrer Einstellung gegenüber Karls Suche ist sie hin- und hergerissen. Einerseits kann sie sie verstehen und will Karl unterstützen, andererseits

hat sie Angst, dass durch diese Suche zwischen ihnen auch viel zerstört werden
kann, denn die Gespräche darüber führen immer wieder zu Auseinandersetzungen. „Und für mich war und ist das egal, von wem er abstammt. Ich mag ihn so, wie
er ist." (S. 36) Sarah bildet für Karl während der Zeit der Nachforschungen und
Unruhe einen Ruhepol. Sie zeigt wenig Gefühlsschwankungen, wirkt ausgeglichen
und freundlich. Ihre Liebe zu Karl gibt ihr große innere Stärke.

Anna und Dietrich Meiberg, die Adoptiveltern Karls, konnten wegen hormoneller
Störungen keine eigenen Kinder bekommen, so dass ihnen die Adoption als einziger Ausweg blieb. Anna ist Deutschlehrerin gewesen, arbeitet aber nach der Adoption halbtags als Museumspädagogin; Dietrich ist Ingenieur. In seinem Wesen
ähnelt er Karl, denn er bezeichnet sich selbst als zurückhaltend, und manche finden
ihn kalt. Beide haben versucht, Karl gute Eltern zu sein. Darum verstehen sie auch
nicht, warum Karl eines Tages spurlos verschwindet, denn Dietrich sieht in der
künstlichen Gebärmutter einen wissenschaftlichen Fortschritt und kein ethisches
Problem. Trotzdem kann er Karls Suche nach seiner Identität akzeptieren, denn
diese Suche gehört für ihn zu einem Problem, das in der Pubertät einen jungen
Menschen beunruhigen kann. Anna empfindet Professor Wald gegenüber nichts als
Dankbarkeit, während Dietrich hier durchaus nachdenklicher und zurückhalten-
der wirkt. „Ich habe ihm (Karl – GL) auch gesagt, dass (. . .) wir Wald vielleicht tatsächlich zu leichtfertig vertraut haben." (S. 108) Am Ende des Tonbandinterviews
macht Dietrich aber Franziska Dehmel Vorwürfe, dass sie Karl bei seiner Suche
unterstützt habe. „Sie sind mitschuldig. Sie haben ihn auch gegen uns aufgehetzt.
Dauernd war er bei Ihnen, und Sie haben ihm dieses Zeug zu lesen gegeben, so
lange, bis er ganz durcheinander war." (S. 109) Die Liebe der Adoptiveltern zu
Karl und ihre Einstellung zu dem ganzen Problem wird in dem Schlusswort Diet-
richs ganz deutlich: „Karl ist weder künstlich, noch ist die Maschine seine Mutter.
Seine Mutter ist Anna, und ich bin sein Vater. Und seine leiblichen Eltern kennt er
auch. Karl ist ein ganz normaler Mensch. Das ist alles, was ich dazu sagen kann."
(S. 110)

Professor Rüdiger Wald ist ein Forscher, dem seine wissenschaftliche Arbeit und
der Erfolg über alles gehen. Die Embryonenentwicklung außerhalb des Mutter-
leibs betrachtet er als sein Lebenswerk, für das er noch nicht die gebührende Anerkennung in der Fachwelt erfahren hat. In dem Gespräch mit Karl gibt er sich als
alter Mann, der gehbehindert ist und nur mit Hilfe eines Hörgeräts an den Gesprächen der Umgebung teilnehmen kann. Er wirkt sogar etwas sympathisch. Im
Gespräch mit Franziska Dehmel dagegen erscheint er berechnend, kalt, überheb-
lich und ohne die Fähigkeit, Gegenargumente überhaupt wahrzunehmen,
geschweige denn, sie gelten zu lassen. Seiner Meinung nach hat die medizinische
Forschung und ihr Fortschritt Vorrang vor dem Leben eines Einzelnen. Zynisch
kehrt er am Schluss des Interviews sogar die Argumentation um, wenn er Franziska
Dehmel vorwirft: „Und wenn der Junge psychisch einen Knacks hat oder
bekommt, dann liegt das sicher mehr an Ihnen als an mir. Warum haben Sie an SGR
1999 gerührt? Wohl kaum aus Menschenliebe." (S. 134)

Herbeck – der Ort der Handlung

Herbeck ist ein fiktiver Ort, an dem Charlotte Kerner die Handlung angesiedelt hat, ein beliebiger Ort irgendwo in Deutschland. Er wird zum Inbegriff der Gesellschaft im Jahre 2016 und zum Warnbild für die Entwicklung bis dahin. Die Stadt wirkt kalt, ungemütlich und liegt beständig unter einer Dunstglocke. Alles ist unwirtlich, künstlich und vom Fortschritt geprägt. Das Bürgerzentrum mit seinem großen, gelb leuchtenden Neon-H auf dem Hochhaus, den langen, fensterlosen Fluren, die durch Neonlampen auch im Winter in sonniges Frühlingslicht getaucht werden, um die Besucher aufzuheitern, den Sicherheitsvorkehrungen, ID-Karten, den gelben Uniformen der Beamten, dem verlogenen Himmelblau der Fahrstühle, der Anonymität und Farblosigkeit der Menschen mit ihren leeren Gesichtern. Die Menschen verkommen zu Nummern ohne eigenen Namen und Individualität. (S. 14–18) Die Verwaltung mutet orwellsch an. Informationen werden zugeteilt, um die Menschen künstlich dumm zu halten oder aber am kritischen Nachdenken zu hindern.

Im Gegensatz zur Stadt mit seinen vorherrschenden Farben Gelb, Grau und Sandfarben steht die Landschaft am alten, vergessenen Fluss, eine Gegend, die kaum ein Einwohner Herbecks kennt, wo Karl aber seinen Lieblingsplatz hat. Hier findet er Ruhe und Entspannung, hier kann er sich frei fühlen, frei atmen, seiner Phantasie freien Lauf lassen. An diesem Platz dominieren die Farben Blau und vor allem Grün, die Farben der Weite und der Freiheit, der Hoffnung und der Beruhigung.

Herbeck, geprägt von Fortschritt und rasanter, menschenfeindlicher Entwicklung, und die Naturlandschaft am alten Fluss bilden zwei Gegenpole, wie sie auch schon in Orwells „1984" und Huxleys „Schöner neuer Welt" gestaltet worden sind. Charlotte Kerner kennt ihre literarischen Vorbilder genau und ahmt sie nach. Dahinter verbirgt sich der uralte philosophische Gegensatz von Natur und Kultur. Karl steht zwischen diesen beiden Polen; aber er ist ein Produkt des wissenschaftlichen Fortschritts und damit ein Opfer, dem auch die heilenden Kräfte der Natur letztlich nicht mehr nützen können.

Zur Erzählkonstruktion und Handlung des Jugendbuchs

Das Jugendbuch „Geboren 1999" besitzt eine komplizierte Erzählstruktur, da es aus fünf ganz unterschiedlichen Textgruppen besteht, die collageartig nebeneinander gestellt sind und sich wechselseitig überlagern und beeinflussen.

1. Der Zeitungsbericht

Die Journalistin Franziska Dehmel schreibt am Ende des Jahres 2016 einen Artikel für ihre Zeitung „Die Woche"; dieser Artikel bekommt am Schluss die Überschrift „Geboren 1999". Der Artikel erzählt die Geschichte Karl Meibergs, der 1999 durch das IVF-Verfahren künstlich „gezeugt", aber nicht im Uterus seiner Mutter oder einer Leihmutter, sondern in einer künstlichen Gebärmutter ausgetragen worden ist. Franziska Dehmels Ziel ist es, mit Hilfe dieses Artikels Karl Meiberg zur Rückkehr zu bewegen, denn dieser ist an dem Tag, als er von dieser Tatsache erfahren und in der Klinik seine „künstliche Gebärmutter" gesehen hat, davongelaufen, und niemand weiß, wo er sich aufhält.

Dieser Artikel ist personal und auktorial geschrieben, d. h., es gibt Abschnitte, die aus der Sicht Karls oder Franziska Dehmels erlebnishaft und daher personal erzählt werden, und andere Abschnitte, die einen mehr überblickshaften, informierenden oder beurteilenden Charakter besitzen, die auktorial erzählt werden. Die personal erzählten Teile erinnern an eine human-interest-story, die auktorial erzählten Teile haben den Charakter eines sachlichen Berichts.

Dargestellt wird in diesem Artikel die detektivische Suche von Karl und Franziska Dehmel, um dem Geheimnis von Karls Zeugung und Austragung im Jahre 1999 auf die Spur zu kommen. Dieser Bericht gliedert sich in 9 Abschnitte, die sich über das ganze Jugendbuch verteilen und die jeweils durch eine Überschrift in Fettdruck hervorgehoben sind:

– Die Suche (Teil 1): Geheimnisvolle Geburtstage (S. 14–18)
– Die Suche (Teil 1, Forts.): Geheimnisvolle Geburtstage (S. 25–30)
– Die Suche (Teil 2): Gensumpf (S. 41–48)
– Die Suche (Teil 2, Forts.): Gensumpf (S. 56–61)
– Die Suche (Teil 2, Forts.): Der Gensumpf (S. 75–80)
– Die Suche (Teil 3): High-Tech-Schöpfung (S. 103–105)
– Die Suche (Teil 3, Forts.): High-Tech-Schöpfung (S. 111–115)
– Die Suche (Teil 3, Forts.): High-Tech-Schöpfung (S. 125–134)
– Ende der Suche: Erkennen (S. 142–151)

Eingeleitet wird der Artikel durch einen 10. Abschnitt, dem Franziska Dehmel nach seiner Fertigstellung die Überschrift „Wiedersehen" (S. 5–6) gibt. Hier wird die Begegnung Karls mit seiner „künstlichen Mutter" geschildert, aber es wird nichts davon verraten, was Karl sieht, sondern nur das Ergebnis: „Es gibt keinen Zweifel – das hinter der Glasscheibe ist sie. Das ist seine Mutter." (S. 6) Auf diese Weise wird eine Handlungsspannung erzeugt, die erst im letzten Abschnitt „Ende der Suche: Erkennen" auf S. 150f. gelöst wird.

2. Karls Tagebuch

Karl hat Franziska Dehmel an dem Tage, an dem er verschwand, sein Tagebuch zugeschickt, dessen Aussagen und Beschreibungen von Empfindungen, Gefühlen und Gedanken sie in ihrem Bericht verwendet, um das Dargestellte authentisch zu gestalten. Aber die Tagebucheintragungen bilden für Franziska Dehmel auch immer wieder einen Anlass, über Karl nachzudenken. Die Ausschnitte aus dem Tagebuch sind kursiv gedruckt und jeweils mit einem Datum versehen; sie erstrecken sich vom 6. Januar bis zum 1. Dezember 2016, aber sie werden nicht in chronologischer Reihenfolge zitiert, sondern scheinbar zufällig:

– 6. Januar 2016, abends (S. 9–12)
– 29. Januar 2016, 20 Uhr (S. 32–33)

- 6. Februar 2016 (S. 49–50)
- 7. September 2016, nach der Schule (S. 52–53)
- 6. Juni 2016 (S. 65–67)
- 17. Mai 2016 (S. 70–73)
- 15. August 2016, abends (S. 94–97)
- 25. August 2016, Korfu (S. 90–99)
- 1. Dezember 2016, abends (S. 136–138)

Das Tagebuch verwendet logischerweise die Ich-Erzählsituation, wodurch der Leser sich sehr genau in die Gedanken und Gefühle Karls hineinversetzen kann.

3. Tonbandinterviews

Die dritte Textgruppe bilden drei Tonbandinterviews, die Franziska Dehmel mit Karls Freundin Sarah (13. Dez. 2016; S. 34–40), mit Karls Mutter Anna (16. Dez. 2016, S. 83–87) und mit seinem Vater Dietrich (19. Dez. 2016, S. 107–110) geführt hat und die das Geschehen aus der Sicht dieser drei Personen darstellen. Vor allem wird deutlich, wie die drei Interviewten Karl einschätzen, wie ihre Beziehung zu ihm ist, welche Einstellung sie zu seinen Nachforschungen und zur gentechnischen Forschung haben.

In die Textgruppe der Interviews kann man auch das Gespräch zwischen Franziska Dehmel und Professor Rüdiger Wald einordnen, das in wörtlicher Form in dem Zeitungsbericht wiedergegeben wird, und zwar im Abschnitt „Die Suche (Teil 3, Forts.): High-Tech-Schöpfung" (S. 125–134) Dieses Gespräch besitzt also eine doppelte Textgruppenzugehörigkeit.

Die Interviews und das Gespräch vermitteln den Eindruck von Authentizität. Sie tragen dazu bei, den Roman realistisch erscheinen zu lassen, was ein grundlegendes Kennzeichen der Sf-Literatur ist. Die Äußerungen dieser vier Personen erreichen folglich den Leser ungefiltert, so dass er sich ein eigenes Bild machen kann und muss. Wertungen durch eine vermittelnde Instanz fallen weg.

4. Hintergrundartikel

Eine weitere Gruppe bilden die Hintergrundartikel, die den Leser (im Buch: Karl und den Buchleser) genau über den Verlauf der Forschungen seit Beginn der Genexperimente informieren. Diese Hintergrundartikel sind z. T. Artikel, die Franziska Dehmel vor Jahren selbst geschrieben oder aus Zeitungen gesammelt hat. Sie sind im Jugendbuch mit einer Überschrift versehen, die durch Unterstreichung hervorgehoben ist. Die Meldungen von 1961–1993 sind authentisches Material:

- Vom „Retortenkind" zur glücklichen Mutter (S. 20–24; Artikel aus *Die Woche, Nr. 21, Mai 2007, Autorin: Franziska Dehmel)*
- 1978: Aus zwei mach fünf (S. 26–27; Zeitungsmeldung)
- 1986: Das Eiserben (S. 27–28, Zeitungsmeldung)
- 1987/88: Mutter = Großmutter, Schwester = Mutter (S. 28; Zeitungsmeldung)

– 1995: Brutfabrik (S. 28–30; Zeitungsmeldung)
– 1961–1993 Meldungen aus Zeitungen: Material (S. 120–122)

Den ersten Artikel bekommt Karl von Franziska Dehmel zum Lesen; die Zeitungs-
meldungen 2–5 sind von Franziska Dehmel in ihrem Zeitungsbericht über Karl,
und zwar in „Die Suche (Teil 1, Forts.): Geheimnisvolle Geburtstage" (S. 26–30),
integriert. Bei den Meldungen von 1961–1993 (S. 120–123) handelt es sich um
Archivmaterial von Franziska Dehmel, das die Diskussion der damaligen Zeit
abbildet: Bis Mitte der 80er Jahre verlief die Diskussion um die Fortpflanzungsmedizin sehr heftig, nach 1988/89 brachten die Zeitungen kaum Neues, nach 1993 ver-
siegte die Diskussion.

In ihrem Nachwort weist Charlotte Kerner darauf hin, dass diese Artikel auf der
Basis der realen gegenwärtigen Forschung geschrieben worden sind. „Alle Zitate
in diesem Buch, die dem Zeitraum vor 1989 zuzuordnen sind, gehen auf Original-
quellen zurück, die ich manchmal übernommen, manchmal stilistisch ein wenig
verändert oder neu formuliert habe." (Nachwort, S. 153) Die dadurch bei den
Lesern hervorgerufenen Ängste und das Erschrecken sind von der Autorin beab-
sichtigt.

5. Der Basistext

Zusammengehalten werden diese vier Textgruppen durch einen Basistext. Er ist
personal aus der Sicht von Franziska Dehmel und meist im Präsens erzählt. Sie ist
nach Stanzel die Rollenmaske, aus deren Sicht der Leser das Geschehen wahrnimmt. Immer wieder erfolgen Rückblicke (im Präteritum oder Plusquamperfekt)
auf früher Geschehenes, immer wieder reflektiert Franziska Dehmel ihr eigenes
Verhalten, kommentiert das der übrigen Personen. Dieser Basistext erstreckt sich
zeitlich vom 26.–30. Dezember 2016, er umfasst also die Zeit, in der Franziska
Dehmel an ihrem Zeitungsbericht arbeitet. Erzähltechnisch führt der Basistext
den Leser, er ordnet das Geschehen, bezieht die Textgruppen aufeinander und ist
so etwas wie der „rote Faden".

Das Jugendbuch gliedert sich in 22 Kapitel, die nicht nummeriert sind, deren Grenzen aber jeweils durch drei Punkte markiert werden. Die folgende Grafik soll veranschaulichen, wie sich die einzelnen Textgruppen auf diese 22 Kapitel verteilen.

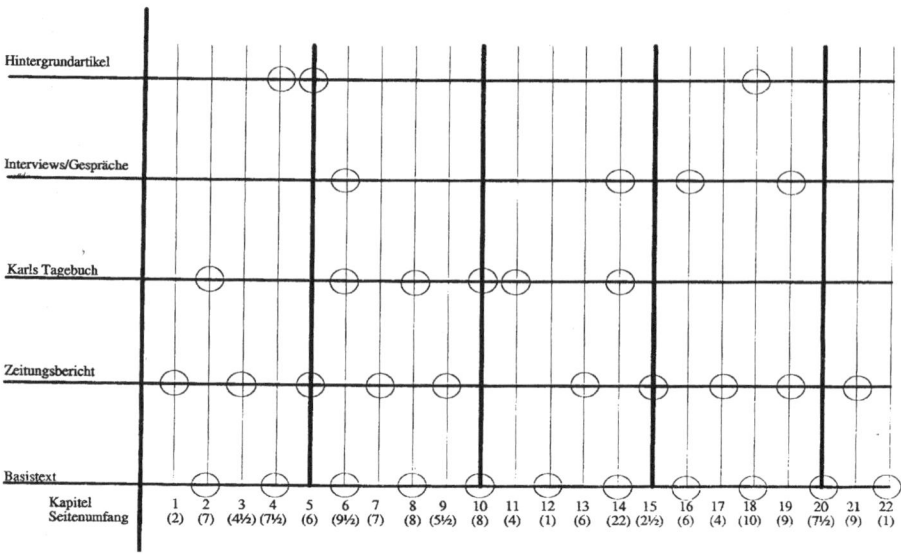

Abb. 7 Erzählkonstruktion von „Geboren 1999"

Strukturbildend für den Roman sind der „Basistext" und der „Zeitungsbericht",
den Franziska Dehmel schreibt. Diese beiden Textgruppen verlaufen logischerweise getrennt voneinander und wechseln sich kontinuierlich ab.

Der Zeitungsbericht bildet zusammengenommen eine Einheit von 55,5 Seiten, die
mit den anderen Textgruppen kaum eine Berührung hat. Lediglich im Kapitel 5
werden in den Zeitungsbericht einige Hintergrundartikel aus den Jahren 1978,
1986, 1987/88 und 1995 eingefügt, und das Kapitel 19 besteht ausschließlich aus
dem Gespräch zwischen Franziska Dehmel und Professor Wald.

Der Basistext dagegen enthält Texte aus allen übrigen Textgruppen: sieben Aus-
züge aus Karls Tagebuch, die drei Interviews mit Sarah und Karls Adoptiveltern
sowie zwei Hintergrundartikel. Er umfasst 87,5 Seiten und ist damit wesentlich
umfangreicher als der Zeitungsbericht.

Etwas Besonderes stellt das 11. Kapitel dar, das nur aus einem Auszug aus Karls
Tagebuch besteht. Dieses Kapitel korrespondiert mit dem 19. Kapitel, das allein
das Gespräch zwischen Franziska Dehmel und Professor Wald wiedergibt.

Die Tagebucheintragung vom 7. Mai 2016 (S. 70–73), die im 11. Kapitel abgedruckt ist, ist besonders wichtig. Sie trägt die Überschrift: „Ich löse mich auf." Karl
artikuliert hier sehr deutlich seine Ängste, die Angst geklont zu sein, die Angst vor
einem Doppelgänger von sich, und er stellt diesen Ängsten seine Hoffnung und
sein Selbstbewusstsein gegenüber: „Ich bin Karl Meiberg, mich gibt's nur einmal,
mit allen meinen Fehlern, so wie ich eben bin." (S. 70) Aber die Zweifel bleiben:
„Das ICH könnte plötzlich wertlos sein. Denn sie haben mich in Serie produziert."
(S. 71) Karl Meiberg ist tot, aber sein Klon lebt. Gegen seine Angst und seine

Träume hat er das Lied von den zehn kleinen Negerlein umgedichtet zu einem Lied
der kleinen Embryos, die durch Klonen vermehrt werden. Und am Ende der Tage-
bucheintragung formuliert er das Ziel seiner Ich-Suche: „Jemand muss verantwortlich sein. Jemand muss mir die Antwort geben können, warum ich bin." (S. 72)

Die Erzählweise dieses Jugendbuchs ist also sehr komplex. Sie fordert dem jungen
Leser eine Menge ab, denn er muss lernen, sich in der Kombination der Textgruppen zurechtzufinden und Beziehungen zwischen ihnen herzustellen. Die Anordnung der Textgruppen wirkt wie in einer Collage. Die Einzelteile stehen zuerst einmal für sich; ihre Inhalte und Formen lassen aber Muster und Berührungspunkte
erkennen. Es dauert nur etwas, bis man sie wahrnimmt. Am Anfang und am
Schluss des jeweiligen Einzeltextes wird der Betrachter resp. der Leser irritiert und
aus dem Handlungszusammenhang gerissen. Die collageartige Erzählweise soll
verhindern, dass er sich in einer unterhaltungsorientierten Lesehaltung verliert,
denn er soll sich ja nicht „berieseln" oder durch Spannung in die Handlung hinein-
ziehen lassen, sondern zum Nachdenken angehalten werden, um so am Schluss zu
einer durchdachten Einschätzung der in dem Roman dargestellten Forschungspro-
bleme zu gelangen – zu einer eigenen Meinung.

Zur Problematik des Jugendbuchs

Im Zentrum des Jugendbuchs stehen zwei Probleme: das Erwachsenwerden und
die moderne Fortpflanzungsmedizin. Beide werden in diesem Roman aufeinander
bezogen und treten so in eine Wechselbeziehung, die den besonderen Reiz des
Buches ausmacht.

Der 17-jährige Karl setzt sich altersbedingt mit der Frage nach seiner Identität auseinander. Für jemanden, der als Baby adoptiert worden ist, erhält diese Frage
zusätzlich eine besondere Bedeutung, denn der Betroffene will wissen, wer seine
genetischen Eltern sind und warum sie ihn zur Adoption freigegeben haben. Karls
Fragen: „Wer war er? Woher kam er?" (S. 18) markieren folglich den Ausgangspunkt der Handlung; sie sind das „erregende Moment".

Karl ist sich bewusst, dass er anders ist als seine Mitschüler. Sie bezeichnen ihn als
den „kalten Karl". Es beunruhigt ihn, dass er sehr verschlossen und gefühlsarm ist
und seine Gefühle nicht gut zeigen kann. Dieses Anderssein ist andererseits aber
auch ein Teil seiner Persönlichkeit, den er wiederum nicht missen möchte. Zwischen diesen beiden Extremen schwankt Karl hin und her, und bis zum Schluss des
Romans gelingt es ihm nicht, eine befriedigende Ich-Identität zu gewinnen.

Bei seiner Suche nach seiner Herkunft stößt Karl auf zwei Probleme, die ihn verun-
sichern und sein detektivisches Interesse wecken:

1. Im Bürgerzentrum entdeckt er, dass dort im Computer der 15. November 1999
    als sein Geburtsdatum eingetragen ist, während auf der Adoptionsurkunde der
    5. Februar 1999 steht.

2. Seine leiblichen Eltern sind im Computer nicht aufgeführt, statt dessen ist dort das Kürzel „SGR 1999" vermerkt, und er erhält den Hinweis, dass auf Grund einer „Sondergenehmigung Klasse R" weitere Daten gesperrt sind.

Franziska Dehmel kann Karl darüber aufklären, dass der Buchstabe R für „Retortenbaby" steht und dass er ein IVF-Kind ist. Aber auch bei ihr melden sich Zweifel, denn nach ihrer Kenntnis passen die Aspekte „Retortenbaby" und „Adoption" nicht zusammen. Dieser Fall voller Unklarheiten schmiedet Karl und Franziska Dehmel zusammen.

Karl notiert am 29. Januar 2016 um 20 Uhr in seinem Tagebuch:

> Wenn sie (Franziska Dehmel – GL) recht hat, könnte ich außer Anna und Dietrich noch drei Elternteile haben: einen genetischen Vater und eine genetische Mutter, und dann ist da vielleicht noch diese Leihmutter im Spiel. Alles ist besser als diese Ungewißheit und Leere. (...) Ich weiß noch nicht, was ich davon halten soll. Ich bin durcheinander. Was bringt Leute dazu, aus fünf einen zu machen, nämlich mich? Und was steckt von ihnen in mir? Mir ist nicht wohl bei der Sache, aber gleichzeitig fühle ich mich erleichtert. Ich bin meiner Herkunft auf der Spur. (S. 32f.)

Es wird für Karl und Franziska Dehmel schwer, in dem Labyrinth aus Bürokratie und streng geheimen Akten Antworten zu bekommen.

Karl erfährt, dass er niemals eine Verbindung zu seinen genetischen Eltern herstellen kann, denn sie hatten bestimmt, dass ihre Eizellen bzw. ihr Sperma nur zu Forschungszwecken verwendet werden durften. Seine genetischen Eltern „waren ihm fremd, und sie würden immer Fremde bleiben." (S. 61)

Neue Fragen entstehen für Karl: Warum hat sein Leben begonnen? Wer war seine Leihmutter? Karl hofft, seine Leihmutter in Kürze finden zu können, und macht daher eine Phase der Beruhigung durch. Die wirkliche Krise setzt aber in dem Moment ein, als er feststellen muss, dass er künstlich gezeugt und von einer seelenlosen Maschine ausgetragen worden ist. Keiner von seinen Elternteilen hat ihn gewünscht. Karl gerät in eine existentielle Krise. Die Suche nach dem eigenen Ich ist gescheitert. Er kann keine Bedeutung mehr in seinem Leben erblicken und verschwindet.

Für ihn bleiben zwei Möglichkeiten: Entweder er lernt es, trotz all dieser unmenschlichen Voraussetzungen sich selbst anzunehmen und zu akzeptieren, wie er ist, oder er kann den Gedanken nicht ertragen, in einem künstlichen Uterus ausgetragen worden zu sein, und bringt sich um. Dass er beim Anblick seiner Maschinen-Mutter geweint hat, das erste Mal in seinem Leben geweint hat, könnte ein hoffnungsvolles Zeichen sein. (S. 149) Andererseits hat er im Urlaub auf Korfu versucht, sich im Meer zu ertränken: „Hierbleiben. Versinken. Ruhe haben. (...) Ich dachte nur noch an die leichte Schwere im Wasser. Da hatte ich für einen Augenblick wirklich alles vergessen." (S. 99)

Franziska Dehmel hofft, dass Karl ihren Artikel liest und zurückkehrt. Aber auch sie hat Zweifel und „muss sich zwingen, gegen ihre Zweifel anzuschreiben." (S. 142) Der Schluss des Romans bleibt offen.

3.2 Didaktisch-methodischer Kommentar zum Umgang mit Charlotte Kerners Jugendroman im Unterricht

Im Jugendbuch „Geboren 1999" steht der 17-jährige Karl im Mittelpunkt, der auf der Suche nach seiner Identität ist. Er hat im Verlaufe seiner Entwicklung sein Anders-Sein erfahren und will den Gründen dafür auf die Spur kommen. Da er als Baby adoptiert wurde, ist die Suche nach seinen genetischen Eltern für ihn vorrangig. Als ihm die Kenntnis von ihnen aber nicht weiterhilft, muss er herausfinden, wem er seine Existenz zu verdanken und wer ihn ausgetragen hat. Dass in diesem Zusammenhang Probleme der Gentechnik und Fortpflanzungsmedizin eine Rolle spielen, wird ihm erst langsam bewusst. Insofern sind in diesem Jugendbuch drei Gattungen, nämlich der Adoleszenzroman, Sciencefiction und Detektivroman, relevant – drei Gattungen, die Schülerinnen und Schüler im Alter von 15–17 Jahren (Klasse 9–11) interessieren. Diese Kombination ist didaktisch deswegen von besonderem Vorteil, weil so nahezu für jeden in der Klasse etwas literarisch Ansprechendes in dem Jugendbuch vorhanden sein müsste.

Aus der Sachanalyse ergeben sich verschiedene Problemfelder, die in einem didaktischen Reduktionsmodell unbedingt Berücksichtigung finden sollten:

1. In der Fortpflanzungmedizin und Gentechnik haben in den letzten Jahren, wie Charlotte Kerner in ihrem Jugendbuch, im Nachwort und Glossar nachweist, entscheidende Entwicklungen stattgefunden, die in den Bereich der Ethik gehören (Ethik als Hure der Wissenschaft oder „Ethik steht nicht still, zum Glück nicht", wie Prof. Wald auf S. 129 provozierend formuliert) und die in einer Demokratie öffentlich diskutiert werden müssen. Die Literatur hat den großen Vorteil, dass sie ein derartiges Problem nicht abstrakt abhandelt, sondern anhand eines konkreten Falles durchspielen kann. Dadurch wird jeder Leser mit dem Fall direkt konfrontiert, denn die Identifikation bewirkt, dass der literarische Fall zum eigenen Fall wird. Unmittelbare Betroffenheit ist die Folge; sie zwingt zur Stellungnahme.

2. Das zweite didaktische Argument ist die Adoleszenzproblematik. Die Schülerinnen und Schüler dieses Alters sind auf der Suche nach sich selbst. Sie müssen sich mit den sozialpsychologischen Entwicklungsaufgaben, wie sie Dreher / Dreher (vgl. Teil A, Kap. 1.2) zusammengestellt haben, auseinandersetzen. Im Vordergrund dieses Jugendromans stehen die Suche nach der eigenen Identität, die Ablösung von den Eltern und die Beziehung zum anderen Geschlecht, wobei aber der erste Aspekt die beiden anderen erkennbar überlagert. Karl wird im Jugendroman als Person deutlich charakterisiert. Seine Besonderheiten, die ihn von den anderen abheben, werden klar konturiert. Sein Forschen nach ihren Ursachen bedeutet für ihn, Klarheit über sich selbst zu gewinnen. Da in diesem Adoleszenzroman offen bleibt, ob Karl die zentrale Entwicklungsaufgabe der Identitätsfindung bewältigt, müssen die Schülerinnen und Schüler lernen, diese Offenheit auszuhalten und sie produktiv zu bewältigen, indem sie aus der Handlung des Buches heraus Begründungen für einen eigenen Schluss entwickeln.

3. Dieses Jugendbuch bekommt man im Unterricht nur in den Griff, wenn man die komplexe Erzählkonstruktion aufbricht und für die Schülerinnen und Schüler durchschaubar macht. Es ist sogar didaktisch-methodisch empfehlenswert, mit diesem Zugriff die Beschäftigung mit dem Jugendbuch zu beginnen, um so die Klasse an das Buch heranzuführen. Bei einem solchen Verfahren ist auch eine vorherige Lektüre nicht erforderlich, sondern die Schülerinnen und Schüler steigen über die verschiedenen Textgruppen in arbeitsteiliger Gruppenarbeit direkt in das Jugendbuch ein.

Gruppe 1 und 2:

Die Grafik auf S. 103 verdeutlicht, dass der „Basistext" und der „Zeitungsbericht" von Franziska Dehmel die Schlüsseltexte sind. Diese beiden Textgruppen sollten von jeweils einer Schülergruppe separat gelesen werden, um den Handlungs- und Problemzusammenhang zu erfassen und einen Teil der Personencharakterisierung zu bewältigen (Karl, Franziska Dehmel).

Gruppe 3:

Eine weitere Schülergruppe beschäftigt sich mit „Karls Tagebuch", um ihn als Person ganz genau zu charakterisieren und seine Gedanken und Gefühle herauszuarbeiten.

Gruppe 4:

Eine vierte Schülergruppe konzentriert sich auf die Interviews mit Karls Freundin Sarah und seinen Adoptiveltern und das Gespräch mit Professor Wald, die Franziska Dehmel durchgeführt hat. Diese Gruppe trägt später im Plenum erheblich dazu bei, die Personen und die Personenkonstellation zu erfassen, aber auch Problemfragen der Gentechnik und Fortpflanzungsmedizin kommen hier zur Sprache.

Gruppe 5:

Schließlich setzt sich eine fünfte Gruppe, zu der vor allem die an Medizin und Biologie Interessierten der Klasse gehören sollten, mit den „Hintergrundartikeln" des Jugendbuchs sowie mit dem Nachwort und dem Glossar von Charlotte Kerner (S. 155–166) auseinander. Sie bilden später die Expertengruppe Gentechnik und Fortpflanzungsmedizin.

4. Die Arbeit in Gruppen bildet für das **Plenum** die Basis, denn jede Gruppe ist Expertengruppe für eine bestimmte Frage und leitet im Unterricht das Gespräch über diesen Punkt. Alle anderen Gruppen haben aber aus ihrer jeweiligen Textgruppe auch Informationen über die anderen Fragen und können so das Ihre zum Gespräch beitragen. Alle Schülerinnen und Schüler sind also in allen Fragen involviert.

Federführend sind:

– die erste und zweite Gruppe für den Handlungszusammenhang und die Problementwicklung, wobei die beiden Gruppen zugleich Franziska Dehmel und Karl mit zu untersuchen hätten.

– die dritte Gruppe für Karl als Person und seine Adoleszenzproblematik

    – die vierte Gruppe für die anderen Personen und die Personenkonstellation
    – die fünfte Gruppe für Gentechnik und Fortpflanzungsmedizin.

5. Die einzelnen Gruppen sollten mit Hilfe von **Zusatzmaterialien** ihr Experten-
   thema anreichern und optisch und/oder textual illustrieren: mit Grafiken,
   Schaubildern, Berichten aus Zeitungen und Zeitschriften, Fotos aus Zeitschriften zur Charakterisierung der einzelnen Personen, mit Eigentexten für das
   Tagebuch von Karl oder für ein eigenes Tagebuch von Sarah, mit einer Collage
   der Stadt Herbeck in möglichst futuristischer Form oder mit einer Collage des
   Gegensatzes von Herbeck und der Flusslandschaft. Diese Zusatzmaterialien
   werden im Plenum präsentiert und in die Diskussion einbezogen; sie könnten
   auch später bei einer Präsentation der Buchbesprechung veröffentlicht werden.

6. Für die Abschlussdiskussion ergeben sich zwei Schwerpunkte:
   Einmal muss den Schülerinnen und Schülern klar werden, wie die verschiedenen Textgruppen in dem Jugendbuch angeordnet sind. Eine Hilfe kann hier die
   Grafik auf S. 103 bilden; anhand dieser oder einer ähnlichen Grafik muss
   darüber diskutiert werden, warum Charlotte Kerner für ihr Jugendbuch eine
   solch **komplexe Erzählkonstruktion** wählt und welche Informationsaufgaben
   die einzelnen Textgruppen besitzen. (Vgl. in der Sachanalyse den Abschnitt zur
   Erzählkonstruktion, S. 99ff.) Es wird dabei nachvollzogen, wie sie die einzelnen Textgruppen miteinander kombiniert. Den Schülerinnen und Schülern wird
   so das Collageartige dieses Romanaufbaus bewusst, und sie erfassen die dahinter stehende Intention, die Leserinnen und Leser zu einer Auseinandersetzung
   mit der Fortpflanzungsmedizin und ihrer Wirkung auf ein Individuum, nämlich
   auf Karl, zu provozieren. Eine schlichte Identifikation mit Karl und ein ein-
   faches unterhaltungsorientiertes Lesen werden dadurch eingeschränkt oder gar
   verhindert.

   Den zweiten Schwerpunkt bildet der **offene Schluss** des Jugendbuchs. Man
   könnte im Plenum der Klasse über eine mögliche Weiterführung der Handlung
   diskutieren und aus dem Text Argumente für ein Scheitern Karls oder für seine
   Rückkehr suchen oder aber den Schülerinnen und Schülern die Aufgabe stellen, für das Jugendbuch einen eigenen Schluss zu schreiben. Bei dieser Textproduktion stehen die Schülerinnen und Schüler vor einer doppelten Aufgabe,
   denn sie müssen sich einerseits für einen aus der Handlung heraus begründeten
   positiven oder negativen Schluss entscheiden, und sie müssen andererseits
   ihren Text so gestalten, dass er bruchlos in die vorliegende Erzählkonstruktion
   eingefügt werden kann. Eine Hilfe dabei kann ihnen die Grafik zur Erzählkonstruktion des Jugendbuchs S. 103 bieten.

3.3 Lernziele

Die Lernziele stellen eine Zusammenstellung des didaktisch-methodischen Kom-
mentars dar und bieten dem Leser einen knappen Überblick über die unterrichtlichen Schwerpunkte:

– In „Expertengruppen" die einzelnen Textgruppen lesen und deren besondere
  Schwerpunkte (Handlung, Personen, Personenkonstellation, Problemdarstel-
  lung) herausarbeiten.

– In den einzelnen „Expertengruppen" Zusatzmaterialien in Form von Eigentexten, Collagen, Bildern und Berichten aus Zeitungen und Zeitschriften usw. herstellen bzw. sammeln, um die Vorstellung der Gruppenergebnisse im Plenum
  möglichst anschaulich zu gestalten.

– Im Plenum über die verschiedenen Aspekte des Jugendbuchs diskutieren:

1. die Personenkonstellation (Collage)
2. Karl und die Schwierigkeit, seine Ich-Identität zu finden (Ich-Geschichten,
    Tagebucheintragungen)
3. Franziska Dehmel und ihr Interesse an Karl und an der Fortpflanzungsmedi-
    zin (Ich-Geschichten)
4. Sarah und Karls Adoptiveltern, ihr Verhältnis zu Karl und zu seiner Suchar-
    beit (Ich-Geschichten, Tagebuch von Sarah)
5. Professor Wald und seine wissenschaftlichen Ambitionen und ethischen Vor-
    stellungen
6. die Stadt Herbeck und ihre Umgebung als futuristischer Handlungsort (Col-
    lage: Stadt – Natur)
7. die Entwicklungen und Grenzen der Fortpflanzungsmedizin (Aufarbeitung
    des Glossars und Beschaffung von Zusatzmaterialien: Zeitungstexte, Biolo-
    giebücher u. ä.)
8. die fünf verschiedenen Textgruppen und ihre Funktionen im gesamten
    Jugendbuch
9. die Funktion und Wirkung der Erzählkonstruktion auf die Leser
10. den offenen Schluss und eine produktive Auseinandersetzung mit ihm
    (Scheitern oder nicht? Einpassung des eigenen Textes in die Erzählkon-
    struktion)

Über diese Lernziele hinaus lassen sich noch weitere formulieren:

11. kritische Auseinandersetzung mit den Zeitungsrezensionen im Anhang und
    das Verfassen einer eigenen Buchbesprechung
12. Auseinandersetzung mit der Verfilmung des Jugendbuchs durch Kai Wessel
    (vgl. den nächsten Abschnitt)

3.4 Zur Verfilmung des Jugendbuchs

Die Verfilmung von „Geboren 1999" nach dem gleichnamigen Jugendbuch von
Charlotte Kerner wurde 1992 unter der Regie von Kai Wessel bei der SWR Media
GmbH hergestellt. (Genaue Informationen siehe Seite 133)

3.4.1 Probleme der Verfilmbarkeit

Einen literarischen Text in einen Film zu „transformieren", also in ein anderes Medium mit seinen anderen Kodierungsformen, ist keine einfache Sache. Der Regisseur, der das Jugendbuch von Charlotte Kerner verfilmen will, steht dabei vor besonderen Schwierigkeiten, denn die Sachanalyse im Kapitel 3.1 hat gezeigt, wie komplex die literarische Vorlage ist. Im Folgenden sollen die für eine Verfilmung kritischen Aspekte im einzelnen benannt werden, um später in der Filmanalyse überprüfen zu können, wie der Regisseur mit ihnen umgegangen ist.

1. Bei dem Jugendbuch handelt es sich um Sciencefiction-Literatur. Die Handlung spielt im Jahre 2016, also in der Zukunft. Wie gelingt es dem Regisseur, die Gesellschaft und die Lebensumstände so zu gestalten, dass sie Zukunftscharakter besitzen und glaubwürdig wirken?

2. Das Jugendbuch hat im eigentlichen Sinne keine Handlung, sondern Franziska Dehmel stellt in den Basistexten des Jugendbuchs den gedanklichen Zusammenhang her, beschreibt und kommentiert. „Action" im engen Sinne gibt es nicht, die Handlung ist vielmehr nach innen verlegt, in die Personen, oder über sie wird in den Zeitungsberichten, in den Tagebuch- und Interviewtexten berichtet. Wie geht der Film mit dieser „Handlungsarmut" um?

3. Das Jugendbuch besitzt eine sehr komplexe Erzählstruktur. Sie besteht aus fünf verschiedenen Textgruppen, die im Erzählkontinuum miteinander in Beziehung gesetzt werden. Es wechseln sich der Basistext und der Zeitungsbericht fortlaufend miteinander ab. Die einzigen „lebendigeren" Passagen sind die Interviews mit Sarah und Karls Adoptiveltern, das Gespräch zwischen Professor Wald und Franziska Dehmel, teilweise die Begegnungen zwischen Karl und Franziska und die Human-interest-Passagen in Franziska Dehmels Bericht, vor allem die Begegnung Karls mit seiner „künstlichen Mutter". Wie wird diese komplexe Erzählstruktur in den Film übertragen?

4. Das Jugendbuch hat eine bestimmte Personenkonstellation, die oben in dem Schaubild dargestellt und anschließend beschrieben worden ist. Verwendet der Film dieselbe Konstellation, oder nimmt er Veränderungen vor? Wie werden eventuell vorgenommene Veränderungen legitimiert?

5. Der Schluss des Jugendbuchs bleibt offen. Wie geht der Film mit dieser Tatsache um?

6. Das Jugendbuch ist ein Adoleszenzroman, d. h., es schildert die Probleme des Erwachsenwerdens am Beispiel von Karl Meiberg, der ein Produkt der Fortpflanzungsmedizin ist. Karl ist auf der Suche nach seiner Ich-Identität. Welche Einflüsse hat darauf die Tatsache, dass er künstlich gezeugt und ausgetragen worden ist? Wirkt der Film in der Darstellung der Zerrissenheit Karls glaubwürdig und überzeugend?

7. Das Jugendbuch ist eine Art „Detektivgeschichte": Karl sucht nach den Ursachen für seine Existenz. Wie setzt der Film diese Gattungszuordnung ins Bild?

8. Welche Besonderheiten inhaltlicher und filmspezifischer Art verwendet der Film? Ist die Bedeutung und Funktion dieser Besonderheiten für den Film und seine Aussage adäquat?

3.4.2 Analyse der Verfilmung

Das Jugendbuch von Charlotte Kerner wurde 1992 unter der Regie von Kai Wessel verfilmt, das Drehbuch schrieb Beate Langmaack, Sebastian Rudolph übernahm die Rolle des „kalten Karl".

Ganz allgemein kann man feststellen, dass Drehbuch und Film den Akzent eindeutig auf eine spannende Handlung legen. Das Kennzeichen des Jugendbuchs ist seine komplexe Erzählsituation, das Beschreiben und Reflektieren. Die Verfilmung setzt dagegen alles in Handlung um, die chronologisch verläuft. Nebenhandlungen gibt es kaum, denn der Film konzentriert sich allein auf Karl und seine Suche nach sich selbst, seiner Herkunft, seiner „Zeugung" und seiner Austragung durch eine künstliche Gebärmutter.

Zu den Personen

Die Personenkonstellation der Verfilmung stellt sich im Vergleich zum Jugendbuch völlig anders dar. Das wird auf den ersten Blick erkennbar, wenn man die beiden Schaubilder zur Personenkonstellation miteinander vergleicht.

Leibliche Eltern	**Anti-Gen**
<u>Katharina Treu</u> <u>Gunther Pohl</u>	*Dagmar Bruhns*

Sarah **Karl** Adoptiv*eltern*
Rasmus Meiberg
<u>Anna Meiberg</u>

Professor Wald
(alias: Dr. Rönnstedt)

<u>Zentrale Bürgerkartei</u>

Franziska Dehmel, die im Roman die wichtige Rolle einer Mentorin für Karl inne
hat, die ihn berät, die für ihn Nachforschungen anstellt, die ihm Informationen gibt
und die letztlich in ihrer Person die verschiedenen Textgruppen zusammenhält,
fehlt im Film ganz. Ihre Rolle übernimmt de facto Karls Vater Rasmus Meiberg. Er,
der seinen Sohn Karl sehr liebt, unterstützt ihn auf dem Wege der Selbstfindung. Er
erkennt, dass Karl seinen eigenen Weg gehen muss, dass Elternliebe ihn nicht festhalten darf. Er unterstützt Karl bei der Aufklärungsarbeit; und als Karl ihm und
seiner Frau Anna nicht mehr traut, setzt er auf eigene Faust seine Untersuchungen
fort. Er ist es – wie im Buch Franziska Dehmel –, der den Kontakt zu Anti-Gen her-
stellt und der die dort gewonnenen Erkenntnisse an Karl weitergibt.

Eine ganz neue Rolle erhält im Film auch Sarah, die Freundin Karls. Sarah und
Karl lernen sich im Reservat vor der Stadt kennen, wo Sarah Versuche mit geklonten Kröten durchführt. Sarah ist wie ihr verstorbener Vater Biologe. Sie kann daher
Karl in vielen biologisch-medizinischen Fragen Antworten geben und ihm Unver-
standenes erklären. Von ihr erfährt Karl z. B. etwas über die künstliche Zeugung
und über das IVF-Verfahren. Hier übernimmt Sarah zudem Aufgaben von Franziska Dehmel im Jugendbuch. In den Sequenzen mit Sarah wird Karls Abneigung
gegenüber engeren körperlichen Kontakten deutlich ins Bild gesetzt, denn bei
jeder Annäherung Sarahs wendet sich Karl plötzlich ab. Und Sarah ist es, die sich
über dieses Misslingen ihrer Liebesbeziehung intensiv Gedanken macht. Nicht
Karl hält das im Tagebuch fest, sondern Sarah diktiert es in ihr elektronisches Tagebuch. Sarahs Rolle im Film ist also sehr viel umfangreicher und aspektreicher als im
Jugendbuch.

Professor Wald wird in der Verfilmung ebenfalls eine andere Rolle zugeschrieben.
Er spielt sogar eine Doppelrolle, denn er ist unter dem Namen Dr. Rönnstedt der
Sportarzt von Karls Schwimmgruppe. Er betreut sie, weil er so Karl unauffällig
beobachten und seine Entwicklung verfolgen kann. Erst zum Schluss wird Karl
klar, dass Dr. Rönnstedt in Wahrheit Professor Wald ist, der mit Samen und Eizellen von Karls Spendereltern experimentiert hat und letztlich für seine Existenz verantwortlich ist. Seine Flucht aus der Espen-Klinik, nachdem er im Beisein von Professor Wald seine künstliche Gebärmutter gesehen hat, kann der Professor überhaupt nicht verstehen, denn er habe Karl durch die künstliche Zeugung und Austragung doch alle Lebensmöglichkeiten eröffnet, die dieser nur zu seinem Vorteil
zu nutzen brauche. Wie im Jugendbuch ist auch der Professor Wald der Verfilmung
nicht in der Lage, die menschliche Problematik seiner Experimente zu erkennen,
für ihn gilt nur der wissenschaftliche Erfolg und sein eigener Ruhm.

Während Karl im Jugendbuch von seinen genetischen Eltern kaum etwas erfährt,
geht der Film hier anders vor. Über die Zentrale Bürgerkartei und auf Grund der
Intervention von Professor Wald bekommt Karl genaue Informationen über seine
Spendereltern. Sein Vater Gunther Pohl wird Rasmus in einem Video vorgestellt.
Seiner Mutter Katharina Treu begegnet Karl sogar persönlich, als sie in Wien an
einem Kongress teilnimmt. Diese Begegnung wird für Karl zu einem Alptraum,

denn seine genetische Mutter macht ihm unmissverständlich klar, dass sie seine Existenz nie gewollt hat, sondern ihre Eizellen Professor Wald lediglich zu Forschungszwecken zur Verfügung gestellt hat. Sie will deshalb auch nichts von ihm wissen, droht ihm sogar mit ihrem Rechtsanwalt und bezeichnet ihn als eine „Horrorvision".

Zur Handlung

Wie oben schon angedeutet, verläuft die Handlung im Film chronologisch-linear. Aber nicht allein Karl steht im Mittelpunkt aller Sequenzen, sondern es gibt auch zwei „Nebenhandlungen", denn die Aufklärungsversuche von Rasmus und Sarahs Forschungen werden in eigenen Sequenzen ins Bild gesetzt. Diese Nebenhandlungen besitzen aber keine Eigenständigkeit, sondern sie bleiben immer auf die Karl-Handlung rückgebunden.

Im Film wird der Akzent stärker als im Buch auf die spannende Handlung und die detektivische Aufklärungsarbeit gelegt, also auf die Aktion. Da der Film als Medium stärker als das Buch von Aktionen und handlungsstarken Bildern lebt, ist das eine konsequente Verfahrensweise.

Am Ende der Exposition (11. Sequenz) wird in einem Gespräch von Karl mit seinen Adoptiveltern Anna und Rasmus die Frage nach seinen leiblichen Eltern gestellt. Rasmus und Anna betonen, dass sie bei der Adoption durch ihre Unterschrift akzeptieren mussten, dass diese anonym bleiben. Diese Tatsache bildet den Anstoß für Karls Suche, denn er will wissen, wer er ist und woher er stammt.

Sein Antrag an die Zentrale Bürgerkartei, weitere Auskünfte über seine genetischen Eltern zu erhalten, wird trotz der von ihm gefälschten Unterschriften seiner Adoptiveltern von Professor Wald genehmigt. Wald alias Dr. Rönnstedt übergibt Karl diese Informationen sogar persönlich. Sein genetischer Vater ist tödlich verunglückt, aber seine Mutter kann er schließlich in Wien treffen. Hier erfährt er, dass sie ihn nicht gewollt hat. Für Karl wird nun die Frage immer bedrängender, wer dann für seine Existenz verantwortlich ist.

Er verdächtigt Anna und Rasmus und macht ihnen den Vorwurf, ihm nicht die ganze Wahrheit über die Adoption und die Zeit davor gesagt zu haben. Er verschwindet aus dem Elternhaus, um selbst alle Hintergründe aufzuklären.

Dieser Verzweiflungsschritt mobilisiert Rasmus, der über Anti-Gen in Erfahrung bringt, dass auch Gunther Pohl, der Samenspender-Vater, kein Interesse an Karls Existenz hatte.

Karls Verzweiflung gipfelt in der Sequenz 35, in der er in der Zentralen Bürgerkartei erfährt, dass ihn auch keine Leihmutter ausgetragen hat: „Ich bin ein bedauerlicher Irrtum, nirgends registriert."

Anti-Gen findet im Auftrag von Rasmus schließlich heraus, dass das unentschlüsselbare „KU 1" bei der Entstehung Karls eine Rolle gespielt und dass Professor Wald seine Hand im Spiel hatte; dessen Forschungen aus der Zeit von Karls Geburt unterliegen aber der höchsten Geheimhaltungsstufe.

Schließlich bekommt Karl die Antwort von Professor Wald selbst: Er ist im IVF-Verfahren künstlich gezeugt und ektogenetisch in einer künstlichen Gebärmutter herangewachsen. Diese Erkenntnis und die Betrachtung seiner „künstlichen Mutter" führen zu der verzweifelten Flucht Karls aus der Klinik.

Diesen „künstlichen" Ursachen, denen Karl seine Existenz verdankt, werden im Film spiegelbildlich zwei neue Handlungselemente gegenübergestellt. Sarah arbeitet in ihren Forschungsversuchen mit geklonten Kröten; sie findet am Ende heraus, dass diese nur in künstlicher Umgebung überlebensfähig sind, in der natürlichen Umgebung des Reservats aber aus Gründen der Umweltverschmutzung zugrunde gehen.

Während Karl mit Professor Wald spricht, seine künstliche Gebärmutter sieht und den schrecklichsten Augenblick seines Lebens erlebt, wird Anna, die trotz einer früheren Schädigung durch einen atomaren Zwischenfall, der sie und Rasmus steril gemacht hatte, schwanger geworden war, in derselben Klinik von einer gesunden Tochter entbunden.

Natürliche Schwangerschaft und Geburt und geklonte Tierversuche an Kröten, die in natürlicher Umgebung nicht lebensfähig sind, werden also in der Verfilmung als Widerspiegelungen zu Karls künstlicher Entstehung eingefügt.

Ort und Zeit der Handlung

Während das Jugendbuch im Jahre 2016 spielt, wird im Film die Handlung in das Jahr 2015 vorverlegt. Möglicherweise ist der Grund dafür, Karl nicht zu alt sein zu lassen, wenn er sich auf die Suche nach seinen genetischen Eltern begibt.

Ähnlich wie im Buch umfasst auch die Verfilmung etwa einen Zeitraum von einem Jahr, denn in der Sequenz Nr. 15 erfährt Karl, dass Anna schwanger ist, und in der vorletzten Sequenz wird die gesunde Tochter von Anna und Rasmus geboren.

Stärker als im Jugendbuch wird in der Verfilmung der Gegensatz von Stadt und Reservat, dem Lieblingsplatz von Karl und dem Ort der Forschungen Sarahs, herausgestellt. Im Reservat spielen insgesamt sechs Sequenzen. Obwohl es ein Naturreservat ist, wirkt dieser Ort trostlos und abstoßend auf den Zuschauer. Die umgebende Landschaft zeigt nichts Grünes. Und auch das Wasser ist, wie sich bei Sarahs Versuchen zeigt, verseucht und für das Überleben der von ihr geklonten Kröten ungeeignet. Man sieht dort auch nie andere Menschen.

Menschenleer erscheint auch die Stadt mit ihren riesigen Hochhäusern und Glasfassaden. Das Gewirr von Treppen, Stockwerken und Geländern in den Treppenhäusern der Gebäude wird durch die Aufnahmetechnik von unten nach schräg oben besonders betont; auch sie erscheinen menschenleer und steril. Auf den Straßen sieht man keinen Menschen. Karl oder Rasmus wirken in den Straßenschluchten wie verloren.

Im Gegensatz zum Buch, in dem Räume und Ortswechsel keine besondere Rolle spielen, lebt die Verfilmung vom Ortswechsel. Neben der Stadt und dem Reservat dienen die Wohnungen von Sarah und die von Karls Adoptiveltern als wichtige

Schauplätze. Hinzu kommen die Schwimmhalle, in der Karl unter der Aufsicht von Dr. Rönnstedt trainiert, die Espen-Klinik, die Zentrale Bürgerkartei als Behörde, das Gebäude von Anti-Gen, die Schule und das Kongresszentrum in Wien.

Während das Jugendbuch praktisch allein mit der Wohnung von Franziska Dehmel als Schauplatz auskommt, muss die Verfilmung durch fortlaufende Schauplatzwechsel visuelle Vielfalt bieten. Hier zeigen sich Zwänge und Möglichkeiten des Mediums Film.

Zur Erzählkonstruktion

Wie oben beschrieben, besitzt das Jugendbuch eine recht komplizierte Erzählkonstruktion. Der Basistext und der Zeitungsbericht bilden zusammen mit den Auszügen aus Karls Tagebuch, den Interviews und den Hintergrundartikeln eine Art Collage, die den Leser zum reflektierenden Lesen zwingt.

Nichts davon ist in der Verfilmung übernommen. Hier zeigen sich sehr deutlich die strukturellen Unterschiede beider Medien. Der Film lebt von den Bildern und einer chronologischen Handlung, die vor den Augen der Zuschauer abläuft. Der Film muss eine spannende Geschichte erzählen, will er seine Zuschauer fesseln. Er muss daher das Reflexive der Vorlage in Handlung umsetzen.

Aus diesem Grunde wird die detektivische Analyse viel stärker betont. Karl und Rasmus müssen die einzelnen Puzzleteile suchen und zusammensetzen, um den „Fall Karl Meiberg" aufzuklären. Das ist auch der Grund, warum Franziska Dehmel keinen Platz im Film hat. Es hätte erst einer langer Erklärung bedurft, ihr Interesse an Karl zu motivieren; dieses Interesse ist bei Rasmus, da er Karls Adoptivvater ist, auf natürliche Art gegeben.

Den Adoptiveltern von Karl wie auch Sarah müssen notwendigerweise im Film tragende Rollen zugeschrieben werden, denn Karl braucht Gesprächspartner, mit denen er über seine Probleme diskutieren kann.

Die Gefühlskälte von Karl kann in einem Film nicht einfach benannt, sie muss gezeigt werden. Schon allein dadurch verändert sich Sarahs Rolle. Sie wird zudem erweitert, weil sie auf Grund ihrer biologisch-medizinischen Kenntnisse Karl verschiedene Aspekte der Fortpflanzungsmedizin erklären muss. Sarah übernimmt in diesem Fall einige wichtige Aufgaben, die Franziska Dehmel im Jugendbuch wahrgenommen hat.

Anna und Rasmus könnten sich im Film nicht allein in Interviews über Karl äußern, sondern ihr Verhältnis zueinander muss gezeigt werden, so dass sich der Zuschauer selbst davon ein Bild machen kann. Die Familienszenen der Meibergs verdeutlichen zudem, wie Karl aufgewachsen, geliebt und umhegt worden ist und wie schwer es seinen Adoptiveltern fällt, seine Suche nach den eigenen Wurzeln und der eigenen Identität zu unterstützen. Andererseits wird verständlich, warum Rasmus sehr schnell Karls Sache zu seiner eigenen macht.

Die Rolle von Professor Wald wird ebenfalls verändert, indem er zusätzlich als Sportarzt Dr. Rönnstedt Karls Entwicklung beobachtet und ihm als Gesprächspartner dient. Allerdings sind hier Einwände angebracht, denn es ist nicht logisch, dass der bekannte Professor sich selbst für diese sportärztliche Aufgabe zur Verfügung stellt und deswegen mit einer Doppelexistenz versehen werden muss. Andererseits kann er so früh ins Bild gesetzt werden als derjenige, der die Erlaubnis erteilt, dass Karl die Informationen über seine genetischen Eltern erhält.

Zur Problemdarstellung des Films

Die Indirektheit der Erzählweise des Jugendbuchs lässt Karl für den Leser lediglich in seinen Tagebuchauszügen und in den Human-interest-Passagen von Franziska Dehmels Bericht als Person lebendig werden.

Diesbezüglich verfährt die Verfilmung ganz anders. Karl steht im Mittelpunkt. Er erscheint als Person, dargestellt von dem Schauspieler Sebastian Rudolph, der Karls innerer Zerrissenheit, seiner Kälte und Leidenschaftslosigkeit vorzüglich Ausdruck verleiht. Karls besondere Charaktereigenschaften werden ins Bild gesetzt: Er ist ein guter Schachspieler, der Rasmus deutlich überlegen ist; er ist der „kalte Karl", was sich vor allem in den Szenen mit Sarah zeigt; er friert dauernd; er ist ein sehr guter Schwimmer, der als einziger kein Herzflattern bekommt, wenn er durch den Tunnel schwimmt; er hat noch nie im Leben geweint, tut es aber das erste Mal, als er seine „künstliche Mutter" erblickt; er konnte schon als Kind nicht schmusen, war stets ernst und zurückhaltend, aber sehr mutig.

Der Zuschauer erlebt Karls Suche nicht indirekt wie im Jugendbuch, sondern direkt mit; er empfindet seine Probleme; er ist innerlich beteiligt an der Aufklärung und erlebt zusammen mit Karl dessen Frustrationen mit; Karls Gefühlsausbrüche, seine Verzweiflung, seine Verlassenheit werden überzeugend ins Bild gesetzt.

Wie im Jugendbuch bleibt auch der Schluss des Films offen. Die 45. und letzte Sequenz zeigt Karl nach seiner überstürzten Flucht aus der Klinik in der Schwimmhalle. Nackt, wie er zur Welt gekommen ist, springt er von einem Startblock ins Schwimmbecken und schwimmt durch den Tunnel. Seine Herztöne werden lauter und lauter, erst regelmäßig, dann stoßweise, die Abstände zwischen ihnen werden größer. Langsam und lautlos verschwimmt das Bild. Der schmale Grat zwischen Zuversicht und Hoffnungslosigkeit, der im Jugendbuch ausbalanciert wirkt, scheint im Film stärker zur Hoffnungslosigkeit verschoben. Lässt das Schlussbild eine andere Deutung als Karls Tod zu?

Besonderheiten filmspezifischer Art

Im Vergleich zum Jugendbuch verwendet der Film eine Reihe von Symbolen, die die Handlung verdichten und die seine Wirkung auf den Zuschauer intensivieren.

Das beginnt schon mit dem Vorspann, in dem Titel und Informationen zum Film vor dem Hintergrund durcheinander wuselnder Kaulquappen gezeigt werden: ein Hinweis auf die Versuche, die Sarah mit geklonten Kröten unternimmt und die sie in der 6. Sequenz Karl zeigt. Die Kaulquappen erinnern aber auch an Spermien – eine Anspielung auf das IVF-Verfahren, das im Zentrum des Films steht.

Der Vorspann mit den Kaulquappen wird mit der 2. Sequenz, den Schwimmern in einer Badehalle, durch einen sanften Schnitt verbunden und so gedanklich verknüpft. Die Schwimmer wirken auf den ersten Blick wie die Kaulquappen. Das Wasser symbolisiert in Mythen die Fülle aller Möglichkeiten und den Uranfang allen Seins; häufig wird es mit den Schöpfungsmythen verbunden; es gilt aber auch als Symbol der Fruchtbarkeit. Alle diese Bedeutungen können hier kontextualisiert werden.

Sarah experimentiert mit Kröten; sie klont sie und untersucht ihre Überlebenschancen in natürlicher und künstlicher Umgebung. Sie macht damit im Tierversuch nicht viel anderes als Professor Wald in seinen Menschenversuchen, nur dass der Zuschauer Tierversuche meist ohne weiteres akzeptiert. Aber in beiden Fällen macht sich der Mensch, der Forscher, zum Herrn über die Natur.

Eine besondere Rolle spielt in der Verfilmung der Tunnel, durch den die Schwimmer hindurch müssen und dessen Durchschwimmen bei allen Herzflattern als Zeichen von Angst hervorruft – bis auf Karl. Hierin zeigt sich sehr deutlich sein Anderssein. An anderer Stelle war schon von seinem Mut und seiner Unerschrockenheit die Rede. Der Tunnel ist in allen Sequenzen (Nr. 2, 4, 23, 39 und 45) mit der Person Professor Walds verbunden. Er ist der Sportarzt, der mit Hilfe von Videoaufnahmen Karls Verhalten überprüft und ihm eine normale geistige und psychische Entwicklung attestiert. Er ist aber offenbar nicht in der Lage, Karls fehlende Angst mit seinem ektogenetischen Heranwachsen in einem künstlichen Uterus in Verbindung zu bringen. Dass dieser Tunnel in der Schlusssequenz vermutlich zum Instrument von Karls Selbstmord wird, lässt ihn neben dem Symbol des Andersseins zum Symbol des Übergangs von einem Bereich in den anderen, vom Leben zum Tod, werden.

Die Deutung des Tunnels als Geburtskanal lässt eine Interpretation im Sinne der „Iniationsreiseromane" (vgl. Freese 1971) zu, denn eines der Durchgangsstadien, die der Initiant durchlaufen muss, ist der „regressus in uterum", die Rückkehr in den Schoß der Urmutter, um dann als neuer Mensch wiedergeboren zu werden. Karl allerdings scheitert hier, denn der Schluss des Films lässt die Interpretation einer glücklichen Wiedergeburt und damit einer gelungenen Initiation nicht zu.

Anders als der Roman muss der Film mit zahlreichen Elementen arbeiten, die dem Zuschauer den Charakter des Zukünftigen signalisieren, die den Film als Sf-Film erkennen lassen. In diesem Punkt tut sich nahezu jeder Film schwer, denn welches sind die gesellschaftlichen, sozialen, wissenschaftlichen, verkehrspolitischen, medialen und ökologischen Merkmale der Zukunft, des Jahres 2015 oder 2016? Der Film von Kai Wessel arbeitet mit Visaphon, Elektro-Roller, Abtaster zur Identifizierung von Fingerabdrücken, ID-Karte, Diktaphon-Tagebuch, riesigen Glasfassaden, futuristisch anmutenden Treppenhäusern, menschenleeren Straßen, Transrapid, Bürgerkartei zur zentralen Erfassung der Menschen, verseuchter Umwelt usw. Das zentrale futuristische Phänomen stellt aber die künstliche Gebärmutter dar. Sie wird zum Symbol verlorener Achtung vor dem menschlichen

Leben. Professor Walds triumphierendem Ausspruch: „Ethik steht nicht still, zum Glück nicht" hält Rasmus entgegen: Ethik – „eine Hure der Wissenschaft". Damit wird ein zentrales Problem der Zukunft angesprochen! Die Auswirkungen der Gen-Forschung kann man nur am Einzelfall studieren, um sich die unmenschlichen Folgen von IVF-Verfahren und ektogenetischer Austragung durch einen künstlichen Uterus auf die Ich-Identität eines Menschen bewusst zu machen. Karl Meiberg ist ein Modellfall, den nur Literatur und Film schaffen können.

Ist die filmische Interpretation des Jugendbuchs gelungen?

Die Verfilmung realisiert alle drei Gattungszuweisungen des Jugendbuchs auf angemessene Weise. Auf besonders gelungene Weise werden das Erwachsenwerden und die Suche nach der eigenen Identität umgesetzt. Dank der vorzüglichen schauspielerischen Leistung von Sebastian Rudolph, der den Karl spielt, kommt dessen innere Zerrissenheit überzeugend zum Ausdruck. Die Handlung ist ganz auf die Lösung des „Falles", d. h. die Aufdeckung der Hintergründe von Karls Existenz, orientiert; dadurch wird der detektivische Charakter betont, und es entsteht für den Zuschauer ein hohes Maß an Spannung. Am wenigsten gelungen scheint mir dagegen die SF-Umsetzung: Die wenigen oben aufgeführten Elemente, die Darstellung der Stadt und des Reservats und die synthetische Musik bewirken zwar eine beklemmende Atmosphäre, die den Zuschauer bisweilen frösteln lässt, aber es entsteht kaum der Eindruck einer Gesellschaft der Zukunft.

Die Erzählstruktur der literarischen Vorlage wird total verändert. Die collageartige Darstellung unter Verwendung von fünf verschiedenen Textgruppen ist typisch für einen modernen Roman, sie ist aber filmisch nicht umsetzbar. In diesem Punkt mussten Regie und Drehbuch einen völlig anderen Weg gehen, und zwar einen, der filmspezifisch ist. Deswegen erfolgte die Umsetzung des Romaninhalts in eine chronologisch-lineare Erzählweise, die es möglich macht, in Bildern eine Geschichte zu erzählen und eine durchgängige spannende Handlung zu entwickeln. Die unterschiedlichen medialen Möglichkeiten von Literatur und Film werden an keiner anderen Stelle so deutlich wie hier. Und es wird deutlich, dass man einen Roman, ein fiktionales Jugendbuch nicht einfach in das Medium Film übertragen kann.

Die veränderte Erzählweise erforderte auch Veränderungen in der Personenkonstellation. Franziska Dehmels Rolle wurde auf Rasmus und Sarah aufgeteilt. Die Rollen von Sarah sowie die von Rasmus und Anna mussten erweitert und vertieft werden. Dadurch gewinnen sie als Personen Profil und Identität. In der Auseinandersetzung mit ihnen wird Karl auch erst zu einer Persönlichkeit und kann das Problem seiner Identitätssuche glaubhaft ins Bild setzen.

Weniger gelungen scheint die Doppelrolle von Professor Wald alias Dr. Rönnstedt, da sie nicht zwingend und auch nicht glaubwürdig ist.

Die Besonderheiten filmspezifischer Art geben der Verfilmung eine interessante symbolische Mehrdeutigkeit und verdichten die filmische Aussage.

Der Schluss scheint im Film weniger offen als im Buch zu sein. Aber er wirkt konsequent.

Will man die Verfilmung von Kai Wessel mit Hilfe der Kreuzerschen Transformationstypen (Kreuzer 1981, 36 ff.) erfassen, kann man auf Grund der Analyse feststellen, dass es sich bei „Geboren 1999" um eine „interpretierende Transformation" handelt.

3.4.3 Literaturverfilmung im Unterricht: didaktisch-methodische Überlegungen

Die Analyse eines Films im Literaturunterricht oder der Vergleich eines Jugendbuchs mit seiner Verfilmung sollte nicht die Durchdringung und Aufarbeitung aller filmischer Details anstreben, nicht nur, weil die Gefahr besteht, dass der Film in seiner Ganzheit aus den Augen verloren werden kann, sondern vielmehr, weil eine derartige Analyse sehr viel Zeit in Anspruch nimmt und daher den Schülerinnen und Schülern leicht den Spaß und die Motivation nehmen kann. Die zahlreichen Produktanalysen von Literaturverfilmungen entgehen dieser Gefahr nicht. (Vgl. Lange 2003 a, 695 ff.)

Am Beginn der Unterrichtsplanung steht die Überlegung, ob die Verfilmung als Adaption mit dem Roman / Jugendbuch verglichen werden oder ob die Verfilmung lediglich die Behandlung im Unterricht ergänzen und abrunden soll. Bei einem Vergleich stellt sich die Frage, ob man mit der Verfilmung oder mit dem Roman / Jugendbuch beginnt. Steigt der Lehrende mit der Verfilmung ein, muss er sich der Gefahr bewusst sein, dass die Schülerinnen und Schüler an der Entwicklung einer individuellen Vorstellung von der Wirklichkeit des Romans oder des Jugendbuchs gehindert werden, denn die Personen, der Schauplatz, der Handlungsablauf werden durch die filmischen Bilder so stark geprägt, dass ein Lösen davon nur noch schwer gelingt. Empfehlenswert ist daher der Einstieg über den Roman / das Jugendbuch selbst. Am Schluss von dessen Analyse bietet sich als erster unterrichtlicher Schritt die **gemeinsame Vorüberlegung** an, vor welchen Schwierigkeiten ein Regisseur steht, wenn er dieses Buch verfilmen will. (Vgl. den Abschnitt 3.4.1 „Probleme der Verfilmbarkeit") Eine Zusammenstellung dieser Probleme schärft bei den Schülerinnen und Schülern die Beobachtungsfähigkeit bei der genaueren Betrachtung des Films.

Bei einem Vergleich von Verfilmung und literarischer Vorlage muss nicht bei einem ersten Zugriff der Film in seiner vollen Länge gezeigt werden. Ausschnitte oder lediglich der Anfang der Verfilmung können einen sinnvollen Ausgangspunkt für das Filmgespräch bieten, über den ersten Eindruck, den thematischen Zugriff des Regisseurs, über die Personendarstellung, über die Atmosphäre, über die Erzählstruktur usw.

Bei einem Vergleich der Verfilmung von „Geboren 1999" unter der Regie von Kai Wessel mit dem Jugendroman von Charlotte Kerner bieten sich die folgenden didaktisch-methodischen Schrittfolgen an:

Einstieg

Trotz der vorausgegangenen Buchanalyse sollte der Einstieg über das Vorlesen der Seiten 1–10 des Jugendbuchs, der Exposition, gewählt werden, und zwar bis Seite 10 Mitte. Karl fragt sich hier in seinem Tagebuch: „Wer bin ich? Wer bin ich wirklich?" Den Schülerinnen und Schülern werden in diesem Abschnitt die wichtigsten Aspekte des Jugendbuchs noch einmal vor Augen gestellt: die beiden Protagonisten Karl und Franziska Dehmel, Karls Suche nach der eigenen Identität und die Erzählkonstruktion des Jugendbuchs: der Zeitungsbericht von Franziska Dehmel über Karls „Wiedersehen" mit der künstlichen Gebärmutter; der Basistext, der aus der Sicht von Franziska Dehmel über die Begegnung mit Karl und ihre gemeinsame Suche berichtet; Auszug aus Karls Tagebuch vom 6. Januar 2016.

Der Anfang des Jugendbuchs wird konfrontiert mit der Exposition der Verfilmung (Sequenz 1–11). Auf den ersten Blick werden folgende Unterschiede erkennbar:

– eine andere Erzählweise: statt Collage erfolgt ein chronologisches Durcherzählen
– statt Beschreibung und Reflexion liefert die Verfilmung Handlung und Aktion
– eine andere Personenkonstellation: Franziska Dehmel fehlt; Sarah, die Freundin Karls, bekommt ebenso eine bedeutendere Rolle wie die Adoptiveltern Anna und Rasmus
– zahlreiche Schauplätze: Stadt, Reservat, Schwimmhalle, Karls und Sarahs Zuhause
– der Gegensatz futuristische Stadt – Reservat
– das „erregende Moment" der Handlung wird dem Zuschauer im Gespräch zwischen Karl und seinen Adoptiveltern direkt präsentiert (Sequenzen 7 und 11)
– die Symbolik der Bilder und Spiegelbildlichkeit einzelner Elemente wird angedeutet: Kaulquappen – Schwimmer, geklonte Kröten – IVF-Verfahren.

Weitere Unterrichtsschritte

– Betrachten des gesamten Films und anschließendes Filmgespräch anhand des Sequenzeninhaltsprotokolls (vgl. Kap. 3.5)
– gezielte Analyse von Karls Problem in der Verfilmung: Sequenzen 21/22 (6 min.) – 28 (3,5 min.) – 35 (3,5 min.) – 39 (3 min.) – 44 (6 min.)
– die Symbolik der Verfilmung: der Tunnel in der Schwimmhalle: Sequenzen 2 (1 min.) – 4 (0,5 min.) – 23 (0,5 min.) – 39 (3,5 min.) – 45 (1,5 min.). Dieser Zugriff führt direkt zu der Frage, wie der Schluss der Verfilmung zu interpretieren ist: offen oder nicht?
– Aspekte des Filmanalysegesprächs:
  1. Umsetzung der drei Gattungen: Adoleszenzroman – Sciencefiction – Detektivgeschichte
  2. Erzählkonstruktion der Verfilmung im Vergleich zum Jugendbuch

3. Personenkonstellation im Jugendbuch und in der Verfilmung
4. Darstellung der Genproblematik
5. Darstellung einer Zukunftsgesellschaft des Jahres 2015/16
6. Filmspezifische Besonderheiten und ihre Beurteilung
7. Bewertung der Verfilmung

3.5 Materialien

1. Sequenzeninhaltsprotokoll der Verfilmung
2. Bi (Autorenkürzel): Ein Leben aus der Retorte (Rezension „Der Tagesspiegel" vom 05.11.1989)
3. Carsten Martin: Kinder ohne Wurzeln (Rezension aus „Bulletin Jugend + Literatur" 1990, H. 1, S. 25)
4. Holger Wormer: Vom ersten Retortenbaby zum Klonkind (Zeitungsbericht aus der „Süddeutschen Zeitung" vom 24.07.1998)

Nr.	Dauer (sec.)	Sequenzeninhalt
1	20	Vorspann mit Titel, Hinweis auf das Buch von Charlotte Kerner, Regie: Kai Wessel Während des Vorspanns sieht man zahlreiche Kaulquappen im Wasser durcheinander schwimmen.
2	70	Schwimmhalle: Schwimmer im Becken; Karl wird als Einzelner gezeigt; Training; Pfiffe des Trainers an der Wende. Karl taucht und schwimmt durch einen Tunnel unter Wasser. Laut sind seine ruhigen Herztöne zu hören. Die Kamera fährt mit. Karl taucht auf und erscheint in Frontsicht.
3	45	Reservat (5. April 2015): Sarah macht biologische Versuche mit Kaulquappen in natürlicher Umgebung.
4	45	Schwimmhalle: Karl und Dr. Rönnstedt sehen sich in einer Videoaufzeichnung an, wie Karl durch den Tunnel schwimmt. Der Arzt erläutert, dass Karl als einziger dabei kein Herzflattern bekommt.
5	20	Reservat: Sarah bei ihren Versuchen. Vogelgezwitscher.
6	180	Wohnsilos der Stadt / Reservat: Karl fährt mit seinem Elektro-Roller zum Reservat und trifft dort auf die ihm unbekannte Sarah. Erste Gespräche. Karl kommt oft

hierher wegen „der Natur, der Ruhe und so". Sarah versteht von Biologie und Chemie eine Menge, Karl nichts: „Es muss ja auch ein paar Dumme geben."

7	125	Lokal: Karl und Sarah essen und unterhalten sich. Sarah erzählt von ihrer Ähnlichkeit mit ihrem verstorbenen Vater, die sie beglückt, und der mit ihrer Mutter, die sie ärgert. Karl berichtet, dass er ein Adoptivkind ist. Sarah: „Sei froh, dadurch hast du die Chance, du selbst zu sein."
8	80	Karls Zuhause: Eltern beim Schachspielen. Unterhaltung. Rasmus fordert Karl zum Schachspielen auf, der aber will nicht. Rasmus: „Du langweilst dich, weil du immer gewinnst."
9	65	Sarahs Zuhause: Sarah macht sich Notizen zu ihren biologischen Versuchen. Anschließend diktiert sie in ihr Tagebuch: „Ich habe jemanden kennengelernt; er sieht sehr gut aus."
10	40	Karls Zuhause: Karl am Fenster, auf dem Balkon: Er blickt verträumt über die dunkle Stadt.
11	90	Karls Zuhause: Gespräch Karls mit seinen Adoptiveltern Anna und Rasmus über die Adoption und die leiblichen Eltern. Rasmus und Anna können ihm keine Antworten geben, weil sie bei der Adoption unterschreiben mussten, dass Karls leibliche Eltern anonym bleiben.
12	215	Zentrale Bürgerkartei: Karl will wissen, wer seine leiblichen Eltern sind. Auskunft der Sachbearbeiterin: Sie sind „anonym". Informationen über sie sind nicht vorhanden. Nur mit Einwilligung seiner Adoptiveltern kann Karl weitere Informationen bekommen. Er erhält ein Antragsformular. Nach Karls Weggang telefoniert die Sachbearbeiterin mit ihrem Vorgesetzten: Karls Code „SGR 1999, Klasse R, Stufe 5" besitzt die höchste Geheimhaltungsstufe.
13	65	Karls Zuhause: Karl liest den Antrag, versteckt ihn anschließend in seinem Zimmer. Von Sarah kommt ein Anruf, er möge sie besuchen.
14	130	Sarahs Zuhause: Sarah erklärt Karl, sie habe ihn nur sehen wollen. Erste körperliche Annäherung und ein flüchtiger Kuss, bei dem sich Karl plötzlich abwendet. Gespräch über die Adoption und Karls Adoptivel-

tern, die keine Kinder bekommen können, weil sie 1996 bei einem Reaktorunfall bei Hamburg geschädigt wurden. Sarah erzählt von ihrem verstorbenen Vater, einem Biologen.

| 15 | 165 | Karls Zuhause: |

Die Eltern bereiten das Essen vor. Karl bekommt durch Täuschung ihre Unterschriften. Er erfährt, dass Anna schwanger ist, reagiert ironisch und zieht sich in sein Zimmer zurück. Dort manipuliert er mit seinem Computer die Unterschriften auf das Antragsformular.

| 16 | 50 | Sarahs Zuhause: |

Sie diktiert in ihr Tagebuch, dass sie verliebt sei, dass Karl sich aber immer „kalt" anfühle und ihr ausweiche. Sie fragt sich, ob sie etwas falsch mache. „Ist das Liebe? Die Natur jedenfalls ist logischer!"

| 17 | 70 | Zentrale Bürgerkartei: |

Dr. Rönnstedt alias Prof. Wald im Gespräch mit einem Behördenvertreter über Karl. Trotz der gefälschten Unterschriften soll Karl die Genehmigung erhalten, seine genetischen Eltern kennen zu lernen.

| 18 | 105 | Reservat: |

Sarah und Karl unterhalten sich über die Kröten, die Sarah züchtet, über Geschwister, Zwillinge. Karl erzählt, dass er einen Antrag gestellt habe, seine genetischen Eltern kennen zu lernen. Sarah zitiert aus dem Tagebuch ihres Vaters: „Das Leben ist ein Kriminalroman und du der Detektiv." Bei körperlicher Annäherung Sarahs wendet sich Karl ab.

| 19 | 105 | Schwimmhalle: |

Dr. Rönnstedt erklärt Karl, dass man ihn beauftragt habe, ihm mitzuteilen, dass sein Antrag genehmigt sei: Er darf seine genetischen Eltern, die Spendereltern, kennen lernen. Der Arzt warnt ihn aber vor möglichen psychischen Belastungen und gibt Karl für alle Fälle seine private Telefonnummer.

| 20 | 105 | Vor der Schwimmhalle: |

Karl liest die Informationen über seine genetischen Eltern: Namen, Herkunft, Schicksal. Der Samen seines Vaters und Eizellen seiner Mutter wurden zur IVF am 20.02.1999 bereitgestellt. Karl wird während des Lesens durch das Fenster der Schwimmhalle von Dr. Rönnstedt beobachtet.

| 21 | 180 | Sarahs Zuhause: |

Gespräch von Sarah und Karl über künstliche Zeugung und IVF-Verfahren. Karl lässt sich alles erklären. Streit über die Eltern und Väter; Karl wirft Sarah vor, sie mache ein Getue um ihren toten

Vater. „Kannst du dir vorstellen, was es heißt, zusammengerührt zu werden?" Sie scheiden im Streit.

| 22 | 165 | Karls Zuhause: |

Anna versucht Baby-Sachen zu stricken; Gespräch mit Rasmus über Karl. Rasmus spricht mit Karl in dessen Zimmer: über IVF-Verfahren und sein Wissen über seine genetischen Eltern. Rasmus meint, da stimme etwas nicht, da das IVF-Verfahren nur bei Frauen angewendet werden durfte, die nicht schwanger werden konnten. Katharina Treu sei aber viermal schwanger geworden. Rasmus bietet Karl an, über einen Freund in der amerikanischen Botschaft Karls genetische Mutter ausfindig zu machen.

| 23 | 20 | Schwimmhalle: |

Dr. Rönnstedt betrachtet eine Videoaufzeichnung, wie Karl durch den Tunnel schwimmt, und äußert sich über Karls normale psychische und geistige Entwicklung.

| 24 | 50 | Schule: |

Karl und seine Klasse schreiben eine Arbeit, jeder an seinem Computer. Karl friert ständig und wird von seinem Nachbarn als der „kalte Karl" bezeichnet.

| 25 | 60 | Karls Zuhause: |

Telefonanruf des amerikanischen Freundes von Rasmus: Er hat Karls genetische Mutter aufgespürt und weiß, wann sie zu einem Kongress nach Wien kommt. Anna will nicht, dass Karl davon erfährt und sie trifft. Rasmus: „Das muss Karl selber entscheiden. Wir müssen lernen, ihn loszulassen."

| 26 | 35 | Im Transrapid: |

Karl auf dem Weg nach Wien.

| 27 | 90 | Karls Zuhause: |

Rasmus und Anna können nicht schlafen; sie betrachten Bilder von Karl und unterhalten sich über ihn: hat sich als Kind in die Trommel der Waschmaschine gelegt, hat nie geweint, hatte vor nichts Angst.

| 28 | 210 | Kongresszentrum in Wien: |

Karl steht am Treppenaufgang mit einem Schild und findet seine genetische Mutter Katharina Treu. Sie will nichts von ihm wissen. Sie hat Prof. Wald in der Klinik lediglich sechs Eizellen zu Forschungszwecken überlassen. Gunther Pohl als Spermaspender kannte sie nicht. Sie droht Karl bei weiterer Belästigung mit ihrem Anwalt: „Sie sind eine Horrorvision, junger Mann."

| 29 | 45 | Reservat: |

Sarah bei ihren Forschungsarbeiten. Ein Gewitter zieht auf, es regnet stark.

30	385	Karls Zuhause:

Karl allein; Rasmus kommt, hat ihn vom Bahnhof abholen wollen, aber verfehlt. Karl hat ihn gesehen, wollte sich aber nicht abholen lassen. Karl wirft Rasmus vor, ihm nicht die Wahrheit gesagt zu haben: Anna und er hätten ihn in der Espen-Klinik bestellt, und er sei daraufhin „zusammengemixt" worden.

Anna kommt mit einer Freundin, die gerade ein Kind von einer Leihmutter austragen lässt. Sie sprechen über die Probleme und Ängste einer Schwangerschaft und über das Problem einer Leihmutterschaft.

Karl will unter allen Umständen seine Leihmutter ausfindig machen. Er packt seine Sachen und will verschwinden, da Anna und Rasmus ihn über die wahren Hintergründe seiner Geburt und Adoption immer belogen hätten. Rasmus läuft hinter ihm her und versucht vergeblich, ihn zurückzuhalten: „Wir wissen doch nicht, was vor deiner Geburt geschah."

Er ist nun ebenfalls fest entschlossen, sich darüber Aufklärung zu verschaffen: „Was geschah in der Klinik mit Karl? Was war in den vier Tagen zwischen Geburt und Adoption und in den neun Monaten vorher?"

31	45	Karls Zuhause:

Rasmus sitzt vor dem Computer und holt sich Auskunft über die Anti-Gen, eine private Gesellschaft, die die Einhaltung der Gen-Gesetze von 1996 überwacht.

32	155	Bei Anti-Gen:

Gespräch mit Dagmar Bruhns, einem Mitglied von Anti-Gen, über Karls Fall. Durch ein altes Videoband können sie feststellen, dass auch Gunther Pohl, Karls genetischer Vater, seine Existenz nicht wollte. Rasmus: „Jemand muss ihn doch in Auftrag gegeben haben." Dagmar Bruhns führt ein Ablenkungsmanöver durch, da Anti-Gen offenbar überwacht wird.

33	70	Auf der Straße vor Anti-Gen:

Dagmar Bruhns informiert Rasmus über die Espen-Klinik, Prof. Wald und seine Experimente. Ein geheimer Informant, ein „U-Boot" der Anti-Gen in der Klinik, soll versuchen, Informationen über die Gen-Experimente Walds Ende der 90er Jahre und über Karls Zeugung und seine Leihmutter zu beschaffen. Dagmar Bruhns und Rasmus vereinbaren ein Geheimtreffen.

34	80	Reservat:

Karl übernachtet im Zelt. Regenwetter. Rasmus ruft ihn an, um ihn über seine Kenntnisse zu informieren und ihm zu helfen. Karl antwortet nicht und wirft sein Handy ins Wasser.

35	220	Zentrale Bürgerkartei:

Karl will wissen, wer seine Leihmutter ist. Darüber sind keine Daten zu finden. Karl fehlt sogar in der Geburtenkartei der Espen-Klinik. Eine Leihmutter kann ihn also nicht ausgetragen haben. Karl reagiert aufgebracht: „Ich bin ein adoptiertes Retortenkind; keine Mutter, die mich ausgetragen hat. Ich bin ein bedauerlicher Irrtum, nirgends registriert."

36	115	In der Stadt vor einem Häuserblock:

Ein „wunderlicher Mann" (Allsender) fragt Karl, ob er eine Botschaft in das All senden wolle. Er schickt eine an Sarah und entschuldigt sich bei ihr: „Kein Mensch auf diesem verdammten Planeten kann mir erklären, was mit mir ist."

37	90	Straßen der Stadt:

Karl mit seinem Elektro-Roller; er ist verzweifelt, sucht einen Schlafplatz und findet ihn in der Schwimmhalle.

38	215	Geheimer Treffpunkt:

Rasmus trifft sich mit Dagmar Bruhns von Anti-Gen. Das „U-Boot" brachte in der Espen-Klinik Folgendes in Erfahrung: Prof. Wald habe Ende der 90er Jahre für seine Versuche eine ministerielle Sondergenehmigung besessen. 6 Embryos wurden am 22.02.99 befruchtet, nur eins überlebte: Karl wurde am 5. Oktober 1999 geboren. Eine weitere Angabe sei nicht entschlüsselbar: „KU 1". Und es gebe keinen Hinweis auf eine Leihmutter. Alle damaligen Forschungen von Prof. Wald unterlägen der höchsten Geheimhaltungsstufe. Als Wissenschaftler auf dem Gebiet der Fortpflanzungsmedizin war er umstritten, ihm gelang nie der Durchbruch.

39	210	Schwimmhalle:

Karl erwacht nachts in der Schwimmhalle und trifft Dr. Rönnstedt. Karl berichtet von seinen Problemen. „Nichts stimmt mehr. Ich weiß nicht mehr, was ich glauben soll. Wer war es denn, der wollte, dass es mich gibt?" Der Arzt versucht ihn mit einem „alten" Lied zu trösten: „Man hat uns nicht gefragt, als wir noch kein Gesicht, ob wir leben wollen oder lieber nicht." Er will ihm Mut machen: „Du selber bist es, der deinem Leben einen Sinn gibt." Karl erzählt, dass er noch nie geweint habe und keine Liebe empfinden könne. Er schwimmt durch den Tunnel; man hört seinen regelmäßigen Herzschlag.

40	100	Sarahs Zuhause:

Sarah registriert das Ergebnis ihrer Untersuchung: Die geklonten Kröten konnten in natürlicher Umgebung wegen der Qualität des Wassers nicht überleben, aber in künstlicher.

Sie liest im Tagebuch ihres Vaters, was dieser zu ihrer Geburt notiert hat: „Deine Kinder sind nicht deine Kinder.“

41   135   Karls Zuhause:
Anna und Rasmus liegen im Bett. Sie unterhalten sich über die Menschenversuche von Prof. Wald. Rasmus: „Ethik ist eine Hure des Fortschritts!“

Sarah kommt und möchte Karl sprechen. Sie gibt Rasmus einen Tip, wo er zu finden sein könnte, und hinterlässt für Karl die Botschaft aus ihres Vaters Tagebuch, die Rasmus liest: „Deine Kinder sind nicht deine Kinder. Sie sind die Pfeile des Lebens und du der Bogen, der sie abschießt.“

42   230   Reservat:
Rasmus wartet vor Karls Zelt. Er lädt ihn zum Essen in ein Restaurant ein, wo Rasmus Karl über die Versuche von Prof. Wald informiert, die der Geheimhaltungsstufe 5 unterliegen. Karl sei im Rahmen einer Versuchsreihe „gezeugt“ worden. Karl äußert sich, dass etwas mit ihm nicht stimme: „Ich bin innen oft so kalt.“ Und ihm gelinge keine intime Beziehung zu Sarah. „Ich konnte sie einfach nicht lieben, so richtig, weil ich den Gedanken nicht ertragen kann, sie wieder zu verlieren.“ Karl fragt Rasmus nach Verhaltensauffälligkeiten in der Kindheit: Karl konnte das Schmusen mit Anna nicht ertragen, war ein ernstes, aber sehr mutiges Kind. Es bleibt für Rasmus und Karl die Frage, was KU 1 ist. Deswegen wollen sie Prof. Wald zur Rede stellen.

Es kommt ein Anruf von Anna aus der Klinik, dass die Geburt des Babys unmittelbar bevorstehe. Rasmus und Karl brechen überstürzt auf.

43   145   Espen-Klinik:
Ankunft mit dem Taxi. Rasmus darf zu Anna, Karl nicht. Er erlebt in der Halle der Klinik die fröhliche Reaktion einer italienischen Familie auf die Geburt ihres Kindes.

Karl lässt sich bei Prof. Wald melden wegen „KU 1, geboren 1999“.

44   355   Espen-Klinik:
Prof. Wald entpuppt sich als Dr. Rönnstedt. Er erklärt Karl, dass er nur seinetwegen als Sportarzt tätig sei, um seine Entwicklung zu beobachten. Er führt Karl in einem Fahrstuhl nach unten zu seiner „Leihmutter“. Auf dem Wege dorthin erzählt er von seinen großen wissenschaftlichen Erfolgen, die jetzt durch Karl – obwohl sie noch der Geheimhaltung unterliegen – bekannt werden und die ihn, Prof. Wald, als Wissenschaftler rehabilitieren und berühmt machen werden. Karl sei nämlich als erstes und bisher

einziges Kind ektogenetisch herangewachsen: in einem künstlichen Uterus: „Das ist deine Mutter!" Der künstliche Uterus verfügt über akustische Reize, Sprach- und Bewegungsprogramme. Karl habe also einen idealen Start ins menschliche Leben gehabt!

Karls Reaktion: Er weint das erste Mal und verlässt fluchtartig die Klinik. (Seine Laufbewegungen werden im Film verlangsamt dargestellt, so dass sie ungelenk und fahrig wirken.) Am Eingang rennt er eine Frau um; auf der Anzeigentafel hinter ihr steht: „Wir gratulieren Anna und Rasmus Meiberg zur Geburt ihrer gesunden Tochter."

45	105	Schwimmhalle:

Karl steigt nackt auf einen Startblock, springt ins Wasser und schwimmt in den Tunnel: Leise Musik, seine Herztöne laut und lauter, immer unregelmäßiger, dann stoßweise, die Abstände werden immer größer: langsames, lautloses Ausblenden.

Abspann (mit Musik unterlegt; 90 sec.)

Regie:	Kai Wessel
Buch:	Beate Langmaack
Musik:	Günther Fischer
Kamera:	Hans-Jörg Allgeier, Jürgen Carle

Mit:

Karl	Sebastian Rudolph
Rasmus	Peter Sattmann
Anna	Marita Breuer
Sarah Dankert	Julia Brendler
Dr. Rönnstedt	Ulrich Matschoss
Dagmar Bruhns	Renan Demirkan
Katharina Treu	Elfriede Irrsal

Produktion:

SWR 1992   (Als DVD bei SWR-Media, 76522 Baden-Baden; Tel. 07221 / 929-500, Fax 07221 / 929-4511 zu erhalten: 53,— €)

Ein Leben aus der Retorte

Charlotte Kerners düstere Visionen zwischenmenschlicher Beziehungen

Vergessen wir mal die Bienen und die Schmetterlinge, deren Sexualleben der Nachkriegsgeneration hilfreiche Wegweiser in das Reich der Erotik sein sollten. Vergessen wir auch die tabulose Offenheit, die den Kindern der 68er zu einem lustbetonten, freizügigen Sexualleben verhelfen sollte.

Die Welt hat sich ja längst verändert, und nicht nur durch Aids. Wie sehr das so ist, und vor allem, wie sehr das so weitergehen könnte, wird dem Leser von Charlotte Kerners Zukunftsgeschichte „Geboren 1999" so kühl wie drastisch klar gemacht. Da beginnt im Jahr 2016 der 17jährige Karl Meiberg die Adoptiveltern mit Fragen nach seiner wirklichen Herkunft zu bedrängen.

Als sie ihm die Auskunft schuldig bleiben, findet er eine Bundesgenossin in der Mutter eines Schulfreundes. Die Journalistin kennt sich in der Welt der Samenspender, Eilieferantinnen, Retortenbabys und Leihmütter bestens aus. Auf der Suche nach seiner Herkunft stößt Karl unter anderem auf Zeitungsartikel über die Geschichte des ersten Retortenbabys, dessen eigene Kinder wiederum „auf ganz altmodische, fast rückschrittliche Art und Weise gezeugt worden waren".

Umweltgifte, so erfährt der Leser, haben im Laufe der Jahre die heute noch als normal geltende Art der Zeugung immer weiter erschwert, so daß es in Karls Welt ganz selbstverständlich ist, daß der Begriff Mutter differenziert werden muß: Handelt es sich um die genetische Mutter, die Leihmutter oder die Adoptivmutter?

Das Buch ist zwar nicht übermäßig brillant geschrieben, doch kann man es nur schwer aus der Hand legen, weil es so viele Kenntnisse in unterhaltsamer Verpackung enthält. Karls Angst vor geklonten Brüdern, die Akten über seine „genetischen Eltern" – der Vater hatte den Samen gespendet, um sich mit dem Erlös ein Medizinstudium leisten zu können, die Mutter, weil sie ihre Eizellen Forschungszwecken zur Verfügung stellen wollte – und schließlich die Begegnung mit der Maschine, die diese Frucht ausgetragen hat, entwerfen ein schlimmes, aber auch wieder nicht unvorstellbares Bild von der Zukunft.

Eine sehr fortgeschrittene Form der Aufklärung also, die Jugendlichen von 14 Jahren an da geboten wird. Was früher oft peinlich war, wird später nur noch unheimlich sein.

Die vielen kritischen Denkanstöße, die gegeben werden, finden sicherlich auch Leser, die dem jugendlichen Alter schon entwachsen sind. Sollten die in ihrer Jugend über die verklemmten Geschichten von den Bienen und den Schmetterlingen hochmütig gelächelt haben, so wird dieses Buch der Erinnerung einen wehmütigen Glanz verleihen.　　　　　　　　　　　　　　　　　　　　　　　　　　　　　Bi

Charlotte Kerner: Geboren 1999. Eine Zukunftsgeschichte. Beltz & Gelberg, Weinheim. 159 Seiten. 19.80 DM.

Abb. 8 Aus: Der Tagesspiegel / Berlin, 5. November 1989

Kinder ohne Wurzeln

Seit vor etwa elf Jahren das erste mittels In-Vitro-Fertilisation (IVF) – zu deutsch: Befruchtung in der Glasschale – gezeugte Baby zur Welt kam, geriet mit einem Schlag ein bis dahin wenig beachteter Zweig der modernen Medizin in die öffentliche Auseinandersetzung: die Reproduktionsmedizin. Die Techniken der künstlichen Fortpflanzung hatten zwar schon Jahre vorher, beispielsweise in der Rinderzucht, erfolgreich Anwendung gefunden, daß die Befruchtung außerhalb des Mutterleibes und „Einspülung" des Embryos in die Gebärmutter nun auch beim Menschen möglich geworden war, erschien als Sensation und ließ manch einem einen kalten Schauer den Rücken hinunterlaufen – sicher nicht zu unrecht. Im Gefolge der Fortschritte der Reproduktionstechnik und der modernen Bio-Wissenschaften allgemein (beispielsweise der Gen-Technik) wurden eine Vielzahl von potentiellen Mißbrauchsmöglichkeiten und ethischen Problemen sicht- und denkbar. Andererseits darf nicht verschwiegen werden, daß bei gut 90 % der Frauen, die sich bisher mit Hilfe der IVF ihren Kinderwunsch verwirklichen wollten, die „Einnistung" des Embryos nicht erfolgte. Den Erfolgen der IVF-Spezialisten stehen hier seelisches Leid und enttäuschte Hoffnungen Tausender von Frauen gegenüber.

Unter einem eigenen Blickwinkel hat sich die Jugendbuchautorin und Journalistin **Charlotte Kerner** in ihrem neuen Roman **Geboren 1999** mit den Konsequenzen der Reproduktionsmedizin auseinandergesetzt. Der Titel des Buches verrät schon, daß es sich hier um eine Zukunftsgeschichte handelt. Die Romanhandlung spielt im Jahre 2016 in einer Provinzgroßstadt irgendwo in der Bundesrepublik. Die Hauptperson des Buches ist der siebzehnjährige Karl Meiberg. Karl, Jahrgang 1999, wurde als Baby adoptiert. Das wurde ihm nie verschwiegen. Nichtsdestoweniger verspürt er immer stärker das existenzielle Bedürfnis zu erfahren, wer seine leiblichen Eltern sind, weshalb sie ihn weggegeben haben. Von seinen Eltern, die bei der Adoption unterschreiben mußten, daß die genetische Herkunft Karls anonym zu bleiben hat, kann er darüber nichts erfahren. So macht er sich auf eigene Faust auf die Suche. Da ihm jedoch auch im „Bürgerzentrum" der Stadt unter Hinweis auf eine Sonderregelung keine Auskunft erteilt wird, bittet er die Mutter eines Mitschülers, die Journalistin Franziska Dehmel, um Unterstützung. Die gemeinsamen Nachforschungen führen bald zu der Gewißheit: Karl ist ein IVF-Kind, gezeugt aus der Eizelle einer Frau und dem Samen eines Mannes, die sich nie im Leben begegneten, ja, nicht einmal voneinander wußten. Karl ist innerlich vollkommen verstört, hat das Gefühl, sich aufzulösen, bildet sich schließlich sogar ein, daß es ihn geklont wohlmöglich mehrmals gebe. In seiner Verzweiflung klammert er sich an die Hoffnung, zumindest seine Leihmutter ausfindig zu machen.

Als Karl sie schließlich gefunden hat, verschwindet er spurlos, schickt der Journalistin jedoch zuvor sein Tagebuch. Diese beschließt Karls Schicksal für eine Wochenzeitung aufzuschreiben, in der Hoffnung, ein Lebenszeichen von ihm zu erhalten.

Bruchstückhaft, wie ein Puzzle läßt Charlotte Kerner die Geschichte von Karl sich aus der Erzählperspektive der am Schreibtisch arbeitenden Journalistin enwickeln. Daß der Roman dabei immer noch ein Jugendbuch bleibt, dafür sorgen vor allem die zahlreich „zitierten" Tagebuchaufzeichnungen Karls.

Charlotte Kerner ist es gut gelungen, sich in die Gefühlswelt eines Siebzehnjährigen, obendrein eines Adoptivkindes auf der Suche nach seinen Wurzeln, einzufühlen.

Auch insgesamt ist Geboren 1999 alles andere als eine utopische Gruselgeschichte, sondern ein durchaus glaubhaftes Szenario einer möglichen Zukunft. In Charlotte Kerners Roman hat sich die Leihmutterschaft zu einem allmählich anerkannten Geschäft der IVF-Spezialisten mit dem Handelsgut Kind gemausert. Eier- und Samenbanken werden von vielen Kommunen unterhalten und sind gut ausgelastet, da viele Menschen mittlerweile durch Umweltgifte verursachte Unfruchtbarkeit oder Erbgutschäden befürchten; IVF ist längst millionenfach geübte Praxis. Als Konsequenz dieser Entwicklung sieht die Autorin schließlich die Konstruktion einer künstlichen Gebärmutter, womit der alte (Alp-)Traum vom Homunculus, dem „Retorten-Baby", verwirklicht wird. Auch wenn diese beklemmende Vorstellung bislang Zukunftsmusik ist und hoffentlich bleiben wird, wäre es doch blauäugig anzunehmen, daß Forscherteams – mit sicherlich durchaus philanthropischem Selbstverständnis – nicht schon an ihrer Verwirklichung sind: Es wäre doch gelacht, so könnte man zynisch deren Denkweise auf den Punkt bringen, wenn sich die Mutter-Kind-Beziehung während der Schwangerschaft nicht in komplizierte bio-chemische Formeln pressen läßt.

Auf der Strecke dabei würden einzelne Menschen bleiben: Kinder ohne wirkliche Wurzeln, und Frauen, denen eines Tages einmal die Frage gestellt werden könnte, ob es denn nicht etwas verantwortungslos sei, ihr Kind auf die überkommene, „unsichere" Weise zu bekommen.

Es ist zu hoffen, daß Charlotte Kerners Roman, der im übrigen auch ein kleines, gut lesbares Glossar, in dem die wichtigsten Fachausdrücke erklärt werden, enthält, die Aufmerksamkeit bekommt, die er verdient.

Carsten Martin

Charlotte Kerner: Geboren 1999
Eine Zukunftsgeschichte. Verlag Beltz & Gelberg, 1989, 160 Seiten, DM 19,80, ab 14 Jahren.

Abb. 9 Aus: Bulletin Jugend + Literatur 1/1990, Seite 25

Vom ersten Retortenbaby zum Klonkind

Künstliche Befruchtung ist nach 20 Jahren Normalität, zweifelhafte neue Verfahren rücken näher

Von Holger Wormer

Nur auf den ersten Blick haben die beiden Ereignisse nichts miteinander zu tun: Am Samstag feiert Louise Brown, 1978 das erste Retortenbaby, ihren 20. Geburtstag. Zwei Tage zuvor berichten Forscher in der Fachzeitschrift *Nature* über erfolgreiche Versuche, Mäuse aus einfachen Körperzellen zu klonen. Damit rückt auch für den Menschen ein weiteres Verfahren näher, um auf künstlichem Wege Nachwuchs zu zeugen.

In Deutschland hören Reproduktionsmediziner solche Zusammenhänge nur ungern. Techniken wie das Klonen würden in der Presse überbewertet, heißt es aus der Arbeitsgruppe Fortpflanzungsmedizin in der Deutschen Gesellschaft für Gynäkologie und Geburtshilfe. Als im vergangenen Jahr doch einmal ein Arzt aus ihrer Mitte das Klonen von Menschen öffentlich diskutieren wollte, wurde er scharf angegriffen.

Möglicherweise war er jedoch ehrlicher als viele seiner deutschen Kollegen. In den USA etwa hat der Physiker Richard Seed Anfang Juli erneut bekräftigt, er wolle mit befreundeten Fortpflanzungsmedizinern eine „Klon-Klinik" eröffnen. Und selbst wenn man Seed für einen Spinner hält: Warum sollte nicht zumindest ein kleiner Teil jener Paare, die trotz der bereits vorhandenen Reproduktions-Maschinerie der Ärzte unfruchtbar bleiben, vor diesem letzten Versuch zurückschrecken? Unter den – von Medizinern allerdings großzügig geschätzten – zwei Millionen ungewollt kinderlosen Paaren in Deutschland ließen sich jedenfalls so viele finden, daß sich das Geschäft für die Kliniken lohnen könnte.

Einzig das hierzulande geltende Verbot des Menschenklonens wird dies verhindern können – zumindest vorläufig. Wenn die Methode im Ausland erstmals erfolgreich angewendet wird und sich dort etabliert, könnten auch in Deutschland Forderungen laut werden, dies zu legalisieren. Verfolgt man die Methoden der Reproduktionsmedizin von Louise Brown bis heute, wäre das nur eine logische Folge: Zunächst wurden Sperma und Eizelle im Reagenzglas lediglich vermischt, bevor man die befruchtete Eizelle in die Gebärmutter der Frau einsetzte. Seit Beginn der 90er Jahre hat sich eine weitere Methode etabliert, bei der selbst verkrüppelte Spermien direkt in Eizellen gespritzt werden können – ein Verfahren, dessen Unbedenklichkeit bis heute umstritten ist. Geforscht wird bereits daran, Vorläuferzellen von Spermien einzusetzen. Bedenkt man, daß sich solche Zellen nicht mehr allzusehr von einfachen Körperzellen unterscheiden, läßt sich eine gewisse Nähe zwischen Trends in der Reproduktionsmedizin und unter „Klonforschern" kaum abstreiten.

In ihrer großangelegten Werbeaktion anläßlich des 20. Geburtstags von Louise Brown bemühen sich die Kliniken hingegen um ein makelloses Image. Die Folgen einer weitreichenden Reproduktionsmedizin, in der sich auch die Selektion nach „wertvollem" und „unwertem" Leben etablieren könnte, bleiben außen vor. Statt dessen taufen die Werbe-Experten die Reproduktionsmedizin kurzerhand in „Kinderwunschmedizin" um. Und mit süßen Babys, die dank dieser Technik auf die Welt gekommen sind, ließ sich schon immer gut werben.

Auch erfährt man aus den Werbebroschüren, daß die meisten Paare, „die eine Sterilitätsbehandlung in Anspruch nehmen, unter einem starken Leidensdruck stehen". Tatsächlich aber entsteht dieser Druck oft erst dadurch, daß unfruchtbare Paare von der Gesellschaft und nicht zuletzt von Ärzten für „krank" erklärt werden. Die Adoption als Ausweg aus der Kinderlosigkeit wird mit Verweis auf die hohen Auflagen der Behörden vernachlässigt.

Die Reproduktionsmediziner könnten an Glaubwürdigkeit gewinnen, wenn sie hier mehr Druck ausüben würden, um diese Alternative zum Wunschkind aus dem Reagenzglas zu fördern. Statt dessen fordern sie in ihrer Kampagne, daß die Krankenkassen nicht nur einfache, sondern auch aufwendigere (und damit einträglichere) Verfahren bezahlen sollen. Vor dem Hintergrund eines Gesundheitswesens, in dem zunehmend darüber diskutiert wird, was die Rettung eines Menschenlebens kosten darf, ist dies eine absurde Forderung.

Abb. 10 Aus: Süddeutsche Zeitung vom 24.07.1998

4   Amy M. Homes: Jack (9.–11. Schuljahr)

(Würzburg: Arena 1997 = Arena Life TB 2574; Köln: Kiepenheuer & Witsch 2007 = KiWi Paperback 979; alte Rechtschreibung und Zeichensetzung)

4.1   Sachanalyse

Zur Autorin

A. M. Homes, das „A" steht für „Amy", ist unter diesem Kürzel in Deutschland bekannt geworden. Da man anfangs nicht wusste, ob sich hinter diesem Namen eine Frau oder ein Mann verbirgt, findet man in verschiedenen Buchbesprechungen diesbezüglich fehlerhafte Angaben. Widersprüchlich sind auch die Angaben zum Geburtsjahr von A. M. Homes. Die Angaben von Seiten des Verlags und in der Presse lassen keine eindeutige Aussage zu. In den Infos des Arena Verlags heißt es, dass die Autorin im Jahr 1982 während ihres Studiums, da sie keine angemessene Jugendliteratur zum Thema Homosexualität fand, mit dem Schreiben von „Jack" begann und das Buch 1985 im Alter von „19 oder 20 Jahren" abschloss. Demnach müsste Homes 1965 geboren sein. Andererseits heißt es im Spiegel-Interview von 1996 („Der Spiegel" 23/1996, S. 216): „Blaue spöttische Augen, ein derbes Gesicht, voller Mund, schwarze mäandernde Locken. A. M. Homes, 34, liebt diese Interviews. In ihnen, so sagt sie, könne man gut über Literatur reden." Nach diesen Angaben wäre die Autorin 1962 geboren. Diese Angabe wird bestätigt durch den Artikel „Writer finds surrealism in everyday life" („The Sun" vom 23. Sept. 1990), der im Materialteil abgedruckt ist.

Das war der Wissenstand über A. M. Homes Ende der 1990er Jahre. Heute weiß man: A. M. (M. steht für Michael) Homes wurde am 16. Dezember 1961 in Washington, DC, geboren. Sie wuchs bei ihren Adoptiveltern, einem Künstler und einer Schultherapeutin, auf, schrieb – wie sie im Spiegel-Interview sagt – „entsetzliche" Gedichte, besuchte das Sarah Lawrence College sowie den Iowa Writers Workshop. Während ihres Studiums der Kinder- und Jugendliteratur an der American University beschäftigte sie sich mit dem Thema Homosexualität und verfasste statt einer Seminararbeit ihr Jugendbuch „Jack". Als es von der Literaturkritik positiv beurteilt wurde, fasste sie den Entschluss, nach New York zu gehen mit dem Ziel, Schriftstellerin zu werden. Nach einer Tätigkeit als Assistentin in der Sachbuchabteilung von Random House ließ sie sich von Andrew Wylie managen, der auch Susan Sontags und Salman Rushdies Interessen vertreten hat. Nach „Jack" folgten ein Kurzgeschichtenband mit dem Titel „The Safety Of Objects" und der autobiographische Roman „Fremde Nähe", so der Titel der deutschen Ausgabe bei Droemer Knaur, der von einem adoptierten Mädchen handelt, das versucht, aus seiner Familie auszubrechen. Es folgte nach fünfjähriger Schreibarbeit „The End Of Alice", eine Art Fortsetzung zu Nabokovs „Lolita", und 1996 „Appendix A: An Elaboration On The Novel The Ende Of Alice", die beide sexuell schockieren sollten und „im Puritaner-Amerika mächtig für Aufregung gesorgt haben." („Der Spiegel" 23/1996, S. 217)

„Dieses Buch wird ihr Leben retten" (Originaltitel: „This book will save your life) erschien 2006 in den USA und 2007 in einer deutschen Übersetzung im Verlag Kiepenheuer & Witsch, Köln. Der Roman erzählt von dem erfolgreichen Aktienhändler Richard Novak, der durch eine plötzliche Krankheit völlig die Kontrolle über sein Leben verliert.

In dem Buch „Die Tochter der Geliebten" (Originaltitel: „The Mistress's Daughnter", 2004, dt. 2008) erzählt Homes ihre eigene Geschichte, nämlich die Reise des Adoptivkinds A. M. Homes zu den eigenen Wurzeln, eine Reise, die sie aus der Bahn zu werfen droht.

Heute lebt Homes in New York City.

Für ihr Erstlingswerk „Jack", das von dem bekannten Jugendbuchautor und -verleger Hans-Georg Noack vorzüglich ins Deutsche übersetzt wurde, erhielt sie 1993 den „Deutschen Jugendliteraturpreis". Noack war nach eigenen Aussagen von Hartmut von Hentig auf dieses Buch aufmerksam gemacht worden. In der Kurzbegründung der Jury heißt es: „Jacks sechzehnter Geburtstag markiert den Weg zum Erwachsenwerden. Er beginnt, sich von seinen Eltern zu lösen und sich auf seinen eigenen Weg ins Leben zu konzentrieren. Die junge Autorin A. M. Homes folgt der amerikanischen Tradition der 'adolescent novel'. Geschickt bezieht sie aktuelle Phänomene amerikanischer Jugendkultur in ihre Erzählung ein. Sie packt mit der Homosexualität des Vaters ein Thema an, das bisher in der Jugendliteratur tabuisiert war."

Zur Erzählkonstruktion und Handlung des Jugendbuchs

Das Jugendbuch gliedert sich in 34 Kapitel, die aber nicht nummeriert, sondern deren Grenzen jeweils durch drei Punkte markiert sind. Erzählt wird das Geschehen von Jack, dem Protagonisten des Jugendbuchs. Es handelt sich also um eine Ich-Erzählsituation, die sich nach Stanzel (2008) und Vogt (2008) einerseits durch Unmittelbarkeit und Authentizität auszeichnet, die andererseits aber durch eine starke Eingrenzung des Blickfeldes auf den persönlichen Gesichtskreis des Ich-Erzählers definiert ist. Dritte Personen können also nur von außen beschrieben werden; dafür wird dem Leser aber die Introspektive des Protagonisten eröffnet und damit ein Weg zur Identifikation mit ihm. Nur bei genauer Beobachtung wird erkennbar, dass beim durchgängigen Gebrauch des Personalpronomens „ich" eigentlich zwei Ich-Instanzen auftreten: ein „erzählendes Ich", das das Erlebte nach einer gewissen Zeit erzählt, und ein „erlebendes Ich", das das Erzählte einst selbst miterlebt hat und an den Geschehnissen beteiligt war.

Jack erzählt aus seiner Sicht; der Zeitpunkt des Erzählens liegt unmittelbar nach seinem 16. Geburtstag, mit dem das Buch endet. Das 1. Kapitel markiert diesen Erzählzeitpunkt noch genauer. Am Abend seines Geburtstags, als sich die Gäste verabschieden, bietet der Vater Jack an, ihm am nächsten Tag eine „kleine Fahrstunde" zu erteilen, um das Einparken zu üben (S. 246). Das 1. Kapitel beginnt mit dieser Fahrstunde.

Der Erzählanlass ist eine alte Schreibtischlampe. Denn als Jack von der Fahrstunde mit seinem Vater nach Haus kommt, teilt ihm Michael, der Lebensgefährte der Mutter mit, dass von der Heilsarmee eine Sammlung alten „Krams" durchgeführt wird. Jack sammelt daraufhin die „historischen Belegstücke meines ganzen Lebens bis zu diesem Augenblick" (S. 10) zusammen; dabei gerät ihm auch die alte Schreibtischlampe in die Hände, die für ihn eine besondere Bedeutung besitzt. Denn als Jacks Vater aus dem elterlichen Schlafzimmer auszog, lieh er sie sich von Jack aus. Für Jack ist sie daher zum Symbol für die Trennung seiner Eltern geworden. „Mir war klar, daß es ein bisschen verrückt war, aber eine Zeit lang hatte ich mir eingebildet, daß diese Lampe dafür verantwortlich war, daß meine Familie auseinanderbrach und mein ganzes Leben in Trümmern ging." (S. 11) Jack war 11 Jahre, als dies geschah. Dieses Erinnerungsstück und sein 16. Geburtstag bilden den Anlass, sein bisheriges Leben zu rekapitulieren, denn Jack ist nach einer langen Phase totaler Verunsicherung mit sich selbst im Reinen. Seine Gedanken während des Basketballspiels am Schluss des Romans machen das deutlich: „Ich war dort draußen, ich spielte, ich war der Schnelle Jack und ich wußte, daß mit mir alles okay sein würde. Dauerhaft. Da draußen auf dem Basketballfeld wußte ich, dass ich es schaffen würde." (S. 250)

Die Ich-Erzählsituation mit dem erzählenden und erlebenden Ich ist gekennzeichnet durch zwei Erzählformen: einer mehr berichtenden des erzählenden Ichs und einer mehr szenischen des erlebenden Ichs. Die berichtende Erzählform gewinnt teilweise auktoriale Züge, da in diesen Passagen das erzählende Ich überblickshaft das Geschehen zusammenfasst und kommentiert, während die szenischen Passagen das Geschehen erlebnishaft darstellen; diese Passagen werden aber immer wieder durch innere Redeformen (Monologe, erlebte Rede, Gedankenstrom) durchbrochen und vertieft.

Das Jugendbuch von A. M. Homes beginnt mit einer szenischen Passage: Jack übt das Einparken mit dem väterlichen Auto. Die alte Schreibtischlampe löst in Jack die Erinnerung an sein 11. Lebensjahr aus, als der Vater die Familie verließ. Bis zum Beginn des 3. Kapitels (S. 24) fasst Jack die Erlebnisse von seinem 11. bis zum 15. Lebensjahr zusammen: Jacks Vater bekommt von der Mutter Hausverbot; er darf seinen Sohn nicht sehen. „Mein Vater wurde von unserem Grund und Boden verbannt." (S. 18) Und Telefonate waren nur einmal die Woche erlaubt. „Zwei Jahre und eine Million Monate in diesem verrückten Zustand und eine ganze Weile nach meinem vierzehnten Geburtstag beschloß meine Mutter, mein Vater dürfe einmal die Woche mit mir essen gehen." (S. 22) Von da an sahen sich Vater und Sohn jeden Mittwochabend. Am Anfang des dritten Kapitels überspringt der Ich-Erzähler durch Raffung nahezu zwei weitere Jahre: „Ich wuchs (...) Und da war ich nun also – richtig angepaßt, vierzehn drei viertel Jahre alt" (S. 24f.). Diese Altersangabe im Buch ist allerdings falsch und muss „fünfzehn drei viertel Jahre" lauten, denn bis zu Jacks 16. Geburtstag, mit dem der Roman endet, vergehen bei genauer Analyse der Zeitangaben des Buches etwa 8 Wochen.

Das berichtende Erzählen wechselt von diesem Moment (S. 25) an zum hauptsächlich szenischen Erzählen. Dieser Zeitpunkt ist durch ein einschneidendes Ereignis
in Jacks Leben markiert, denn sein Vater eröffnet ihm bei einer Bootspartie mitten
auf dem See, dass er homosexuell sei und deswegen vor fünf Jahren ausgezogen sei.
Von diesem Geständnis bis zu seinem Geburtstag durchläuft Jack eine Phase fort-
laufender Verunsicherungen. Jack muss zuerst einmal mit dieser Tatsache fertig
werden; er muss seine Furcht überwinden, ebenfalls homosexuell veranlagt zu sein,
er muss seine Vorurteile Homosexuellen gegenüber ablegen, sich über sie und ihre
Lebensweise informieren und die Erfahrung machen, dass nicht nur sein Vater
homosexuell ist, sondern z. B. auch der Vater seiner Freundin Maggie.

Zudem fallen in diese Zeit für Jack wichtige Erlebnisse und Ereignisse: die Beziehung zu Ann McCormick; Gespräche mit seiner Mutter über Homosexualität; das
Kennenlernen von Maggie, von Bob, dem Lebensgefährten seines Vaters; das Basketballspiel mit Jacks Unfall und seine Rekonvaleszens; die Wochenendfahrt mit
seinem Freund Max und dessen Familie, die mit dem erschütternden Erlebnis
endet, dass der Vater von Max seine Frau brutal verprügelt, so dass diese in Jacks
Augen ideale Familie zerbricht; Jacks erste Fahrstunden; der verzweifelte Max, der
sich sinnlos betrinkt; schließlich der 16. Geburtstag, an dem alle Personen teilnehmen, die Jack etwas bedeuten, und der auch eine Aussöhnung zwischen Jacks Vater
und Mutter bringt. Diese Wochen haben Jack auf seinem Wege zum Erwachsenwerden ein bedeutendes Stück voran gebracht. Trotzdem fühlt er sich bisweilen wie
zwischen allen Stühlen, „in der Klemme zwischen Kindsein und Erwachsensein"
(S. 218 f.); auf dem Basketballfeld zum Schluss ist sich Jack allerdings seiner selbst
ganz sicher: „(I)ch wußte, daß mit mir alles okay sein würde. Dauerhaft." (S. 250)

Diese szenisch erzählten Teile werden immer wieder durchbrochen durch Passagen
innerer Rede, in denen Jack über sich oder andere nachdenkt und dem Leser Einblick in sein Innerstes gewährt. Am Tag vor seinem Geburtstag z. B. in der Schule
bewegen ihn folgende Gedanken:

> Es ist doch so: Wenn man sechzehn wird, dann ist man nicht mehr fünfzehn. Man
> kommt nicht an der Tatsache vorbei, daß man älter wird, daß man wahrscheinlich so
> viele Haare in den Achselhöhlen hat, wie man jemals kriegen wird, und so weiter. Ich
> lief mit dem quälenden Gedanken herum, ob ich wohl wie sechzehn aussähe, und
> kam zu dem Schluß, in mancher Hinsicht wie sechzehn, siebzehn oder achtzehn zu
> sein, aber auch eine ganze Menge von einem Zwölfjährigen zu haben. (S. 218)

Die Schreibtischlampe bildet für Jack den Anlass zur Reflexion über sein bisheriges
Leben, zu einer Positionsbestimmung in der beunruhigenden Zeit der Adoleszenz:
Woher komme ich? Wer bin ich? Wohin führt mich mein weiterer Weg? Der Opti-
mismus, den Jack am Schluss des Jugendbuchs ausstrahlt, vermag auch dem
jugendlichen Leser Mut zu machen.

Zur Personenkonstellation des Jugendbuchs

Die Personenkonstellation des Jugendbuchs kann man am besten mit Hilfe eines Schaubildes verdeutlichen. Entworfen wurde es von Heike Schünemann.

Jacks Familie

Jacks Mutter   Jacks Vater Paul
Michael Moore   Bob

„Idealfamilie"   JACK   **Freunde**
Mrs. Elaine Burka   Max, Jacks bester
                                                      Freund
Mr. Sandy Burka   Maggie, Jacks Freundin
Max   (Ann McCormick)
Sammy

        Fahrschule   **Schule**
        Vernon Walters   Mr. Wallace (Trainer)
                                       Mrs. Mason, Mr. Caroll,
                                       Mr. Matthews, Mrs. Stevens
                                       und Mr. Shapiro (Lehrer)
                                       Konrektor
                                       Schulkrankenschwester
                                       Mitschüler (u. a. Max, Maggie)

Jacks Familie ist nach dem Auszug seines Vaters in zwei Teile zerfallen: die Mutter mit ihrem neuen Lebenspartner Michael Moore auf der einen Seite und sein Vater Paul mit dessen Lebenspartner Bob auf der anderen Seite. Beide Eltern lieben Jack sehr, aber die Trennung hat die Beziehung aller drei zueinander massiv erschüttert. Erst an Jacks 16. Geburtstag gelingt eine Versöhnung, als Jacks Vater und sein Lebensgefährte Bob zu Jacks Party eingeladen werden. Die seelischen Verletzungen, die die Trennung bei allen dreien verursacht hat, scheinen überwunden und einer gegenseitigen Akzeptanz gewichen zu sein.

Die Familie Burka, die Familie seines Freundes Max, wird von Jack so lange idealisiert, bis sie durch die Brutalität von Mr. Burka seiner Frau gegenüber zerbricht. Jack wird durch dieses Ereignis tief erschüttert, zumal er Elaine Burka sehr verehrt, ja geradezu liebt.

Die Schule ist in dem Jugendbuch der Ort der Öffentlichkeit. Jack begegnet hier den Vorurteilen gegenüber der Homosexualität, er muss sich bewähren im Basketball, hier hat er seine Freunde und Freundinnen.

Die Fahrschule schließlich markiert den ersten Schritt in die Welt der Erwachsenen; der Führerschein gilt als ihr Statussymbol.

In der Personenkonstellation lässt sich eine Spiegelbildlichkeit als erzählerisches Prinzip erkennen. Der „zerbrochenen" Familie von Jack steht die „Idealfamilie" der Burkas gegenüber. Jack sehnt sich nach solch einer „heilen" Familie, in der es Geborgenheit und Harmonie gibt, in der man in schwieriger Zeit aufgefangen wird. Jack muss aber erleben, dass diese „Idealfamilie" auf Grund der Brutalität von Mr. Burka zerbricht und dass seine eigene Familie mit seiner Mutter und Michael auf der einen und seinem Vater und Bob auf der anderen Seite nach dem Zerbrechen langsam wieder zu einer Einheit wird; alle Beteiligten haben gelernt, tolerant und voller Achtung miteinander umzugehen.

Dem Protagonisten Jack wird sein bester Freund Max als Spiegelbild zugeordnet. Während sich Jack auf Grund seiner familialen Erfahrungen und trotz aller Selbstzweifel schon auf dem Wege zum Erwachsenen befindet, wirkt Max in seinem Verhalten noch typisch pubertär. Er muss seine Grenzen erst noch kennen lernen; er probiert das Rauchen und Trinken, würde am liebsten Pornozeitschriften kaufen, stiehlt Schokoriegel und Kaugummi um des Nervenkitzels willen. Er ist vorlaut und oft rücksichtslos, sein Benehmen wirkt ungehobelt. Jack dagegen ist reifer; er ist für Max ein Vorbild. Aber beide brauchen einander. Max ist und bleibt Jacks Freund, auch wenn er dafür verantwortlich ist, dass man in der Schule etwas über die Homosexualität von Jacks Vater erfährt.

Von Spiegelbildlichkeit kann man auch hinsichtlich der weiblichen Personen sprechen, bei Ann McCormick und Maggie. Ann wird von Jack benutzt. Er mag sie nicht, aber alle sollen wissen, dass er mit ihr geht, denn er hat Angst, man könnte ihn für homosexuell halten. Ann ist sein Alibi. Sehr deutlich wird diese Spiegelbildlichkeit der beiden Mädchenfiguren, wenn man die beiden Szenen miteinander vergleicht, in denen Jack sie nach Haus begleitet. Bei Ann heißt es:

> Ich nahm ihren Arm und zerrte sie praktisch nach Hause. Sie sagte nichts weiter. Wahrscheinlich gefiel es ihr, wenn ich ihre Hand hielt, auch wenn ich sie fast abriß. Immer wieder versuchte sie, beim Gehen den Kopf an meine Schulter zu legen, aber es klappte nicht richtig. Sie war sieben, acht Zentimeter größer als ich, und ich ging ziemlich schnell, weil ich in einer miesen Laune war. (S. 42)

Bei Maggie dagegen:

> Es war alles ganz einfach. Ihre Hand war verschwitzt, meine Hand war verschwitzt, und irgendwie mischte sich der Schweiß. Alle fünf oder zehn Minuten zog ich meine Hand weg und wischte sie an meiner Jeans trocken und dann wartete ich ein paar Minuten, ehe ich ihr meine Hand wieder gab. (S. 153f.)

Mit Maggie gelingt ein zwangloses Gespräch über ihre Lieblingsfilme. Jack und sie können miteinander fröhlich und albern sein. Und ihnen gelingt es auch, sich gegenseitig ihre Zuneigung zu gestehen. Intensiviert wird ihre Beziehung allerdings dadurch, dass ihre beiden Väter homosexuell sind, dass sie beide das Zerbrechen ihrer Familien erlebt haben und damit fertig werden müssen. Diese Erfahrung hat sie reifer und nachdenklicher gemacht.

Zur Adoleszenzproblematik und Homosexualität

Adoleszenzproblematik und Homosexualität lassen sich in diesem Jugendbuch nicht voneinander trennen. Wie wir im Abschnitt über die Erzählsituation dargestellt haben, stellt dieses Buch auf Grund der Ich-Erzählsituation Jacks Versuch dar, sich über sich selbst und seine Probleme klarer zu werden. Es ist eine Aufarbeitung seiner Lebensgeschichte seit seinem 11. Lebensjahr, als er durch die Trennung seiner Eltern in eine Lebenskrise geriet, die er an seinem 16. Geburtstag langsam zu bewältigen beginnt. Ganz konsequent setzt sein Ich-Findungsprozess mit diesem Ereignis ein.

Jack fühlte sich durch den Auszug seines Vaters tief verletzt, da er ihn nicht begreifen konnte. Jacks Mutter wirft ihrem Ehemann vor, sie benutzt zu haben, um sich durch die Heirat vor einem „Coming out" zu schützen. Ihre Betroffenheit verschafft sich in der Aggressivität gegenüber Jacks Vater Luft. Wie alle betroffenen Scheidungskinder sucht auch Jack anfangs die Schuld für das Scheitern der Ehe seiner Eltern bei sich; das Symbol dafür ist die Schreibtischlampe.

Der Beschreibung seines Vaters nach zu urteilen, mag Jack ihn gern und ist sehr stolz auf ihn:

> Er stand da, das Gewicht auf einem Bein, die Daumen in die Gürtelschlaufen seiner Jeans gehängt. Sein Haar war lang und mußte mal wieder geschnitten werden. Wie er da stand, sah er eigentlich gar nicht wie mein Vater aus. Jünger sah er aus. Wie ein junger Typ wirkte er, der einfach da stand und wartete. (S. 7f.)

Das zentrale Erlebnis aber, das seinen Reflexionsprozess bestimmt, ist das Coming out seines Vaters, als sie im Ruderboot mitten auf dem See sitzen: „Sie sitzen im selben Boot." Der Vater hat diese Situation mit Bedacht gewählt, um Jack der Möglichkeit einer Flucht zu berauben. Er ist der Ansicht, dass Jack alt genug ist und ein Recht darauf hat, die Wahrheit zu erfahren, und dass er lernen muss, mit einer unbequemen Wahrheit fertig zu werden. Diese Situation löst in Jack eine tiefe seelische Erschütterung aus, lässt in ihm Wut und Zorn aufsteigen und Hass gegen seinen Vater empfinden. Er ist total von seinen Gefühlen überwältigt und nicht mehr in der Lage, sachlich zu reagieren. Seine Vorurteile gegenüber Homosexuellen und seine Unwissenheit führen bei ihm zu einer schweren seelischen Krise. Die Reaktionen der Außenwelt in Form von Schmierereien an seinem Sportspind machen Jack noch hilfloser, andererseits aber auch aggressiver, z. B. einem vermeintlich homosexuellen Mitschüler gegenüber. Erst die Gespräche mit der Mutter (S. 34–36) und mit dem Vater (S. 97–105) und die Beziehung zu Maggie lassen Jack wieder Boden unter den Füßen finden. Vorher muss er aber mit der Angst fertig werden, eventuell selbst schwul zu sein. Zeitungsartikel helfen ihm ein wenig weiter; aber erst Michael gibt ihm sachliche Aufklärung („Wer kann schon sagen, was normal ist?" – S. 38) und wichtige Hinweise zum Nachdenken und zu seiner Persönlichkeitsentwicklung: „Dein Vater ist ein netter Kerl. Er liebt dich. Und du solltest ihn als das lieben, was er ist, nicht als das, was er nicht ist." (S. 39) Jack ist am Ende bereit, seinen Vater so zu akzeptieren, wie er ist, und kann sich ihm wieder vorurteilsfrei annähern.

Die Auseinandersetzung mit der Homosexualität seines Vaters geht einher mit der Ablösung von den Eltern. Jack muss lernen, selbstständig mit seinen Problemen fertig zu werden. Seine Mutter ist ihm anfangs eine gute Hilfe. Ihre Liebe bedeutet ihm viel. Aber auch sie muss nach der Trennung vom Vater ihr Leben erst wieder in Ordnung bringen und einen neuen Lebenspartner finden, ehe sie wieder „normal" reagiert und ihr seelisches Gleichgewicht zurückgewinnt. Ihr neuer Lebenspartner Michael übernimmt als Nicht-Betroffener bei Jack geradezu die Aufgaben eines Mentors. Seine Ausgeglichenheit wirkt ebenso beruhigend auf Mutter und Sohn wie seine Bereitschaft, wenn es nötig ist, unaufdringlich zur Verfügung zu stehen. Seine innere Kraft gewinnt er aus der Zen-Philosophie und der Meditation. Da der eigene Vater Jack als Mentor oft fehlt bzw. auf Grund seines Coming out von ihm nicht akzeptiert werden kann, springt Michael ganz selbstverständlich ein. Er macht Jack bewusst, dass zum Erwachsensein vor allem auch die Toleranz anderen gegenüber gehört und dass man lernen muss, sein Leben so zu gestalten, wie man selbst es für richtig hält. Diesen Schritt hat Jack am Ende des Romans vollzogen. Er ist sich seiner selbst sicher und kann daher auch andere akzeptieren.

Schwierigkeiten bereitet einem Heranwachsenden vor allem auch das Problem der eigenen Sexualität und die Beziehung zum anderen Geschlecht. Dieses Thema spielt indirekt schon in Jacks Auseinandersetzung mit der Homosexualität seines Vaters eine Rolle. Es wird aber virulent in der Beziehung zu Elaine Burka und vor allem zu Maggie. Die Sexualität ist für Jack etwas Unbegreifliches; er ist verunsichert und kann nicht mit seinen Gefühlen umgehen. Das wird ganz deutlich, als die Mutter von Max an seinem Krankenbett sitzt und ihn streichelt. „Die Hand fühlte sich sexy an. (...) Ein paar Minuten war ich völlig durcheinander. Irgendwie bildete ich mir ein, daß sie vielleicht genauso fühlte wie ich" (S. 127).

Seine Beziehung zu Maggie erweist sich dann aber schon beim ersten Rendezvous als ganz problemlos. Und Jack ist überrascht und erleichtert, als er diese Erfahrung macht.

> Meine Verabredung mit Maggie ging unglaublich gut. Wenn ich das vorher gewußt hätte, wie leicht das war, wäre ich wahrscheinlich schon mit zwei Jahren mit Mädchen gegangen. (...) Zum Glück starb ich nicht an einem Nervenzusammenbruch oder an Hormonüberschuß, und ich sagte auch nichts richtig Perverses oder so. (S. 153)

Jack „flippt" vor Freude geradezu aus. Hier zeigt sich das Zurschaustellen und das Grandiositätsgefühl des Adoleszenten, wie es Ewers (1991, S. 11) als Kennzeichen des Adoleszenzromans herausgearbeitet hat, in aller Deutlichkeit.

Gebündelt werden alle diese adoleszenten Probleme in der Suche nach dem eigenen Ich. Alles bisher Genannte ist Teil dieses Prozesses, aber es geht auch noch darüber hinaus. Jack muss nach dem Coming-out seines Vaters wissen, wer er selbst ist. Er muss die Erfahrung machen, dass auch die von ihm idealisierte Familie Burka auf Grund der Brutalität von Max' Vater zerbricht und Max in eine tiefe Krise stürzt, er muss die Schmerzen seelischer und körperlicher Verletzung ertragen lernen. Diese Erfahrung macht ihm bewusst, dass es das Ideal nicht gibt, sondern dass man lernen muss, mit den Realitäten umzugehen. Diese Erfahrung erlaubt es ihm dann auch, die Homosexualität seines Vaters zu akzeptieren. Zudem kommen sich seine Eltern durch dieses Ereignis in der Familie Burka und ihre Sorgen um sie wieder näher. Auch sie haben gelernt, dass die Toleranz einen wichtigen Faktor im menschlichen Leben darstellt. Der 16. Geburtstag und die gemeinsame Party decken für Jack nicht die Probleme zu, aber dieser Tag markiert den Abschluss eines Lernprozesses. Jack hat an Ich-Stärke gewonnen, er ist reflektierter, nachsichtiger und toleranter geworden. Er ist sich sicher, dass er seinen eigenen Weg finden und gehen wird.

> Ich bin Jack, und das ist alles. Ich bin Jack, einfach Jack und gehe meinen eigenen Weg. Ich weiß, das klingt dumm und selbstverständlich und alles, aber bis zu diesem Augenblick hatte ich es eben nicht verstanden, und selbst jetzt war ich nicht ganz sicher, ob ich es wirklich ganz und gar verstand. (S. 245)

Leitmotivik und Symbolgebrauch

Das Jugendbuch von A. M. Homes zeichnet sich durch einige Leitmotive aus, die geradezu Symbolgehalt bekommen. Von diesen sollen drei besonders untersucht werden, weil sich in ihnen über die Entwicklung des Protagonisten viel ablesen lässt: das Kino, der Fleck auf dem Teppich und das Basketballspielen.

Das **Kino** hat insofern symbolische Bedeutung, da sich in seinem Besuch die Entwicklung Jacks und sein Loslösungsprozess von seinen Eltern gut ablesen lässt. Bevor seine Eltern getrennt lebten, sind sie mit ihm jeden Samstag ins Kino gegangen. Das begann schon, als er noch ein kleiner Junge war. Am Tag, als der Vater die Familie verlässt, ein Samstag, fällt dieser Kinobesuch das erste Mal aus. Jack aber will unbedingt dorthin gehen, da er spürt, dass in der Familie etwas Ungewöhnliches vor sich geht. Er will das Sicherheit bietende Ritual aufrecht erhalten.

Bei seinem ersten Treffen mit seinem Vater nach dessen Coming-out gehen die beiden ins Kino, da sie dort zusammen sein können, ohne viel sprechen zu müssen. Jack steckt in einer tiefen Krise; daher fühlt er sich während des Kinobesuchs auch so unwohl:

> Ungefähr vierzigmal stand ich auf. Einmal holte ich Popcorn, dann eine Cola, weil ich an dem Popcorn fast erstickte, dann brauchte ich Papierservietten, weil meine Hände von dem Popcorn ganz klebrig waren. Eine Viertelstunde vor dem Ende des Films beugte mein Vater sich zu mir und flüsterte mir ins Ohr: „Alles in Ordnung?" „Ja", sagte ich, obwohl ich lieber nein gesagt hätte. Ich hätte ihm gern gesagt, daß der Stuhl unbequem war, daß ein Kaugummi unter meinem Schuh klebte und daß ich ihn haßte. (S. 54 f.)

Das nächste Mal geht Jack mit Maggie ins Kino. Es ist seine erste richtige Verabredung mit einem Mädchen, und sie wird – wie wir oben schon beschrieben haben – ein voller Erfolg. Jack ist das erste Mal seit langer Zeit wieder vollkommen glücklich. Damit hat er einen ersten wichtigen Schritt auf dem Wege der Loslösung von den Eltern getan.

Am Tage seines Geburtstags geht Jack allein ins Kino, in eins, „das ungefähr zwölf Filme gleichzeitig zeigte" (S. 226). Er hofft, dass ihn der Film sofort vollkommen gefangen nehmen würde, wie Filme das meistens taten, aber die ganze Zeit dachte er an seinen Geburtstag. Er erinnerte sich an seine Kindheitsgefühle, die mit diesem Tag verbunden waren, an seinen Vater, der diesen Tag immer besonders gestaltete, er dachte, wie sich diese Gefühle im Laufe der Zeit veränderten, dass bei Erwachsenen der Tag schließlich unbedeutend wurde, und schließlich dachte er darüber nach, wie er ihn später mit seinen Kindern feiern wollte. Der Kinobesuch und der Geburtstag führen Jack dazu, Bilanz seines bisherigen Lebens zu ziehen und sich ein weiteres Stück Klarheit zu verschaffen. Die Ablösung vom Elternhaus ist damit vollzogen.

Der **Fleck auf dem Teppich** ist ein zentrales Symbol des Jugendbuchs. Er wird das erste Mal erwähnt, als Jacks Probleme beginnen. Allerdings scheint er schon länger zu existieren, da er als „altersgrauer Klebstofffleck" bezeichnet wird. Er stammt aus der Zeit, da der Vater noch in der Familie lebte. Die Mutter möchte ihn unbedingt entfernen, aber er erweist sich als widerspenstig. Jack muss zahlreiche Fleckentferner ausprobieren, aber vergeblich. (S. 21)

Als Jacks Mutter mit seinem Vater am Telefon über Jacks Gefühle spricht, die das Coming-out bei ihm ausgelöst hat, bemüht sich Michael darum, den Fleck zu entfernen. (S. 46)

Nachdem Jacks Mutter ihn von der Fahrstunde abgeholt hat, besorgen sie einen neuen Teppichreiniger, den Elaine Burka seiner Mutter empfohlen hat. (S. 152)

Und kurz vor Jacks Geburtstag versucht seine Mutter erneut, dem Fleck mit einem Mittel beizukommen, das ihr Mrs. B. empfohlen hat. Aber alles vergeblich. Jack sitzt auf dem Sofa und schaut ihr dabei zu, während Michael sich weigert, etwas mit dem Fleck zu tun zu haben. (S. 207)

Erst am Morgen von Jacks 16. Geburtstag, als durch die Einladung auch an den Vater und Bob die Probleme gelöst sind und sich die Eltern ausgesöhnt haben, schafft es die Mutter, den Fleck zu beseitigen:

> „Herzlichen Glückwunsch zum Geburtstag!", sagte meine Mutter und umarmte mich. „Was ist denn?", fragte ich. Sie deutete zu Boden. „Er ist weg! Der Fleck ist weg!" Ich schaute auf den Teppich, und der sah tatsächlich sauber aus, so sauber, daß es schon wieder so etwas wie ein umgekehrter Fleck war, ein sauberer Fleck auf einem sonst schmutziggrauen Gewebe. (...) Die Entfernung eines Flecks war zwar nicht genau dasselbe wie ein rotes Cabrio, aber wahrscheinlich war es so etwas wie ein gutes Zeichen, nahm ich an. (S. 223f.)

Das Verschwinden des Flecks ist für Jack eine Geburtstagsüberraschung, zugleich aber ein Zeichen dafür, dass seine Probleme, für die der Fleck im ganzen Jugendbuch stand, bewältigt sind. Ein neuer Lebensabschnitt kann beginnen.

Wichtigstes Symbol des Buches ist aber das **Basketballspielen**. Es verbindet Jack mit seinem Vater, denn beide sind begeistert von diesem Sport. Und in den gemeinsamen Spielen zeigen sich Verbundenheit und Zuneigung.

Als der Vater ausgezogen ist, stellt er vor dem Haus für Jack einen Basketballkorb auf, den dieser sich immer gewünscht hatte. Er soll als Symbol ihrer inneren Verbundenheit dienen. Jack aber, der durch die Trennung seiner Eltern tief gekränkt und völlig verzweifelt ist, wirft sich so oft gegen den Pfosten, „bis der noch weiche Zement ein wenig nachgab und der Pfosten für immer und alle Zeit ein Stückchen nach links geneigt bleiben würde." (S. 18) – ein Symbol für die zerrüttete Vater-Sohn-Beziehung.

An die Stelle des Vaters beim Basketballspielen tritt Jacks Mutter. Sie übernimmt dessen Rolle; sie trainiert intensiv und kann Jack sogar ein paar Mal schlagen. Das gemeinsame Spielen wird auch hier wiederum zum Symbol der Gemeinsamkeit und des Zusammenhalts:

> Wir schaffen es! Wir müssen uns erst richtig daran gewöhnen. Du und ich, wir schaffen das, mein Junge! (...) Jack und Mom, Jack und Mom, an die zwei kommt keiner ran! Was den beiden nicht gelingt, auch der Daddy nicht vollbringt. (S. 20f.)

Im Gespräch mit Michael oder seiner Mutter verwendet Jack immer Wendungen oder Vergleiche aus dem Basketballspiel.

Das Spiel selbst benutzt Jack jeweils als Psychohygiene, um sich abzureagieren. Wenn er z. B. nach einem Gespräch mit Michael über Ann McCormick (S. 44) oder nach dem ersten Treffen mit seinem Vater nach dessen Geständnis (S. 57) innerlich aufgewühlt ist, greift er zum Basketball. Im Spiel ist er vollkommen konzentriert, er schaltet ab und bewältigt so einen Teil der inneren Unruhe.

Sein Unfall im Spiel gegen die Tigers wird zum Spiegelbild seiner inneren Zerrissenheit, weil er nicht weiß, wie er mit der Situation und mit seinen Gefühlen umgehen soll, dass sein Vater homosexuell ist. In der Schule wird er damit geärgert, ohne sich wehren zu können. Sein Leben scheint an einem Punkt angekommen, wo er keinen Ausweg mehr sieht. Der Bänderriss ist der medizinische Befund für die psychische Verletzung. Die Sorge um Jack führt die Eltern nach dem Unfall das erste Mal wieder zusammen. Und die Zeit der Rekonvaleszenz zu Hause ist für Jack eine Zeit des Rückzugs und der Besinnung. Der Unfall markiert den Wendepunkt der inneren und äußeren Handlung.

Nach seinem Krankenlager ist Jack aber noch nicht so weit, dass er mit seinem Vater wieder spielen kann. Er lehnt dessen Bitte einfach ab: „Weißt du, Dad, ich brauche dich nicht zum Ballspielen." (S. 101) Erst als sein Bein gänzlich verheilt ist und die inneren Verletzungen zu vernarben beginnen, spielen Vater und Jack auch wieder Basketball. Es ist deutlich, Jack hat sich damit abgefunden, dass sein Vater schwul ist, er kann ihn tolerieren und auch wieder gern haben. Es ist das erste Mal nach dem Geständnis, dass beide wieder unbeschwert miteinander umgehen können. Nach einem geglückten Korbwurf lässt sich der Vater halb lachend, halb weinend auf den Boden fallen:

> Ich legte mich neben meinen Vater. Ich fühlte den Puls in meinem Bein klopfen, sah durch die Hemden, wie unsere Herzen schlugen. Ich sah ihn an, sah den Schweiß, der ihm über die Schläfen lief und sich zwischen seinen Barthaaren zu dünnen Rinnsalen teilte. Er schloß die Augen und lächelte. „Das ist es, Jackie", sagte er. Ich antwortete nicht, weil es nichts zu sagen gab. „Hier würde ich am liebsten immer sein." Wir lagen lange so da, bis mein Hemd trocknete. (S. 200)

Die beiden letzten Basketballszenen zeigen, dass sich Jack von seinem Kindsein gelöst hat und auf dem Wege zum Erwachsensein ist. Er spielt auf einem Schulhof einer Grundschule und merkt, dass er nicht mehr hierher gehört, dass er auf höhere Körbe eingestellt ist. „Für mich war es irgendwie verwirrend. Mein Radar war auf drei Meter fünf eingestellt." (S. 220)

Mit der letzten Basketballszene endet das Jugendbuch. Dieser Umstand betont noch einmal die zentrale Bedeutung des Spiels für den Roman und für die Entwicklung von Jack. Der Schluss signalisiert, dass Jack seine Ich-Identität gefunden hat und seinen Weg in der Zukunft gehen wird. „Im Lichtautomaten klickte es, und das Feld lag in einer Dunkelheit, die finsterer als die Nacht zu sein schien, und ich hörte, wie der Ball zischend durch das Metallnetz fiel." (S. 250)

Zur Sprache des Jugendbuchs

Eine Sprachanalyse eines fremdsprachigen Buches durchzuführen ist immer eine heikle Angelegenheit, da man dem Autor bzw. der Autorin nicht gerecht werden kann. Bei „Jack" ist sie aber trotz allem machbar und sinnvoll, da die Übersetzung von Hans-Georg Noack, dem bekannten Jugendbuchautor, so gekonnt vorgenommen worden ist, dass sie die bisherige Interpretation hilfreich unterstützen kann.

Drei Merkmale sind es, die die Sprache Jacks kennzeichnen, die zugleich seit Salingers „Der Fänger im Roggen" zum Charakteristikum adoleszenter Literatur geworden sind:

–   der schnoddrige, zu fortlaufenden Übertreibungen neigende Sprachstil, der dadurch witzig wirken soll:

> Beim Kämmen merkte ich, daß ich genau wie Paul Newman vor einer Million Jahren aussah, wenn ich den Kopf auf eine bestimmte Weise hielt, und dagegen hatte ich überhaupt nichts. Ich öffnete den Medizinschrank, nahm das Aspirin heraus, schüttelte mit einer einzigen Bewegung des Handgelenks zwei Tabletten im hohen Bogen heraus und warf sie mir in den Mund, wie ich glaubte, daß es Paul Newman getan hätte: Ich warf nur die Tabletten, nicht den ganzen Kopf, schluckte die Tabletten vor dem Schluck Wasser, nicht mit ihm und zog dann eine fürcherliche Grimasse, nur so wegen der Gesamtwirkung. Einen Augenblick fiel ich dann aus der Rolle, weil ich fast

erstickte. Ich trank schnell ungefähr einen halben Eimer Wasser, weil beide Aspirintabletten anscheinend ihren festen Wohnsitz irgendwo in meiner Luftröhre gewählt hatten. (S. 119)

– ein Zweites macht dieser Textabschnitt deutlich. Verhaltensweisen, Bewegungen, Gesten werden an bekannten Schauspielern und Persönlichkeiten orientiert, die jeder kennt, weil sie zur Lebenswelt der Heranwachsenden gehören. Die Jugendlichen spielen Rollen – wie Jack beim Basketball den „schnellen Jack" – und probieren diese Rollen aus. Sie sind Versuche des Probehandelns und dienen der eigenen Aufwertung.

– Übertreibung und Witz dienen zugleich dazu, das eigene Innere zu verdecken und Gefühle nicht zu zeigen. Nur Aggressivität wird nach außen zugelassen, denn auch sie dient letztlich dem Selbstschutz. Es gibt aber einige wenige Szenen in dem Jugendbuch, in denen Jack sein Innerstes ganz ungeschützt aufdeckt. Das sind Momente innerer Ruhe, Ausgeglichenheit und Sicherheit. Als Jack mit seinem Vater das erste Mal nach seinem Unfall wieder Basketball spielt, kommen sie an einem Gewässer vorbei:

> Ganz in der Nähe des Parks kamen wir an einem kleinen Teich vorüber, dem Teich, auf dem wir früher immer Eislaufen gegangen waren. Wir gingen daran vorbei, und ich sah das Spiegelbild des Mondes im Wasser. Es ging ein ganz leichter Wind wie vor einem Regen, und das Spiegelbild schwankte im gekräuselten Wasser. Ich dachte an den See, auf den mein Vater mich mitgenommen hatte, als er mir erzählte, daß er schwul ist. Ich dachte an den See, und ich schaute zum weißen Mond hinauf. Über die dunkle Straße hinweg sah ich meinen Vater an. (S. 198 f.)

Diese geradezu poetisch anmutende Sprache bleibt nur besonderen Momenten vorbehalten, hier dem Moment der erneuten Zuwendung zum Vater. Im See spiegelt sich das ganze Geschehen, und Jack kommt zur Ruhe. Für die Tiefenpsychologen ist das Wasser das Spiegelbild der Seele. Es ist das Symbol der Reinigung, der Taufe, der Wiedergeburt. Im Teil A, Kap. 1.5 über die „Initiationsreise als literarisches Modell" sind ähnliche Gedanken schon angesprochen. Der Initiant bekommt durch die Berührung, die Begegnung mit dem Wasser seine neue Identität. Jack hat seine Krise in der Beziehung zu seinem Vater überwunden. Das idyllische Bild von Wasser und Mond ist das Symbol dafür.

4.2 Didaktisch-methodischer Kommentar zum Umgang mit Amy M. Homes' Jugendroman im Unterricht

Jack, der Protagonist des Jugendbuchs von A. M. Homes, befindet sich, wie er selbst formuliert, „zwischen allen Stühlen": „Ich saß in der Klemme zwischen Kindsein und Erwachsensein. Was Kinder so tun, machte eigentlich gar nicht mehr so einen Riesenspaß, aber was Erwachsene tun, kam mir viel zu schwierig vor und, wenn ich ehrlich sein soll, höllisch langweilig." (S. 218 f.) Als er dieses denkt, steht er kurz vor seinem 16. Geburtstag. Diese Altersangabe verweist auf die Adressaten des Buches: Es ist gedacht für die 15–17-Jährigen, die sich in derselben Situation wie Jack befinden. Das Jugendbuch sollte folglich in den Klassen 9 bis 11 gelesen werden.

Der besondere Reiz des Buches für jugendliche Leser liegt in der Ich-Erzählsituation; sie ermöglicht eine direkte Identifikation mit dem Protagonisten, d. h. eine Auseinandersetzung mit seinen Erfahrungen und Erlebnissen, Gedanken und Gefühlen. Da die Sprache des Jugendbuchs in ihrer Übertreibung, ihrem Witz, ihrer Aggressivität, aber auch Gefühlsintensität und in den Metaphern / Bildern der Sprache der Jugendlichen entspricht, finden die Schülerinnen und Schüler dieses Alters einen unmittelbaren Zugang zum Text. Die Sprache ist in manchen Passagen durchaus auch poetisch. Sie besitzt sehr viel von der Sprache Salingers in „Der Fänger im Roggen".

Die zentralen Themen, die das Jugendbuch anspricht, sind die Themen der Jugendlichen dieses Alters:

– die Auseinandersetzung mit sich selbst, den eigenen Gefühlen, Gedanken, der eigenen Verletzlichkeit, Unsicherheit

– die Auseinandersetzung mit den Eltern, mit den Beziehungen zu ihnen, mit ihren Stärken und Schwächen, mit ihren Problemen und der langsame Ablösungsprozess von ihnen

– die Auseinandersetzung mit den Gleichaltrigen, der peer group, in der Schule, beim Sport

– die Auseinandersetzung mit dem anderen Geschlecht, der ersten Liebe, der eigenen Sexualität

– die Auseinandersetzung mit der Gesellschaft, den Erwachsenen, mit den gesellschaftlichen Rollen und die Suche nach der eigenen Rolle

Als besondere Probleme kommen für Jack die Auseinandersetzung mit der Trennung seiner Eltern und mit der Homosexualität seines Vaters hinzu. Das Thema „Scheidung" ist in der deutschen KJL seit mehr als zehn Jahren relevant und häufig bearbeitet worden, und zwar in Bilderbüchern, Kinder- und Jugendbüchern. (Vgl. Dahrendorf 1995, Daubert / Ewers 1995) Anders sieht es dagegen mit dem Thema „Homosexualität" aus; nur sehr wenige Bücher sprechen dieses Thema überhaupt an. Dieses Jugendbuch bietet eine adäquate Möglichkeit, sich mit der Homosexualität überhaupt, aber auch mit den Vorurteilen und Aggressionen gegenüber Homosexuellen auseinander zu setzen (vgl. Buchholtz 2004).

Das Thema, das das Jugendbuch „Jack" insgesamt beherrscht und alle genannten Aspekte umgreift, ist die Erziehung zur Toleranz. Jack muss in einem schmerzlichen Lernprozess, der ihn bis an die Grenzen seiner Persönlichkeit führt, lernen, andere zu akzeptieren, wie sie sind: seine Mutter, seinen Vater, Michael, Max oder auch Ann und Maggie. Er muss lernen, Geduld aufzubringen, keine vorschnellen Urteile zu fällen, Vorurteile abzubauen. Der Weg dahin führt bei ihm – wie wohl bei jedem Menschen – über den Prozess der Selbstfindung. In dem Moment, als Jack mehr ahnt als weiß, wer er ist, welche Rolle er in der Gesellschaft einnehmen, wie sein Weg in die Zukunft aussehen kann, gewinnt er an Ich-Stärke, innerer Sicherheit und Stabilität. Toleranz erwächst aus dieser inneren Sicherheit. Jack formuliert das am Abend seines Geburtstages so: „Aber die Hauptsache war: Was er (der Vater – GL) oder sonst jemand war, das hatte mit mir überhaupt nichts zu tun. Wir waren alle selbständige Menschen. Ich wünschte nur, ich hätte das vor ein paar Jahren auch schon gewußt." (S. 245) Insofern vermittelt dieses Jugendbuch Lebensoptimismus, nicht in der Art eines Happy End, sondern in einer wohltuend „gebrochenen" Art.

Das Jugendbuch von A. M. Homes bietet also eine Fülle von Themen, die im Unterricht behandelt werden können. Der Lehrende muss im Hinblick auf seine Klasse entscheiden, wo er seine Akzente setzen will. Einige Themen scheinen allerdings bei einer unterrichtlichen Behandlung unabdingbar zu sein, will man am Sinn des Jugendbuchs nicht vorbeigehen. Sie bilden die Kernpunkte des didaktischen Reduktionsmodells für dieses Buch, aus ihnen lassen sich die Lernziele ableiten:

– die Ich-Erzählsituation mit ihrem veränderten chronologischen Verlauf, ihren szenischen, berichtenden und reflexiven Erzählphasen
– die Bedeutung dieser Erzählsituation für die Leser
– Jacks Familiensituation im Vergleich zu der der Burkas
– die Homosexualität von Jacks Vater und Jacks Auseinandersetzung damit
– die Beziehung zu Ann und Maggie
– die Bedeutung und Funktion des Basketballspiels
– die adoleszente Entwicklung Jacks und seine Identitätsfindung und schließlich
– die Erziehung zur Toleranz.

4.3 Analytische und handlungs- und produktionsorientierte Verfahren

Die Behandlung eines Jugendbuchs sollte grundsätzlich in einem abgewogenen Wechselspiel zwischen analytischem und produktivem Verfahren erfolgen. (Waldmann 2007, S. 41 f.) Im Umgang mit dem Jugendbuch „Jack" beschreiten wir hier den Weg, dass wir analytische Verfahren systematisch mit handlungs- und produktionsorientierten Verfahren kombinieren, um dem Lehrenden sinnvolle Anregungen für den eigenen Unterricht zu geben.

Zur Lesephase

Die Einführung in das Jugendbuch kann über die häusliche Lektüre erfolgen. Wir schlagen hier einen anderen Weg vor. Da die Erzählkonstruktion des Buches mit seiner veränderten Chronologie am Anfang verwirrend für die Schülerinnen und Schüler sein könnte, sollte der Lehrende das erste Kapitel in der Klasse selbst vorlesen, und zwar die Seiten 7–16 (einschließlich des 3. Absatzes). Nach der Vorstellung von Jack und seinem Vater beim Üben des Autofahrens erfolgt auf S. 9, ausgelöst durch die Schreibtischlampe, der Rückblick von Jack auf den Auszug des

Vaters und die Trennung der Eltern. Jack kann das alles nicht begreifen. Der vorzu-
lesende Text endet mit folgenden Sätzen:

> Er ist fort, aber damit ist die ganze Sache nicht ausgestanden, die Art, wie es passiert
> ist, läßt einen alles in Frage stellen, über alles nachdenken und das ganze Leben ver-
> wandelt sich in ein Durcheinander, das unglaublich weh tut, und man versucht
> immer wieder, es sich selbst und jedem, der zuhören will, zu erklären. (S. 16)

Die Ich-Erzählsituation lässt den Leser diese Trennung allein aus Jacks Sicht erle-
ben, er erfährt viel über dessen Empfindungen und Gefühle. Wie andererseits
Jacks Eltern diese Situation erleben, kann auf Grund der begrenzten Sicht des Ich-
Erzählers nicht deutlich werden. Hier setzt nun eine Produktionsaufgabe ein. Die
Schülerinnen und Schüler versetzen sich in die Lage von Jacks Mutter oder Vater
und erzählen das Geschehen aus ihrer Sicht als Ich-Geschichte. Der vorgelesene
Text bietet dazu zahlreiche Anhaltspunkte, lässt der eigenen Phantasie aber auch
genügend Freiräume.

Hieran schließt sich die Lesephase des Buches an. Die Schülerinnen und Schüler
bekommen dazu lediglich die Aufgabe, die einzelnen Kapitel zu nummerieren,
damit bei der Arbeit mit dem Jugendbuch eine leichte Verständigung möglich ist.

Gemeinsame Erarbeitung eines Reduktionsmodells

Nach einer Spontanphase, in der die Schülerinnen und Schüler sich über ihre Leseerfahrungen geäußert haben, findet ein Gespräch statt unter der Fragestellung,
welche Aspekte des Buches sollen im Unterricht behandelt werden. Die Schülerinnen und Schüler sollen lernen, methodisch zu denken und sich selbst mit verschiedenen Textzugangsweisen auseinander zu setzen. Diese Aspekte werden an der
Tafel oder auf einer Tapetenrolle gesammelt und bilden den Leitfaden für die
Unterrichtsarbeit. Die oben von uns genannten Kernpunkte des Reduktionsmodells werden vermutlich genannt werden; Zusätze sind durchaus möglich.

Zwei grundsätzliche Entscheidungen sind an dieser Stelle des Unterrichts möglich:

1. Die Klasse teilt sich in Gruppen auf und bearbeitet arbeitsteilig jeweils einen
   Aspekt des Reduktionsmodells.
2. Die Klasse entscheidet sich für einen Aspekt und bearbeitet diesen gemeinsam,
   z. B. die Erarbeitung der wichtigsten Personen und der Personenkonstellation.

Personen und Personenkonstellation

Auch ihre Erarbeitung kann arbeitsteilig in Gruppen erfolgen. Eine Gruppe entwickelt eine Grafik zur Personenkonstellation (vgl. S. 143), die anderen wählen
jeweils eine Person aus, beschreiben sie und halten ihre Ergebnisse auf einem Plakat fest; sie suchen zudem aus Illustrierten ein passendes Foto, das zu ihrer Person
passt. Ergänzt werden kann die Darstellung auf dem Plakat durch Gegenstände,
die typisch für die jeweilige Person sind, durch Schauplätze, durch Fotografien usw.

Abb. 11 (Beispiel: Mutter)

Ich-Geschichten könnten einen Einblick in das Innere der jeweiligen Person gewähren und das bisher Erarbeitete vertiefen.

Eine andere Möglichkeit ist es, dass zwei Personen in einen Briefwechsel miteinander treten, z. B. Jack und Maggie, Max und Jack, Jack und sein Vater (gerade in der Zeit, als sie sich nicht sehen dürfen) usw. Briefe lassen wie die Ich-Geschichten einen Blick in das Innere der einzelnen Personen zu.

Neben Ich-Geschichten und Briefwechsel können die Personen auch Tagebuch schreiben, um das Erlebte festzuhalten und um sich schreibend darüber klar zu werden. Dies sollte allerdings nicht stichwortartig geschehen, weil darin die subjektive Erfahrung der jeweiligen Person nicht genügend zum Ausdruck kommt.

Zur Analyse der Beziehung der verschiedenen Personen zu Jack können einzelne Kapitel gesondert untersucht werden, in denen diese Beziehung im Mittelpunkt der Handlung steht:

Kapitel 4: Jack und seine Mutter
Kapitel 5: Jack und Michael
Kapitel 13: Jack und Max
Kapitel 18: Jack und Mrs. Burka
Kapitel 23: Jack und Maggie im Vergleich zu Kapitel 6: Jack und Ann.

Da das Jugendbuch in der Ich-Form, also aus Jacks Sicht, geschrieben ist, kann das Geschehen, die Situation auch immer aus der Perspektive der anderen Personen dargestellt werden, wodurch die Wahrnehmung der Beziehung intensiviert wird.

Schließlich kann das gesamte Geschehen des Jugendbuchs aus der Sicht einer anderen Person dargestellt werden. Es bieten sich dazu natürlich besonders Jacks Vater und Mutter an. Ein Erzählen aus der Sicht von Jacks Mutter müsste die folgenden Textstellen in die Darstellung einbeziehen: S. 14–22, S. 45–48, S. 53, S. 86f. und S. 234–235. Der Anfang der **Ich-Geschichte von Jacks Mutter** könnte etwa folgendermaßen aussehen und den Schülerinnen und Schülern als Einstieg angeboten werden:

Die Ereignisse der letzten Jahre waren für mich nicht einfach wegzustecken, und besonders die Trennung von Paul hat mir sehr zu schaffen gemacht.

Als ich Paul damals heiratete, wollte ich den Rest meines Lebens mit ihm verbringen. Er war mein bester Freund; wir verstanden uns einfach wunderbar, und unser Zusammenleben klappte prima. Natürlich hatte jeder von uns seine Macken, doch bis auf kleinere Streitereien verstanden wir uns sehr gut. Nachdem wir unser Haus gekauft hatten, wurde unser Glück perfekt, als Jack geboren wurde. Wir hatten uns ein Kind gewünscht, und es machte mir nichts aus, meinen Beruf aufzugeben. Paul war ein sehr, sehr guter und aufopferungsvoller Vater. Er kümmerte sich viel um Jack; sie verbrachten viel Zeit miteinander, gingen jede Woche samstags ins Kino, spielten oft zusammen Basketball. Zwar hatte Paul bisweilen komische Phasen, aber es ist mir nie aufgefallen, dass er nicht glücklich ist. Deshalb hat es mich hart getroffen, als er mir eines Tages mitteilte, dass er ausziehen wolle.

(Sandra Niemeyer)

Das Besondere einer so umfassenden Ich-Geschichte ist, dass auch das Geschehen, das vor der eigentlichen Handlung des Jugendbuchs liegt, ausphantasiert und eingebracht werden kann. Das Beispiel macht das deutlich.

Die Erzählkonstruktion

Die Erzählkonstruktion des Jugendbuchs erscheint auf den ersten Blick etwas verwirrend. Die Schülerinnen und Schüler müssen daher die veränderte zeitliche Abfolge durchschauen:

Das 1. Kapitel liegt chronologisch nach dem letzten.

Im ersten beginnt auf S. 9 die Rückwendung; die Vorzeithandlung wird rekapituliert, um das weitere Geschehen verständlich zu machen. Diese Rückwendung ist aber nicht – wie in den meisten epischen Texten – begrenzt, sondern sie umfasst die gesamte Handlung des Jugendbuchs.

Der weitere Erzählverlauf gliedert sich in zwei Abschnitte: bis in das 3. Kapitel (S. 25) erfolgt ein Erzählbericht, der das Geschehen bis zu dem Geständnis von Jacks Vater zusammenfasst. Die Korrektur des falsch angegebenen Alters von Jack auf S. 25 in „fünfzehn dreiviertel" ist unbedingt notwendig, denn der Hauptteil des Jugendbuchs spielt in den wenigen Wochen bis zu Jacks sechzehntem Geburtstag.

Das Hauptgeschehen setzt ein mit dem Geständnis von Jacks Vater und verläuft von diesem Zeitpunkt an chronologisch. Gegliedert wird es durch verschiedene Zeitangaben:

Kapitel 3: das Geständnis erfolgt an einem Sonntag (S. 27)
Kapitel 4: „am nächsten Morgen" (S. 29)
Kapitel 6: „Gleich nach der Bootsbeichte meines Vaters fing ich an mit Ann McCormick zu gehen." (S. 40)
Kapitel 7: „Am Dienstag nach dem Geständnis" (S. 45)
Kapitel 13: „Am Montagmorgen" (S. 76) –
Kapitel 16: „Am nächsten Morgen" (S. 105) – Tag des Basketballspiels
Kapitel 18: „Mitten in der Nacht ..." (S. 120)

Kapitel 19:   vermutlich Mittwoch (S. 129) – Krankenbesuch von Maggie und Max
Kapitel 20:   „Nachdem ich ungefähr vier Tage herumgelegen hatte . . .“ (S. 133)
Kapitel 21:   „Am Montagabend“ (S. 135) – Beginn der Fahrschule
Kapitel 23:   Freitag (S. 153) – Verabredung mit Maggie zum Kino
Kapitel 24:   „am Samstagmorgen“ (S. 157) – Wochenendausflug mit den Burkas
Kapitel 28:   vermutlich Montag (S. 200) – Maggie fragt nach dem Wochenendaus-
               flug
Kapitel 29:   „Dein Geburtstag ist schon ziemlich bald.“ (S. 209)
Kapitel 31:   „Am Tag vor meinem Geburtstag“ (S. 217)
Kapitel 32:   „Am Morgen meines Geburtstages“ (S. 223)

Es zeigt sich, dass die Handlung nur wenige Wochen umfasst und dass Jack hauptsächlich über die Zeit vom Geständnis seines Vaters bis zu seinem 16. Geburtstag
berichtet. Im Zentrum steht folglich Jacks Auseinandersetzung mit der schockie-
renden Mitteilung seines Vaters. Am Abend seines Geburtstags schließt sich der
Kreis: Jack hat eine Einstellung zur Homosexualität seines Vaters gefunden und
damit zugleich seine Identitätskrise überwunden. Er weiß nun, wer er ist und dass
er seine Zukunft bewältigen kann.

Eine **Zeitleiste** kann die Chronologie der Ereignisse den Schülerinnen und Schülern augenfällig deutlich machen und zugleich damit die Erzählkonstruktion.
Anhand der Zeitleiste können nämlich die Schülerinnen und Schüler erkennen,
dass das Jugendbuch nur deswegen so erzählt wird, weil Jacks Auseinandersetzung
mit der Homosexualität seines Vaters im Mittelpunkt der Handlung steht und die
Erzählkonstruktion bestimmt. Einbezogen werden in diese Auseinandersetzung
der Selbstfindungsprozess von Jack, die Trennung seiner Eltern, die Beziehung zu
Maggie und das Geschehen um die Familie Burka als Spiegelbild von Jacks
Familie.

Auseinandersetzung mit der Homosexualität

Ins Zentrum der Auseinandersetzung mit diesem Thema gehört das Geständnis
von Jacks Vater Paul, das im 3. Kapitel geschildert wird (S. 25–29). Dieses Kapitel
könnte in ganz unterschiedlicher Form aufgearbeitet werden:

– im Klassengespräch
– im Rollenspiel
– in Form von Bildern oder Collagen
– und durch Übertragung auf ein Mutter-Tochter-Gespräch über eine lesbische
  Beziehung (weibliche Sprache?, ein anderer Schauplatz?, anderes Verhalten?)

Das Wichtigste für die Aufarbeitung ist, wie Jack und sein Vater mit dieser Situation
umgehen und wie sie auf sie reagieren. Da die Szene aus der Sicht von Jack erzählt
wird, bietet sich ein **Rollenwechsel** an, um sie aus der Sicht von Paul erzählen zu
lassen.

Am Schluss dieses Kapitels sind Jack und sein Vater tief betroffen. Das Sich-Hineinversetzen in beide Personen, um ihre Betroffenheit herauszuarbeiten, ist eine wichtige Produktionsaufgabe. Diese Darstellung könnte in Form einer **Tage-bucheintragung** erfolgen oder in Form eines **Rollenspiels** zwischen Jack und seiner Mutter oder Michael, zwischen Jacks Vater und Bob oder aber in **lyrischer Form**. Eine Studentin hat den folgenden Versuch vorgelegt:

Gedicht von Jack nach dem Coming-Out des Vaters
Chaos,
Gefühle purzeln durcheinander
Mein Vater – ein Schwuler
Hass, Wut, Liebe
Mein Vater – ein Schwuler
So vertraut und auf einmal so fremd
Mein Vater – ein Schwuler
So nah und jetzt weit entfernt
Mein Vater – ein Schwuler
Ich verstehe das alles nicht
Er hat meine Mutter doch geliebt
Mein Vater – ein Schwuler
Fragen über Fragen
Eigentlich hab ich ihn doch lieb
Mein Vater – ein Schwuler – und doch mein Vater

(Ariane Schaper)

Zur **Aufarbeitung** des Themas Homosexualität insgesamt müssen die Kapitel 4, 5, 9, 12, 13 und 14 hinzugezogen werden, da sie verdeutlichen, wie Jack mit der Homosexualität seines Vaters umgeht, wie die Peer-group darauf reagiert, wie sich die Erwachsenen verhalten.

Die angegebenen Kapitel können in **Gruppen- oder Partnerarbeit** analysiert werden; die Ergebnisse werden zusammengetragen und diskutiert.

Die Auseinandersetzung mit diesen Kapiteln und den verschiedenen Meinungen kann aber auch in Form eines **Rollenspiels** erfolgen, und zwar in einer Diskussion, an der Jacks Vater, Bob, Jacks Mutter, Michael, Maggie und Jack teilnehmen und die nach dem 14. Kapitel oder am Abend des Geburtstages stattfindet. Nach dem 14. Kapitel ist das Thema für Jack noch stark emotional besetzt, am Abend des Geburtstags steht er ihm schon distanzierter und reflektierter gegenüber. Einzelne Schülerinnen und Schüler oder Gruppen arbeiten sich mit Hilfe der angegebenen Kapitel in „ihre" Rolle ein, um dann in der Diskussion deren Meinung und Argumente zu vertreten.

Das Basketballspiel als Leitmotiv und Symbol

In der Sachanalyse haben wir herausgearbeitet, dass das Basketballspielen für Jack und damit in diesem Jugendroman eine große Bedeutung besitzt. Die Schülerinnen und Schüler sollten daher alle Stellen im Buch untersuchen, in denen von diesem Spiel die Rede ist. Folgende Leitfragen können hilfreich sein:

– Warum spielt Jack Basketball?
– Wann spielt er und mit wem? Was denkt er über das Spiel?
– Warum lernt Jacks Mutter das Spielen?
– Warum kommt es zu dem Unfall beim Spiel gegen die Tigers?

Ziel dieser Untersuchung ist es, die leitmotivische und symbolische Bedeutung des Spiels für Jack, seine Auseinandersetzung mit seinem Vater, seine Beziehung zu seiner Mutter und für sein Erwachsenwerden zu erfassen und zu deuten.

An folgenden Textstellen ist vom Basketball die Rede:

– S. 16–18 (eigener Basketballkorb vom Vater)
– S. 19f. (Mutter lernt das Spielen)
– S. 56f. (neuer Freund der Mutter)
– S. 101–103 (Ablehnung des Vaters)
– S. 105–116 (der Unfall)
– S. 198–200 (Aussöhnung mit dem Vater)
– S. 219–221 (Spiel auf dem Schulhof der Grundschule) und
– S. 247–250 (am Geburtstagsabend).

Jacks Suche nach der eigenen Identität

Ins Zentrum dieser Fragestellung kann man allein die beiden letzten Kapitel stellen: Kapitel 33 (S. 233–243 – die Geburtstagsparty) und Kapitel 34 (S. 243–250 – nach der Party). Ziel der Analyse ist es, herauszuarbeiten, wie Jack am Schluss des Jugendbuchs zu charakterisieren ist, welche Einstellung er gegenüber seinem Vater, seiner Mutter und ihrem Lebensgefährten, gegenüber der Familie Burka, gegenüber Maggie und sich selbst gegenüber gewonnen hat.

In Rückgriffen auf die Kapitel vorher muss deutlich werden, inwiefern sich Jack verändert hat und welches die Gründe für seinen Veränderungsprozess sind. Als Ausgangspunkt dieser Diskussion kann folgende Textstelle dienen:

> Ich bin Jack und das ist alles. Ich bin Jack, einfach Jack und gehe meinen eigenen Weg. Ich weiß, das klingt dumm und selbstverständlich und alles, aber bis zu diesem Augenblick hatte ich es eben nicht verstanden und selbst jetzt war ich mir nicht ganz sicher, ob ich es wirklich ganz und gar verstand. (S. 245)

Die Ergebnisse der Untersuchung der Personenbeziehungen vom Beginn der Unterrichtseinheit, der Auseinandersetzung mit der Homosexualität und mit der Symbolik des Basketballspiels sollten in diese Schlussdiskussion einbezogen werden.

Titel und Umschlag

Titel und Umschlag des Jugendbuchs sind überarbeitungsbedürftig. Der Titel ist so gewählt, dass er die Erzählsituation des Buches nicht abbildet: Es ist eine Ich-Erzählsituation. Der Titel signalisiert aber eine personale Erzählsituation. Im

Rückgriff auf den gerade zitierten Abschnitt könnte daher der neue Titel lauten: „Ich bin Jack und das ist alles" oder „Der Schnelle Jack". Die Schülerinnen und Schüler werden sicher noch sehr viele andere Vorschläge machen.

Ihre Vorschläge für einen neuen Titel sollten kombiniert werden mit der Aufgabe, ein neues Titelbild für das Jugendbuch zu entwerfen, denn das der gebundenen wie der Taschenbuchausgabe vom Arena Verlag, das einen Mann und einen Jungen beim Angeln auf einer Hafenmole zeigt, hat keinerlei Bezug zum Inhalt des Buches. Auch das Umschlagbild der KiWi-Ausgabe vermag nicht zu überzeugen. Wenn man auf die Symbolik von „Jack" zurückgreift, könnte man sich z. B. für ein Umschlagbild mit einem Basketballkorb und einem spielenden Jack entscheiden oder für ein Umschlagbild mit See und Ruderboot. Zahlreiche andere Möglichkeiten sind denkbar.

Der Entwurf von Titel und Titelbild und die Diskussion darüber könnte die Besprechung von „Jack" abschließen.

4.4 Materialien

In den Materialien sind zwei Rezensionen zu „Jack" und die Beurteilungen von Schülerinnen und Schülern eines 10. Schuljahres zusammengestellt. Sie wollen zu zweierlei herausfordern:

– Die Schülerinnen und Schüler sollen selbst am Ende der Behandlung des Jugendbuchs eine Beurteilung schreiben, eine Empfehlung oder eine Ablehnung.

– Die Rezensionen der Klasse können konfrontiert werden mit den Kurzbeurteilungen der Schüler des Augsburger Holbein-Gymnasiums.

Ziel ist es, herauszuarbeiten, was wird an dem Jugendbuch geschätzt, was wird kritisiert? Wie stehen die Schülerinnen und Schüler der Klasse zu den Beurteilungen der Augsburger? Können sie sie teilen oder nicht?

Über die Autorin Amy M. Homes gibt es kaum Informationen. Der Artikel aus „The Sun" (23.09.1990) stellt sie vor, so dass die Schülerinnen und Schüler ein klareres Bild von ihr gewinnen können.

1. Schüler äußern sich zu „Jack" („Junge Zeit" Nr. 10, Oktober 1993)
2. Martina Minzberg: Das Ende vom Traum „heile Familie" (Rezension „Westfälische Rundschau" vom 26.10.1993)
3. Petra Pluwatsch: Verliebt in neun Millionen Mädchen (Rezension „Kölner Stadt-Anzeiger" vom 01.12.1992)
4. Writer finds surrealism in everyday life („The Sun" vom 23.09.1990)

Jugendliteraturpreis 1993:

Test the Best

Der Preisträger „Jack" auf dem Prüfstand: Schüler einer 10. Klasse haben für uns getestet, ob der Roman hält, was die Jury verspricht. Von Beate Fuhl

In Kürze ist es wieder einmal so weit: Am 4. November wird der Deutsche Jugendliteraturpreis 1993 vergeben. Gewinner in der Sparte Jugendbuch ist der Roman **„Jack" von Amy Homes (Arena Verlag, 24,80 Mark)**. Es handelt sich um das Erstlingswerk der damals erst 19jährigen Autorin, der Preis wird zwischen ihr und dem Übersetzer Hans-Georg Noack geteilt.

Hier die Begründung der Jury: Der 15jährige amerikanische Schüler Jack lebt mit seiner Mutter zusammen. Auf einem Bootsausflug wird er von seinem Vater mit dem Geständnis konfrontiert, daß er vor Jahren ausgezogen ist, um mit einem Mann zusammenzuleben. Jack, selbst in einer schwierigen Phase der Identitätsfindung, reagiert mit heftiger Abwehr auf die Homosexualität seines Vaters. Er fürchtet den Spott der Mitschüler. Die Bemühungen des Vaters, den Kontakt zu Jack aufrechtzuerhalten, Jacks eigene Erfahrungen mit erster Liebe und eine kritische Auseinandersetzung mit seiner Umgebung führen zu einer Neuorientierung. Jacks sechzehnter Geburtstag markiert den Weg zum Erwachsenwerden. Er beginnt, sich von seinen Eltern zu lösen und konzentriert sich auf seinen eigenen Weg ins Leben. Die junge Autorin A. M. Homes greift mit der Homosexualität des Vaters ein Thema auf, das bisher in der Jugendliteratur tabuisiert war.

Wir haben Schüler einer 10. Klasse des Augsburger Holbein-Gymnasiums gebeten, „Jack" für uns zu lesen und zu kritisieren:

In diesem Buch geht alles drunter und drüber. Es werden sehr viele Themenbereiche angeschnitten, aber keiner wird richtig zu Ende gebracht. Es wäre sinnvoller gewesen, daraus mehrere Bücher zu machen. **Carmen**

Amy M. Homes beschreibt die Erlebnisse und Erfahrungen des jungen Jack sehr eindrucksvoll und vor allem sehr einfühlsam. Für mich ist der eigentliche Inhalt der Geschichte weniger interessant, da ich derartige Romane kaum lese. Dennoch finde ich dieses Buch sehr faszinierend, wenn man bedenkt, daß eine junge Frau diese Geschichte ausschließlich aus männlicher Sicht geschrieben hat. **Tobias**

Als zum Teil positiv empfunden habe ich an dem Buch, daß sehr viele Probleme angesprochen werden, die einem Jugendlichen fast täglich begegnen. Als äußerst negativ empfand ich jedoch die oberflächliche Abhandlung der vielen Themenbereiche. Dadurch erfüllt Jack zum Teil die Klischeevorstellungen, die ich von Amerika habe. **Andi**

Es ist beachtenswert, daß sich A. M. Homes in ihrem Erstlingswerk an dieses – gerade für Jugendliche – heikle Thema Homosexualität heranwagt. Sie behandelt es in lockerer Umgangssprache, durchaus auch mit Humor und Witz, und macht es so erst lesenswert. **Andreas**

Homes erzählt „Jack" nicht als Rührstück, sondern entwirft ein durchaus realistisches Bild eines Jugendlichen „zwischen Kindheit und Erwachsensein", der sich der vielen Schwierigkeiten nicht erwehren kann, die so unverhofft auf ihn einstürzen – ganz ähnlich ging es mir beim Lesen. Ein gutes Buch, daß das Tabuthema Homosexualität ebenso direkt wie feinfühlig angeht und darüber hinaus Freiraum zum Grübeln und Weiterdenken läßt.

Monika

Homosexualität, die erste Liebe, Trennung der Eltern und Gewalt in der Familie – dies sind alles Themen, die in diesem Buch angeschnitten werden. Jedes einzelne hätte es allerdings verdient, daß genauer darauf eingegangen wird.   **Nicola**

Als Leser hat man fast den Eindruck, das einzige, was den Titelheld Jack ausmacht, ist sein trockener Humor und das Basketballspielen. Summa Summarum zu oberflächlich, zu amerikanisch, und – im Hinblick auf die Thematik – zu witzig.   **Matthias**

Normalerweise sagt man immer, daß Probleme anderer einem klar werden lassen, wie gut es einem selbst geht, doch dieses Buch besteht für mich fast nur aus Problemen. Ja klar, viele verbinden sie mit den eigenen, aber muß es unbedingt sein, daß sich auch noch das letzte bißchen Glück als verschleierte Aggression entpuppt?   **Barbara H.**

Im großen und ganzen finde ich, daß das Buch zu viele Themen auf einmal beinhaltet. Die ganze Geschichte handelt nur von Problemen, es werden nur negative Seiten des Lebens aufgezeigt. Natürlich kann man sagen, es wird wenigstens nichts beschönigt. Aber besteht denn das ganze Leben nur aus einem einzigen Martyrium?   **Barbara K.**

Homes greift in „Jack" viele interessante Themen auf, es ist eben für fast jeden Geschmack etwas dabei, und durch die lockere Umgangssprache läßt sich das Buch recht flüssig lesen. Insgesamt lohnt es sich, dieses Buch mal in die Hand zu nehmen, obwohl der Deutsche Jugendliteraturpreis sicher schon an bessere Bücher vergeben wurde.   **Tina**

Die Geschichte ist in einer einfachen Sprache geschrieben und deshalb zügig zu lesen. Die Themen sind übersichtlich und interessant. Jedoch wird auf die einzelnen Handlungen nicht tiefer eingegangen. Trotzdem eine lesenswerte Lektüre.   **Koyun**

Mir hat das Buch weniger gut gefallen, da es die im Klappentext versprochenen Vorzüge nicht erfüllt. So irritierte mich am meisten das Alter von Jack. Hätten wir keinen Hinweis auf das Alter erhalten, hätte ihn wahrscheinlich jeder für einen 12jährigen gehalten.   **Melanie**

Das Buch ist in einer so jugendlichen Sprache geschrieben, daß es fast übertrieben klingt. Doch im Nachhinein kommt gerade deshalb so zum Ausdruck, in welch einer Welt ein junger Mensch lebt, bei dem seine heile und normale bürgerliche Welt zusammenbricht. Schade ist jedoch, daß Jacks Erkenntnis – die Chance, sein Leben in die Hand zu nehmen – nur kurz erwähnt wird.   **Heidi**

Abb. 12 Aus: Junge Zeit, Nr. 10 / Oktober 1993

Das Ende vom Traum „heile Familie"

Von Martina Minzberg

Daß sein Vater damals plötzlich auszog, hat Jack ganz schön umgehauen. Aber was ihm Dad nun eröffnet, wirft sein ganzes Weltbild über den Haufen: Jacks Vater ist homosexuell, lebt mit seinem Geliebten zusammen.

Von jetzt an, glaubt Jack, ist sein Leben ruiniert. „Schwulenbaby" wird er auf einmal genannt. Bei so einem spektakulären Geheimnis konnte sein bester Freund Max einfach nicht dichthalten. Überall lauern plötzlich Vorurteile. Und auf einmal fragt sich Jack schon selber, ob er vielleicht homosexuell sein könnte. Um sich vorest zu schützen, legt er sich eine Alibi-Freundin zu.

Bis Jack mit der Situation tatsächlich umgehen kann, vergeht eine lange Zeit. Spannend und humorvoll schildert A. M. Homes diesen schwierigen Weg aus der Sicht des Sechzehnjährigen. Dabei bedient er sich gekonnt der jugendlichen Sprache. Auch der manchmal recht schwarze Humor, den Homes seinem Hauptdarsteller verleiht, ist alles andere als gequält komisch. Nicht selten muß man bei der Lektüre laut auflachen. Etwa, wenn Jack liebevoll-bissig über seine eigenen Schwächen oder die seiner Angehörigen grübelt.

Mal ernsthaft, mal witzig läßt Homes seinen Hauptdarsteller erzählen, wie der die Stationen auf dem Weg zum Erwachsenwerden hinter sich bringt. Der Leser ist dabei, wenn Jack sich zum ersten Mal verliebt, wenn er zitternd eine Fahrstunde hinter sich bringt und wenn ihm bei einem Wochenend-Ausflug die letzten Illusionen zum Thema „Traumfamilie" genommen werden: Max' Vater schlägt dessen Mutter beinahe krankenhausreif.

Am Ende des Buches ist man richtig traurig, Jack nicht weiter begleiten zu können. Kein Wunder, daß dieses Buch mit dem „Deutschen Jugendliteraturpreis 1993" ausgezeichnet wurde.

A. M. Homes: „Jack". Arena Life, 248 S., 24,80 DM, ab 13 Jahre.

Abb. 13 Aus: Westfälische Rundschau 26.10.1993

Verliebt in neun Millionen Mädchen

Ein hinreißender Jugendroman der 19jährigen New Yorkerin A. M. Homes

Mag sein, daß es am Alter der Autorin A. M. Homes liegt: Gerade 19 Jahre war die New Yorkerin, als sie vor drei Jahren ihren Erstling „Jack" zu Papier brachte. Ihr ist gelungen, worum sich die meisten etablierten Autoren ein Leben lang vergebens mühen – einen klugen, scharfsinnigen und überzeugenden Jugendroman zu schreiben, in dem die Wehen des Erwachsenwerdens hinreißend schnoddrig aus der Sicht eines Teenagers geschildert werden.

Jack ist fünfzehn Jahre alt, seine Eltern sind geschieden, und der Vater hat ihm gerade – auf „irgendeinem verdammten See" – erzählt, daß er homosexuell sei. Doch da gibt es noch ein paar andere Dinge im Leben, mit denen Jack klarkommen muß: mit dem nächsten Basketballspiel. Mit seinem Freund Max. Mit den Tücken der Fahrschule. Mit Freundin Maggi, „eines von den neun Millionen Mädchen, in die ich heimlich verliebt war".

Treffend beschreibt die Autorin das Lebensgefühl des Teenagers. „Und während ich all so was dachte, war da zugleich das Gefühl, daß ich stärker als je zuvor zwischen allen Stühlen saß. Ich saß in der Klemme zwischen Kindsein und Erwachsensein. Was Kinder so tun, machte eigentlich gar nicht mehr so einen Riesenspaß, aber was Erwachsene tun, kam mir viel schwieriger vor und, wenn ich ehrlich sein soll, höllisch langweilig."

Man kann mühelos reinschlüpfen in die Haut dieses Jack, der sich mühsam zu der Erkenntnis durchkämpft: „Ich bin Jack, einfach Jack und gehe meine eigenen Wege."   Petra Pluwatsch

A. H. Homes: „Jack", Arena Verlag, 256 Seiten, 24,80 DM

Abb. 14 Aus: Kölner Stadt-Anzeiger 01.12.1992

Writer finds surrealism in everyday life

HOMES, from 1H

„Adults Alone," for instance, a couple goes on a crack-smoking frenzy after sending the kids to Grandmother's for the weekend.

„I'm certainly not *trying* to shock," explains Ms. Homes, who looks younger than her 28 years. „I write about the parts of people you don't necessarily see and the parts we all don't necessarily own up to. But in everybody they're there. And if people find them shocking, it's probably because there's some identification."

This month, as two books by Ms. Homes hit the stores – „The Safety of Objects," her first collection of short stories, and the paperback version of her first novel, „Jack" – reviewers have begun comparing her with writers like John Cheever and Virginia Wolf, and even more surprisingly, to film and TV director Davis Lynch. Her short stories are „literary puzzles for the 'Twin Peaks' crowd," wrote a reviewer in the *New York Times*.

Ms. Homes is flattered by the comparisons, but makes one small confession: „I've never seen 'Twin Peaks,'" she says sheepishly.

A waiter with a Southern drawl drops off her tea and lingers to discuss, of all things, the wonders of buttermilk. So smooth, so creamy, so darned delicious. „Want to try some?" he asks.

„No thanks," she replies curiously. And as he walks away, Ms. Homes can't resist turning her writer's eye toward the incident, using it as proof that life, indeed, can sometimes be as strange as her fiction. „Surrealism in everyday life", she whispers.

As you talk to Amy Homes, you get the sense that she's slightly bewildered by the recognition she's now receiving. In conversation, she's infinitely more relaxed talking about pre-made chocolate milk („It's like drinking liquid velvet") or humility („What is humility? Is it the underlying sense that actually you probably do su –?") than success.

She took up writing, she says, as a way to escape her hometown of Chevy Chase. „Suburbia is an interesting place, but it's not terribly exciting," she explains. „I wanted to get out of my parents' house ... and I started thinking: 'How am I going to get out of here?' The only way I'm going to get out is to write my way out."

After graduating from high school, she attended the University of Maryland for a day and a half.

THE SUN/JED KIRSCHBAUM

A. M. Homes took up writing, she says, to escape Chevy Chase.

„The parking lot was so far from the classrooms," she jokes. „I said, 'This is not worth the walk.'"

Then it was on to American University, where a play she wrote, „The Call-In Hour," brought the wrath of author J. D. Salinger. The work featured Holden Caulfield, the legendary character in Mr. Salinger's „Catcher in the Rye," as a real person who decided to confront the public on a radio show. She sent the play to theaters around the country. To her surprise, Source Theater in Washington decided to stage it.

Enter Salinger's representatives.

Having caught wind of the play, they wrote and told her she was infringing on copyright laws. The story attracted national press. Her hair literally began to fall out. Rather than risk a threatened lawsuit, she revised the piece.

In 1985, she graduated from Sarah Lawrence College in New York and went on to receive her master's from the Jowa Writers Workshop.

Baltimore author and professor Madison Smartt Bell, who worked with her there, says, „She has a flair for making deep perversities seem very interesting and meaningful. ... It's hard to predict what she'll do. But that's what interests me about her, the idea she's completely unpredictable."

Ms. Homes is acutely aware, however, that her work is not for everyone.

„My grandmother, who's 90, has asked me 250 times, 'So what does this mean, 'The Safety of Objects?'" she says.

Ms. Homes is even more reluctant to hear her grandmother's response to stories like „Chunky in Heat," where a fat teen-age girl masturbates on a backyard lawn chair.

„Sex to me is so interesting because it's one of those things everybody does and nobody wants to talk about," she says. Yet, writing about it without self-censorship was not easy. „I had to force myself in a big way to not think: 'What are people going to think?' As soon as you start doing that, you can't write."

The new-found attention has brought subtle changes in her life. She can no longer walk her dog Alfie through the streets of her Greenwich Village neighborhood in her pajamas. „Before nobody noticed," she says. „Now people sort of know who I am."

As for the future, she's just finished another novel tentatively titled „In a Country of Mothers" about a psychologist who confuses a patient with the daughter she gave up for adoption.

But true success is something that Amy Homes believes still eludes her. „There is no thing as success. There's only disaster. That's not real productive, but I do think like that. ... I'm always waiting for some horrible thing to happen. It's not that I'm not glad when good things happen. I am glad. But the good things are scary because somehow they can be taken away."

Abb. 15 Aus: The Sun 23.09.1990

5   Charlotte Kerner: Blueprint. Blaupause (11.–13. Schuljahr)

(Weinheim, Basel: Beltz & Gelberg 1999 = Beltz & Gelberg TB 909; Neuausgabe mit neuem Einband 11. Aufl. 2011)

5.1 Sachanalyse

Zur Gattungsfrage und Thematik

Der Inhalt des Jugendromans und das Nachwort der Autorin machen deutlich, dass es sich bei „Blueprint" um einen Sf-Roman handelt. Das Klonen von Menschen ist seit 1991 in Deutschland durch das „Gesetz zum Schutz von Embryonen" verboten, weil es „in besonders krasser Weise gegen die Menschenwürde verstößt". Andererseits ist es in der Tierzucht seit den siebziger Jahren durchaus üblich. Dieses Embryo-Splitting schafft künstliche Mehrlinge, da jede Zelle noch 'allmächtig' ist, d. h., sie teilt sich weiter und entwickelt sich zu einem gesunden Tier. Im Oktober 1993, so Charlotte Kerner in ihrem Nachwort „Was kann die Wissenschaft" (S. 185f.), bewiesen zwei amerikanische Forscher, dass sich auch menschliche Embryonen mit Hilfe mikrochirurgischer Methoden teilen ließen und entwicklungsfähig waren. Allerdings wurden auf diese Weise keine lebenden Zwillinge erzeugt. Das zeitversetzte Klonen wurde 1996 beim Schaf „Dolly" praktiziert: Forscher verpflanzten die Erbinformationen eines 6-jährigen Schafes in eine 'leere', entkernte Eizelle und ließen diese im Uterus eines Leihmutterschafes austragen. Inzwischen sind diese Verfahren optimiert worden, so dass selbst das Klonen von Klonen von Klonen ... möglich geworden ist.

Charlotte Kerner macht in ihrem Nachwort klar, dass das in ihrem Jugendroman vorgestellte Verfahren des Klonens von Menschen noch nicht möglich ist, da eine vollständige Kartierung aller menschlichen Gene und die Entschlüsselung ihrer genauen Angaben und ihres Zusammenwirkens noch nicht gelungen sei; dass Wissenschaftler dieser Erkenntnis aber wohl unmittelbar auf der Spur sind, ist durch verschiedene Pressemeldungen im Januar 2001 über die Erforschung des menschlichen Erbgutes ins öffentliche Bewusstsein gedrungen.

Die hier beschriebene Thematik des Jugendbuchs ist typisch für die Literaturgattung 'Sf'.

Auf Grund seines Inhalts muss das Buch aber auch in die Gattung 'Adoleszenzroman' eingeordnet werden (vgl. Kapitel 1). Thematisch handelt der Adoleszenzroman von den Problemen des Erwachsenwerdens; dabei ist er aber nicht auf einzelne Aspekte dieses Prozesses begrenzt, sondern nimmt für sich in Anspruch, diese Lebensphase möglichst umfassend darzustellen. Beschrieben wird die existentielle Erschütterung, die tiefgreifende Identitätskrise des Jugendlichen, der auf der Suche nach einem eigenen Weg in der Gesellschaft und zu sich selbst ist. Ein Scheitern des Jugendlichen auf dem Wege zum Erwachsenwerden gehört durchaus zu seinem Themenspektrum.

Nach dieser Gattungsbeschreibung ist „Blueprint" also auch ein Adoleszenzroman. Im Zentrum dieses Jugendbuchs steht die Suche Siris nach ihrer Identität. Sie wird von der Tatsache, dass sie ein Klon ihrer Mutter ist, geradezu erdrückt, denn beide sind nicht nur Mutter und Kind, sondern zugleich auch eineiige Zwillinge, also „Mutterzwillinge". Siri, ihr Name ist die Umkehrung des Namens ihrer Mutter Iris, besitzt nicht nur dasselbe musikalische Talent wie diese, sondern sie ist absolut identisch mit ihr. Aber Iris ist das Original, Siri nur die Kopie, eine Blaupause des Originals, „Blueprint". Mit zunehmendem Alter wird sich Siri dieser Problematik immer deutlicher bewusst; sie gerät in eine Identitätskrise, weil sie nicht mehr weiß, wo hört die Identität ihrer Mutter in ihr auf, wo fängt ihre eigene an? Besitzt sie überhaupt eine eigene Identität? Diese Fragen werden zu Zweifeln und lassen die anfänglich symbiotische Zweisamkeit von Mutter und Tochter, von Zwilling und Zwilling, im Verlauf der Adoleszenz schmerzhaft zerbrechen, da Siri ihr eigenes Leben leben, ihre eigene Persönlichkeit finden und entwickeln will. Sie sträubt sich mit allen ihr zur Verfügung stehenden Mitteln gegen ihre 'Vorherbestimmung', gegen ihre Abhängigkeit vom Klon-Original und sucht bewusst ihren eigenen Weg. Aber ganz kann sich Siri nicht von Iris lösen, denn selbst ihr Protest und Widerstand sind durch das Klon-Original determiniert. Erst durch den Tod ihrer Mutter gelingt Siri die 'Abnabelung', indem sie ihre Lebensgeschichte aufschreibt und sich schreibend über sich selbst klar wird.

Zur Personenkonstellation und Problementwicklung

Prof. Mortimer G. Fisher
(Arzt, führt das Klonen durch,
Siris 'medizinischer Vater')

Kristian   **Janeck Hausmann**
(Freund der Mutter)   (genannt: Janne,
                                                      'Bruder' von Siri)

Thomas Weber   **Iris Sellin**   **Siri Sellin**
(Agent der Mutter) (Pianistin,   (geklonte Tochter
                             Mutter von Siri)   von Iris)

Katharina Sellin   **Mister Black**   **Daniela Hausmann**
(Mutter von Iris,   (Siris schwarzer   (genannt: Dada,
Großmutter von Siri)   Konzertflügel)   Kinderfrau von Siri,
                                                           Mutter von Janeck)

Die Namen der Personen des Romans sind verschiedenen Drucktypen geschrieben: Größe und Kursivschreibung. Dadurch wird die Bedeutung der einzelnen Personen im Roman markiert.

Im Zentrum des Adoleszenzromans von Charlotte Kerner stehen Iris Sellin und ihre Tochter Siri. Die Mutter ist eine bekannte Pianistin und Komponistin, der in ihrem dreißigsten Lebensjahr die vernichtende medizinische Diagnose gestellt wird, dass sie an MS leidet. Dadurch ist ihre Lebensplanung über den Haufen geworfen, denn sie muss davon ausgehen, dass die Krankheit in wenigen Jahren ihre Karriere beenden wird. Ihre Karriere aber, ihr Klavierspielen, ihre Konzerte und das Komponieren, stand in ihrem bisherigen Leben im Zentrum. Plötzlich ist das alles in Frage gestellt, denn sie hat niemanden, dem sie ihre Fähigkeiten vererben kann.

Durch Zufall stößt sie auf einen Zeitungsartikel über Professor Mortimer G. Fisher aus Montreal, der „den so lange gesuchten zentralen Entwicklungsschalter in den Genen entdeckt [hat] und [...] ihn nun ganz gezielt ‚anschalten'" konnte (S. 13). Sie lässt sich von ihm klonen und trägt eine gesunde Tochter aus, die eine Kopie ihrer selbst ist, ihr eineiiger Zwilling, den sie daher in Umkehrung ihres eigenen Namens „Siri" nennt. Dieser Vorgang bekommt von ihr die Bezeichnung „Klonopoly" – in Anlehnung an das bekannte Würfelspiel „Monopoly".

Siri wächst unter allerbesten Bedingungen auf. Die zahlreichen Konzerte bedingen zwar eine häufige Abwesenheit ihrer Mutter, aber durch eine ideale Kinderfrau, die zugleich Klavierlehrerin ist und sie neben der Mutter in das Klavierspielen einführt, und ihren Sohn, der für Siri wie ein Bruder ist, wächst sie behütet auf und wird zielgerichtet auf ihre eigene Karriere als Pianistin vorbereitet. Ihre Beziehung zu ihrem „Mutterzwilling" ist außergewöhnlich eng. Ausdruck dessen sind die verschiedenen Bezeichnung, die Iris und Siri für ihre ‚Bindung' finden: „Mutter-Schwester" (S. 40), „Duich" und „Ichdu" (S. 64), „Zwillingsschwester" (S. 69), „Muzwi" (Mutterzwilling, S. 71) usw..

Aber schon frühzeitig entsteht in dieser Symbiose ein Moment der Verunsicherung und des Erschreckens, denn die fünfjährige Siri muss mit anhören, wie ihre Großmutter Katharina sie als „Monster" bezeichnet, und erleben, dass diese sie mit „feindseligen" Augen anfunkelt (S. 54). Die Großmutter hat das Klonen ihrer Tochter-Enkelin strikt abgelehnt: „Dieser verdammte Klon entwertet alles, was mir wichtig gewesen ist, mein ganzes Leben, und das ist allein dein Werk", wirft sie ihrer Tochter vor.

> Deshalb werde ich Siri niemals lieben können und manchmal hasse ich sogar dich, dass du mir das angetan hast.[...] Du hast nicht nur an meiner Stelle Karriere gemacht, nun zerstörst du auch noch meine Erinnerung an die kleine Iris, die mir ganz allein gehört hat, nur mir (S. 55).

Als am nächsten Tag Siri ihre Mutter nach der Bedeutung des Wortes „Monster" fragt und eine „Lüge" als Antwort erhält, zerbricht etwas in ihr:

> Gute Feen und Zauberinnen lügen nicht, das hat mir Dada [die Kinderfrau – GL] erzählt. Und weil ich ganz sicher bin, dass Oma mich ein Monster genannt hat, hast du dich selbst entzaubert (S. 56f.).

Das ist das unumstößliche Fazit, das Siri aus dieser Auseinandersetzung für sich zieht.

Mit dreizehn Jahren beginnt der Ablösungsprozess immer deutlichere Formen anzunehmen, nämlich als Siri eines Morgens im Spiegel des Badezimmers nicht mehr sich selbst, sondern nur noch ihre Mutter in dem Spiegelbild erkennen kann. „Meine Seele krankte an Iris und suchte Siri" (S. 86) – so lautet ihre verzweifelte Feststellung.

Mit vierzehn beginnt sie, bewusst in die Rolle ihrer Mutter zu schlüpfen, als sie z. B. ihre Großmutter im Krankenhaus besucht und sich dabei als ihre Mutter ausgibt, ohne dass die Großmutter den Betrug merkt. In der Beziehung zu Kristian, dem Freund der Mutter, wird sie zur Rivalin; sie versucht auch ihn zu täuschen und ihn heimlich zu verführen. Missgunst, Neid und Eifersucht entstehen zwischen Mutter und Tochter:

> Aber dass Zwillinge in einem ewigen Kampf miteinander stehen, ist schließlich altes Menschheitswissen. Sie verkörpern Licht und Finsternis, sie sind Symbole für das Gute und Böse (S. 95).

Ihre bunten Kleider, die Iris nicht ausstehen kann, werden in der Folge für Siri zur „Kriegsbemalung" (S. 95) im Kampf gegen ihre Mutter.

Zum Schlüsselerlebnis für die Zerstörung ihrer symbiotischen Beziehung wird das erste große Konzert, das Siri als Sechzehnjährige wie eine Marionette, die an den DNS-Fäden der Mutter hängt, und als „Monster" erlebt und in dem sie jämmerlich versagt. Als dann die Mutter – auf Drängen des Publikums – selbst in die Tasten greift, zerstört sie mit diesem Auftritt das Selbstbild ihrer Tochter. Siri kommentiert das Ereignis mit Worten voller Verzweiflung:

> Selbst eine noch so perfekte Kopie ist nichts wert und überstrahlt nie das Original.[...] Klein und elend und von dir verraten fühlte ich mich: Lebenszweck verfehlt, nichtsnutzige Missbrut! Klon kaputt! (S. 117)

Als sie kurze Zeit später auf Drängen der Mutter deren neueste Komposition „Terra Lonhdana" vorspielen will, wird der soeben beschriebene psychische Zusammenbruch auch körperlich sichtbar; Siri kann plötzlich nicht mehr spielen, da „ihre Hände verschwunden" sind. „Meine Hände hatten sich als Erste davongemacht; sie waren einfach davongeflogen." (S. 124) Die Befürchtung, dass auch bei ihr die MS-Krankheit ausgebrochen ist, bestätigt sich nicht; ihre Ausfallerscheinungen werden mit Überanstrengung, extremen Angstzuständen und innerer Anspannungen vordergründig medizinisch erklärt. In Wahrheit aber ist der „Verlust der Hände" ein äußerliches Zeichen für den inneren Ablösungsprozess Siris, der durch ein Gefühl großer Erleichterung begleitet wird: „Ich fühlte mich so leicht ohne meine Hände." (S. 124)

Siri verlässt ihre Heimatstadt Lübeck und geht nach Hamburg, wo sie bei ihrem 'Bruder' Janeck wohnt. Dieser Schritt versinnbildlicht nach außen hin das Durchtrennen der überaus engen Beziehungsfäden zu ihrer Mutter; ihr nachgeholter

„Geburtsschrei" (S. 125), den sie nach dem Zusammenbruch am Klavier von sich gibt, symbolisiert akustisch die Abnabelung und damit den Beginn der Entwicklung ihrer Ich-Individualität; die Tränen, die sie beim Verlassen Lübecks vergießt, sind äußere Zeichen des Abschieds von der Kindheit und den Kindheitsträumen und zugleich Zeichen des Übergangs in den Status des Erwachsenen.

In Hamburg wird dieser neue Status von Siri durch zahlreiche Maßnahmen auch äußerlich sichtbar gemacht: Sie streicht ihr Zimmer schwarz und blau, alle Möbel eingeschlossen, denn Iris konnte immer nur weiße Wände ertragen. Ihr Haar lässt sie „raspelkurz" schneiden und färbt sie pechschwarz mit einer feuerroten Strähne darin; durch Kontaktlinsen verändert sie ihre Augenfarbe. Und vor dem Spiegel übt sie neue Gesten, Bewegungen, einen neuen Gang, ein anderes Lachen und legt das Sellinsche Nasenkräuseln ab. Den Mund schminkt sie schwarzrot, ihre Kleidung ist knallbunt und noch schriller als früher: „Alles sollte anders werden." (S. 126)

Trotz all dieser Maßnahmen gelingt der Abnabelungsprozess nicht sofort und problemlos, denn es bleibt die Sehnsucht nach ihrem „Mutterzwilling". „Mit dem freien Willen ist es nämlich so eine Sache. Auch er kann nicht alles und besonders in der Nacht verlieren wir die Gewalt über ihn." (S. 127) Alles Vergangene wird in den Träumen virulent und so in die Gegenwart transponiert. Die Sehnsucht nach Iris ist groß, und oft muss Janeck Siri trösten. Aber Siri will nicht nachgeben; Iris soll dieses Mal ihr folgen und nicht umgekehrt. Dieser Zweikampf findet seinen Höhepunkt in dem von Iris initiierten Wiedersehen in Hamburg (S. 128–132). Er endet mit Siris Selbstbehauptung: „Ich höre nur noch auf mich." (S. 130), aber es ist kein Sieg, kein Triumph, denn Siri fühlt sich, nachdem Iris ihre Wohnung verlassen hat, nur noch elend. Die innere Trennung ist auch mit dieser Auseinandersetzung noch nicht abgeschlossen, denn in Siris Tagträumen taucht Iris immer wieder auf. Und als Iris immer kränker wird, zwingt Siri das Mitleid zu ihr zurück: Sie begleitet ihre Mutter auf ihrem Wege zum Tod. Neurotische Depressionen sind die Folgen, unter denen sie leiden muss und die erst mit dem Tod der Mutter enden. Iris stirbt im Monat Juni, als das Sternbild von Kastor und Pollux am Himmel auftaucht: das Sternbild der Zwillinge. Und ein Alptraum, den beide kurz vor Iris' Tod in derselben Nacht träumen, beendet ihre symbiotische Beziehung endgültig. Siri vergießt beim Tod ihrer Mutter Tränen der Trauer und Furcht, nun allein leben zu müssen, und Tränen der Erleichterung und Freude, endlich allein leben zu dürfen:

> Fast zweiundzwanzig Jahre nach meiner Geburt, an einem Juni-Sommertag, konnte ich zum ersten Mal *ich* sagen, ohne zu lügen. Ich war zu einem Ich geworden, einzig und zum ersten Mal ungeteilt, endlich ein Individuum (S. 155).

Es ist Siris zweite Geburt: „Mein Anfang war dein Ende, dein Ende ist mein Anfang." (S. 157).

Beim Begräbnis spielt Siri für Iris eine Improvisation, und während des Spiels vergisst sie alles um sich herum. Ihr Spiel schlägt die Zuhörer so sehr in den Bann, wie sie es sich immer erträumt hat. „Du musstest erst sterben, Iris, damit ich den Applaus zu hören bekam, der mir zustand und der nur mir alleine galt." (S. 157) Die endgültige Bewältigung des Ablösungsprozesses erfolgt in einem blutigen Tagtraum, als Siri mit einer Schere ihr blaues Kleid zerstört und sich selbst gleichzeitig verletzt und so die DNS-Stränge zu Iris symbolisch durchtrennt. „Es geht mir gut, Dada [...], wirklich. Es ist überstanden", sind ihre Worte (S. 162), als Daniela Hausmann, ihre Ziehmutter, sie blutend, aber zufrieden lächelnd am Boden liegend findet.

Nur zwei Dinge behält Siri aus dem Nachlass ihrer Mutter: eine weiße Marmorstatue der Doppelgöttin und Mr. Black, den Flügel. Auf beide wird später noch näher eingegangen. Die Tagebücher ihrer Mutter aber, ihr „Vermächtnis" an sie, übergibt sie ungelesen einem Altpapierreißwolf; die Noten und Partituren usw. kommen in die Bibliothek der Musikhochschule. Das Leben als Musikerin von Iris Sellin und ihres Tochterzwillings ist damit abgeschlossen; Siri beginnt in ihrem dreiundzwanzigsten Lebensjahr ein Studium an der Kunsthochschule und damit ein völlig neues, selbstbestimmtes Leben.

Die Darstellung der Personenkonstellation hat gezeigt, dass Charlotte Kerners Jugendroman von den beiden Personen Iris und Siri Sellin vollständig beherrscht wird; alle anderen Personen sind mehr oder weniger Randfiguren, die nur sehr punktuell im Verlauf der Handlung an Bedeutung gewinnen.

Die Rolle der Großmutter ist oben schon näher beschrieben worden. Sie, die Siri hasst und als „Monster" bezeichnet, gibt den ersten Anstoß zu Selbstzweifeln und Verunsicherungen.

Professor Mortimer G. Fisher spielt vor allem als Wissenschaftler eine Rolle, der das Klonen von Siri durchführt. Seine einmalige Sexualbeziehung zu Iris Sellin ist eher eine Randerscheinung und für die Handlung relativ bedeutungslos, möglicherweise aber nicht für Iris. Sie könnte diesen sexuellen Kontakt als eine nachgeholte natürliche Schwängerung 'gewollt' haben, wie auch ihre Tochter Siri den Professor zeitweilig als ihren 'natürlichen Vater' betrachtet, dessen länglich-schmalen Finger sie gern 'geerbt' hätte. Die spätere Begegnung zwischen Siri und dem Professor endet mit einem Fiasko. Siri kann ihm letztlich seine Rolle, die er bei ihrer Menschwerdung gespielt hat, nicht verzeihen. Die Begegnung mit Fishers Sohn in ihrer Kunst-Ausstellung, die am Ende des Jugendbuchs geschildert wird, ist für Siri eine Widerspiegelung alter Gefühle, und zwar ihrer eigenen und der ihrer Mutter, und damit letztlich ein Akt der Bewältigung auch dieses Teils ihres Lebens.

Die Kinderfrau Daniela Hausmann besitzt für Siri während ihrer Kindheit eine wichtige Rolle als Ziehmutter, die immer da ist, wenn sie gebraucht wird, aber für Siris Entwicklung ist sie eher unbedeutend. Ihr Sohn Janeck dagegen, den Siri als ihren 'Bruder' betrachtet, bekommt als Gegenpol zu Siris Mutter einen wichtigen Part zugewiesen. Er zeigt Siri die anderen Seiten des Lebens, die außerhalb der mütterlichen Sphäre liegen; mit ihm verbindet Siri das große Geheimnis der heimlichen Besuche im alten Gewölbe der gotischen St. Petri-Kirche, dem „allerbesten

Wünscheort der Welt" (S. 61). Hier kann Siri ihre Wünsche gedanklich ausleben
und in Form von Wunschzetteln an einem Faden aufhängen; hier kann sie Erfahrungen sammeln, die ihr sonst verwehrt sind. Und später, immer wenn Siri verzweifelt einen Menschen braucht, ist ihr 'Bruder' zur Stelle, um sie zu trösten und wieder aufzurichten. Als ihr erster Konzertauftritt so erbärmlich misslingt, nimmt er
sie in seine Arme und fährt mit ihr an die See, damit sie Abstand gewinnen kann; als
sie sich endgültig von ihrer Mutter trennt, nimmt er sie in seiner Hamburger Wohnung auf; wenn es ihr schlecht geht oder sie schlecht geträumt hat, spendet er ihr
Trost. Er schenkt ihr schließlich die Malutensilien, damit sie auf einem anderen
künstlerischen Gebiet als dem der Musik tätig werden und so ihren eigenen Weg
finden und sich selbst verwirklichen kann: „Die Malerei würde nur der Anfang
sein. Siri hatte eine unbändige Lust, Neues auszuprobieren, neue Formen zu finden. Alles sollte anders werden, mutiger und radikaler." (S. 164)

Den zweiten Schluss ihrer Autobiographie, den sie im Monat Juni ihres 32. Lebensjahres – also zehn Jahre nach dem Tod ihrer Mutter – schreibt (S. 165–173), zeigt,
dass ihr Selbstfindungsprozess erfolgreich verlaufen ist, dass Siri ihren eigenen Weg
und ihre eigenen künstlerischen Ausdrucksmöglichkeiten und damit ihre Identität
gefunden hat. Ihr bedeutendstes Kunstwerk trägt den Titel Pollux Seul: Pollux, der
Zwillingsbruder von Kastor, lebt 'allein', ist 'einsam', aber 'einzig'. Die semantische Vieldeutigkeit des französischen 'seul' macht den Reiz dieses Titels aus.

Aufbau und Erzählkonstruktion

„Blueprint" ist ein Buch der Aufarbeitung. Siri Sellin versucht als 22-Jährige unmittelbar nach dem Tod ihrer Mutter über ihr bisheriges Leben nachzudenken und sich
schreibend über sich selbst Klarheit zu verschaffen. Erst zu diesem Zeitpunkt ist sie
in der Lage, ohne schlechtes Gewissen, ohne Hemmungen und Selbstzweifel 'Ich'
zu sagen. Ihr Schreibversuch ist für sie der Weg, ihre Identität zu finden, nachdem
sie sich im Verlaufe ihres bisherigen Lebens in einem langen schmerzhaften Prozess
von ihrer Mutter nur schrittweise hat lösen können. Zehn Jahre nach dieser Nieder-
schrift verfasst Siri für ihre Autobiographie einen zweiten Schluss, der deutlich
macht, dass ihre Identitätssuche gelungen ist. Insofern kann man den Bericht Siris
als einen erfolgreichen Versuch therapeutischen Schreibens ansehen.

Im Prolog ihres Berichts nennt Siri expressis verbis die Intention ihres Schreibens:
„Ich will herausfinden, wer das ist, der hier am Konzertflügel sitzt" (S. 9) und
schreibt. Und gleich am Anfang gibt sie ihrem Bericht den Titel „Blueprint Blaupause" – ein Begriff aus der Technik, der eine Kopie bezeichnet, die ohne Umwege
über ein Negativ gewonnen wird, indem man auf weißem Grund blaue Linien
zeichnet. 'Blueprint' ist für Siri die Metapher für das Klonen, das sie zu einem
menschlichen Wesen und zugleich zum Zwilling ihrer eigenen Mutter gemacht hat;
'Blueprint' ist für sie der Ausdruck für die Problematik ihres bisherigen Lebens.

Siri beginnt den Versuch ihrer Selbsterforschung vierzehn Tage nach dem Tode
ihrer Mutter, also vermutlich noch im Juni ihres 22. Lebensjahres, und beendet ihn

im Juli desselben Jahres; zehn Jahre später fügt sie ihrem Bericht den zweiten Schluss hinzu. Das ist die Kompositionsstruktur, die Makrostruktur des Buches.

Die Konstruktion des Buches ist aber noch komplizierter, als bisher gezeigt worden ist, denn es handelt sich bei dem Jugendbuch von Charlotte Kerner um einen Sf-Roman, d. h., hier wird von einem zukünftigen Geschehen erzählt, das gegenwärtig noch keine Realität ist. Die Erzählkonstruktion der Sf-Literatur wird von Suerbaum (1981, S. 15) folgendermaßen beschrieben: „In der Erzählgegenwart der Zukunft produziert ein Zukunftserzähler einen Text, der von einem Zukunftsleser rezipiert wird." Siri Sellin lebt von uns aus gesehen in der Zukunft. Sie schreibt in ihrem 22. Lebensjahr – unmittelbar nach dem Tode ihrer Mutter – ihre Lebensgeschichte auf, die von ihr aus gesehen in der Vergangenheit liegt. Für uns Leser von heute ist das die „Zukunftsvergangenheit". Nach weiteren zehn Jahren verfasst sie einen zweiten Schluss für ihre Autobiographie, der also noch zehn Jahre weiter in die Zukunft hineinragt und in dem sie ihren Selbstfindungsprozess abschließend beurteilt. Diesem Bericht Siris fügt Charlotte Kerner in ihrem Jugendbuch noch einen Epilog an, den die Professorin Dr. Erika Knieper, Inhaberin des Lehrstuhls für Humangenetik an der ersten deutschen Frauenuniversität „Hildegard von Bingen" in Hannover, verfasst hat. In diesem Epilog wird der Bericht Siri Sellins als ein Dokument dargestellt, das schon vor Jahren aufgezeichnet wurde und dessen singuläre Realität des Klonens zum Zeitpunkt der Erzählgegenwart des Epilogs längst gängige Praxis geworden ist. Damit bewegt sich der Leser in der Zukunft der Zukunft.

Das Spiel von Sf-Literatur mit der Zukunft wird aber in Bezug auf den Leser noch um eine Nuance komplizierter, denn Siris Bericht, den sie unmittelbar nach dem Tode ihrer Mutter schreibt, ihr zweiter Schluss, den sie zehn Jahre später verfasst, und der Epilog von Professorin Erika Knieper sind ja der Chronologie nach für Leser gedacht, die in dieser Zukunft leben; diese Texte werden aber von uns Lesern, die wir heute leben, rezipiert. In diesem Spiel mit der Zeit werden Intention und Funktion von Sf-Literatur erkennbar. Sf-Literatur erzählt also ein Geschehen aus der Zukunft für die Leser dieser Zukunft, meint aber den Leser von heute. Die Darstellung einer zukünftigen Gesellschaft und ihrer Probleme ist im Sinne Brechts eine Form der Verfremdung, die den Leser von heute zu einer kritischen Auseinandersetzung herausfordern will.

In dem Jugendbuch von Charlotte Kerner wird das Klonen von Menschen als gängige Praxis einer zukünftigen Gesellschaft dargestellt; nur so können die Konsequenzen dieser Praxis für den einzelnen Menschen den Lesern von heute ganz drastisch vor Augen geführt werden. Charlotte Kerner bezeichnet ihr Jugendbuch als eine „Streitschrift", da es zur Diskussion herausfordern soll, denn im Augenblick besitzen wir noch eine reelle Chance, das Klonen von Menschen aus ethischen Gründen zu verhindern.

Die einzelnen Kapitel des Jugendbuches - und damit rückt dessen konkreter Aufbau in den Blick – sind korrespondierend angeordnet. Den Rahmen bilden der

Prolog „Blueprint" und das Nachwort mit dem Titel „Pollux Seul", das zehn Jahre nach dem Bericht geschrieben worden ist. Im Prolog erörtert und begründet Siri Sellin das Schreiben ihres Berichts, im Nachwort beschreibt sie das Ergebnis ihres Emanzipations- und Selbstfindungsprozesses. Beide Kapitel sind als Ich-Erzählung gestaltet, haben aber in erster Linie kommentierende, beurteilende Funktion, d.h., hier spricht das erzählende Ich, das erlebende Ich tritt dagegen weitgehend zurück. Lediglich noch eine kurze Szene wird in das Nachwort eingeschoben, da Siri als das erlebende Ich dem Sohn von Professor Mortimer begegnet und in dieser Begegnung ein letztes Element ihrer Vergangenheit aufarbeitet.

Dem 2. Kapitel „Doppelgöttin" mit dem Untertitel „Das Jahr null" korrespondiert das 7. Kapitel mit dem Untertitel „Das zweite Jahr null"; das 2. Kapitel erzählt von der Geburt Siris, das 7. von der „zweiten Geburt", als Siri nach dem Tod ihrer Mutter endlich von ihrer Klon-Fessel befreit ist.

Die Kapitel 3 und 4 berichten von den Kindheitserfahrungen Siris: aus dem „Einklang" wird das „Duett"; die Kapitel 5 und 6 korrespondieren auf ähnliche Weise, was in ihren Untertiteln „Jugend I" und „Jugend II" deutlich wird; in den Überschriften dieser Kapitel „Zwietracht" und „Zweikampf" zeigt sich aber der steigende Grad der Auseinandersetzung zwischen den „Mutterzwillingen".

Das Ungewöhnlichste an dem Jugendbuch von Charlotte Kerner ist allerdings ihre Erzählweise, denn die Autorin lässt Siri Sellin ihren autobiographischen Bericht nicht konsequent als Ich-Erzählung durcherzählen, wie es in Autobiographien normalerweise 'üblich' ist, sondern sie wechselt von Abschnitt zu Abschnitt die Erzählsituation. Wenn man an vergleichbare autobiographische Texte denkt, wie z.B. Jerome D. Salingers „Der Fänger im Roggen", erfolgt das rückwendende Erzählen fast immer in der Ich-Form, wobei das erzählende und das erlebende Ich abwechselnd zu Wort kommen: mal wird stärker berichtend oder kommentierend erzählt, mal stärker szenisch, wobei die letztere Form immer überwiegt, wenn das Geschehen erlebnishaft gestaltet wird. Mit den verschiedenen Möglichkeiten autobiographischen Schreibens hat sich Günter Waldmann in seinem Buch „Autobiografisches als literarisches Schreiben" (2000) differenziert auseinander gesetzt und ein sehr umfangreiches Kapitel den modernen literarischen Erzählformen autobiographischen Schreibens gewidmet. Ihm folge ich in meinen Ausführungen.

Charlotte Kerner wählt für ihr Jugendbuch nicht nur die Ich-Erzählsituation, sondern verwendet eine ganze Reihe verschiedener Erzählsituationen, die sich im Text fortlaufend abwechseln und überlagern und daher eine neue Art des Lesens erfordern. Gleich zu Anfang lässt daher die Autorin ihre Erzählfigur warnend sagen: „Also erwartet keine normale Biografie." (S. 11) Dieses Jugendbuch würde nach Waldmann (2000, S. 59) als eine „moderne unkonventionell-literarische *Autobiografie*" bezeichnet werden, die dadurch gekennzeichnet ist, dass der Autobiograph nicht mehr in der gewohnten, vertrauten Ich-Form von sich erzählt, sondern in der Er- bzw. Sie- oder in der Du-Form; und der Ich-Erzähler erscheint dem Leser mal als erinnertes, erzähltes bzw. erlebendes Ich und mal als erinnerndes bzw. erzählendes Ich.

Anfang und Schluss der Autobiographie Siris wie auch zahlreiche Binnenpassagen sind in der Ich-Form erzählt, wobei sowohl szenisch als auch berichtend erzählt wird; dabei herrschen allerdings Bericht und Kommentar vor. Diese Ich-Erzählsituation mit ihren beiden Erzählweisen ist für eine Autobiographie durchaus üblich; sie führt den Leser zum identifizierenden, aber auch zum reflektierenden Lesen. Die Ich-Erzählsituation bekommt bei Charlotte Kerner aber noch eine weitere Nuance, denn sie wird kapitelweise mit einer Du-Erzählsituation gekoppelt bzw. vermischt. Das 'Ich' verwendet Siri in diesen Passagen immer für sich selbst, sei es als erlebendes oder als erzählendes Ich; mit dem 'Du' hingegen spricht sie immer Iris, ihre Mutter, ihren Mutterzwilling, an. In dieser Ich-Du-Form laufen fiktive Gespräche zwischen Mutter und Tochter ab, Diskussionen, Auseinandersetzungen; andererseits enthalten die Du-Passagen auch Situationen, in denen sich Siri in ihre Mutter hineinfühlt. Als Klon ist dieses Sich-Einfühlen möglich, denn es ist ein Zeichen fast gelebter Identität von Mutter und Tochter. Die Ich-Du-Erzählsituationen sind folglich für diesen Roman ein besonders sinnvoll eingesetztes Mittel, um der überaus engen Beziehung von Siri und Iris erzählerisch Ausdruck zu verleihen.

Der Ich-Erzählsituation setzt Charlotte Kerner in „Blueprint" eine personale Erzählsituation (in der Er-/Sie-Form) gegenüber, die sich Abschnitt für Abschnitt mit der Ich-Form abwechselt. Das personale Erzählen gilt nach Stanzel (2008) als eine Erzählform, in der das szenische Erzählen vorherrscht und der Erzähler das Geschehen über eine Reflektorfigur dem Leser vermittelt. Im Bewusstsein der Reflektorfigur wird das Geschehen quasi gespiegelt; dadurch hat der Leser das Gefühl, er sei selbst auf dem Schauplatz anwesend und erlebe alles direkt mit. Der Erzähler tritt also hinter die Reflektorfigur zurück und wird daher vom Leser kaum bemerkt. Das Besondere der personalen Erzählsituation ist, dass der Erzähler die Gefühle und Gedanken der Reflektorfigur genau kennt und dem Leser durch inneren Monolog, erlebte Rede oder stream of consciousness mitteilen kann und dass er seinen Erzählerstandort und damit die Reflektorfigur wechseln kann. Dieses Erzählverfahren macht sich Charlotte Kerner in ihrem Jugendbuch zunutze, indem sie mal aus der Perspektive von Siri, Iris, Iris/Siri, Iris/Prof. Fisher, Siri/Janeck, Professor Fisher, Oma Katharina, der Kinderfrau Dana oder Kristian – dem Freund der Mutter – erzählt, am häufigsten natürlich aus der Perspektive von Iris und Siri, wobei sich das Schwergewicht im Verlaufe des Berichts von Iris auf Siri verschiebt, denn je bewusster Siri ihr Leben lebt, desto stärker fungiert sie als Reflektorfigur. Zudem ist ja auch sie die Verfasserin des Berichts. Hervorzuheben sind außerdem die Erzählabschnitte, in denen im Wechsel aus der Perspektive zweier Reflektorfiguren berichtet wird; dabei handelt es sich meistens um Siri und Iris. Auf diese Weise wird ihr symbiotisches Zusammenleben in den ersten Kapiteln und ihr Zweikampf in der zweiten Hälfte des Jugendbuchs auch erzähltechnisch deutlich gemacht.

Schließlich muss noch darauf aufmerksam gemacht werden, dass es in Charlotte Kerners Jugendbuch sowohl in den Ich- wie auch in den personalen Erzählsituationen Passagen gibt, die man entsprechend der Stanzelśchen Theorie als auktoriale Erzählsituationen bezeichnen muss. Bei Stanzel wird das auktoriale Erzählen schwerpunktmäßig mit den Personalpronomen Er/Sie verknüpft und nur in seinem Typenkreis wird deutlich, dass es auch eine auktoriale Ich-Erzählsituation geben kann, nämlich z. B. in einer Autobiographie. In Charlotte Kerners Jugendroman wird des Öfteren das auktoriale Ich- bzw. das auktoriale Er-/Sie-Erzählen verwendet, wenn es darum geht, Zusammenhänge oder Ereignisse zu erläutern, zu bewerten oder zu kommentieren. In diesen Fällen muss Distanz zum Erzählgegenstand geschaffen werden, was allein über eine auktoriale Erzählposition möglich ist.

Mit den hier beschriebenen wechselnden Erzählsituationen verknüpft ist der wechselnde Tempusgebrauch. Normalerweise wird eine Autobiographie, da sie die Vergangenheit des Ich-Erzählers/der Ich-Erzählerin aufarbeitet, in den verschiedenen Vergangenheitstempora geschrieben. In „Blueprint" spielt aber auch das Präsens eine wichtige Rolle. Vor allem in den auktorialen Passagen wird es häufig verwendet, wenn es um allgemeingültige Aussagen geht. Überraschenderweise tauchen aber auch in den Ich-Du-Erzählabschnitten des Öfteren präsentische Formulierungen oder ganze Passagen im Präsens auf. In ihnen geht es meist um die Darstellung von Gefühlen oder Einsichten, die zwar Iris zugewiesen sind, die aber von Siri symbiotisch empfunden werden. Andererseits werden Gefühle oder Einsichten, die Siri während des Schreibvorgangs empfindet bzw. hat, im Präsens ausgedrückt. Und schließlich werden auch die zahlreichen Träume, die Siri nachts oder als Tagtraum heimsuchen, im Präsens erzählt. Deren Zeitlosigkeit legt diesen Tempusgebrauch nahe.

Zusammenfassend können man also feststellen, dass „Blueprint" auf recht komplizierte Art erzählt wird. Der Leser muss sich erst auf dieses ungewöhnliche Spiel wechselnder Erzählsituationen und Tempora einlassen. Nach Waldmanns Beschreibung gehört daher dieses Jugendbuch zu den „modernen unkonventionell-literarische[n] *Autobiografien*", da es sich auf Grund seiner Erzählstruktur von den üblichen Autobiografien unterscheidet; seine Fiktionalisierung macht das Lesen schwierig, da dem Lesenden „eine aktive literarische Rolle als Koproduzent des literarischen Textes zufällt." (Waldmann 2000, S. 58)

Symbolik und Verdichtung

Die für ein Jugendbuch ungewöhnliche Art des Erzählens, die Charlotte Kerner für „Blueprint" gewählt hat, erfährt ihre Ergänzung im Symbolgebrauch, der das Erzählte verdichtet und die Bedeutungsintensität erhöht. Die Beziehung zwischen Iris und Siri als Klon, als „Mutterzwilling", als „Duich" und „Ichdu" wird von Charlotte Kerner durch mythologische Anspielungen und Kultureme verdichtet. In den Mythen verschiedener Völker gibt es für eine symbiotische Beziehung, wie sie Iris und Siri erleben, Bilder und Geschichten, die im Jugendbuch von Charlotte Kerner zur Deutung herangezogen werden.

Von Thomas Weber, ihrem Agenten, bekommt Iris bei ihrer Rückkehr aus Kanada, nachdem sie sich hat klonen lassen, die Nachbildung einer Göttinnenstatue, „eine kleine Mamorfigur, die griechische Inselbewohner vor mehr als 3000 Jahren geschaffen" (S. 29) haben. Aus dem Kopf der Göttin – sie hat ihre Arme unter der Brust verschränkt – ragt eine zweite kleinere, aber identische Figur hervor: Mutter und Tochter, eine Doppelgöttin, eine Kopfgeburt. Die griechische Göttin Athene ist eine derartige Kopfgeburt, da sie dem Haupt ihres Vaters Zeus entsprang. In den Mythen der Völker macht die Kopfgeburt die so Geborene zu einem außergewöhnlichen Wesen.

Die Statue ist für Iris das schönste Geschenk, das ihr Thomas Weber jemals gemacht hat; für Siri dagegen fühlt sich die Statue bisweilen hart und kalt an, wie sie ihre Mutter bisweilen empfindet. Für beide, für Mutter und Tochter, aber ist diese Statue ein Symbol für ihre überaus enge Bindung. Aus diesem Grunde nimmt Siri sie auch nach dem Tode ihrer Mutter zusammen mit dem Flügel „Mister Black" als einziges von der „Zwillingsinsel" mit in ihr neues Leben.

Das Wort 'Zwilling' verwenden Iris und Siri von Anfang an als Begriff für ihre Klon-Beziehung. Zwillinge sind in den alten Mythen etwas Außergewöhnliches. Der Zwillingsvater ist entweder ein Gott oder ein Dämon, die Zwillingsmutter dagegen häufig ein untreues oder besessenes Weib oder eine Wahrsagerin. Die Geburt von Zwillingen wurde daher immer als ein übernatürliches Zeichen gedeutet, wobei dieses Zeichen aber beides bedeuten konnte: Glück oder Unglück.

Aus der lateinischen Mythologie stammen die Zwillinge Kastor und Pollux, im Griechischen heißen sie Kastor und Polydeukes, die sogenannten Dioskuren. In „Blueprint" werden ihre Namen immer wieder beschworen, um die Beziehung von Iris und Siri zu versinnbildlichen. Iris wünscht sich kurz vor ihrem Tode nichts sehnlicher, als im Juni zu sterben, dem Monat des Sternbilds der Zwillinge, dem sich Mutter und Tochter ihr Leben lang besonders verbunden fühlen.

In Erinnerung daran tauft Siri, wie sie im zweiten Schluss ihrer Autobiographie erzählt, ihr wichtigstes Kunstwerk „Pollux Seul", und sie erklärt diesen Titel mit dem Mythos von Kastor und Pollux, dem Zwillingspaar von Zeus und Leda, die der Sage nach aus einem Schwanenei geschlüpft sind, da sich Zeus Leda als Schwan näherte. Kastor ist sterblich, Pollux unsterblich. Als Kastor im Kampf stirbt, kommt er in den Hades; sein Zwillingsbruder aber will sich nicht von ihm trennen, deswegen teilt er seine Unsterblichkeit mit dem Bruder, so dass sie fortan jeweils einen Tag in der Unterwelt und einen Tag auf dem Olymp zusammen verbringen. Im Sternbild der Zwillinge sind sie am Himmel für immer vereint. Siri aber nennt ihr Kunstwerk „Pollux Seul" und begründet das so: „Ich aber lasse Pollux am Himmel allein. Mein Kastor folgt ihm nicht, er bleibt lieber im Hades und lebt dort allein weiter. Auch ich lebe weiter." (S. 173) Für Siri hat sich die Verbindung zu ihrem Mutterzwilling durch deren Tod endgültig gelöst. Sie will allein leben und sie selbst sein, deswegen wählte sie diesen Titel für ihr Kunstwerk.

Als weiteres Symbol für die zwillingshafte Beziehung zwischen Iris und Siri wählt Charlotte Kerner den Gingko-Baum, den Iris am neunten Geburtstag Siris im Garten pflanzt. Wegen seiner herzförmigen Blätter ist er ein uraltes Zwillingssymbol, der ihnen Glück und Gesundheit bringen soll (S. 78).

Aus demselben Grund werden die afrikanischen Namen Kehinde und Taiwo (S. 35. 66, 111, 125, 132 und 150) für Iris und Siri zum Symbol ihrer Zwillingsexistenz. Der Erstgeborene der Zwillinge trägt den namen Taiwo, der Zweitgeborene heißt Kehinde; sein Name bedeutet: „Hinter einer Person herkommen" (S. 35). Im Roman werden diese Namen anfangs verwendet, um Nähe und Vertrautheit auszudrücken, später, um den beginnenden Ablösungsprozess sprachlich zu verdeutlichen: „Und Kehinde folgte Taiwo zum ersten Mal nicht" (S. 66) und später: „Kehinde wollte Taiwo nicht länger folgen" (S. 125). Und kurz vor ihrem Tode schreit Iris nach Taiwo und Kehinde (S. 150), um durch ihre Beschwörung die symbiotische Beziehung zwischen ihr und Siri wieder auferstehen zu lassen.

Als ein anderes Spiegelbild ihrer Zwillingsexistenz dienen Siri in einem Traum (S. 134) die siamesischen Zwillinge Chang und Eng, die 1811 in Siam, dem heutigen Thailand, geboren wurden; sie waren vom Brustbein bis zum Nabel zusammengewachsen. Als Zirkussensation wurden sie berühmt, heirateten jeder eine Frau und zeugten mehrere Kinder. Als Chang starb, folgte ihm sein Bruder wenige Wochen später in den Tod nach, denn der eine konnte ohne den anderen nicht leben. Die siamesischen Zwillinge sind für Siri ein Schreckbild, denn sie sieht in ihrem Alptraum sich und ihre Mutter in einer Monsterschau, wo sie den Gaffern und Neugierigen als sensationelles Klon-Paar vorgeführt werden.

Im Kapitel „Das zweite Jahr Null" (S. 137–164) wird schließlich die Figur des Johannes für Siri zum wichtigsten symbolischen Gegenüber. Sie hat in einem Buch einen Kupferstich von ihm gefunden und ihn in einem alten Holzrahmen an die Wand ihres Zimmers gehängt. Johannes ist der ungleiche Zwilling des Lazarus Coloredo; beide lebten im 17. Jahrhundert in Genua. Lazarus, der normal groß gewachsen war, trug seinen Zwilling Johannes auf seiner Brust, einen Parasiten, der nicht selber aß, sondern sich über seinen gesunden Zwillingsbruder ernährte. Die Fachleute nennen den Lazarus einen Autosit, da er für seine Existenz den anderen nicht braucht, während Johannes nur ein geduldeter Schmarotzer ist. Siri sieht sich in der Rolle des Johannes; ihr Leben hängt an dem von Iris, und sie kommt nicht von ihr los. Als sie von Iris' Sterbebett nach Hamburg zurückkehrt, ist Johannes ihr Gesprächspartner, um zu klären, wie sich ein Zwilling auf den Tod des anderen vorbereitet und was dieser Tod für ihn bedeutet (S. 148–150). In dem Alptraum, den Siri kurz vor dem Tod von Iris hat und der oben schon beschrieben worden ist, hockt ihr der Parasit Johannes auf der Brust und lässt sich nur unter größten Schmerzen ablösen, wobei Siri ungeheure Angst verspürt, selbst zu verbluten. Ihr Schreien ruft Janeck herbei, der sie tröstet und beruhigt und am nächsten Tag den

Johannes von der Wand nehmen und zerreißen darf. Das ist das Zeichen dafür, das sich Siri von Iris gelöst hat, die nun sterben kann, ohne dass Siri ebenfalls zugrunde geht. Ihre Skulptur *Pollux Seul*, die sie zehn Jahre später schafft, ist das Symbol für diesen geglückten Ablösungsprozess.

Zwei Dinge mit symbolischem Wert hat Siri nach dem Tode ihrer Mutter „von der schon längst versunkenen Zwillingsinsel" in ihr neues Leben mitgenommen: die Marmorstatue der Doppelgöttin und den schwarzen Flügel, den sie Mister Black nennt. Er war ihr Leben lang ihr Schutzpatron, denn unter diesem schwarzen Flügel konnte sie sich in allen Fällen seelischer Not flüchten und hier Trost finden. Sie bezeichnet Mister Back deswegen als ihren „Ibeji"; so nennen die afrikanischen Yoruba eine kleine Figur, die ein Holzschnitzer nach dem Tod eines Zwillings anfertigt. In dieser geschnitzten Figur ruht – nach dem Glauben der Yoruba – die Seele des Verstorbenen; sie begleitet den Lebenden in seine neue Existenz, „damit er kein halber Mensch bleibt. Die Afrikaner glauben, dass die Seele von Zwillingen unteilbar ist, auch über den Tod hinaus." (S. 164) Mit diesem Symbol der Verbundenheit lässt Siri ihre Autobiographie im Juli des Todesjahres ihrer Mutter enden. Zehn Jahre später steht im Zentrum ihres Nachtrags ein anderes Symbol: ihre Skulptur „Pollux Seul" – das Symbol für ihre gelungene Ich-Findung.

5.2 Didaktisch-methodischer Kommentar zum Umgang mit „Blueprint. Blaupause" im Unterricht

Didaktische Reduktion

Die bisher vorliegenden beiden Unterrichtsmodelle zu „Blueprint Blaupause" von Martin Gerling in „Praxis Deutsch" (2000, H. 162) und als „Arbeitsheft Gulliver Taschenbücher machen Schule" bei Beltz & Gelberg (2001) legen ihr Schwergewicht allein auf das Problem des Klonens. In „Praxis Deutsch" geht es in der unterrichtlichen Realisierung um die Diskussion von Zeitungsschlagzeilen zum Klonen, um eine Diskussion über das Embryonenschutzgesetz und im eine Auseinandersetzung mit dem Epilog des Romans, der Äußerung der fiktiven Professorin Dr. Erika Kieper zum Klonen (S. 174–177), und dem Nachwort von Charlotte Kerner (S. 178–184). Gerling formuliert:

> Ziel sollte es dabei sein, den biologisch-medizinischen Sachverhalt zu klären, um im weiteren „Science" und „Fiction" voneinander abzugrenzen und die Übergänge deutlich machen zu können (Gerling 2000, S. 63).

Nur am Rande wird der Roman selbst einer Analyse unterzogen, wozu es allerdings keinerlei Vorschläge oder Hilfen gibt. Die vorgeschlagenen Facharbeitsthemen und Projekte beziehen sich ausnahmslos auf den wissenschaftlichen Aspekt dieses Romans.

Die Vorschläge im „Arbeitsheft" (2001) sehen nicht anders aus. Auch hier liegt der Focus auf dem Klonen. Die Materialien und Medien beziehen sich bis auf drei Ausnahmen allein auf diese Problematik. Lediglich die Seiten 5–8 bieten knappe

Anregungen zur Analyse des Romans und am Schluss gibt es drei Arbeitsblätter zu den „Formen des Erzählens", dem Romantitel und der Personenkonstellation.

In beiden Vorschlägen wird also im engeren Sinn kein Literaturunterricht betrieben, sondern der Roman von Charlotte Kerner wird dazu benutzt, um über das Problem des Klonens zu diskutieren und dazu vielfältige naturwissenschaftliche Materialien heranzuziehen. Das hier vorzustellende Unterrichtsmodell verfährt gerade umgekehrt; in ihm werden vor allem die Auswirkungen des Klonens auf die Protagonistin Siri, also ihre Suche nach ihrer Ich-Identität, sowie die Literarizität des Romans zum Gegenstand des Unterrichts gemacht.

Meine Diskussionen mit Studierenden über ein didaktisches Reduktionsmodell für Charlotte Kerners Roman „Bluprint" hat zu folgenden Ergebnissen geführt:

1. Innerhalb der Personenkonstellation des Romans stehen vor allem Iris und Siri Sellin im Vordergrund. Die Entwicklung und Veränderung ihrer Beziehung muss herausgearbeitet, und es müssen Deutungen für ihr Verhalten gefunden werden, und zwar vor allem bei Iris hinsichtlich ihrer Entscheidung, sich klonen zu lassen, und bei Siri hinsichtlich ihrer Suche nach der eigenen Identität. Der Roman ist ein 'Adoleszenzroman'.

2. Im Kontext der Zweierbeziehung Mutter/Tochter sollte vor allem Professor Mortimer G. Fisher genauer untersucht werden. Was steckt hinter seinem Verhalten, was hinter seiner Beziehung zu Iris und Siri?

3. Eine besondere Rolle nimmt Janeck (Janne) Hausmann für Siri ein. Er ist in allen Situationen für Siri der ruhende Pol, der Tröstende, Verstehende, er ist der wahre 'Bruder'.

4. Die Personenkonstellation sollte in einem Schaubild graphisch veranschaulicht werden (vgl. S. 167); diese Graphik dient bei einem späteren Vergleich der Personenkonstellationen von Roman und Verfilmung als wichtige Grundlage.

5. Der Roman ist in ganz besonderer Weise erzählt. Er ist eine Autobiographie, die verschiedene erzählerische Formen anwendet: Ich-Erzählung, Ich-Du-Erzählung, personales Erzählen in der Er/Sie-Form (szenisches Erzählen), auktoriales Erzählen, so dass man mit Waldmann von einer „unkonventionell geschriebenen Autobiografie" (Waldmann 2000, S. 58) sprechen kann. Die Bedeutung und Funktion dieser Erzählweise in ihrem jeweiligen Kontext muss erfasst werden.

6. Die Anordnung der Kapitel des Romans erfolgt spiegelbildlich, so dass die Kapitel 1 „Blueprint" und das Kapitel 8 „Pollux Seul" als Pro- und Epilog die übrigen Kapitel wie einen Rahmen umschließen. Die Kapitel 2 „Doppelgöttin" und 7 „Doppelleben" sind schon von ihrer Titelgebung, noch stärker aber durch ihre Untertitel „Das Jahr Null" bzw. „Das zweite Jahr Null" spiegelbildlich einander gegenübergestellt; ebenso stehen die Kapitel 3 „Einklang" und 4 „Duett" mit den Untertiteln „Kindheit I" und „Kindheit II" mit den Kapiteln 5 „Zwietracht" und 6 „Zweikampf" (Untertitel „Jugend I" und „Jugend II") in Korre-

spondenz. Diese Spiegelbildichkeit im Aufbau sollte erkannt und gedeutet werden.

7. Der Roman ist ein Sf-Roman: Er erzählt ein Geschehen der Zukunft in Form einer Autobiografie, also im Rückblick, und lässt diese von der Professorin Erika Knieper kommentieren, die noch weiter in der Zukunft lebt und das Gechehen des Romans als Vergangenheit betrachtet; sie schreibt aber für Leser die noch weiter in der Zukunft leben. Der Leser von heute ist aber der gemeinte Adressat der Autorin Charlotte Kerner, die ihn mit ihrer Zukunftsgeschichte aufklären und warnen will. Deswegen nennt sie „Blueprint" „ein Buch zum Streiten" (Kerner 2001, S. 184), denn nur mit Hilfe der aufmerksamen und kritischen Leser von heute kann man die geschilderte Klon-Zukunft verhindern.

8. Die Form der literarischen Verdichtung erreicht Charlotte Kerner in ihrem Roman durch die Symbolik. Die Beziehung von Iris und Siri wird durch die Zwillings-Symbolik 'ins Bild gesetzt' und so verdichtet. Hier greift Charlotte Kerner auf Beispiele aus der Mythologie, Naturwissenschaft und Geschichte zurück. Aber auch die sprachlichen Neuschöpfungen („Duich", „Ichdu", „Muzwi" u. ä.), die Iris und Siri für ihre außergewöhnliche Beziehung erfinden, sind Mittel der Verdichtung des Textes.

9. Als letzter Punkt ist die Klon-Problematik zu nennen, die durch den Epilog der fiktiven Professorin Kieper, dem Nachwort von Charlotte Kerner und dem Abschnitt „Was kann die Wissenschaft?" zur Diskussion gestellt wird. Hier sollten Ergänzungen hinsichtlich der jeweils aktuellen medizinisch-ethischen Entwicklungen vorgenommen werden. Die Tageszeitungen und das Internet (vor allem die Suchmaschinen) liefern dazu hilfreiche Texte.

Unterrichtliche Schwerpunktbildungen: Roman – Verfilmung – Theaterstück

Nicht alle diese 9 Punkte werden in aller Ausführlichkeit in der Klasse diskutiert werden können. Schüler und Lehrer müssen Schwerpunkte setzen, damit die Unterrichtseinheit im Rahmen von 8–12 Unterrichtsstunden durchzuführen ist. Wenn die Verfilmung des Jugendromans hinzugenommen und nicht nur als Ergänzung betrachtet werden soll, muss dieser Rahmen notwendigerweise überschritten werden. Wenn man dazu noch das Theaterstück wenigstens ansatzweise einbeziehen will, wird die Einheit insgesamt zu umfangreich, sodass das eine oder andere Medium auf der Strecke bleiben wird. Der Lehrer muss also mit seiner Klasse eine Vereinbarung treffen, ob

1. nur der Jugendroman gelesen wird oder
2. der Jugendroman und seine Verfilmung oder
3. der Jugendroman und das Theaterstück behandelt werden.

Unbedingt erforderlich ist es, dass der Jugendroman im Zentrum der Unterrichts steht, da die beiden anderen medialen Transformationen auf ihn Bezug nehmen. Ein Vergleich mit Verfilmung und Theaterstück und ihren Möglichkeiten wäre nicht machbar, wenn der Roman selbst nicht gelesen worden ist. Da er – wie bisher deutlich geworden ist - ein recht komplexer literarischer Text ist, können die Schülerinnen und Schüler „Blueprint" nicht einfach 'nebenbei' lesen, vielmehr muss er genauer analysiert werden, wenn er gedanklich und formal durchdrungen werden soll. Akzentsetzungen sind allerdings bei den Vorschlägen 2 und 3 notwendig, denn Lehrer und Schüler müssen sich entscheiden, ob der unterrichtliche Schwerpunkt eher auf dem Text oder auf der filmischen bzw. dramatischen Umsetzung liegen soll. Da der Dramentext bisher noch nicht veröffentlicht worden ist und hier aus rechtlichen Gründen nur in Auszügen abgedruckt werden kann, wird man ohnehin nicht den Dramentext ins Zentrum stellen können.

Das Lesen des Textes

Das Lesen des Textes bildet eine erste Hürde der Unterrichtsarbeit. Je nach Lesefähigkeit und literarischen Erfahrungen seiner Klasse muss der Lehrende die wichtige Entscheidung treffen, wie das Lesen von organisiert werden soll.

1. In einer Klasse, die sehr viele literarische Erfahrungen besitzt, kann man durchaus den Versuch wagen, den Text zu Hause lesen zu lassen, auch auf die Gefahr hin, dass nicht alle Schüler die komplexe erzählerische Struktur des Romans durchschauen und daher Mühe mit dem Lesen haben.

2. Ein hilfreicher Einstieg ergibt sich, wenn der Lehrer die Lektüre besorgt und am Anfang der ersten Unterrichtsstunde der Einheit austeilt. Anschließend können die Schülerinnen und Schüler mit dem Buch erste Erfahrungen sammeln: Betrachtung des Umschlags auf der Vorderseite, Lesen des Textes auf der Rückseite, Gespräch über den Titel, die Titelblattillustration und den Rückseitentext. Die Besprechung des Inhaltsverzeichnisses kann schon zu ersten Erkenntnissen über die spiegelbildliche Anordnung der Kapitel führen. Eine Nummerierung der Kapitel ist hilfreich und einer schnellen Verständigung dienlich.

3. Die häusliche Lektüre wird erleichtert, wenn nach der beschriebenen ersten Begegnung mit dem Buch das 1. Kapitel „Blueprint *Prolog*" (S. 9/10) gemeinsam in der Klasse gelesen und besprochen wird. Auf Grund des rückwärtigen Klappentextes haben die Schüler schon eine Ahnung, worum es in dem Buch geht. Sie können beim Lesen des 1. Kapitels erkennen, wer hier erzählt (Ich-Erzählung) und was die Absicht des Erzählens ist: „Ich will herausfinden, wer das ist, der hier am Konzertflügel sitzt." (S. 9) Es handelt sich also um eine Autobiografie, die mit der Geburt, dem „Jahr null", beginnen wird. Geklärt wird schon hier, was der Titel bedeutet, wer die Ich-Erzählerin ist und in welchem Alter sie ihre Autobiografie schreibt.

4. Den Schluss der ersten Unterrichtsstunde sollte der erste Absatz des 8. Kapitels „Pollux-Seul *Zehn Jahre später*" (S. 165) bilden. Die Rahmenfunktion des 1.und 8. Kapitels wird deutlich, und der Leser erfährt, dass Siri einen anderen

Weg gegangen ist als ihre Mutter (Kunst statt Musik) und daher am Ende „endlich ICH" sagen kann, also ihre Identität gefunden hat.

5. So auf das Lesen des Buches vorbereitet, können die Schülerinnen und Schüler den Roman bewältigen, da sie eine gesicherte Grundlage für die Erzählstruktur und damit für das Verstehen haben.

6. Den Einstieg in die unterrichtliche Behandlung sollte nach dem Lesen ein Gespräch darüber bilden, welche Aspekte des Jugendromans die Schülerinnen und Schüler als besonders wichtig und besprechenswert halten. Hier kommen die oben aufgeführten Überlegungen zur didaktischen Reduktion zum Tragen; ihre Auswahl sollte durch die Schüler erfolgen; sie kann auf Grund ihres Vorwissens sachlich begründet werden. Damit sind die Schülerinnen und Schüler an der Konzeption der Unterrichtseinheit direkt beteiligt.

Das Lesetagebuch als Lektürebegleiter

Ein **Tagebuch** umfasst in der Regel Aufzeichnungen, die aus persönlichen Gedanken hervorgehen und aus eigenem Antrieb als schriftliche Eintragung festgehalten werden. Es enthält in der Regel Ereignisse, Erlebnisse und Erfahrungen, die dem Schreiber wichtig und behaltenswert erscheinen. Die Eintragungen erfolgen nicht täglich, sondern bei besonderen Gelegenheiten und aus wichtigen Anlässen. Am Anfang jeder Eintragung steht das Datum, wodurch dem Tagebuch ein zeitlich definiertes äußeres Gerüst gegeben wird.

Das **Lesetagebuch** hat sich inden letzten Jahren als eine didaktische Sonderform des Tagebuchs durchgesetzt, das in der Schule aus verschiedenen didaktischen Gründen geführt werden kann (vgl. Hintz 2011). Grob gesehen kann man zwei Formen des Lesetagbuchs unterscheiden:

1. Einmal das Lesetagebuch, in dem der Schreiber seine private Lektüre für sich dokumentiert. Er notiert darin nicht nur die Titel usw. seiner Lektüre, sondern auch seine Reaktionen auf den Text, seine Kommentare, Widersprüche, Empfindungen. Diese Form des Lesetagebuchs ist eine sehr persönliche; sie wird gewöhnlich nicht öffentlich gemacht.

2. Eine zweite Form des Lesetagbuchs hat die Funktion eines die unterrichtliche Lektüre begleitenden Buches, das jeder einzelne Schüler für sich führt und in das er die Ergebnisse der schulischen Arbeit während der Lektüre einträgt, aber auch seine eigenen Arbeiten, die er im Rahmen des Unterrichts hergestellt oder verfasst hat, seine Gedanken, Texte und Gegentexte. Gerade für Jugendliche ist es bedeutsam, dass sie durch ihre Eintragungen in das Lesetagebuch vieles, was ihnen zunächst fremd oder problematisch erscheint, durch Verschriftlichung reflektieren, sich aneignen und somit vertraut machen. Insofern besitzt diese Art des Lesetagbuchs sowohl einen privaten als auch einen öffentlichen Charakter.

Ein solches Lesetagebuch als Lektürebegleiter wird zu einem je individuellen Buch, das die Erarbeitung einer Buches im Unterricht dokumentiert und auf Grund der eigenen Eintragungen die Lektüre-Erfahrungen intensiviert und stärker im Bewusstsein verankert.

Personencharakterisierung

Als Hilfe für den Lehrer werden hier Charakterisierungen der wichtigsten Personen des Romans eingefügt, die unbedingt Gegenstand der unterrichtlichen Arbeit sein sollten. Das Schaubild der Personenkonstellation von S. 167 könnte in diesem Zusammenhang mit den Schülerinnen und Schülern gemeinsam erarbeitet und in der Klasse aufgehängt werden. Um die Personen anschaulich vor Augen zu haben, sollten die Schülerinnen und Schüler Fotos aus Zeitschriften und Illustrierten mitbringen, die nach ihrer Vorstellung die Personen des Romans darstellen könnten. Schaubild und Fotos könnten zudem im Lesetagebuch ihren Platz finden.

Iris Sellin, die Mutter

Im Zentrum des Romans von Charlotte Kerner stehen Iris Sellin und ihre Tochter Siri. Die Mutter ist eine bekannte Pianistin und Komponistin. Als sie dreißig Jahre alt ist, wird ihr nach einer ärztlichen Untersuchung die schlimme Diagnose gestellt, dass sie an MS (Multipler Sklerose) leidet. MS ist eine Nervenkrankheit, bei der die Nervenzellen verkalken und zugrunde gehen, so dass die Körperfunktionen und die Bewegungsfähigkeit zunehmend eingeschränkt werden, was schließlich zum frühzeitigen Tode führt. Durch diese Diagnose wird die Lebensplanung von Iris Sellin über den Haufen geworfen. Sie kann ihre angestrebten Ziele als Pianistin und Komponistin nicht mehr verwirklichen, denn sie muss davon ausgehen, dass die Krankheit in wenigen Jahren ihre Karriere beenden wird. In dieser Situation taucht bei ihr die Frage auf, wie sie ihre musikalischen Fähigkeiten auf irgendeine Art und Weise weitervererben kann.

Durch Zufall stößt sie auf einen Zeitungsartikel über Professor Dr. Mortimer G. Fisher aus Montreal, der im Rahmen seiner Forschungen den „so lange gesuchten Entwicklungsschalter in den Genen entdeckt" hat, den man nur „anschalten" muss, um einen Menschen zu „klonen", d. h. von ihm einen „künstlichen Zwilling" zu schaffen, der mit dem Genspender völlig identisch ist (Kerner 2001, S. 13). Iris Sellin lässt sich daraufhin von Prof. Fisher klonen und trägt eine gesunde Tochter aus, die eine genaue Kopie von ihr selbst ist, praktisch ein 'eineiiger Zwilling', der aber zeitversetzt geboren ist. Um diese 'Zwillingsbeziehung' auch im Namen zu verdeutlichen, gibt sie ihrer Tochter den Namen Siri, ihren eigenen Namen rückwärts gelesen.

Die Beziehung zwischen Mutter und Tochter ist sehr eng, obwohl Iris ihre Karriere als Pianistin weiter verfolgt und daher oft nicht zu Hause ist. Für diese enge Beziehung zu ihrer Tochter findet sie zahlreiche Begriffe, die ihr Ausdruck verleihen sollen: „Mutter-Schwester" (ebd., S. 40), „Duich" oder „Ichdu" (ebd., S. 64), „Zwillingsschwester" (ebd., S. 69), „Muzwi" (Mutterzwilling, ebd., S. 71) usw.

Insgesamt wird deutlich, dass die Mutter Iris ihre Tochter Siri ganz stark vereinnahmt und eng an sich bindet in der Hoffnung, dass Siri ihr Ebenbild bleibt und sich die Zukunftsträume bezüglich ihrer Tochter verwirklichen lassen.

Als Siri dann ganz langsam beginnt, sich von ihrer Mutter zu lösen, um einen eigenen Lebensweg zu beschreiten, versucht die Mutter diese Entwicklung mit aller Macht zu unterbinden. Siris bunte Kleidung, die ihre Mutter nicht ausstehen kann, wird für Siri zur „Kriegsbemalung" (ebd., S. 95) im Kampf gegen ihre Mutter. Ihr Scheitern beim Konzert führt dazu, dass die Mutter für sich noch einmal einen großen Auftritt inszeniert und damit ihre Tochter als Persönlichkeit abwertet, indem sie sich vom Publikum wegen ihres großartigen Klavierspiels feiern lässt und nicht begreifen kann und will, was in Siri vorgeht, warum sie gescheitert ist. Iris wird daher von ihrer Tochter verlassen, die in Hamburg ein neues Leben beginnen will. Damit sind die Pläne der Mutter gescheitert. Sie verfällt immer mehr in ihrer Krankheit. Als sie sich schließlich überwindet und einen letzten verzweifelten Versuch macht, ihre Tochter für sich zurückzugewinnen, und nach Hamburg fährt, muss sie erfahren, dass diese ihren eigenen Weg gefunden hat und sich gegen die Forderungen und Wünsche ihrer Mutter behauptet: „Ich höre nur noch auf mich." (ebd., S. 130)

Damit ist das Lebensschicksal von Iris Sellin besiegelt. Sie kehrt – seelisch gebrochen – nach Haus zurück und stirbt bald darauf.

Siri Sellin, die Tochter

Der Roman von Charlotte Kerner ist in Form einer Autobiographie geschrieben. Die Hauptperson Siri Sellin versucht darin, in zwei Etappen (einmal kurz nach dem Tode ihrer Mutter, als sie 22 Jahre alt ist, und zum anderen zehn Jahre später) ihr Leben aufzuarbeiten und Rechenschaft über sich abzulegen. Ihr Schreibversuch ist für sie der Weg, ihre Identität zu finden und den Ablösungsprozess von ihrer Mutter zu verarbeiten. In ihrem zweiten Schluss macht sie deutlich, dass der Ablösungsprozess glücklich verlaufen ist. Ihr Schreiben über sich selbst kann man also als einen erfolgreichen Versuch therapeutischen Schreibens bewerten.

Siri wächst unter den besten Bedingungen auf. Sie wird von ihrer Mutter sehr geliebt, obwohl man diese Liebe eine 'Zweckliebe' nennen kann. Auf Grund der häufigen Abwesenheit der Mutter wegen ihrer Konzerte wird sie von einer Kinderfrau, Daniela Hausmann, betreut, die einen Sohn, Janeck, genannt Janne, hat, der mit Siri zusammen aufwächst und der für sie wie ein Bruder ist. Daniela Hausmann wird von Siri sehr geliebt; die Beziehung zu ihr gestaltet sich enger als zur eigenen Mutter, da diese viel unterwegs ist. Ausdruck dessen ist der Kosename „Dana", den Siri ihr gibt. Dana ist zugleich Klavierlehrerin und soll Siri gezielt auf ihre Karriere als Pianistin vorbereiten.

Schon frühzeitig bekommt die 'Symbiose' zwischen Tochter und Mutter einen 'Sprung', als Siri durch Zufall hört, dass ihre Großmutter sie als „Monster" bezeichnet und sie mit „feindseligen" Augen anfunkelt (ebd., S. 54). Diese hat das

Klonen immer abgelehnt und ihrer Tochter Iris ganz deutlich gemacht, dass sie Siri
nie wird lieben können. Als Siri am nächsten Tag ihre Mutter nach der Bedeutung
des Wortes „Monster" fragt und eine Lüge zur Antwort erhält, zerbricht etwas in
ihr: „Gute Feen und Zauberinnen lügen nicht" (ebd., S. 56).

Mit dreizehn Jahren beginnt der Ablösungsprozess Siris von ihrer Mutter immer
deutlichere Formen anzunehmen, denn als Siri morgens im Spiegel nicht mehr sich
selbst, sondern das Bild ihrer Mutter sieht, lautet ihre verzweifelte Feststellung:
„Meine Seele krankte an Iris und suchte Siri" (ebd., S. 86). Dieser Satz ist der Ausdruck einer massiven Identitätskrise: Siri weiß nicht, wer sie eigentlich ist.

Sie versucht einen Ausweg zu finden, indem sie ganz bewusst in die Rolle ihrer
Mutter schlüpft. Als sie ihre Großmutter im Krankenhaus besucht, gibt sie sich als
ihre Mutter aus, ohne dass die Großmutter diesen Betrug merkt. Zum anderen versucht sie Kristian, den Freund ihrer Mutter, zu täuschen und zu verführen. Sie wird
zur Rivalin in der Liebe. Zwischen ihr und ihrer Mutter entstehen so Missgunst,
Neid und Eifersucht.

Ihr nächster Schritt, um ihre eigene Identität zu finden, ist die bewusste Abgrenzung von ihrer Mutter. Ein äußeres Zeichen davon ist ihre bunte Kleidung, die Iris
nicht ausstehen kann, die Siris aber als ihre „Kriegsbemalung" (ebd., S. 95) im
Kampf gegen die Mutter provokativ einsetzt.

Zum Schlüsselerlebnis für die Zerstörung der „Symbiose" zwischen Mutter und
Tochter wird das erste Konzert, das Siri als Sechzehnjährige gibt und bei dem sie
völlig versagt. Sie fühlt sich als Marionette, die an den DNS-Fäden der Mutter
hängt. Als dann die Mutter – vom Publikum gedrängt – ihre virtuosen Kunst entfaltet und damit ihre Tochter demütigt und erniedrigt, kommentiert Siri die Situation
mit Worten voller Verzweiflung: „Klein und elend und von dir verraten fühlte ich
mich: Lebenszweck verfehlt, nichtsnutzige Missbrut! Klon kaputt!" (Ebd., S. 117)

Als Siri kurze Zeit später auf Drängen ihrer Mutter deren neueste Komposition
„Terra Lonhdana" vorspielen soll, wird der soeben beschriebene psychische
Zusammenbruch auch körperlich sichtbar. Siri kann plötzlich nicht mehr Klavier
spielen, da ihre Hände ihren Dienst versagen: „Meine Hände hatten sich als Erste
davongemacht; sie waren einfach davongeflogen." (Ebd., S. 124) Bei Siri ist nicht
– wie zuerst befürchtet – ebenfalls die MS-Krankheit ausgebrochen, vielmehr werden ihre Ausfallerscheinungen als Zeichen von Überanstrengung, extremen Angstzuständen und innerer Anspannung gedeutet. In Wahrheit ist der „Verlust der
Hände" aber ein äußeres Zeichen für den inneren Ablösungsprozess, der durch ein
Gefühl der Erleichterung begleitet wird: „Ich fühlte mich so leicht ohne meine
Hände." (Ebd., S. 124)

Siri verlässt ihre Heimatstadt Lübeck und zieht nach Hamburg, wo sie bei
ihrem'Bruder' Janeck wohnt. Sie durchtrennt damit die sie einengenden DNS-
Fäden zu ihrer Mutter ganz bewusst. Die Tränen, die sie beim Verlassen Lübecks
vergießt, sind ein äußeres Zeichen des Abschieds von der Kindheit und den Kindheitsträumen und zugleich Zeichen des Übergangs in den Status des Erwachsenen.

In der Forschung zur Adoleszenzliteratur wird diese Reise, das Verlassen des Elternhauses, als „Initiationsreise" (Freese 1971/1998) bezeichnet, die der Heranwachsende vollziehen muss, um erwachsen werden zu können.

In ihrem Leben in Hamburg wird der neue Status, den sich Siri erworben hat, durch zahlreiche Maßnahmen auch äußerlich sichtbar gemacht: Sie streicht ihr Zimmer und ihre Möbel schwarz und blau, weil ihre Mutter nur weiße Wände ertragen konnte. Ihr Haar lässt sie „raspelkurz" (ebd., S. 126) schneiden und färbt es pechschwarz mit einer feuerroten Strähne darin; durch Kontaktlinsen verändert sie ihre Augenfarbe. Vor dem Spiegel übt sie neue Gesten und Bewegungen, einen neuen Gang, ein anderes Lachen und legt das Sellinsche Nasenkräuseln ab. Ihren Mund schminkt sie schwarzrot, ihre Kleidung ist knallbunt und noch schriller als früher: „Alles sollte anders werden." (ebd.)

Trotz aller dieser Maßnahmen gelingt der totale Abnabelungsprozess nicht sofort und nicht problemlos, denn es bleibt in Siri die Sehnsucht nach ihrem „Mutterzwilling" Und in ihren Träumen werden Erinnerungen wach, steigen aus dem Unbewussten empor und werden bewusst. Janeck muss Siri immer wieder trösten, wenn sie von diesen Alpträumen heimgesucht wird. Erst nachdem Iris ihre Tochter in Hamburg aufgesucht und diese sich deutlich von ihr distanziert hat, ist ein weiterer Schritt der Ablösung vollzogen. Vollständig gelingt die Ablösung aber erst, als die Mutter im Juni, im Sternbild der Zwillinge Kastor und Pollux, stirbt und Siri auf ihrer Beerdigung für ihre Mutter Iris eine Improvisation spielt, bei der sie alles um sich herum vergisst. Ihr Spiel schlägt alle Zuhörer in den Bann, wie sie sich das immer erträumt hat: „Du musstest erst sterben, Iris, damit ich den Applaus zu hören bekam, der mir zustand und der nur mir alleine galt." (ebd., S. 157) Das folgende Zitat fasst den Prozess dieser Ich-Entwicklung und ihren erfolgreichen Abschluss überzeugend zusammen:

> Fast zweiundzwanzig Jahre nach meiner Geburt, an einem Juni-Sommertag, konnte ich zum ersten Mal *ich* sagen, ohne zu lügen. Ich war zu einem Ich geworden, einzig und zum ersten Mal ungeteilt, endlich ein Individuum. (Ebd., S. 155)

Die endgültige Bewältigung des Ablöseprozesses erfolgt in einem blutigen Tagtraum, als Siri mit einer Schere ihr blaues Kleid zerstört und sich gleichzeitig verletzt und so die DNS-Stränge zu ihrer Mutter Iris symbolisch durchtrennt.

Mit dreiundzwanzig Jahren beginnt Siri Sellin ein neues Leben, indem sie an einer Kunsthochschule ein Studium beginnt. Zwei Dinge aus ihrem 'ersten Leben' begleiten sie dabei: der Konzertflügel Mr. Black und eine weiße Mamorstatue der Doppelgöttin, die Iris zur Geburt ihrer Tochter Siri von ihrem Manager Thomas Weber geschenkt bekam. Die Tagebücher ihrer Mutter, das Vermächtnis von Iris an ihre Tochter, übergibt Siri ungelesen dem Reißwolf, die Noten und Partituren kommen in die Bibliothek der Musikhochschule. Damit ist das erste Leben von Siri Sellin abgeschlossen.

Zehn Jahre nach dem Tod der Mutter schreibt Siri einen zweiten Schluss ihrer Autobiographie, in dem sie aufzeigt, dass ihr „zweites Leben" erfolgreich verläuft und dass sie ihren eigenen Weg in der bildenden Kunst gefunden hat. Ihr bedeutendstes Kunstwerk trägt den Titel „Pollux Seul": Pollux, der Zwillingsbruder von Kastor, lebt „allein", ist „einsam", aber „einzig". Die semantische Vieldeutigkeit des französischen Wortes „seul" lässt diese verschiedenen Deutungen zu.

Professor Mortimer G. Fisher

Professor Fisher spielt in diesem Roman vor allem als Wissenschaftler eine Rolle, der in der Lage ist, das Klonen von Siri durchzuführen. Im Verlaufe des Geschehens kommt es zu einem einmaligen sexuellen Kontakt zwischen Iris Sellin und dem Professor, aber viele Jahre nach dem Klonen. Für die Handlung spielt diese sexuelle Beziehung keine Rolle; man kann sie aber als nachgeholte 'natürliche Schwängerung' betrachten. Siri hingegen hat den Professor zeitweilig sogar als ihren 'natürlichen' Vater angesehen, dessen längliche Finger sie gern geerbt hätte. Bei der Beerdigung der Mutter kommt es zu einer letzten Begegnung zwischen dem Professor und Siri, aber sie endet in einem Fiasko. Siri kann dem Professor die Rolle, die er bei ihrer 'Menschwerdung' gespielt hat, nicht verzeihen. Sie fühlt sich in seiner Gegenwart wie ein kleines Mädchen. Und er behandelt sie auch so und gibt ihr Ratschläge für ihr weiteres Leben. Siri kann sich deswegen auch nur wie ein kleines Mädchen wehren und spuckt ihn an: „Zweiundzwanzig war ich und kein Kind mehr, aber in Fishers Nähe fühlte ich mich immer so klein und hilflos und gleichzeitig stieg eine furchtbare Wut in mir hoch." (Ebd., S. 159) Sie gingen in verschiedene Richtungen auseinander und haben sich nicht wiedergesehen. Damit ist für Siri auch das Kapitel 'Mortimer G. Fisher' beendet.

Die Begegnung mit Fishers Sohn auf ihrer Kunstausstellung zehn Jahre später führt bei Siri zu einer Wiederkehr alter Gefühle, und zwar der eigenen und der ihrer Mutter, aber es wird deutlich, dass sie diese Gefühle bewältigt hat, dass sie sie nicht mehr tiefer berühren.

Daniela Hausmann, genannt „Dana", die Kinderfrau von Siri, und ihr Sohn Janeck, genannt „Janne", ihr 'Bruder'

Die Kinderfrau Daniela Hausmann besitzt für Siri während ihrer Kindheit eine wichtige Rolle als Ziehmutter, die immer da ist, wenn sie gebraucht wird, aber für Siris Entwicklung ist sie eher unbedeutend. Ihr Sohn Janeck dagegen, den Siri als ihren 'Bruder' betrachtet, bekommt als Gegenpol zu Siris Mutter einen wichtigen Part zugewiesen. Er zeigt Siri die anderen Seiten des Lebens, die außerhalb der mütterlichen Sphäre liegen. Mit ihm verbindet Siri das große Geheimnis der verbotenen Besuch im alten Gewölbe der gotischen St. Petri-Kirche, dem „allerbesten Wünscheort der Welt" (ebd., S. 61) An ihm kann Siri alle ihre Wünsche gedanklich ausleben und in Form von Wunschzetteln an einem Faden aufhängen; hier kann sie Erfahrungen sammeln, die ihr sonst verwehrt sind. Und später, immer wenn Siri verzweifelt einen Menschen braucht, ist ihr 'Bruder' zur Stelle, um sie zu trösten und wieder aufzurichten. Er tut in allen Situationen das Richtige für Siri. Als ihr erster Konzertauftritt so völlig misslingt, nimmt Janeck sie in seine Arme und tröstet sie; er fährt mit ihr ans Meer, damit sie Abstand gewinnen kann. Und als Siri sich endgültig von ihrer Mutter trennt, nimmt er sie in seiner Hamburger Wohnung auf. In der Zeit ihrer inneren Ablösung von ihrer Mutter, wenn Siri von angstvollen Träumen geplagt wird, kommt er, nimmt sie in die Arme und spendet ihr Trost. Er schenkt ihr schließlich die Malutensilien, damit sie auf einem anderen Gebiet als dem der Musik künstlerisch tätig werden und so ihren eigenen Weg finden und sich selbst verwirklichen kann: „Die Malerei würde nur der Anfang sein. Siri hatte eine unbändige Lust, Neues auszuprobieren, neue Formen zu finden. Alles sollte anders werden, mutiger und radikaler." (Ebd., S. 164)

In der Forschung zum Initiationsreise- und Adoleszenzroman verweist man immer wieder auf einen Mentor, der den Heranwachsenden während der Zeit des Erwachsenwerdens zur Seite steht (vgl. Freese 1971/1998). Bei Siris fällt Janeck diese Aufgabe zu. Die innere Kraft Siris und die Mentorenschaft Janecks führen letztlich dazu, dass Siri den Ablösungsprozess von ihrer Mutter bewältigen, ihre eigene Identität finden und damit den schwierigen Prozess des Erwachsenwerdens glücklich abschließen kann.

Die übrigen Personen des Romans

Die anderen Personen, die in dem Roman eine Rolle spielen, sind in ihrer Bedeutung mit den hier aufgeführten nicht zu vergleichen. Die Großmutter Katharina Sellin gilt vor allem als Gegenpart zu ihrer Tochter Iris, weil sie das Klonen ablehnt und ihrer Tochter deswegen Vorwürfe macht. Für Siri und ihre Entwicklung ist sie deswegen wichtig, weil sie sie als „Monster" (ebd., S. 54) bezeichnet, ein Wort, mit dem Siri nichts anfangen kann. Aber auf Grund der Lüge, die ihre Mutter bei der Klärung des Begriffs verwendet, bekommt das Idealbild der Mutter erste Risse, wird die enge Beziehung zwischen Mutter und Tochter erstmals gestört.

An der Großmutter und an Kristian, dem Liebhaber von Iris, kann Siri ihre verblüffende Ähnlichkeit mit ihrer Mutter bei ihren Täuschungsversuchen ausprobieren. Während die Großmutter ihr auf den Leim geht, durchschaut Kristian sie. Siri erkennt andererseits, dass Kristian ihr gegenüber auch gewisse sexuelle Gefühle hegt, denen er aber nicht nachgibt, was sie sehr enttäuscht, ja sogar verletzt.

Eine gewisse Rolle spielt schließlich noch der Manager Thomas Weber, aber kaum für Siri, sondern eher für ihre Mutter. Von ihm bekommt Iris die griechische Doppelgöttin, die Siri später mit in ihr 'zweites Leben' nimmt – als Symbol für die Zwillingsexistenz von Mutter und Tochter.

Eine relativ große Bedeutung für Siri besitzt der Konzertflügel Mr. Black, deswegen wird er hier ebenfalls aufgeführt, denn auch ihn nimmt Siri mit in ihr zweites Leben. Er ist für Mutter und Tochter das verbindende musikalische Symbol, für Siri aber auch so etwas wie ein Beschützer, denn in allen schwierigen Lebenssituationen in ihrer Kindheit flüchtete sie sich zu ihm. Er verkörpert für sie die Zuverlässigkeit, Stetigkeit und Sicherheit. Er ist bisweilen ein Vaterersatz.

Handlungs- und produktionsorientierte Verfahren

Da der Roman von Charlotte Kerner als eine Art 'Autobiografie' geschrieben ist, ist sie zum größten Teil eine 'klassische' Ich-Erzählung.

Die Ich-Erzählung ist eine Erzählform, in der aus <u>einer</u> Perspektive das Geschehen dargestellt wird. Der Leser erlebt die Handlung allein aus dem Blickwinkel des Ich-Erzählers mit; dadurch identifiziert er sich mit diesem. Zugleich ist der Blickwinkel des Ich-Erzählers aber eingeschränkt, denn er kann nicht in die übrigen Personen hineinsehen, er nimmt sie nur von außen wahr und kann nur ihre Handlungsweisen, ihre Aussagen sowie ihre Mimik und Gestik beschreiben und zu deuten versuchen (vgl. Vogt 2008).

Charlotte Kerner verwendet außerdem das personale Erzählen in der Er/Sie-Form, also das szenische Erzählen, aber nur sehr eingeschränkt. Hier erlebt der Leser das Geschehen aus der Perspektive der entsprechenden Reflektorfigur mit, und das sind in „Blueprint" neben Siri und Iris Professor Fisher, Janeck, Oma Katharina, die Kinderfrau Dana und Kristian, der Freund der Mutter. Bei der Verwendung dieser Erzählform wählt Charlotte Kerner allerdings am häufigsten Iris und Siri als Reflektorfiguren. Dadurch entstehen in dem Text „Leerstellen", denn dem Leser werden auf Grund dieser Erzählsituation die Wahrnehmungen der anderen Personen bewusst vorenthalten bzw. nur indirekt mitgeteilt. Der Text konzentriert sich auf das Denken, Empfinden und Wahrnehmen von Siri, der Ich-Erzählerin, und Iris, ihres „Mutterzwillings".

Dadurch ergibt sich für den handlungs- und produktionsorierten Umgang mit dem Jugendroman die sinnvolle Möglichkeit, das Geschehen auch aus der Perspektive der anderen Personen zu erzählen, und zwar in Form von Ich-Geschichten. Eine Herausforderung für die Schülerinnen und Schüler ist es, in die Rolle von Janeck, Professor Fisher, der Kinderfrau Dana, Oma Katharina oder Kristian zu schlüpfen und deren Sicht der Dinge insgesamt oder bezogen auf ein bestimmtes Ereignis zu schildern. Die Schüler müssen sich in diesem Fall zuerst einmal klar machen, welche Rolle die Person, aus deren Sicht sie erzählen, in dem Jugendbuch spielt. In der Theatertheorie und -didaktik nennt man das, eine ‚Rollenbiographie' erstellen. Sie beginnt mit den Worten: „Ich bin . . .". Es folgt eine Beschreibung der eigenen Person, und daraus entsteht eine Darstellung der Geschehens, der Handlung aus Sicht dieser Person. Einfache Ich-Geschichten sind zu schreiben von Personen, die stärker am Rande der Handlung stehen und daher nicht so stark in das Geschehen involviert sind wie Oma Katharina, Dana oder Kristian; schwierig dagegen ist es, eine Ich-Geschichte aus der Sicht von Iris zu schreiben. Hierbei empfiehlt es sich, die Ich-Geschichte auf ein bestimmtes Ereignisse des Romans zu beschränken, z.B.:

1. auf Iris Entscheidung sich klonen zu lassen,

2. auf Siris 7. Geburtstag, als sie von Iris „Mister Black" geschenkt bekommt (S. 62–64),

3. auf Siris erstes Konzert, in dem sie scheitert (S. 113–118),

4. auf die Begegnung von Iris uns Siri in der Hamburger Wohnung von Janeck (128–132).

In gleicher Weise müssen die Ich-Geschichten von Janeck oder Professor Fisher eher auf ein einzelnes Ereignis bezogen sein; bei Professor Fisher bietet sich z. B. die erste Begegnung mit Iris an, als sie den Wunsch äußert, geklont zu werden.

Die Erzählsituationen und ihre Funktionen

Exemplarisch sollte auch die Art des Erzählens untersucht werden, damit die Schülerinnen und Schüler für Formen des Erzählens sensibilisiert werden. Hier bietet sich besonders das zweite Kapitel mit dem Titel „Doppelgöttin" an. Es sollte nicht das ganze Kapitel untersucht werden. Ein Vorteil für diese Analyse ist es, dass der gesamte Roman ist in zahlreiche meist kurze Abschnitten eingeteilt ist, die sichtbar voneinander getrennt sind. Insofern kann man bei der Analyse des zweiten Kapitels Absatz für Absatz vorgehen.

1. Den Schülerinnen und Schülern fällt auf, dass der Beginn des Kapitels (S. 11–12, erster Absatz) als Ich-Erzählung aus der Sicht von Siri erzählt wird. Hier handelt es sich eindeutig um autobiografisches Erzählen. Aber Siri warnt den Leser zugleich: „Also erwartet keine normale Biografie." Und sie setzt sich mit dem Begriff der „Wahrheit" dieses Erzählens auseinander.

2. Der nächste Abschnitt (S. 12–13) beginnt mit dem Satz: „Iris war gerade dreißig Jahre alt geworden". Hier wechselt die Erzählsituation: Iris tritt als Person in den Vordergrund, aus ihrer Sicht wird das folgende Geschehen erzählt, das vor der Geburt von Siri stattgefunden hat. Iris ist die Reflektorfigur; es handelt sich um personales Erzählen. Der Leser erfährt etwas über die Situation von Iris, über ihre Krankheit, ihre Ängste, Gedanken und Gefühle. Die Erzählerin bleibt natürlich Siri, die aber als Erzählerin im Hintergrund bleibt.

3. Unten auf der Seite 13 wechselt die Erzählsituation erneut; es folgt eine Passage, die man als Du-Ich-Erzählsituation bezeichnen könnte, obwohl es in der Erzählforschung diesen Begriff nicht gibt. Markantes Kennzeichen ist, dass Siri als Ich-Erzählerin ihre Mutter mit „du" anspricht und so in ihre Gedanken für den Leser plausibel macht: So könnte Iris in dieser Situation gedacht und gefühlt haben. Der letzte Absatz dieses Abschnitts wechselt wieder in eine reine Ich-Erzählung, die aber jetzt als Kommentar von Siri auf die Situation des Schreibens ihrer Autobiografie erscheint, also eine 'auktoriale Ich-Erzählung'..

4. Der nächste Abschnitt (S. 14–15) wird wiederum personal erzählt, und zwar aus der Sicht von Iris, die sich für ein Treffen mit Professor Fisher entscheidet.

In ähnlicher Weise wechseln in den folgenden Abschnitten die Erzählsituationen. Die Absicht dieser Art des Erzählens ist es, der Leser soll unterschiedliche Standort gegenüber dem Geschehen einnehmen. Er soll sich nicht auf eine Erzählsituation einlassen können und einfach identifizierend lesen, sondern er soll fortlaufend aus der Illusionierung herausgerissen werden. Die Übergänge zwischen den einzelnen Abschnitten werden damit zu Bruchstellen, die den Leser zum Nachdenken bringen wollen.

5.3 Lernziele

Im Vorangegangenen sind einige didaktisch-methodische Aspekte genauer ausgeführt worden, um dem Lehrer Hilfen an die Hand zu geben. Auf Grund der didaktischen Reduktion lassen sich für die Behandlung von „Blueprint" folgende Lernziele formulieren:

1. die Personenkonstellation von „Blueprint" herausarbeiten und in einem Schaubild gestalten,
2. die Hauptpersonen Iris und Siri Sellin charakterisieren,
3. den Prozess des Erwachsenwerdens von Siri beschreiben, ihre Ablösung von ihrer Mutter und die Probleme ihrer Ich-Findung herausarbeiten,
4. die Situation von Iris Sellin genau beschreiben, ihre Entscheidung für das Klonen nachvollziehen und darüber diskutieren,
5. das Scheitern der Beziehung von Mutter und Tochter nachvollziehen, die einzelnen Stufen der Entfremdung benennen und ihre Hintergründe aufdecken,
6. den Roman als geglückte Ich-Findung lesen und die Hintergründe dafür zu erkennen versuchen,
7. die Rollen von Prof. Fisher und Janeck genauer untersuchen,
8. in Ich-Geschichten einzelner ausgewählter Personen das Geschehen aus veränderter Perspektive darstellen, um so Leerstellen des Romans durch eigene Überlegungen zu füllen,
9. den Aufbau des Romans untersuchen und die spiegelbildliche Anordnung der Kapitel beschreiben und deuten,
10. den Aufbau des Romans in einer Grafik anschaulich gestalten,
11. die Erzählsituation des Romans exemplarisch untersuchen und die Bedeutung und Funktion der verschiedenen Erzählsituationen erfassen,
12. die Symbolik des Romans untersuchen, die verschiedenen Zwillingsbilder herausarbeiten und ihre Bedeutung für Siri und Iris erkennen,
13. Die Bedeutung und Funktion autobiografischen Schreibens am Beispiel von Siri erfassen,
14. erkennen, dass es sich bei diesem Roman um einen Zukunfts-Roman handelt, dessen Konstruktion durchschauen, seine Bedeutung für den Leser von heute erkennen und damit die Intention der Autorin herausarbeiten,
15. mit Hilfe der Nachworte des Buches von der fiktiven Professorin Kieper, von Charlotte Kerner und des Abschnitts „Was kann die Wissenschaft?" über das

Klonen und seine Problematik nachdenken, weiteres Material aus der Fachliteratur und aus dem Internet heranziehen, darüber in der Klasse diskutieren und sich eine eigene Meinung zu bilden versuchen.

16. selbst eine Rezension schreiben.

Diese Lernziele sollten in der Unterrichtseinheit mit dem Roman „Blueprint" nicht alle angestrebt werden. Der Lehrende sollte zusammen mit seiner Klasse Schwerpunkte setzen, denn wenige Lernziele intensiv zu bearbeiten ist allemal ertragreicher und befriedigender für Lehrer wie für Schüler.

5.4 Zur Literaturverfilmung

5.4.1 Probleme der Verfilmbarkeit

Einen Roman in ein anders Medium, den Film, zu transponieren, stellt den Regisseur und sein Team vor erhebliche Schwierigkeiten, denn eine Verfilmung kann nie eine 1:1-Umsetzung der Romanvorlage sein, da beide Medien mit ganz unterschiedlichen Mitteln arbeiten: der Roman allein mit Sprache, der Film mit Bildern, Geräuschen, Musik und Sprache. Da zudem „Blueprint" auf ganz ungewöhnliche Weise erzählt wird: autobiografisch, verschiedene Formen des Erzählens (Ich-Erzählung, personales Erzählen, Ich-Du-Erzählen, auktoriales Erzählen) ergeben sich zusätzliche Probleme, ganz zu schweigen von der Personendarstellung: Mutter und ihre Klon-Tochter müssen ein sehr ähnliches, ja besser identisches Aussehen haben. Zugleich muss die Tochter auf verschiedenen Altersstufen ins Bild gesetzt werden. Die folgenden Auflistung soll die Probleme einer Verfilmung des Romans „Blueprint" benennen. In der Filmanalyse ist anschließend zu untersuchen, wie die angesprochenen Probleme gelöst werden:

1. Bei „Blueprint" handelt es sich um ein Geschehen, das in der Zukunft liegt. Wie gelingt es dem Regisseur, die Gesellschaft und die Lebensumstände so zu gestalten, dass sie Zukunftscharakter besitzen und daher glaubwürdig wirken?

2. Der Jugendroman ist eine Autobiografie, die verschiedene Erzählformen aufweist. Er wird im Rückblick erzählt, und zwar zu zwei verschiedenen Zeitpunkten: kurz nach Iris´Tod und zehn Jahre später. Wie kann das in der Verfilmung umgesetzt werden?

3. Die Personen und ihre Darstellung: Bleibt das Personenarsenal wie im Roman erhalten oder gibt es Veränderungen? Wenn ja, wie sind diese Veränderungen begründet und sind sie logisch?

4. Wie werden Iris und Siri als Personen dargestellt? Wodurch gelingt die Darstellung ihrer großen Ähnlichkeit? Wie wird Siri auf ihren verschiedenen Altersstufen ins Bild gesetzt?

5. Die Orte der Handlung sind im Roman Lübeck und Hamburg. Wie geht der Film mit diesen Ortszuschreibungen um, was verändert er warum?

6. Der Roman ist ein Adoleszenzroman, d. h., er zeigt das Erwachsenwerden von Siri in der Auseinandersetzung mit ihrem ‚Mutterzwilling' und ihrer Lösung von ihr. Wie wird das im Film vermittelt?

7. Der Roman arbeitet mit zahlreichen Symbolen, die sich vor allem auf die Zwillingsproblematik beziehen. Wie geht der Film mit diesem subtilen literarischen Mittel um.

8. Iris ist Pianistin und komponiert; Siri tritt in ihre Fußstapfen. Das bedeutet, dass sowohl klassische Musik als auch die Neukompositionen von Iris zum Tragen kommen müssen. Wie geht die Verfilmung mit diesem außerordentlich wichtigen Detail um? Welche musikalischen Lösungen werden gefunden.

9. Siri macht im Roman einen Entwicklungsprozess durch, der sie am Ende zur bildenden Kunst statt zur Musik führt. Nur dadurch gelingt ihr ihre vollkommene Loslösung von ihrer Mutter und die Gewinnung einer eigenen Identität. Wie wird in der Verfilmung die Identitätskrise und ihre Lösung gezeigt?

5.4.2 Analyse der Verfilmung und didaktisch-methodische Überlegungen

Pressenotiz

Der neue Film von Rolf Schübel erzählt die Geschichte des ersten menschlichen Klons. Deutschlands derzeit internationalste Schauspielerin Franka Potente brilliert in der Doppelrolle der weltberühmten Pianistin Iris Sellin und ihrer geklonten Tochter Siri. Iris ist an Multipler Sklerose erkrankt, will aber um jeden Preis der Welt ihr musikalisches Talent erhalten. Sie überzeugt den ehrgeizigen Reproduktionsmediziner Dr. Fisher, gespielt vom dänischen Schauspieler Ulrich Thomsen, sie zu klonen. Mit 13 Jahren erfährt Siri, dass sie ein Klon ihrer Mutter ist, eine Blaupause, ein Blueprint. Die Suche nach ihrer Identität führt Siri ins entfernte Kanada. Hier begegnet sie Greg, dargestellt vom isländischen Shooting Star 2002, Hilmir Snaer Gudnason. Zum ersten Mal fühlt sich Siri um ihrer selbst willen geliebt. Doch dann holt die Vergangenheit sie wieder ein.

BLUEPRINT, nach dem preisgekrönten Roman von Charlotte Kerner, wurde vom 9. Juli bis zum 19. September 2002 in Deutschland (Münsterland, Hamburg) und Kanada (Vancouver, Vancouver Island) gedreht. Die Produktion der Relevant Film wird am 1. Januar 2004 im Verleih von ottfilm in den deutschen Kinos starten. Das bewegende Drama porträtiert in großen Kinobildern und mit einer grandiosen Hauptdarstellerin ein bisher noch nie thematisiertes Schicksal. Dabei lotet der ehemalige Dokumentarist Schübel menschliche Tiefen und Untiefen mit sensibler Präzision aus.

BLUEPRINT erzählt die Geschichte eines einzigartigen Mutter-Tochter-Konflikts, dessen brisante Aktualität nicht mehr zu leugnen ist. In weiteren Rollen sind Katja Studt, Justus von Dohnányi und Wanja Mues zu sehen.

(TELEPOOL)

Die Pressenotiz liefert schon die ersten Hinweise auf den Film und seine Veränderungen im Vergleich zur Romanvorlage. Die folgende Filmanalyse basiert auf einer Erarbeitung der Verfilmung in einem Seminar an der TU Braunschweig. Das Verfahren, das dabei gewählt wurde, soll hier zugleich als Beispiel für eine unterrichtliche Erarbeitung dienen, bei der die oben aufgeführten „Probleme der Verfilmbarkeit" in reduzierter und pointierter Form zu Beobachtungsaufgaben für die Studierenden wurden. Für eine derartige Erarbeitung ist das Sequenzeninhaltsprotokoll von der Verfilmung (s. Materialien) ein unerlässliches Hilfsmittel, damit die Studierenden bzw. Schülerinnen und Schüler differenziert analysieren und argumentieren können.

Ausgangspunkt für die Erarbeitung der Verfilmung von „Blueprint" ist der folgende Analysekatalog, der von den Teilnehmern des Seminars in Gruppen bearbeitet wurde, sodass immer eine etwa gleich große Gruppe einen Aspekt des Katalogs genauer unter die Lupe nahm. In gleicher Weise sollte man auch in der Schule verfahren:

---

1. Personen und ihre Darstellung
   - Personenkonstellation im Roman und in der Verfilmung (Vergleich)
   - Darstellung von Iris und Siri (Siri als Kind, Heranwachsende, Erwachsene)

2. Handlungsverlauf und Erzählkonstruktion

3. Handlungsorte

4. Adoleszenz: Erwachsenwerden und Ich-Findung

5. Sciencefiction: Wie wird die zeitliche Situierung in der Zukunft dem Zuschauer bewusst gemacht?

6. Symbolik

7. Bedeutung und Funktion der Musik

8. Fazit

Die Ergebnisse:

1. Die Personen und ihre Darstellung

Die Personen im Roman und im Film unterscheiden sich in einigen Punkten. Prof. Mortimer G. Fisher hat in der Verfilmung eine größere Rolle inne, schon allein, weil er gegen den Willen von Iris den Klonversuch vor der Presse bekannt gibt. Dieser Vorgang führt anschließend zu einem seelischen Zusammenbruch von Siri, als sie erfährt, dass sie ein Klon ist. Durch dieses brutale Vorgehen von Fisher werden sein eiskaltes Forschungsinteresse und seine damit verbundene Rücksichtslosigkeit deutlich gemacht. Im Roman dagegen wächst Siri von Anfang an mit dem Wissen auf, dass sie ein Klon ist. Außerdem sagt Fisher im Film nach dem Tod von Iris, er habe sie immer geliebt. Diesen Eindruck vermittelt die Romanvorlage nicht.

Die 'klon-kritische' Rolle der Großmutter wird im Film von Thomas Weber, dem Agenten von Iris, übernommen, sodass die Rolle der Katharina Sellin eingespart wird. Die Figur des Janeck Hausmann ist im Film etwas verändert. Aus dem rein geschwisterlichen Verhältnis zwischen Siri und ihm wird im Film vorübergehend ein sexuelles. Das entspricht sicherlich dem Interesse der Zuschauer.

Ganz neu hinzugekommen ist in dem Film die Rolle des Greg Lukas. Er lebt wie Siri in Kanada und verliebt sich in sie. Am Ende des Films hilft er Siri bei ihrer Identitätsfindung, indem er den wichtigen Satz sagt: „Ich habe die Kopie geliebt, bevor ich das Original kannte."

Iris hat im Film die kalte Ausstrahlung einer sehr berechnenden Person. Unterstrichen wird dieser Eindruck durch die optische Darstellung von Iris mit strenger Hochsteckfrisur und eleganter, perfekter Kleidung.

Siri wirkt als Erwachsene ganz anders. Sie trägt die Haare offen, in einer anderen Farbe als Iris und ist sehr leger gekleidet. Die Differenzen der „Mutterzwillinge" sind hier also optisch umgesetzt, weil der Film mehr mit optischen Eindrücken arbeitet, während im Buch die Gefühlswelt der Protagonisten direkter vermittelt werden kann. Die Sehnsucht Siris, eine eigene Persönlichkeit zu sein, wird deshalb auch im Film durch eine Szene deutlich gemacht, in der sich Siri ein Muttermal aus der Wange herausschneidet (Sequenz 49). Diese Szene gibt es im Buch nicht.

Am Schluss, als Iris im Sterben liegt, wirkt sie weicher. Sie ist nicht mehr so perfekt und berechnend. Das spiegelt sich auch in ihrem Äußeren wider. Es ist glaubhaft, dass sie ihre Tochter trotz aller Differenzen wirklich geliebt hat. Das macht ihr Abschiedsbrief deutlich. Auch Siri liebte ihre Mutter und spielt deswegen am Sarg noch einmal Klavier für sie.

(Carola Kamm)

Iris Sellin und die erwachsene Siri werden im Film von der Schauspielerin Franka Potente dargestellt. Obwohl die beiden von derselben Schauspielerin verkörpert werden, ist es für den Zuschauer kein Problem, beide auseinander zu halten. Dies wird vor allem durch den unterschiedlichen Habitus, zu dem das äußere Erscheinungsbild sowie das Verhalten gehören, erreicht. Während Iris Sellin mit dunkel gefärbtem, glattem, streng zu einem Dutt frisierten Haar dargestellt wird, hat Siri als Erwachsene rötliches, etwas krauses Haar, das sie immer offen trägt. Auch in der Kleidung unterscheiden sich die beiden. Iris trägt meistens sehr konservative Kleidung, Siri dagegen ist sportlich und leger gekleidet..

Das Erwachsenwerden vor Siri ins Bild zu setzen, ist ein weiteres Problem der Verfilmung. Sie wird deswegen von drei verschiedenen Schauspielerinnen gespielt: als Kind, als Jugendliche sowie als Erwachsene. Es mussten also drei Schauspielerinnen unterschiedlicher Generation mit einem ähnlichen Aussehen gefunden werden, was den Castern dieses Films gut gelungen ist.

Die anderen Schauspieler, die während Siris Kindheit bereits erwachsen waren, mussten nicht durch ältere Schauspieler ersetzt werden. Sie wurden schminktechnisch älter gemacht, das heißt, ihre Gesichter wurden blass und faltig geschminkt, das Haar grau gefärbt. Die Hände wurden mit Altersflecken versehen.

(Katharina Kubica)

2. Handlungsverlauf und Erzählkonstruktion

Im Roman „Blueprint" steuert Siri Sellin die Rückblenden auf ihr bisherigens Leben. Obwohl dies auch bei der filmischen Darstellung der Handlung der Fall sein soll, scheint Siri im Film eher von ihren Erinnerungen gesteuert zu werden. Das macht sich z. B. bei der ersten Darstellung von Iris über Siris Visafon bemerkbar. Hier drängt sich die Mutter in die Gedanken der hasserfüllten Tochter, indem sie sie darum bittet, zu ihr zurückzukommen, weil sie im Sterben liege. Siri schaltet ihr Bildtelefon daraufhin einfach ab, was dem Zuschauer signalisiert, dass sie mit ihrer Vergangenheit abgeschlossen hat und nichts mehr von ihrer Mutter wissen will. Der Anruf von Iris scheint aber etwas in Siris Erinnerungen angestoßen zu haben. Die Klontochter wird also von ihrer bisherigen Vergangenheit eingeholt.

Anders ist es zu Beginn des Romans. Hier nimmt sich die Protagonistin regelrecht vor, ihre Erinnerungen Revue passieren zu lassen: „Es ist doch auch eine Art Klonen, wenn ich meine Erinnerungen und Gedanken hervorhole und mich neu zusammensetze." (Kerner 2001, S. 9) Der Grund für diese andere Ausgangssituation Siris liegt in der Tatsache begründet, dass ihre Mutter seit zwei Wochen tot ist und sie das erste Mal „Ich" sagen kann.

Die erste Rückblende in die Vergangenheit Siris hat im Buch wie im Film Iris' Konzert zum Inhalt; im Anschluss daran bittet sie Prof. Fisher, sie zu klonen, weil sie an MS leidet.

Während die Rückblenden im Film durch Szenen aus dem gegenwärtigen Leben Siris unterbrochen werden, sind es im Roman innere Monologe Siris, die sich zwischen die Erinnerungen schieben. In der Verfilmung wird dagegen zwischen die Rückblenden eine parallele Handlung eingefügt: die Annäherung Gregs an Siri. Damit bieten die Filmemacher eine geschickte Alternative zu den inneren Gedankengängen im Roman.

Die Darstellung des Klonvorgangs und auch die Schilderung von Siris Kindheit werden in der Verfilmung auf das Wesentliche beschränkt; das wird vor allem auch an der Rolle von Janeck deutlich, der im Roman eine tragende Rolle in Siris Kindheit spielt, in der Verfilmung aber eher eine Randfigur bleibt.

Beim Lesen des Romans erlebt der Rezipient die Erinnerungen an die Kämpfe zwischen der heranwachsenden Siri und ihrer Mutter auf sehr intensive Art und Weise mit, weil er in Siris Gedankenwelt eintauchen kann und die geschilderten Ereignisse durch ihre Augen wahrnimmt.

Im Film ist zu Beginn Siris Flucht vor ihrer Mutter schon geschehen, während im Roman ihr Ausbruch erst in dem Kapitel „Doppelleben" ausführlich beschrieben wird. Der Zuschauer des Films erlebt das Geschehen zum größten Teil aus der

Distanz mit. Nur bei Nahaufnahmen, wie z. B. als Siri sich ihr Muttermal heraus-schneidet, kommt die Handlung ähnlich nah an den Rezipienten heran wie in den Passagen der Ich-Erzählung im Roman.

Der Anfang des Romans „Blueprint" ist durch Siris „Prolog" markiert, der den Leser über ihre aktuelle Situation informiert und ihn gleichzeitig auf die dann fol-genden Rückblenden vorbereitet. Dieser Einstieg macht den Leser neugierig. Im Film dagegen wird die aktuelle Situation Siris in visueller Darstellung konkret gezeigt, wobei Siris Emotionen nur durch ihre Mimik und nicht durch ihre Sprache zum Ausdruck gebracht werden. Dazu kommt eine gewisse Einseitigkeit in der Situationsdarstellung, weil der Film in den ersten sieben Minuten keine Informati-onen über Iris liefert. Anders ist es am Anfang des ersten Romankapitels: „Als Iris mich zum ersten Mal gedacht hat, war sie sicher genauso allein und verzweifelt, wie ich es bin, seit sie mich verlassen hat." (Kerner 2001, S. 11) Hier steht Iris im Mittel-punkt der Handlung bzw. von Siris Gedanken. Das ist möglich, weil die Protagonis-tin als Ich-Erzählerin den Leser in ihre eigenen Gedanken und Erinnerungen mit einbeziehen möchte: „Was ich aufschreiben will, ist ganz radikal nur meine Geschichte unseres Lebens: Siris Geschichte. Trotzdem bemühe ich mich, die Wahrheit zu schreiben. Doch was ist das schon, die Wahrheit?" (Kerner 2001, S. 11)

In den beiden Anfangssequenzen der Verfilmung ist die Spannung für den Zuschauer größer, weil mit Informationen über die Handlung und Personen spar-sam umgegangen wird. Dadurch wirkt Siri dem Handlungsgeschehen gegenüber zuerst distanziert. Beim Lesen des Romans hingegen ergibt sich sofort der Anschein, dass Siris Gedanken pausenlos um die Identität ihrer Mutter und somit schließlich auch um ihre eigene Herkunftsgeschichte kreisen: „Mein Mutter in spe war ihrer Zeit nicht voraus, sie handelte nur zeitgemäß. Wir Klone waren im Kom-men. Die Einelternfamilie ab dem Zeitpunkt der Zeugung stand auf der gesell-schaftlichen Tagesordnung." (Kerner 2001, S. 14)

Der Schluss von „Blueprint" weicht in der Verfilmung, wie auch andere Hand-lungsteile, von der Romanvorlage ab: Siri kann sich schließlich dazu durchringen, ihre sterbende Mutter ein letzte Mal zu besuchen. Die Rückblenden aus ihrem bis-herigen Leben sind abgeschlossen, und die Beerdigung von Iris wird als gegenwär-tiges Ereignis gezeigt. Zurück in Kanada wird sie von Greg empfangen und spricht den wichtigen Schlusssatz: „Ich habe meinen eigenen Tod überlebt!"

Auch im Roman kehrt die Protagonistin am Schluss erzählerisch in die Gegenwart zurück. Sie berichtet, dass sie nun 31 Jahre alt ist, sich als Künstlerin einen Namen gemacht und sich endlich selbst gefunden hat: „Allein ICH zähle, und zwar mit meinem Künstlerinnennamen *Double-Jou*." (Kerner 2001, S. 165).

Auffallend beim Betrachten des Filmschlusses ist die Erfindung von Greg, der in der Romanvorlage nicht existiert, Siri jedoch auf ihrem befreienden Flug über die Wälder und Seen Kanadas begleitet und ihr schon zuvor näher gekommen ist. Diese Liebesgeschichte unterstützt den zu den Rückblenden parallel gezeigten Handlungsverlauf im Kanada der Gegenwart. Es scheint, als ob Greg die Lücke füllt, die durch die unmögliche Wiedergabe von Siris Gedankengängen in der filmischen Adaption von „Blueprint" entsteht. Damit ist er gleichzeitig ein Ersatz für die Selbstfindung Siris als Galeristin, denn, das Filmende in einer futuristischen Galerie in einer futuristischen Stadt spielen zu lassen, hätte die Verfilmung unglaubwürdig gemacht.

(Christine Wiesehomeier)

3. Handlungsorte

Der Film spielt in großen Teilen an einem Ort, der im Roman nicht vorkommt: in den **kanadischen Wäldern**, in die sich Siri zurückgezogen hat. Diese weitgehend naturbelassene Landschaft mit ihren intensiven Grüntönen und Naturgeräuschen steht im krassen Gegensatz zu den von den Menschen gestalteten Orten. In der Natur findet Siri zu sich selbst und beginnt ihr eigenes Leben. Hier kann sie ihr Vertrauen erst zu den Tieren (Rentier Rudolph) und dann zu den Menschen (Greg) wiederfinden. Beide tauchen im Roman nicht auf, sind aber für den Film von großer Wichtigkeit. In dieser Naturlandschaft wirkt auch Siris Hütte natürlich, in der kein einziger ‚kalter' Spiegel vorhanden ist, der sie durch die Widerspiegelung ihr eigenen Aussehens an ihre Mutter erinnern könnte.

Der Landsitz der Komponistin Iris Sellin ist ein **Wasserschloss** in der Nähe von Münster. Es weist harte, gerade Linien auf und betont dadurch den Gegensatz zur Formenvielfalt der Natur. In dieser Umgebung gibt Iris den Ton an und bestimmt über Siris Leben und Handeln. Durch den umgebenden Wassergraben und die alten Mauern wirkt die junge Siri von ihrer dominanten Mutter behütet und gefangen zugleich. In diesem Ambiente herrschen kalte Farben vor, auch wenn hier das Leben von der Musik geprägt ist. Das Schwarz und das Weiß der Flügel in dem Wasserschloss weisen auf einen Gegensatz hin; die vielen Spiegel spielen eine große Rolle im Sinne der Widerspiegelung und Selbst-Bespiegelung. Hier herrschen Stimmungen, die Unheil verkünden und in denen das Wort „monströs" fällt. An diesem Ort werden Verletzungen zugefügt. Der Tod des „Mutterzwillings" findet an diesem Ort statt.

Der **Strand** am Meer ist im Film ein Ort der Auseinandersetzung und des Kräftemessens der schwächer werdenden Klonmutter und ihrer Klontochter. Hier begehrt die Tochter das erste Mal auf, als sie sich weigert, ihre Mutter auf eine Konzertreise nach Kanada zu begleiten.

Die **kleine chaotische Wohnung** Janecks spiegelt Siris Gemütszustand wider. Sie bietet Siri einen Zufluchtsort, an dem sie erwachsen werden kann, nachdem sie sich von ihrer Mutter getrennt hat. In dieser Wohnung befindet sich ein Spiegel, der es Siri ermöglicht, sich das Muttermal an der Wange herauszuschneiden und so die Trennung von ihrer Mutter auch optisch sichtbar zu machen. Der Ort, an dem sie einen Selbstmordversuch begeht, ist dagegen nicht eindeutig zuzuordnen.

Die **Skyline einer nordamerikanischen Großstadt** bereiten den Zuschauer bei Siris Heimflug zu ihrer sterbenden Mutter auf den Umschlag zwischen Natur und Zivilisation vor. Sie ist ein Zeichen für die unbegrenzten Möglichkeiten der Zivisation, aber auch ihrer Konsequenzen.

Natur, Wildnis und Selbstfindung stehen im Film Stein, Beton, Zivilisation und Zwängen gegenüber. Im Buch werden die Orte der Handlung nicht detailliert beschrieben, so dass der Leser sie mit seinen inneren Bildern füllen muss. Die Autorin lässt dem Leser Spielraum für seine Fantasie. Durch das Medium Film werden die Orte der Handlung dagegen konkret vorgestellt und so optisch festgelegt. Die gezeigten Orte unterstreichen die Handlung des Films und beeinflussen den Zuschauer in seiner Wahrnehmung und Stimmung.

(Hergund Sandhagen-Jeebe)

4. Adoleszenz: Erwachsenwerden und Ich-Findung

In der Literaturverfilmung „Blueprint" von Rolf Schübel werden Siris Erwachsenwerden und Ich-Findung auf sehr nachdrückliche Weise dargestellt. Diesen Prozess möchte ich anhand einiger Sequenzen verdeutlichen.

Die innige Eintracht zwischen Mutter und Tochter wird erstmals in der 24. Sequenz erschüttert: Siri, deren größter Wunsch es bislang immer war, eine berühmte Pianistin zu werden, zieht es vor, bei ihrer 'Ersatzfamilie' Daniela und Janeck zu bleiben, während ihre Mutter zu einem Konzert nach Kanada fliegt. Im Roman sagt Siri in diesem Zusammenhang: „Und Kehinde folgte Taiwo zum ersten Mal nicht nach." (Kerner 2001, S. 66)

Auch im Film wählt das Mädchen plötzlich einen anderen Weg als die Mutter, der „Mutterzwilling".

Nach Siris Zusammenbruch als Folge des unbarmherzigen Presserummels um ihre Zeugung – ein Aspekt, der sich in dieser Form nur in der Verfilmung findet – und dem anschließenden psychischen Schock verstärkt die Tochter ganz bewusst die Loslösungsversuche von der Mutter. Als Schlüsselszene kann hier das Doppelklavierkonzert (39. Sequenz) angesehen werden: Siri, die zuvor wegen der Anspannung schon unter Nasenbluten leidet, heftet sich beim Schlussapplaus einen Judenstern mit der Aufschrift „Klon" ans Kleid. Dieser Stern, der die furchtbaren und menschenverachtenden Verbrechen während des Nationalsozialismus symbolisiert, ersetzt im Film die Schleife, die sich das Mädchen in der Romanvorlage umbindet (vgl. ebd., S. 83), um die Zuwendung der Mutter zu gewinnen. Die Tochter will die Zuschauer darauf aufmerksam machen, wie sehr sich in ihrer Würde verletzt fühlt. Iris reagiert charakteristisch für ihren Egoismus – statt Verständnis für die Situation ihrer Tochter zu haben, bestraft sie das Mädchen für ihr unangepasstes Verhalten. Die Ignoranz der Pianistin Sellin gegenüber den Bedürfnissen ihres Kindes führt zu einer immer größeren Entfernung der Tochter von der Mutter. Die Situation gerät schließlich immer mehr zu einem Machtkampf zwischen Iris und Siri, die sich von ihrer dominanten Mutter zu emanzipieren sucht, indem sie die Ältere in ihrem Stolz verletzt. Besonders die 41. Sequenz, die ebenfalls keine Entsprechung im Roman aufweist, zeugt von dem Bemühen des Mädchens, die Mutter gegen sich aufzubringen: Wissend, dass Iris' Nervenkrankheit ihre Fingerfertigkeit einzuschränken beginnt, will die Jüngere sie durch ihr schnelles Klavierspielen vor dem Cellisten, mit dem Iris ein Konzert vorbereitet, demütigen. Die Mutter kann schließlich nicht mehr mithalten und beendet den Konkurrenzkampf. Es wird jedoch deutlich, dass Siri inzwischen die bessere, gewandtere Klaviervirtuosin ist.

Auch Siris folgender Versuch, den Geliebten der Mutter zu verführen, dient dazu, die Mutter, für die sie inzwischen nur noch eine Hassliebe empfindet, zu verletzen und sich so von ihr zu lösen.

Das Konzert der Tochter kurze Zeit später ist das erste und gleichzeitig das letzte Solokonzert, das Siri bestreitet: Siri bekommt wieder Nasenbluten und flieht daraufhin aus dem Saal. Dieses Mal ist keine Mutter da, um ihr das Blut abzutupfen und es zu stillen. Das Publikum, das Siris Meinung nach aus Sensationslust das Konzert besucht, fordert die Mutter auf weiterzuspielen. Diese folgt dem Wunsch, und zwar mit dem Gefühl der Genugtuung, doch noch die ,bessere' Sellin zu sein. Es ist ihr Scheitern bei diesem Auftritt, das Siri bewusst macht, wie hoffnungslos es ist, sich über das Klavierspielen von ihrer Mutter distanzieren zu wollen. Die geklonte Tochter zieht zu Janeck und beschließt, nie wieder ein Instrument zu spielen, denn sie meint, nur so könne sie sich dem Schicksal, das ihr Iris aufoktroyiert hat, entziehen. Die Versöhnungsversuche seitens ihrer Mutter weist die junge Frau folglich entschieden zurück.

Eine weitere Schlüsselszene im Zusammenhang mit Siris Emanzipationsbestrebungen ist die 29. Sequenz, in der sich die Tochter das Muttermal herausschneidet – ein Mal, das permanent offenbart, dass Siri kein einzigartiges Wesen ist, sondern nur eine Kopie. Durch diesen radikalen und schmerzhaften Schritt will die junge Frau die Verbindung zu ihrer Mutter endgültig 'kappen'; ihr etwas später unternommener Selbstmordversuch, ebenfalls nur in der Verfilmung, verdeutlicht dem Zuschauer, dass auch dieser verzweifelte Versuch, einen endgültigen 'Schlussstrich' zu ziehen, Siri nicht die ersehnte 'Freiheit' bringt.

So ist es schließlich die räumliche Distanz, das Verlassen der Heimat und mit ihr der traumatischen Erinnerungen, die Siri zu sich selbst finden lässt. In der Einsamkeit der Wälder Kanadas, die als Gegenwelt zu den prächtigen Konzertsälen verstanden werden kann, kommt sie zur Ruhe. Die Natur wird zu ihrem Lebensumfeld und das Fotografieren der Waipitis zu ihrer Aufgabe. Besonders der Albino, der wie Siri nicht so recht zu den anderen passt, hat es der jungen Frau angetan, und sie versucht sich ihm zu nähern. Als er sich schließlich von ihr füttern lässt (52. Sequenz), ist ein Bann gebrochen, der es ihr ermöglicht, nun auch auf Greg zuzugehen, den sie bisher immer wieder zurückgestoßen hat, weil sie es nicht wagte, sich ihm gegenüber zu öffnen – aus Angst, auch von ihm als ein 'Klon' angesehen zu werden.

So wie sich der Albino überwindet, kann endlich auch Siri ‚über ihren Schatten springen'. Weit weg von ihrer Mutter kann sie nun ihr eigenes Leben aufbauen und sich zu ihrer Liebe bekennen. Im Film sagt Greg: „Ich habe die Kopie geliebt, bevor ich das Original kannte!" Diese Aussage macht der jungen Frau bewusst, dass sie einem Menschen begegnet ist, der sie als Individuum akzeptiert.

Die Erkenntnis, für Greg ein einzigartiger, unverwechselbarer Mensch zu sein, gibt Siri auch die Kraft, der Mutter ein letztes Mal gegenüberzutreten (57. Sequenz). Die Tochter ist nun sogar fähig, Iris entgegenzukommen, d. h. ihre alte Haarfrisur zu tragen und der Todkranken ihre Lieblingsmelodien vorzusummen. Iris' Brief, der einem Schuldeingeständnis gleichkommt, befreit Siri endgültig von der Last und dem Gefühl, ein Klon zu sein. Auf der Trauerfeier spielt sie ein letztes Mal für die Tote, ein Abschied dieses Mal und kein Wettkampf. Dann kehrt sie, die allein Zurückgebliebene, nach Kanada zu Greg zurück. Sie weiß, dass sie einzigartig ist und diesem Mann viel bedeutet. Endlich kann sie zur Ruhe kommen.

(Katja Mayer)

5. Sciencefiction: Wie wird die zeitliche Situierung in der Zukunft dem Zuschauer bewusst gemacht?

Die den Roman und den Film wesentlich bestimmende Sciecefiction-Thematik, also die Spekulation über die künftige Entwicklung der Menschheit, wird bestimmt von dem wissenschaftlichen Problem des Klonens von Menschen, was bis zum gegenwärtigen Zeitpunkt nicht erlaubt ist. Im Roman und dem Film „Blueprint" existiert die für das Klonen notwendige Technik bereits, wenngleich sie noch umstritten ist, da sie bisher nur bei Säugetieren praktiziert wurde. Im Film wird deutlich, dass es sogar ein Verbot diesbezüglich gibt, jedoch denken viele Wissenschaftler so wie Prof. Fisher. Iris und Fisher gehen davon aus, dass nach etwas Aufsehen, zumindest auf der moralischen Ebene, sehr schnell Gras über die ganze Angelegenheit wachsen wird, was dann auch tatsächlich geschieht.

Sowohl der Leser wie auch der Zuschauer wird in die Technik des Klonens eingeführt. Im Buch wird sie ausführlich beschrieben, im Film übernimmt Prof. Fisher die Aufgabe, es zu erklären. Hier wird das Verfahren mit Hilfe mikroskopischer Aufnahmen gezeigt, die dem Ganzen eine wissenschaftliche Note verleihen.Die Reaktionen der Öffentlichkeit zeigen sich in dem Film in dem Verhalten der 'Pressemeute', die sich auf die nichts ahnende Siri stürzt, welche traumatisiert zusammenbricht, da sie bisher nichts von ihrem Klon-Dasein wusste. Im Roman ist das anders: Hier weiß Siri schon früh Bescheid, denn der Professor veröffentlicht schon im ihrem ersten Lebensjahr den Bericht von dem erfolgreichen Klonen eines Menschen. Die kritisch wertende und moralische Instanz bildet hier die Mutter von Iris, die Siri als „monströs" bezeichnet, die aber in der Verfilmung fehlt. Hier übernimmt Thomas Weber ihre Rolle und Argumentation.

Dass die Handlung von „Blueprint" in der Zukunft spielt, zeigt sich im Film nicht nur am Stand der Wissenschaft, sondern auch am Stand der Technik in der häuslichen Umgebung von Iris und Siri wie z. B. in der Verwendung des Visafons. Ansonsten können der Kleidungsstil wie die Einrichtung eher als klassisch-konservativ oder sogar als altmodisch bezeichnet werden. Als Siri sich in Kanada auf den Flughafen begibt, der im Übrigen nicht anders als heutige Flughäfen aussieht, zeigt sich wieder die fortschrittliche Technik. Sie muss statt eines Ausweises ihren Fingerabdruck zur Legitimation einscannen. Der Film nutzt diese Technik zugleich, um die Klon-Identität von Iris und Siri zu bestätigen, da der Bildschirm, fortlaufend wechselnd, mal das Bild von Iris, mal das von Siri zeigt, bis Siri schließlich erkannt und durchgelassen wird. Hier unterscheidet sich der Film vom Roman, denn darin werden keine neuartigen technischen Geräte zum Beleg für eine Welt der Zukunft verwendet. Im Roman zeigt sich die Welt der Zukunft eher in der Gesellschaft und ihren Werten und Normen. Im Film reagiert dagegen die Gesellschaft aus heutiger Sicht für den Zuschauer verständlich, denn das öffentliche Interesse an der Sensation eines geklonten Menschen ist riesengroß und die Tatsache wird als schockierend empfunden.

(Andrea Deutsch)

6. Symbolik

Die Symbole und der Symbolgebrauch im Roman und in der Verfilmung unterscheiden sich deutlich voneinander. Im Roman werden vor allem Zwillingssymbole verwendet, die aus der antiken Mythologie (Kastor und Pollux, die Doppegöttin), aus der Geschichte (die siamesischen Zwillinge Chang und Eng, die siamesischen Zwillinge Johannes und Lazarus Coloredo), aus der Biologie (der Ginkobaum mit seinen Zwillingsblättern) oder aus der Kulturgeschichte (die afrikanischen Zwillinge Kehinde und Taiwo) stammen.

Ein anderer Bereich stellt die Farbsymbolik dar, die im Roman verwendet wird, um den Ablösungsprozess von Siri augenfällig zu machen. Sie nennt ihre gefärbten Haare, ihre andersfarbigen Kontaktlinsen und ihre bunte Kleidung ihre „Kriegsbemalung" (S. 95), mit der sie Iris provozieren will.

Weil viele Symbole des Romans eher 'abstrakt' sind, sind sie in der Verfilmung nicht verwendbar. Hier müssen anderen Symbole gefunden werden, die auch optisch bedeutungsvoll sind und ins Auge fallen, die kein umfangreiches Hintergrundwissen fordern, denn sie könnten die Zuschauer nur vom Handlungsverlauf ablenken und überfordern, zumal der Film ein 'flüchtiges' Medium ist. Die Verfilmung arbeitet mit drei sehr bedeutenden Dingsymbolen, die der Handlung einen 'tieferen Sinn' geben sollen: mit dem Albino-Waipitihirsch, dem Judenstern mit der Aufschrift „Klon" und dem Muttermal auf Siris Wange. Dazu kommen die zahlreichen Spiegel bzw. Widerspiegelungen.

Der Einsatz von Spiegeln und anderen Gegenständen, die alles reflektieren (Gläser, Wasser, die Oberflächen des Flügels) ist ein häufig verwendetes Symbol der Verfilmung. Immer wieder wird man als Zuschauer daran erinnert, dass sich irgendetwas wiederholt, dass es in diesem Film um Reflexion, um Abbilder geht.

Teilweise wird man sogar regelrecht verwirrt, weil man nicht weiß, ob es sich bei dem Gezeigten um ein Abbild oder das Original handelt. Ebenso erahnt man ständig irgendwelche Spiegelachsen. Das beginnt bereits am Anfang der Verfilmung mit der Einblendung des Tirels über einem kanadischen See und setzt sich fort mit dem Buchstabenspiel der Namen Iris und Siri. Der Zuschauer wird geradezu sensibilisiert für derartige Symmetrieachsen.

Das Rentier Rudolph ist ein weiteres wichtiges Symbol. Als Siri noch ein Kind ist, bringt ihre Mutter ihr ein Rentier als Stofftier mit. Mutter und Tochter singen gemeinsam das Lied von Rentier Rudolph. Hier ist das Stofftier Symbol ihrer Gemeinsamkeit. Als Siri sich von ihrer Mutter glöst hat und nach Kanada 'geflohen' ist, schickt ihre Mutter ihr das Stofftier zu – ein Erinnerungsstück an ihre gemeinsame Vergangenheit, das zugleich Siri über diese Erinnerung erneut an die Mutter binden soll. In den kanadischen Wäldern begegnet Siri bei ihren Tierbeobachtungen einem sehr scheuen Rentier, einem Albino, das sie Rudolph tauft. Dieses Tier ist in ihren Augen ein Symbol ihrer eigenen Situation, denn sie sagt: „Er weiß nicht, wo er hingehört." (Sequenz 15)

Als sich Rudolph sich ihr schließlich annähert und sich füttern und streicheln lässt (Sequenz 52), ist ein Wandel im Verhalten Siris zu beobachten. Sie lässt nun auch die Annäherung Gregs zu, sie erzählt ihm, der mit Hilfe von Recherchen im Internet etwas über ihre Klon-Existenz, von ihrer Vergangenheit herausgefunden hat. Gregs Äußerung: „Ich habe die Kopie geliebt, bevor ich das Original kannte!" und der folgende Kuss sind Zeichen dieses Wandels. Schließlich kann Greg Siri davon überzeugen, dass sie zu ihrer totkranken Mutter nach Deutschland reisen muss. Das Lied „Rudolph, the red-nosed reindeer" wird zu einem zentralen musikalischen Leitmotiv für den ganzen Film.

In der 49. Sequenz schneidet sich Siri, nachdem sie nach ihrem missglückten Konzert zu Janeck geflohen ist, vor dem Spiegel ihr Muttermal an ihrer Wange heraus. Dieser schmerzhafte Akt ist Symbol für die gewünschte Eleminierung ihres genetischen Codes; sie will bewusst und auch äußerlich sichtbar die Trennung von ihrem „Mutterzwilling". Als ihr bewusst wird, dass auch auf diese Weise die Lösung ihres Identitätsproblems nicht gelingen kann, versucht sie Selbstmord zu begehen. Janeck rettet sie im letzten Moment (Sequenz 50).

Ein weiters Symbol für die abgrundtiefe Verzweiflung wird von Siri nach dem Doppelkonzert mit ihrer Mutter absichtsvoll und deutlich sichtbar ‚ins Bild gebracht': Als sie von der Konzertbühne abtritt, heftet sie sich einen Judenstern an ihr Kleid, der die Aufschrift „Klon" trägt (Sequenz 39). Wie die Juden von den Nazis als minderwertige Außenseiter abgestempelt worden sind, fühlt Siri sich öffentlich diffamiert und zum Schauobjekt degradiert.

(Studentengruppe)

7. Bedeutung und Funktion der Musik

Alle Symbole erweisen sich als optisch bedeutungstragend, was für einen Film eine Grundvoraussetzung ist. Eine weitere Möglichkeit der Symbolisierung eröffnet sich in der Musik, die in diesem Film, weil es auch thematisch um Musik geht, eine besondere Funktion besitzt.

Im Roman spielt Iris auf dem Klavier hautsächlich selbst komponierte Stücke: „Tautropfen", „Echoes", „Echoes II", „Dein Leben", „Terra Lonhdana". Für Siri schreibt sie verschiedene Stücke, die diese zum Teil auch bei ihren Auftritten vorspielt, und sogar eine ganze Oper, „Der 35. Mai", nach dem Kinderbuch von Erich Kästner.

In der Verfilmung dagegen gibt es nur wenige eigene Kompositionen von Iris. Sie spielt vor allem bekannte Stücke: „Pathetique No. 1" von Ludwig van Beethoven, „Sonatine c-Dur" von Friedrich Kuhlau, „En blanc et noir" von Claude Debussy, „Fantasie und Fuge a-Moll" von Johann Sebastian Bach, „Sonate No. 11 a-Dur - Andante grazioso" von Wolfgang Amadeus Mozart, „Fantasie und Fuge a-Moll" von Johann Sebastian Bach, „Fantasie Stück Nr. 2 für Cello und Klavier" von Robert Schumann, „Klavierkonzert No. 20 in d-Moll" von Wolfgang Amadeus Mozart. Im Film dagegen gibt es nur wenige Kompositionen, die Iris zugeschrieben werden. Als das zentrale Stück der Verfilmung ist sicherlich die „Sonate No. 11 a-Dur – Andante grazioso" von Mozart zu nennen. Es ist das Stück, das Siri als erstes spielt, als sie von Iris den Flügel geschenkt bekommt, und auch im späteren Verlauf des Film häufiger wiederholt. Oft wird dieses Stück zudem eingespielt, wenn die Handlung des Films zwischen Gegenwart und Vergangenheit wechselt.

Das einzige Stück, das Iris im Verlauf des Films als selbst komponiertes zugeschrieben wird, ist das „Klavierkonzert für Siri"; es lässt sich mit den „Tautropfen" des Romans vergleichen, da es ebenfalls häufiger auftaucht.

Ein weiteres Lied, das sich als Leitmotiv für den Film Verwendung findet, ist „Rudolph, the red-nosed reindeer" (eine Komposition von John D. Marks). Schon während Siris Kindheit sieht man Mutter und Tochter zusammen dieses Lied singen, während Iris die Klavierbegleitung spielt. Als Siri im Koma liegt (Sequenz 37), spielt Iris es für Siri, und Siri summt es ihrer Mutter vor, als diese auf dem Sterbebette liegt.

Von beiden Hauptpersonen wird Musik zudem als Mittel eingesetzt, um sich gegeneinander auszuspielen. Als Iris mit dem Cellisten Christan das „Fantasie Stück Nr. 2 für Cello und Klavier" von Robert Schumann für ein Konzert vorbereitet, versucht Siri ihrer Mutter durch ihr perfekteres und schnelleres Spiel zu überbieten und sie so bei Christian 'auszustechen'.

Außer der von Iris gespielten Klavierstücke hört man im Film hauptsächlich leichte Popmusik mit sanftem Gesang, jedoch ist darin immer ein Klassikthema zu erkennen, so auch in dem Lied „True Lies" von Detlef Friedrich Petersen, mit dem der Abspann musikalisch untermalt wird.

(Stefanie Schlegel)

8. Fazit

Der Vergleich zwischen einer Literaturvorlage und ihrer Verfilmung zeigt die Variabilität des Mediums Film und die unzähligen Möglichkeiten, die es verwenden kann. Als Rezipient stellt man sich die Frage, wie ein Filmemacher auf derartige Ideen kommen kann, wie z. B. den Waipiti-Albino in der „Blueprint"-Verfilmung als Symbol einzusetzen. Bei jedem aus der Literatur zu übertragenden Handlungselement gehen die Filmemacher schließlich das Risiko ein, die Aussage der jeweiligen Vorlage zu verfehlen.

Beeindruckend ist dabei allerdings, wie weit sich die Darstellungen der literarischen Vorlage und ihrer Verfilmung voneinander entfernen und dennoch dasselbe Thema transportieren können. Bei der Adaption von „Blueprint" ist auffällig, dass die Stellen im Roman, die im Film nur schwer umsetzbar sind, durch alternative bildliche Darstellungen ersetzt wurden und somit den Rezipienten in vergleichbarer Weise verständlich gemacht werden. Ein Beispiel dafür ist die Vermittlung der Hassgefühle Siris, die im Roman durch unzählige verbale Äußerungen zum Ausdruck kommen. Im Film reichen dem Zuschauer die abrupte Reaktion Siris auf den Anruf ihrer Mutter und ihre Mimik, um die entsprechende Information über Siris Befindlichkeit dem Zuschauer zu übermitteln. Auch die Tatsache, dass Siri in dieser Szene weit entfernt von ihrer Mutter in Kanada lebt, vermittelt dem Zuschauer schon diesen Eindruck.

Obwohl die Vorzüge des Films in der visuellen und auditiven Vermittlung und die der Literatur einzig im Gebrauch der schriftlich vermittelten Sprache liegen, besitzen beide Medien je spezifische Ausdrucksmittel, die die Inhalte unverwechselbar und eindrucksvoll vermitteln können. Dadurch entsteht bei einer Verfilmung die Chance, dass der Rezipient den literarischen Text aus einem veränderten Blickwinkel betrachtet, der ihm – bei gelungenen Adaptionen – durchaus neue Deutungsmöglichkeiten eröffnet.

9. Beurteilung der Verfilmung von „Blueprint"

Ein **Schülerscreening** zur Verfilmung von Blueprint, das von der Stiftung Lesen in den Klassen 8 und 9 sowie in der Kursstufe 12 mit ca. 80 Jugendlichen durchgeführt wurde, ergab folgendes Ergebnis:

Schülereinschätzung: insgesamt positive Beurteilung

Im Einzelnen:

Spontane Beurteilung: gut (10 sehr gut, 46 gut, 16 befriedigend)

Aspekte im Überblick:

Spannung: befriedigend
Unterhaltung: gute bis befriedigend
Information: gut bis befriedigend
Emotionales Erlebnis: gut
Schauspielerische Leistung: sehr gut bis gut
Filmhandlung: gut
Musik: gut bis sehr gut

Reihenfolge der Filmthemen:

Mutter-Tochter-Beziehung
Klonen / Gentechnologie
Musik
Zusätzlich: Identitätsfindung

Freiwilliger Filmbesuch:

Mehrheitlich ja (38 ja, 32 nein, 9 vielleicht)

Filmbehandlung im Unterricht:

Mehrheitlich ja (60:17)

Einschätzung nach dem Filmgespräch in Klasse 8:

Die Schüler stehen dem Film positiv gegenüber und können sich die Behandlung im Unterricht vorstellen.

Formulierte Kritikpunkte sind:

– Die Rahmenhandlung/Erzählstruktur ist verwirrend (Beziehung zu Janeck bzw. Greg).
– Kanadisches Leben wirkt übertrieben/unglaubwürdig.
– Spannungsaufbau ist problematisch.
– Filmsprache wirkt unterkühlt.
– Hauptthematik Mutter-Tochter-Beziehung braucht nicht unbedingt das Klonen als Hintergrund.
– Buch ist aussagekräftiger.

Einschätzung von Lehrerseite:

– Im Vordergrund eines Unterrichtsmaterials sollte das Thema 'Literaturverfilmung' stehen.
– Inhaltliche Themen sind die Komplexe Mutter-Tochter-Beziehung, Identität/ Individualität, das Thema Klonen nur am Rande.
– Vor dem Hintergrund der beschriebenen Lebenswelten wird das mögliche Material vorwiegend für Gymnasien gesehen.

5.5 „Blueprint" als Theaterstück: „Duett für einen Zwilling"

Charlotte Kerners erfolgreicher Roman „Blueprint" aus dem Jahre 1999 ist 2004 als Verfilmung von Rolf Schübel mit Franka Potente in der Hauptrolle in die Kinos gekommen. Nun hat dieser Jugendroman auch als Theaterstück seinen Weg auf die deutschen Theaterbühnen gefunden. Die Autorin und Theaterregisseurin Tatjana Rese hat den Roman für das Theater bearbeitet.[1] Am Freitag, dem 17. Juni 2005, fand die deutsche Uraufführung im Theater Krefeld statt. Das Theaterstück trägt den Untertitel „Duett für einen Zwilling". Sein Charakteristikum ist es, dass das Stück als „Monolog" gestaltet ist. Das Bühnenstück geht anders mit der Buch-Vorlage um als die Verfilmung, die versucht, eine eigenständige Interpretation des Romans ins Bild zu setzen und dabei auf die spezifischen filmtechnischen Mittel zurückzugreifen. Das Theaterstück dagegen basiert ganz stark auf der Romanfassung, denn zu ca. 90 % wird dessen Text verwendet; die Dramatisierung von Tatjana Rese kann man als Montage bezeichnen, denn in ihr werden verschiedene Texte aus der Roman-Vorlage zu einem ca. 80-minütigen Schauspiel neu zusammengesetzt. Das Stück wird von <u>einer</u> Schauspielerin gespielt, die mal als Iris, mal als Siri agiert. Ein Blick in das Vorwort des Stückes verrät schon einiges über seine Besonderheiten:

> Der Text ist ein Monolog für eine Schauspielerin.
> Ausgangspunkt ist die fiktive Gegenwart der 22jährigen SIRI unmittelbar nach der Beerdigung ihrer Mutter IRIS. SIRI ist deren Klon, ihr Blue Print, Tochter und Zwilling zugleich. Jetzt ist sie allein und beginnt ihre Zwiesprache mit ihrem anderen Ich. [...]
>
> Das Selbstgespräch der IRIS-SIRI ist der Dialog zwischen Ich und Ich. Es ist eine Auseinandersetzung zwischen Original und Kopie. Die Zeitebenen springen diskontinuierlich von der Gegenwart der 22jährigen in die unterschiedlichsten Vergangenheitsebenen der beiden Frauen: SIRI als Kind, als junges Mädchen, Jugendliche; IRIS als junge, bekannte Pianistin, als Schwangere, als Mutter, als 50jähriger Pflegefall.
>
> Die Zeitebenen verdichten sich am Schluss des Monologs in eine nahe Zukunft der SIRI, in der die Kopie vielleicht ein Original geworden ist. Musik steht im Zentrum des Lebens von IRIS und SIRI. [...] Musik ist in dieser Klonbiografie aber auch ein Gleichnis: künstlerische Gestaltungsabsicht und wissenschaftliche Konstruktionsarbeit an der menschlichen DNS verbindet eines, der Traum des Menschen von seiner Unsterblichkeit.
>
> Die den Monolog begleitende Pianistin soll diese Metapher repräsentieren.
> (Theaterstück S. 5)

---

[1] Das Theaterstück ist im „stückgut Bühnen- und Musikverlag" (80331 München, Marienplatz 1, Tel. 089 / 22802548/49) erschienen. Der Verlag teilt mit, dass normalerweise aus urheberrechtlichen Gründen keine Manuskripte an Privatpersonen versandt werden. Für den Abdruck der Szenen aus dem Theaterstück und der Fotos von der Uraufführung in der Fabrik Heeder/Krefeld am 17. Juni 2005 in diesem Buch liegt eine Sondergenehmigung vor.

Die Konstruktion des Theaterstücks erschließt sich über die Folge der 23 „Bilder",
die jeweils durch eine Überschrift charakterisiert und durch einige inhatliche Hinweise ergänzt werden:

1. Bild: Die Stunde Null *(Siri, 22 Jahre alt, am Grab ihrer Mutter.)*
2. Bild: Musik ist Schöpfung *(Iris Sellin, eine junge Komponistin, während eines Konzerts.)*
3. Bild: Der Schmerz der Vergänglichkeit *(Iris, jetzt ungefähr 30jährig, zu Haus.)*
4. Bild: Der Schmerz der Kopie *(Die 22jährige Siri wendet sich an die Zuschauer.)*
5. Bild: Die Kopfgeburt *(Iris im Gespräch mit sich selbst.)*
6. Bild: Die unbefleckte Empfängnis [Im Labor bei Prof. Fisher]
7. Bild: Rückblick *(Die 22jährige Siri am Sarg ihrer Mutter.)*
8. Bild: Schwangerschaft 1 *(Iris sitzt am Flügel und spielt Kinderlieder. Sie strei-chelt über ihren schwangeren Bauch.)*
9. Bild: Schwangerschaft 2 *(Iris ruft ihre Mutter an. Ein Telefonat.)*
10. Bild: Klone sind auch Menschen. Ein zuversichtlicher Blick in unsere Zukunft [Vortrag der Frau Professor Knieper]
11. Bild: Die Geburt *(Ende September des Jahres Null wird der Tochter-Zwilling von Iris Sellin ohne Komplikationen geboren [...])*
12. Bild: Im Spiegel *(Iris sieht Siri im Spiegel. Sie tastet ihr Gesicht ab. Es ist ein Gespräch mit dem Ich im Spiegel.)*
13. Bild: Lied der Nachgeborenen *(Siri, die Pianistin.)*
14. Bild: Selbstgespräch *(Tosender Applaus des Konzertpublikums. Iris kommt nach dem Konzert nach Haus.)*
15. Bild: Kindheit des Klons *(Siri allein.)*
16. Bild: Krankheit *(Iris am Flügel.)*
17. Bild: Zwietracht *(Siri allein.)*
18. Bild: Chor der Klone MENSCHENUNDTIERE *(Zahlreiche)*
19. Bild: Unser Geliebter *(Siri ist 16 oder 17, eine junge, hübsche Frau. Sie tuscht sich die Wimpern, zieht einen sorgfältigen Lidstrich. Malt sich die Lippen mit dem Lippenstift ihrer Mutter. [Siri als Konkurrentin von Iris beim Liebhaber Kristian])*
20. Bild: Sterben des Mutterzwillings *(Ein Rollstuhl. Siri.)*
21. Bild: Familienalbum *(Siri mit den Tagebüchern und Fotos von Iris. Im Kon-zertkleid ihres Mutterzwillings.)*
22. Bild: Posthumes Selbstgespräch *(Siri.)*
23. Bild: Überleben *(Siri auf ihrer Ausstellungseröffnung. Applaus.)*

Ende

Dieser Überblick über die 23 Bilder lässt erkennen wie das Theaterstück gebaut
worden ist.

1. Wie das Jugendbuch bilden das 1. und das 23. Bild einen Rahmen. Im 1. Bild, unmittelbar nach dem Tod von Iris, beginnt der einsame Weg von Siri, der aber zugleich ein Weg der Emanzipation ist. Im letzten Bild eröffnet sie ihre erste Ausstellung als Künstlerin und deutet ihre Kunst als Auseinandersetzung mit ihrer Klonexistenz.

2. Im ersten Teil des Theaterstück überwiegen deutlich die Auftritte von Iris, im zweiten Teil die von Siri. Einen Wendepunkt bildet das 12. Bild. Hier betrachtet Iris sich im Spiegel und erblickt das Bild von Siri. Von da an beherrscht Siri die Szene, und Iris tritt mehr und mehr zurück.

3. Im ersten Teil des Theaterstücks begegnet Siri dem Zuschauer immer als die Trauernde am Sarg oder am Grab der Mutter (1, 4, 7).

4. Iris dagegen erscheint im ersten Teil zuerst als Komponistin und Pianistin und dann als die, die ihre Tochter als „Kopfgeburt" plant; im zweiten Teil ist sie noch einmal als Pianistin und dann als Kranke auf der Szene (14, 16).

5. Siri ist vor allem im zweiten Teil des Stücks auf der Bühne präsent. Sie hat den Konkurrenzkampf gegen ihre Mutter gewonnen (19), und das Sterben des Mutterzwillings erlebt (20). Es bleiben der Rollstuhl, die Tagebücher und Fotos von Iris, es bleibt die Erinnerung. Im 21. Bild durchtrennt Siri die DNS-Fäden zu ihrer Mutter, im 22. Bild folgt die Abrechnung mit ihr: „Du hast mich komponiert wie ein Musikstück. Aus eins macht zwei. Aber du hast dir etwas vorgemacht. Denn jemanden zweiteilen, heißt auch ihn töten." (Theaterstück, S. 21)

6. Eingeschoben in diesen 'Wandlungsprozess' von Iris zu Siri sind drei „Bilder", die eher kommentierenden Charakter besitzen: der Vortrag der Professorin Knieper, die das Besondere und das Positive des Klonens herausstreicht (10), sowie die beiden liedhaften Kommentare: „Lied der Nachgeborenen" (13) und „Chor der Klone" (18), die beide die positive Beurteilung der Professorin in Frage stellen und die Problematik des Klonens betonen.

Eingeleitet wird das Theaterstück durch eine längere Regieanweisung, die das Bühnenbild beschreibt:

> *Ein schwarzer Konzertflügel. Wie ein Sarg.*
> *Ein zweiter Flügel, genaues Abbild des ersten, hängt als Spiegelbild über der Szene.*
> *Siri ist Iris. Eine Pianistin begleitet das Spiel.*
> *Die Verwandlungen der Schauspielerin in Mutter, Tochter, Erwachsene, Kind, Zwilling, sollen sichtbar gemacht werden, so dass das Spiel auf dem Theater, auch die Anstrengung der Metamorphosen, das problemreiche Leben des Zwillingsklons Siri sinnfällig machen.* (Theaterstück, S. 6)

Im Folgenden werden 4 Szenen des Theaterstücks von Tatjana Rese abgedruckt, die den Schülerinnen und Schülern einen Eindruck von der Dramatisierung des Romans vermitteln sollen:

1. Bild: Die Stunde 0
12. Bild: Im Spiegel

13. Bild: Lied der Nachgeborenen
23. Bild: Überleben

Aufgaben:

1. Lest die vier Szenen und ordnet sie mit Hilfe des Überblicks über die Konstruktion des gesamten Theaterstücks ein. Welche Position haben die vier „Bilder" im Theaterstück?

2. Untersucht die vier „Bilder" genauer: Worum geht es inhaltlich?

3. Die „Bilder" 12 und 13 bilden den 'Wendepunkt' der Handlung auf der Bühne. Erläutert das mit Hilfe der Gesamtkonstruktion und ihres Inhalts.

4. Welche Bedeutung hat das Bühnenbild, das in der Regieanweisung ausführlich beschrieben wird?

5. Die Autorin Tatjana Rese nennt ihr Theaterstück „Duett für einen Zwilling" und nennt es einen „Monolog". Versucht die 'Paradoxien' von Titel und Redeform zu erfassen und aufzuklären.

6. Das Theaterstück wird von einer Schauspielerin gespielt, die in die Rollen von Iris und Siri schlüpft. Welche Vor- und welche Nachteile erkennt ihr in dieser Entscheidung?

7. Vergleicht die Bilder 1 und 23 mit dem Romananfang und -schluss. Welche Ähnlichkeiten erkennt ihr und welche Unterschiede?

8. Am Schluss bietet es sich an, die drei medialen Darstellungsformen von *Blueprint* einer Analyse zu unterziehen. Mit welchen Mitteln arbeiten Roman, Verfilmung und Theaterstück? Verdeutlicht euch das mit Hilfe einer Tabelle.

9. Welche Ausdrucksmöglichkeiten besitzen diese drei Darstellungsformen? Welche Form hat euch am besten gefallen? Begründet eure Meinung.

Ines Krug als Iris / Siri bei der Uraufführung von
Blueprint. Duett für einen Zwilling
von Tatjana Rese
am 17. Juni 2005 in der Fabrik Heeder / Krefeld
(am Klavier: Ulrike Aistleitner)

Ein schwarzer Konzertflügel. Wie ein Sarg.
Ein zweiter Flügel, genaues Abbild des ersten, hängt als Spiegelbild über der
Szene.
Siri ist Iris. Eine Pianistin begleitet das Spiel.
Die Verwandlungen der Schauspielerin in Mutter, Tochter, Erwachsene, Kind,
Zwilling, sollen sichtbar gemacht werden, so dass das Spiel auf dem Theater, auch
die Anstrengung der Metamorphosen, das problemreiche Leben des Zwillings-
klons Siri sinnfällig machen.

1. Bild
Die Stunde 0

Siri, 22 Jahre alt, am Grab ihrer Mutter.

SIRI   Ich bin eine Überlebende. Meine Mutter ist vor zwei Wochen gestor-
               ben. Ich war ihr Zwilling. Jetzt bin ich allein. Ich war ihre Blaupause.
               Jetzt bin ich einmalig. Nur noch eins mit mir. Was eben beginnt, ist
               der einsame Weg einer Doppelgängerin. Mein Jahr Null. Die zweite

Geburt der Kopie. Der erste Ursprung eines Einlings. Der Blueprint ist das Original geworden.

Ich bin traurig heißt: *I feel blue.* Unsere Beziehung begann im kalten Laborlicht. Und zwielichtig war sie von Beginn an. Abgöttische Liebe gab es und tiefsten Hass. Jetzt endet sie in deinem kalten Grab. Auf diesen Sarg möchte ich einschlagen, wenn es nicht wie Musik klänge, deine Musik, wieder du und du und du!

Redet bitte nie wieder von Liebe, wenn es ums Klonen geht. Selbst Narziss suchte seine tote Zwillingsschwester, als er sich im Spiegel bewunderte. Die Kloner handeln nicht aus Liebe, sie spalten. Sie spalten. Sie sind das dritte Geschlecht des dritten Jahrtausends und wollen selbst die Götter sein.

Und so kam ich als Missbrut in diese Welt.

Sie schaut in den Spiegel und sieht ins Nichts.

12. Bild
Im Spiegel

Iris sieht Siri im Spiegel. Sie tastet ihr Gesicht ab. Es ist ein Gespräch mit dem Ich im Spiegel.

IRIS   Was siehst du, meine Siri. Zwei Augen oder vier?

Nur zwei!

Jetzt bist du ich und ich bin du!

(lacht) Ich-du! Du-ich!

So wie ich wirst du auch einmal aussehen, wenn du groß bist. Und dann bist du die berühmte Pianistin!

Du wirst viel größer und viel berühmter als ich!
Bin ich dann schon tot?

Nein, nein! Bis dahin vergeht noch sehr viel Zeit.

Wie viel Zeit habe ich noch?

Die meisten Menschen werden siebzig oder achtzig Jahre alt.

Warum werden die Menschen nicht dreihundert Jahre alt wie die Schildkröten?

Es ist so wie es ist. Alle Lebewesen haben eine bestimmte Zeit.

Unsere Lebensuhr wird von den Genen bestimmt.

Weil es dich gibt, werde ich nie sterben. Denn du bist ich und ich bin du.

Theateraufführung Blueprint.
Duett für einen Zwilling v. Tatjana Rese

Foto: M Stutte

Du sollst Pianistin werden! Du sollst Pianistin werden! Du sollst Pianistin werden!

Iris spielt.

13. Bild
Lied der Nachgeborenen

Siri, die Pianistin.

SIRI   Der Spiegel zeigt immer das andere fremde
            Ich. Doppeldeutig geteilte Seelen.
            Nichts gehört mir allein immer
            Muss ich alles mit dir teilen und
            Bleibe mir fremd dabei im eigenen Körper.

            Es gibt kein erstes Mal. Es ist
            immer das zweite. Nichts Neues
            unter der Sonne und kein Gott
            ist der Schöpfer. Ich bin nur ein Abbild,
            Die zweite Fassung, eine Lesart der anderen.

23. Bild
Überleben

Siri auf ihrer Ausstellungseröffnung. Applaus.

SIRI   Meine sehr verehrten Damen und Herren, ich freue mich über Ihr
            Interesse an mir und meinen Arbeiten. Ich bin jetzt dreiunddreißig
            und lebe eigentlich nur für meine Kunst. Dies hier ist meine erste
            öffentliche Ausstellung. Sie sehen einige Installationen, metallene
            Konstruktionen von scheinbar unbegrenzter Lebensdauer. Eine Art
            Maschinen-Aliens, die keineswegs perfekt sind. Sie beben und zit-
            tern, sie werden ohnmächtig und erwachen plötzlich zu neuem
            Leben. Sie tanzen und spielen, geben Geräusche von sich und
            manchmal spielen sie auch verrückt. Ich bitte Sie, sie genau zu
            betrachten. Diese mechanischen Wesen leben in einer ganz eigenen
            Welt, sie agieren wie Schauspieler auf einer Bühne, jedes mit einer
            eigenen Seele.
            Besonders hinweisen möchte ich Sie alle auf die zentrale Installation
            der Ausstellung mit dem Titel „Pollux seul". Es ist dies ein schwarzer
            Konzertflügel, der verkehrt herum an dicken Stahlseilen von der
            Decke hängt. Schauen Sie ihn genau an und hören Sie genau hin:
            Unregelmäßig und unerwartet kotzt dieses Instrument seine weißen

Theateraufführung Blueprint.
Duett für einen Zwilling v. Tatjana Rese
                                                              Foto: M Stutte

Theateraufführung Blueprint.
Duett für einen Zwilling v. Tatjana Rese
                                                              Foto: M Stutte

und schwarzen Tasten und Hämmerchen aus. Das Klirren und Stöhnen, das dabei dem hölzernen Leib entsteigt, erschreckt nur beim ersten Mal.

Und wenn Sie mich jetzt fragen, wie meine Kunst denn in Zukunft aussehen soll, antworte ich Ihnen: Einfach klonig!

ENDE.

5.6 Materialien

Sequenzeninhaltsprotokoll der Literaturverfilmung „Blueprint" von Rolf Schübel

Nr.	Dauer (sec.)	Sequenzeninhalt
1	20	**Vorspann** mit Titel, Regie, Schauspielern und Mitarbeitern; erst bildfüllend, dann in den beiden folgenden Sequenzen des Films unterlegt.
2	180	„Irgendwann in der nahen Zukunft." Siri beobachtet und fotografiert in den kanadischen Wäldern Waipitis, die größte und scheueste Hirschart der Welt. Greg taucht mit seinem Jeep auf, laute Musik, und verscheucht die Tiere. Siri faucht den Störenfried an. Als Greg sich verteidigen will, verschwindet Siri wortlos zwischen den Bäumen.
3	216	Fahrt Siris mit dem Motorboot zum Hafen von Telegraph Cove, einem winzigen Ort am Rande der großen Wälder, wo sie ihre Lebensmittel abholt. Sie bekommt ein Paket ihrer Mutter ausgehändigt, in dem sich das Rentier „Rudolph", ein Schmusetier aus Kindertagen, befindet. Als Greg auftaucht, reagiert Siri wiederum schroff und ablehnend und fährt mit ihrem Motorboot davon. Greg holt sich Informationen über Siri von der Frau im Store.
4	74	Siris Hütte liegt abgeschieden in einer kleinen Bucht des pazifischen Ozeans - am Ende der Welt. Auf Siris Bildschirmtelefon erscheint das Bild einer alten, kranken Frau, ihrer Mutter Iris Sellin, die sie bittet, zu ihr zurückzukommen, da sie nicht mehr lange zu leben habe. Siri schaltet abrupt das Visafon ab. Ihre Gedanken gehen zurück in die Vergangenheit . . .
5	150	**Rückblende (zwanzig Jahre früher)** Konzert von Iris Sellin im roten Kleid: Sie spielt die „Pathetique No. 1" von Ludwig van Beethoven. Am Schluss riesiger Beifall. Iris begrüßt einzelne Konzertbesucher und bittet Dr. Fisher zu einem Gespräch.

6	105	Gespräch von Iris mit Dr. Fisher. Sie eröffnet ihm, dass sie unter MS leide und ein „Klonbaby" bekommen möchte, um ihre Begabung weiterzuvererben. Abschluss und Überleitung: Michelangelos Fresko „Gott und Adam" aus der Sixtinischen Kapelle.
7	155	Iris und Dr. Fisher schließen einen Pakt: Besuchsrecht, Veröffentlichung der Forschungsergebnisse. Klonvorgang: Befruchtung von Iris' Eizelle mit ihrem DNS-Kern, Zellteilung, Einpflanzung.
8	90	Flughafen, dann Wasserschloss von Iris: Iris Ankunft zu Hause, begrüßt von ihrem Manager Thomas Weber. Gespräch über die Schwangerschaft. Die Frage nach dem Vater wird von Iris zurückgewiesen.
9	50	Iris spielt ihrem Embryo Musik vor: „Sonate No. 11 a-Dur" von Wolfgang Amadeus Mozart. Plötzliches Erschrecken, MS könnte vererbbar sein. Dr. Fisher beruhigt sie am Telefon.
10	120	Daniele Hausmann stellt sich bei Iris als Babysitterin vor; Gespräch über MS. Frage nach dem Vater beantwortet Iris mit dem Satz: „Väter sind nicht so wichtig."
11	30	Dr. Fishers Arbeitsraum: Er diktiert die Ergebnisse des Klonversuchs.
12	60	Wasserschloss: Geburt von Siri, Telefonat mit Dr. Fisher.
13	50	Wasserschloss: Dr. Fisher kommt, um Siri zu sehen, wird aber von Daniela auf Wunsch von Iris abgewiesen; er erhält „als Trost" einen Brief von Iris mit den total identischen Fingerabdrücken von Iris und Siri.
14	50	Wasserschloss: Musikzimmer Iris spielt ihre Tochter Siri Musik vor, damit sie einschläft: „Sonate No. 11 a-Dur" von Mozart.
15	400	**Gegenwart in Kanada** Am Strand: Siri malt Figuren in den Sand. Rückkehr in ihre Hütte: Dort erwartet sie Greg, der das Ersatzteil für ihren Generator bringt und ihn repariert. Siri lädt ihn zum Essen ein. Greg erkundet mit seinen Blicken die Einrichtung, die vielen Fotos von den Waipitis. Gespräch über den Albino-Waipiti, den Siri „Rudolph" getauft hat. Sie mag ihn besonders: „Er weiß nicht, wo er hingehört."

16	115	**Rückblende** Siri und Daniela spielen; Iris kommt und bringt Siri als Geschenk das Rentier Rudolph mit, das sie trösten soll, wenn Iris nicht da ist, weil sie als berühmte Pianistin Konzerte gibt. Siri hat für ihre Mutter ein Bild gemalt, beide neben einem schwarzen Flügel. Sie sprechen über ihre Ähnlichkeit: „Mamazwillinge" (Siri).
17	25	Iris und Siri spielen und singen „Rudolph, the red-nosed-reindeer" von John D. Marks.
18	140	Siri spielt vor: „Fantasie und Fuge a-Moll" von Johann Sebastian Bach; Iris, Thomas Weber und Dr. Fisher hören zu und applaudieren am Ende. Siri wird hinausgeschickt. Gespräch der Erwachsenen über Siri und ihre Begabung. Thomas Weber zu Iris: „Monströs, was du aus ihr machst." Diesen Satz schnappt Siri auf, die auf der Treppe heimlich lauscht. – Gespräch zwischen Dr. Fisher und Iris über den 100 % gelungenen Klonversuch. Iris lehnt es ab, dass der Klonversuch publik gemacht wird. Iris: „Davon darf niemand wissen, am wenigsten Siri selbst."
19	120	Janeck und Siri spielen und sprechen über Väter. Siri bezeichnet sich als „monströs"; Janeck gebärdet sich auch als „monströs", indem er den buckligen Glöckner von Notre Dame spielt Sie gehen in Janecks geheimen Wunschturm, wo Siri ihren Wunsch, dass sie eine berühmte Pianistin werden möchte, notiert. Beim Spielen fällt sie von einer Leiter.
20	110	Aufregung bei Iris. Sie schimpft, überprüft die Verletzung und gibt Janeck eine Ohrfeige. Siri bekommt einen eigenen Flügel, an dem sie ihren Übermut durch Üben abreagieren soll. Siri spielt: „Sonate No. 11 a-Dur – Andante grazioso" von Wolfgang Amadeus Mozart.
21	35	Daniela tröstet Janeck und erklärt ihm, dass Iris wegen ihrer MS bisweilen so heftig reagiere. Iris kommt und entschuldigt sich bei Janeck.
22	95	Iris gibt ein Klavierkonzert: „Klavierkonzert No. 20 in d-Moll" von Wolfgang Amadeus Mozart. Daniela und Siri in der ersten Reihe. Riesiger Beifall, plötzlich bricht Iris neben dem Flügel zusammen.
23	30	Iris auf dem Krankenbett, Siri ist bei ihr. Der Notarzt kommt. Iris: „Ich habe MS, geben Sie mir Cortison!"

24	90	Strand: Iris telefoniert mit Thomas Weber wegen eines Konzerts in Vancouver. Daniela, Siri und Janeck spielen. Siri soll mit nach Vancouver fliegen, aber sie will lieber bei Daniela und Janeck bleiben.
25	130	Vancouver: Dr. Fisher und Iris, die gerade aus ihrem Konzert kommt, treffen sich in einem Speiselokal. Gespräch über die Publikation der Ergebnisse des Klonversuchs. Iris wehrt sich dagegen um Siris willen: „Sie sind doch schließlich ihr Vater!"
26	50	Iris und Dr. Fisher schlafen miteinander, holen quasi den Zeugungsakt nach. Iris beharrt darauf, Siri noch eine Weile vor der Wahrheit zu beschützen.
27	80	**Gegenwart in Kanada** In den Wäldern Kanadas fotografiert Siri und begegnet dem Albino-Waipiti Rudolph. Er läuft vor ihr davon.
28	90	Siri kommt zu ihrer Hütte zurück und findet einen Blumengruß von Greg mit seinem Foto vor. Sie lächelt. Das Visafon klingelt; Iris bitte Siri zu ihrzurückzu kommen. Siri in Gedanken. . .
29	70	Siri entwickelt in ihrem Fotolabor Filme. Später betrachtet sie das Bild von Greg, ruft ihn schließlich an und lädt ihn zum Kaffee ein.
30	60	Siri schläft. Das Visafon weckt sie: Daniela, die sie bittet zurückzukommen. Es sei dringend. „Sie braucht dich jetzt. Denk daran, was sie für dich getan hat – aus Liebe!"
31	230	**Rückblende** Iris gibt ein Konzert und spielt das „Klavierkonzert Für Siri" von Detlef Friedrich Petersen. Vor ihrem Auftritt erscheint Dr. Fisher hinter der Bühne, den Iris kurz abfertigt und wegschickt. Er verlässt das Konzerthaus. Iris spielt. Siri hört gebannt zu.
32	40	Dr. Fisher vor der Presse in Vancouver: Er informiert über den Klonversuch.
33	75	Siri kommt aus der Schule. Eine Meute von Pressefotografen erwartet sie. Sie bricht zusammen und wird von Thomas Weber, Iris und Daniela im Auto abgeholt. Iris gibt eine Presseerklärung ab.
34	45	In Iris' Haus: Gespräch zwischen Daniela und Thomas Weber: „Haben Sie das gewusst? Das arme Kind!"
35	30	Iris erklärt Siri den Klonvorgang und versucht sie zu trösten: „Schlaf gut, meine Prinzessin. Morgen ist alles wieder gut!"

36	30	Iris telefoniert mit Dr. Fischer, wirft ihm Vertragsbruch vor und will ihn nie wieder sehen.
37	210	Siri liegt im Koma, sie hat einen psychischen Schock erlitten. Gegen den Rat des Arztes will Iris ihre Tochter zu Hause behalten. Sie spielt ihr alle bekannten Musikstücke vor, die für beide bedeutungsvoll waren. Daniela bemüht sich um Siri. Die Zeitung berichtet von der Verhaftung von Dr. Fisher. Siri erwacht plötzlich und wehrt sich gegen ihre Mutter. Diese entwickelt vor ihrer Tochter ihre gemeinsamen Konzertpläne, da sie meint, sie dadurch von ihrem Trauma zu befreien.
38	50	Thomas Weber kommt und bringt die Kleider für das Konzert: Iris in Rot, Siri in Blau. Er bezweifelt, dass die Idee vom Konzert vernünftig und Siri schon wieder soweit hergestellt sei. Iris: „Es ist alles wieder gut!"
39	205	Vor dem Konzerthaus werden Iris und Siri von der Presse erwartet. In der Künstlergarderobe erleidet Siri Nasenbluten, das von Iris gestillt wird. Sie versucht ihrer Tochter die Angst vor dem Auftritt zu nehmen. Sie spielen das Doppelklavierkonzert „En blanc et noir" von Claude Debussy. Während des Konzerts wird Siri durch Blicke von Iris gelenkt. Großer Beifall. Siri heftet sich einen „Judenstern" an das Kleid, auf dem das Wort „Klon" steht. Iris ohrfeigt ihre Tochter dafür hinter der Bühne.
40	210	**Gegenwart in Kanada** Siri im Boot auf dem See; in Gedanken rammt sie einen Felsen. Als sie zu ihrer Hütte kommt, erwartet sie Greg mit einem Blumenstrauß. Gespräch über die sterbende Mutter. Siri will nicht über sie sprechen. Greg hat ihr Piano, das in der Garage steht, aufgebaut, Siri zerstört es. Sie wirft Greg vor, er habe alles verkehrt gemacht. Greg begreift Siris Ausbruch nicht.
41	175	**Rückblende** Iris probt mit einem Cellisten „Fantasie Stück Nr. 2 für Cello und Klavier" von Robert Schumann. Iris ist unzufrieden mit ihrem Spiel. Siri kommt hinzu und spielt das Stück perfekt. Es entbrennt ein Wettkampf zwischen Mutter und Tochter - auch um den Mann. Als Siri gegangen ist, fragt Iris den Cellisten, ob er Siri schön finde!

42	105	Siri versucht in einer Hotelsuite den Cellisten zu verführen, indem sie sich als ihre Mutter ausgibt. Als der Mann das merkt, verlässt er sie. Siri droht ihm, ihrer Mutter zu erzählen, er habe sie verführt.
43	75	Siri und Iris am Strand: Sie diskutieren über ihre Ähnlichkeit und über ihren Konkurrenzkampf.. Siri erzählt ihrer Mutter von der Verführung durch deren Freund: „Klone teilen doch immer alles miteinander. Findest du immer noch, dass ich dein Leben bin?" Iris ist entsetzt.
44	60	Siri übt für ihr erstes eigens Konzert. Sie spielt „Fantasie und Fuge a-Moll" von Johann Sebastian Bach. Gespräch mit Iris über ihren Liebhaber, dem sie einen Laufpass gegeben hat. Siri teilt ihr mit, dass sie ihr erstes eigenes Konzert geben wird. Optische Überleitung: Michelangelos Fresko aus der Sixtinischen Kapelle.
45	310	Das Konzert von Siri („Fantasie und Fuge a-Moll" von Bach) endet mit einem Debakel: schlechtes Spiel, Nasenbluten und Flucht. Das Publikum fordert Iris auf zu spielen, die das auch tut. Ihre Tochter hört das voller Verzweiflung. Janeck kommt und nimmt sie in seine Arme. Zu Hause bei Janeck schlafen sie miteinander.
46	75	Bei Iris zu Haus: Iris liegt krank auf dem Bett. Siri kommt und teilt ihr mit, dass sie sie verlassen werde. Sie wird zu Janeck ziehen. Iris versucht sie zu trösten und zeigt ihr negative Kritiken von eigenen Konzerten und bittet Siri, etwas zu spielen. Siri lehnt das ab: Sie werde nie mehr Klavier spielen.
47	60	Iris am Flügel. Sie spielt das „Klavierkonzert Für Siri" von Petersen. ·
48	210	In Janecks Wohnung: Iris sucht Siri auf und will sie bewegen, zu ihr zurückzukommen. Siri will nicht, will nicht mehr der Klon ihrer Mutter sein, will ihr eigenes Leben leben, bezeichnet sich als „missraten Klon". Iris: „Siri, ich hab doch nur dich!" Siri: „Komisch, ich hab auch nur mich!" Iris: „Bleib bei mir!" Siri: „Ich will ja nicht mal bei mir bleiben!" Iris geht voller Verzweiflung.

49	70	Siri schneidet sich vor dem Spiegel das Muttermal oberhalb ihrer rechten Wange heraus. Das Blut läuft über ihr Gesicht. Sie lächelt.
50	45	Janeck kommt nach Haus und findet Siri, die eine Überdosis Schlaftablette geschluckt hat. Er ruft den Notarzt.
51	15	**Gegenwart in Kanada** Siri sitzt am Strand und schaut über das Meer.
52	85	Siris Hütte: Siri betrachtet den Flügel. Plötzlich taucht der Wapiti-Hirsch Rudolph auf und lässt sich von ihr füttern.
53	10	Siri erkundigt sich bei der Frau im Store, wo das Haus von Greg liegt.
54	250	Siri fährt mit ihrem Boot zum Haus von Greg. Er hört ein Konzert von Iris Sellin: „Pathetique No. 1" von Beethoven. Sie sprechen über Siris Situation und Lebensschicksal, über den Tod von Gregs Vater und darüber, dass Greg bedauert, nicht bei ihm gewesen zu sein, als er starb. Siri solle zu ihrer Mutter fliegen, ihr beistehen und wieder zurückkommen. Greg: „Ich habe die Kopie geliebt, bevor ich das Original kannte!" Kuss-Szene.
55	70	Flughafen: Janeck holt Siri ab.
56	130	Zu Haus: Daniela empfängt Siri. Im Garten wartet Dr. Fischer. Siri und er sprechen miteinander. Fisher rechtfertigt sein Tun: „Was gedacht wird, muss auch getan werden!" Siri: „Sind sie da so sicher?"
57	170	Am Krankenbett von Iris: Iris erkennt Siri nicht. Siri verlässt weinend den Raum, kehrt aber später mit ihrer früheren Haarfrisur zurück. Nun wird sie von Iris erkannt. „Siri, du bist gekommen?" Siri summt ihrer Mutter ihre früheren Lieblingsmelodien vor.
58	190	In der Begräbnishalle: Der Sarg von Iris, die Trauergemeinde und Siri. Am Ende der Trauerfeier läuten die Glocken und die Trauergäste verlassen die Halle. Daniela bleibt zurück und übergibt Siri einen Brief ihrer Mutter. Sie liest die Worte C. G. Lichtenbergs: „Lieber Gott, mach alles, was du willst, aus mir – mach einen Stein, einen Baum, einen Vogel aus mir – nur mach mich nicht noch einmal …" Während die Trauergemeinde vor der Kapelle verharrt, spielt Siri für ihre Mutter zum letzten Mal Klavier.

59	150	Zurück in Kanada:
		Greg empfängt Siri am See an der Bucht vor seinem Haus. Siri: „Ich habe meinen eigenen Tod überlebt!"
		Sie fliegen mit Gregs Flugzeug über die Seen und Wälder Kanadas.
60	160	**Abspann**
		Mit der Musik „True Lies" von Petersen unterlegt.

Blueprint

Regie:	Rolf Schübel
Drehbuch	von Claus Cornelius Fischer
	Nach dem Roman von Charlotte Kerner
Schauspieler:	Franka Potente (Irsi/Siri)
	Ulrich Thomsen (Dr. Martin Fisher)
	Hilmir Snaer Gudnason (Greg Lukas)
	Katja Studt (Daniela Hausmann)
	Justus von Dohnány (Thomas Weber) uva.
Musik:	Detlef Petersen
Kamera:	Holly Fink
Kostüme:	Peri de Braganca
Szenenbild:	Christian Bussmann

Eine Produktion der RELEVANT FILM Produktionsgesellschaft im Verleih von OTTFILM (Kürfürstendamm 175, 10707 Berlin)

Als DVD bei MATTHIAS-FILM (Gänseheidestr. 67, 70184 Stuttgart, www.matthias-film.de), Preis: 49,00 € für Lehrer und Schulen

FRAGEBOGEN ZUM FILM „BLUEPRINT"

Deine Klasse:_____ Dein Lieblingsfach:_____

1. **Ganz spontan: Wie fandest du den Film?**

   Vergib Noten von 1 (=sehr gut) bis 5 (=mangelhaft).:   O 1   O 2   O 3   O 4   O 5

2. **Wie beurteilst du einzelne Aspekte des Films?**

   Vergib Noten von 1 (=sehr gut) bis 5 (=mangelhaft).

Spannung	O 1	O 2	O 3	O 4	O 5
Unterhaltung	O 1	O 2	O 3	O 4	O 5
Information	O 1	O 2	O 3	O 4	O 5
Emotionales Erlebnis	O 1	O 2	O 3	O 4	O 5
Schauspielerische Leistung	O 1	O 2	O 3	O 4	O 5
Filmhandlung	O 1	O 2	O 3	O 4	O 5
Musik	O 1	O 2	O 3	O 4	O 5

3. **Was ist das Hauptthema (sind die Hauptthemen) des Films?**

   O Klonen/Gentechnologie   O Mutter-Tochter-Beziehung   O Erwachsenwerden   O Musik

   anderes:_____

4. **Was hat dir besonders gut gefallen?**

5. **Was hat dir überhaupt nicht gefallen?**

6. **Würdest du von dir aus in deiner Freizeit in den Film gehen?**

   O   ja   O   nein

7. **Wusstest du bereits vor dem Anschauen des Films etwas über die Geschichte/das Buch?**

   O   ja (z. B. Buch gelesen, davon gehört)   O   nein

8. **Würdest du den Film gerne im Unterricht behandeln**

   O   ja   O   nein

Vielen Dank!

Literaturverzeichnis

1 Primärliteratur zum Adoleszenzroman (chronologisch geordnet)
(Die fett gedruckten Titel sind als Unterrichtsmodell bearbeitet.)

Goethe, Johann Wolfgang von: Die Leiden des jungen Werthers (1774). Reclam RUB 67

Moritz, Karl Philipp: Anton Reiser (1785–90). Reclam RUB 4813

Tieck, Ludwig: Der Runenberg (1804). Reclam RUB 7732

Grimm, Brüder: Kinder- und Hausmärchen. Ausgabe letzter Hand. (Erstausgabe: Bd. 1 – 1912, Bd. 2 – 1815; Ausgabe letzter Hand – 1957) Hrsg. von Heinz Rölleke. Stuttgart: Reclam 1997

Hoffmann, E. T. A.: Der goldene Topf (1814). Reclam RUB 101

Hoffmann, E. T. A.: Der Sandmann (1816). Reclam RUB 230

Hoffmann, E. T. A.: Das Bergwerk zu Falun (1819). Reclam RUB 8991

Eichendorff, Josef von: Das Marmorbild (1819). Reclam RUB 2365

Strauss, Emil: Freund Hein (1902). Kirchheim: Schweier 1982. Reclam UB 9367

Hesse, Hermann: Unterm Rad (1906). Frankfurt/M.: Suhrkamp 1988 (st 52, 1976)

Musil, Robert: Die Verwirrungen des Zöglings Törleß (1906). Frankfurt/M.: Suhrkamp 1975 (Bibliothek Suhrkamp 448, auch rororo 3000)

Huch, Friedrich: Mao (1907). Bergisch Gladbach: Norchia 1986

Hesse, Hermann: Demian (1919). Frankfurt/M.: Suhrkamp 1986 (st 206)

McCullers, Carson: Das Mädchen Frankie (amerik. 1951). Stuttgart: Parnaß/Scherz u. Goverts 1951; Neuausgabe: Zürich: Diogenes 1965 (detebe 20145)

Salinger, Jerome D.: Der Fänger im Roggen (amerik.1951). Köln: Kiepenheuer & Witsch 1965; neue Übersetzung: Kiepenheuer & Witsch 2003 (rororo 851 u. KiWi 16)

Miller, Warren: Kalte Welt. Ein Bandenchef berichtet (amerik.1959). Weinheim: Beltz & Gelberg 1979 (rororo panther 5610)

Grass, Günter: Katz und Maus (1961). Neuwied/Berlin: Luchterhand 1961 (Sammlung Luchterhand 148; dtv 11822; rororo 572)

Fries, Fritz Rudolf: Der Weg nach Oobliadooh (1966). Frankfurt/M.: Suhrkamp 1966; Berlin/Weimar: Aufbau-Verlag 1989; Leipzig: Reclam 1993 (Reclam-Bibliothek Bd. 1458)

Preußler, Otfried: Krabat (1971). Würzburg: Thienemann 1971 (Thienemann Schulausgabe mit Materialien; dtv 25087))

Wersba, Barbara: Ein nützliches Glied der Gesellschaft (amerik. 1970). Baden-Baden: Signal 1972; Hamburg: Oetinger 1985

Hinton, Susan E.: Am Rande von Oklahoma (amerik.1972). Baden-Baden: Signal 1972 (dtv pocket 7841)

Hinton, Susan E.: Jetzt und hier (amerik. 1972). Baden-Baden: Signal 1972 (dtv pocket 7822)

Plenzdorf, Ulrich: Die neuen Leiden des jungen W. (1973). Frankfurt/M.: Suhrkamp 1973 und Rostock: VEB Hinstorff 1973 (st 300)

Schneider, Peter: Lenz. Eine Erzählung (1973). Berlin: Rotbuch 1973 (Rotbuch 104)

Nöstlinger, Christine: Stundenplan (1975). Weinheim/Basel: Beltz & Gelberg 1975 (Gulliver 709)

Welsh, Renate: Einmal sechzehn und nie wieder (1975). Wien/München: Jungbrunnen 1975 (rororo rotfuchs 173)

Braun, Volker: Unvollendete Geschichte (1975). Frankfurt/M.: Suhrkamp 1977 (Bibliothek Suhrkamp 648)

Kunze, Reiner: Die wunderbaren Jahre (1976). Frankfurt/M.: S. Fischer 1977 (Fischer TB 2074)

Ossowski, Leonie: Die große Flatter (1977). Weinheim: Beltz & Gelberg 1977 (Fischer TB 2474)

Korschunow, Irina: Die Sache mit Christoph (1978). Zürich: Benzinger 1978 (dtv pocket 7811)

Ende, Michael: Die unendliche Geschichte (1979). Stuttgart: Thienemann 1979

Korschunow, Irina: Er hieß Jan (1979). Zürich/Köln: Benzinger 1979 (dtv pocket 7832)

Welsh, Renate: Johanna (1979). Wien/München: Jugend und Volk 1979 (rororo rotfuchs 293)

Nöstlinger, Christine: Pfui, Spinne! (1980). Weinheim: Beltz & Gelberg 1980 (Gulliver 723)

Fährmann, Willi: Der lange Weg des Lukas B. (1980). Würzburg: Arena 1980 (Arena TB 2526)

Chidolue, Dagmar: Das Fleisch im Bauch der Katze (1980). Weinheim: Beltz & Gelberg 1980

Pressler, Mirjam: Bitterschokolade (1980). Weinheim/Basel: Beltz 1980 (Gulliver TB 4)

Chidolue, Dagmar: Aber ich werde alles anders machen (1981). Weinheim: Beltz & Gelberg 1981 (Gulliver TB 730)

Levoy, Myron: Ein Schatten wie ein Leopard (amerik. 1981). München: Benzinger 1989 (dtv pocket 78026)

Korschunow, Irina: Ein Anruf von Sebastian (1981). Zürich/Köln: Benzinger 1981 (dtv pocket 7847)

Recheis, Käthe: Der weiße Wolf (1982). Wien: Herder 1982 (dtv 70298)

Heuck, Sigrid: Mondjäger (1983). Stuttgart/Wien: Thienemann 1983

Chidolue, Dagmar: Lady Punk (1985). Weinheim: Beltz & Gelberg 1985 (Gulliver TB 711)

Cesco, Federica de: Aischa oder Die Sonne des Lebens (1985). Solothurn: Aare 1985 (RTB 4050)

Ellis, Bret Easton: Unter Null (amerik. 1985). Reinbek: Rowohlt 1986 (als TB)

Edelfeldt, Inger: Briefe an die Königin der Nacht (schwed. 1985). München: Spectrum 1986 (dtv pocket 78003)

Pohl, Peter: Jan, mein Freund (schwed. 1985). Ravensburg: Otto Maier 1989

Johnson, Uwe: Ingrid Babendererde. Reifeprüfung 1953 (1985). Frankfurt/M.: Suhrkamp 1985 (es 1817)

Levoy, Myron: Adam und Lisa (1986). Würzburg: Benzinger 1987 (dtv pocket 78014)

Ellis, Bret Easton: Einfach unwiderstehlich (amerik. 1987). Reinbek: Rowohlt 1988 (als TB)

Koch, Jurij: Schattenrisse (1988). Stuttgart: Spectrum 1990 (Originalausgabe unter dem Titel „Augenoperation". Berlin/DDR: Neues Leben 1988) (dtv pocket plus 78040)

Edelfeldt, Inger: Kamalas Buch (schwed.1986). Stuttgart: Spectrum 1988 (RTB 4109)

Nöstlinger, Christine: Gretchen mein Mädchen (1988). Hamburg: Oetinger 1988

Saeger, Uwe: Das Überschreiten der Grenze bei Nacht; Aus einem Herbst jagdbaren Wilds (1988). Halle/Leipzig: Mitteldeutscher Verlag 1988 und München: Piper 1988

Kerner, Charlotte: Geboren 1999 (1989). Weinheim/Basel: Beltz & Gelberg 1989 (Gulliver TB 737)

Homes, A.M.: Jack (amerik. 1989). Würzburg: Arena 1992 (Arena Life TB 2574); Köln: Kiepenheuer & Witsch 2007 (KiWi 979)

Cole, Brock: Celine oder Welche Farbe hat das Leben. (amerik. 1989) München/Wien: Hanser 1996

Bröger, Achim: Hand in Hand (1990). Stuttgart: Thienemann 1990 (Arena TB 2542))

Eisenstadt, Jill: Rockaway (amerik. 1991). München: List 1991 und München: Knaur 1993 (Knaur TB 60005)

Zitelmann, Arnulf: Paule Pizolka oder Eine Flucht durch Deutschland (1991) Weinheim/Basel: Beltz & Gelberg 1991

Pohl, Peter: Ich bin Malin (schwed. 1991). Ravensburg: Otto Maier 1992

Zanger, Jan de: Dann eben mit Gewalt (niederl. 1991). Kevelaer: Anrich 1991 (anrich extra und Gulliver TB 743)

Boie, Kirstin: Ich ganz cool (1992). Hamburg: Oetinger 1992

Pohl, Peter/Kinna, Gieth: Du fehlst mir, du fehlst mir! (schwed. 1992). München: Hanser 1994

Steenfatt, Margret: Haß im Herzen. Im Sog der Gang (1992). Reinbek: Rowohlt 1992 (rororo rotfuchs 648)

Chidolue, Dagmar: Magic Müller (1992). Hamburg: Dressler 1992

Eide, Torill: Östlich der Sonne – Westlich des Monds. (norweg. 1993). Mödling-Wien: St. Gabriel 1994 (dtv pocket plus 78121)

Wahl, Mats: Der lange Lauf auf ebener Erde (schwed. 1993). Kevelaer: Anrich 1993

Rood, Lydia: Der Sommer mit Sophie (niederl. 1993) Wien: Ueberreuter 1996

Nelson, Blake: Cool Girls (1994). Weinheim: Beltz 1997, ³2003

Bredow, Katarina von: Ludvig meine Liebe (schwed. 1994). Kevelaer: Anrich 1994 (Gulliver 784)

Günther, Herbert: Die Reise zum Meer (1994). Hamburg: Oetinger 1994

Schneider, Karla: Die Reise in den Norden (1995). Weinheim/Basel: Beltz & Gelberg 1995

Schröder, Rainer M.: Die wundersame Weltreise des Jonathan Blum (1995). Würzburg: Arena 1995

Wahl, Mats: Winterbucht (schwed.1995). Kevelaer: Anrich 1995

Wahl, Mats: Därvarns Reise (1995). München: Hanser 1995

Chidolue, Dagmar: Liebkind & Scheusal. Szenen eines Sommers (1996) Weinheim/Basel : Beltz & Gelberg 1996

Lieshout, Ted van: Bruder (niederl. 1996). München: Middelhauve 1999

Nelson, Blake: Cool Girl (1997)

Nilsson, Per: So lonely (schwed. 1997). Hamburg: Oetinger 1997

Lange, Alexa Hennig von: Relax. Roman (1997). Hamburg: Roger & Bernhard 1997

Sandberg, Kristina: Untergehen kannst du nicht (schwed. 1997). Hamburg: Oetinger 2000

Saalmann, Günter: Ich bin der King (1998). Ravensburg: Ravensburger 1998

Littke, Lael: Mein zweites Ich (amerik. 1998). Hamburg: Cecilie Dressler 2000

Wahl, Mats: Mauer aus Wut (schwed. 1998). Kevelaer: Anrich 1998

Stuckrad-Barre, Benjamin: Soloalbum (1998). Köln: Kiepenheuer & Witsch 1998

Kerner, Charlotte: „Blueprint. Blaupause". Roman (1999). Weinheim/Basel: Beltz & Gelberg 1999 (Beltz & Gelberg TB 909)

Lebert, Benjamin: Crazy (1999). Köln: Kiepenheuer & Witsch 1999

Stuckrad-Barre, Benjamin: Livealbum (1999). Köln: Kiepenheuer & Witsch 1999

Krauß, Irma: Kurz vor morgen (1999). Aarau/Frankfurt/M./Salzburg: Aare 1999

Kordon, Klaus: Hundert Jahre und ein Sommer (1999). Weinheim/Basel: Beltz & Gelberg 1999

Lenz, Siegfried: Arnes Nachlaß (1999). Hamburg: Hoffmann und Campe 1999

Krauß, Irma: Rabentochter (2000). Aarau/Frankfurt/M.: Sauerländer 2000

Lange, Alexa Hennig von: Ich bin's (2000). Hamburg: Rogner & Bernhard 2000

Lange, Alexa Hennig von: Ich habe einfach Glück (2001). Hamburg: Rogner & Bernhard 2001

Camp, Richard Van: Die ohne Segen sind (engl. 1996). Ravensburg: Ravensburger 2000

Bach, Tamara: Marsmädchen (2003). Hamburg: Oetinger 2003

Lebert, Benjamin: Der Vogel ist ein Rabe (2003). Köln: Kiepenheuer & Witsch 2003

Maslowska, Dorota: Schneeweiß und Rosenrot (poln.2002). Köln: Kiepenheuer & Witsch 2004

Lebert, Benjamin: Kannst Du (2006). Köln: Kiepenheuer & Witsch 2006

Barth-Grözinger, Inge: Beerensommer (2006). Stuttgart: Thienemann 2006

Rosoff, Meg: was wäre wenn (engl. 2006). Hamburg: Carlsen 2007

Lenz, Siegfried: Schweigeminute (2008). Hamburg: Hoffmann und Campe 2008

Barth-Grözinger, Inge: Stachelbeerjahre (2011). Stuttgart: Thienemann 2011

2   Sekundärliteratur

2.1 Zur Lebensphase der Adoleszenz und zum Adoleszenzroman

Baacke, Dieter: Die 13- bis 18jährigen. Einführung in die Probleme des Jugendalters. Wien/München/Baltimore: Urban & Schwarzenberg 2. Aufl. 1979

Baacke, Dieter: Adoleszenz. Weltkonstruktion durch Lesen. In: Wangerin 1983, S. 1–13

Baacke, Dieter: Jugend und Jugendkulturen. Darstellung und Deutung. Weinheim/München: Juventa 1987

Baumert, Inge: Familie, Geschlechterrollen, Sexualität in der Kinder- und Jugendliteratur der DDR. In: Dahrendorf 1995, S. 41–46

Beck, Ulrich: Risikogesellschaft. Auf dem Weg in eine andere Moderne. Frankfurt: Suhrkamp 1986

Bettelheim, Bruno: Kinder brauchen Märchen. Stuttgart: Deutsche Verlags-Anstalt 1977

Blank, Wendi W.: Töchter, Mütter und Ersatzmütter. Zwischenfrauliche Beziehungen im neuen Adoleszenzroman. In: Ewers 1994, S. 191–212

Boguslawa Bobrzycki, Alice: Alexa Hennig von Langes Roman „Relax" (1997). Eine jugendliterarische Provokation: Ein Bestseller sorgt für Diskussion. In: Mitteilungen des Instituts für Jugendbuchforschung 2000, H. 1, S. 9–17

Blos, Peter: Adoleszenz. Eine psychoanalytische Interpretation. Stuttgart: Klett-Cotta 1978

Brunken, Otto: Auf der Suche nach sich selbst. Inger Edelfeldts „Kamalas Buch". In: Praxis Deutsch 1992, H. 111, S. 40–44

Brunken, Otto: Probleme der Gegenwartsliteratur für Jugendliche. Anmerkungen zur Thematik und Ästhetik neuerer Jugendromane. In: Lange/Steffens 1995, S. 51–622

Corkhill, Alan: Darstellung der Kindheit und der Adoleszenz in deutschen Initiationsgeschichten seit 1945. In: literatur für leser 20, 1997, H. 3, S. 158–167

Cremerius, Johannes/Fischer, Gottfried/Gutjahr, Ortrud/Mauser, Wolfram/Pietzcker, Carl (Hrsg.): Adoleszenz. Würzburg: Königshausen & Neumann 1997 (Freiburger literaturpsychologische Gespräche, Bd. 16; Jahrbuch für Psychoanalyse 1997)

Dahrendorf, Malte: Mädchenbuch. In: Doderer, Klaus (Hrsg.): Lexikon der Kinder- und Jugendliteratur. Bd. 2, Weinheim/Basel: Beltz 1977, S. 418–422

Dahrendorf, Malte: Das Mädchenbuch und seine Leserin. Weinheim/Basel: Beltz 1978

Dahrendorf, Malte: Anpassung – Widerstand – Verweigerung. Jugendprobleme und Jugendliteratur. In: Wangerin 1983, S. 36–48

Dahrendorf, Malte: Mädchenliteratur. In. Haas, Gerhard (Hrsg.): Kinder- und Jugendliteratur. Ein Handbuch. Stuttgart: Reclam 1984, S. 110–138

Dahrendorf, Malte (Hrsg.): Kinder- und Jugendliteratur. Material. Berlin: Volk und Wissen 1995

Daubert, Hannelore: Von „jugendlichen" Eltern und „erwachsenen" Jugendlichen. Familienstrukturen und Geschlechterrollen in Schülerromanen der 80er und 90er Jahre. In: Ewers 1994, S. 43–62

Daubert, Hannelore/Ewers, Hans-Heino (Hrsg.): Veränderte Kindheit in der aktuellen Kinderliteratur. Braunschweig: Westermann 1995

Der Deutschunterricht: Jugend- und Adoleszenzroman. 1996, H. 4

Doderer, Klaus: Jeansliteratur. In: Doderer, Klaus (Hrsg.): Lexikon der Kinder- und Jugendliteratur. Bd. 4, Weinheim/Basel: Beltz 1982, S. 319–320

Dolle-Weinkauff, Bernd/Peltsch, Steffen: Kinder- und Jugendliteratur der DDR. In: Wild ³2008, S. 413–436

Engelhard, Gundula: „Skins mit menschlichen Zügen". Eine Umfrage zu einem Jugendbuch. In: Der Deutschunterricht 1996, H. 4, S. 19–23

Ewers, Hans-Heino: Zwischen Problemliteratur und Adoleszenzroman. Aktuelle Tendenzen in der Belletristik für Jugendliche und junge Erwachsene. In: Informationen des Arbeitskreises für Jugendliteratur 15, 1989, H. 2, S. 4–23

Ewers, Hans-Heino: Adoleszenzroman und Jugendliteratur - einige grundlegende Überlegungen in geschichtlicher Perspektive. In: Mitteilungen des Instituts für Jugendbuchforschung 1991, H. 1, S. 6–11 Dieser Aufsatz ist identisch mit:

Ewers, Hans-Heino: Der Adoleszenzroman als jugendliterarisches Erzählmuster. In: Deutschunterricht 1992, H. 6, S. 291–298

Ewers, Hans-Heino (Hrsg): Jugendkultur im Adoleszenzroman. Jugendliteratur der 80er und 90er Jahre zwischen Moderne und Postmoderne. Weinheim/München: Juventa 1994

Ewers, Hans-Heino: „Was geht in deren Köpfen vor?" Zur jugendliterarischen Auseinandersetzung mit dem jugendlichen Rechtsextremismus. In: Der Deutschunterrricht 1996, H. 4, S. 7–18

Ewers, Hans-Heino: Jugendliteratur der Gegenwart. In: Der Deutschunterricht 1996, H. 4, S. 3–6

Ferchhoff, Wilfried/Neubauer, Georg: Jugend und Postmoderne. Analysen über die Suche nach neuen Lebensorientierungen. Weinheim/München: Juventa 1989

Flaake, Karin/King, Vera (Hrsg): Weibliche Adoleszenz. Zur Sozialisation junger Frauen. Frankfurt a. M./New York: Campus 1992

Flaker, Alexander: Modelle der Jeansprosa. Zur literarischen Opposition bei Plenzdorf im osteuropäischen Romankontext. Kronberg/Ts.: Scriptor 1975

Freese, Peter: Die Initiationsreise. Studien zum jugendlichen Helden im modernen amerikanischen Roman mit einer exemplarischen Analyse von J.D. Salingers „Catcher in the Rye". Neumünster: Karl Wachholz 1971 (Tübingen: Stauffenberg 1998)

Gansel, Carsten: Jugendliteratur und jugendkultureller Wandel. In: Ewers 1994 (a), S. 13–42

Gansel, Carsten: Stationen der Zerwicklung – Adoleszenz in der DDR. In: Beiträge Jugendliteratur und Medien 46, 1994 (b), H. 2, S. 80–91

Gansel, Carsten: Die Suche nach dem Ich. Adoleszenz. In: Dahrendorf 1995 (a), S. 28–35

Gansel, Carsten: Zum kulturellen Wandel kindlicher und jugendlicher Lebenswelten und ihrer Reflexion in der Kinder- und Jugendliteratur. In: Mitteilungen des Deutschen Germanistenverbandes 1995 (b), H. 3, S. 11–18

Gansel, Carsten: Zwischen Wirklichkeitserkundung und Stereotypenbildung. Vom Dilemma einer Jugendliteratur zur „Wende". In: Der Deutschunterricht 1996, H. 4, S. 32–43

Gansel, Carsten: Der Adoleszemzroman. Zwischen Moderne und Postmoderne. In: Lange 2005, Bd. 1, S. 359–398

Gansel, Carsten: Der Adoleszenzroman. In: Wild ³2008, S. 359–379

Garbe, Christine: Weibliche Adoleszenzromane in der Rezeptionsperspektive jugendlicher Leserinnen. In: Grenz/Wilkending 1997, S. 296–311 (erweiterte Fassung in: Cremerius u.a. 1997, S. 215–230)

Grenz, Dagmar: Mädchenbuch. In: Grünewald, Dietrich/Kaminski, Winfred (Hrsg.): Kinder- und Jugendmedien. Weinheim: Beltz 1984, S. 461–470

Grenz, Dagmar: Zeitgenössische Mädchenliteratur – Tradition oder Neubeginn? In: Sprache und Literatur in Wissenschaft und Unterricht 1988, H. 62, S. 2–21

Grenz, Dagmar: Jugendliteratur und Adoleszenzroman. In: Ewers, Hans-Heino/Lypp, Maria/Nassen, Ulrich (Hrsg): Kinderliteratur und Moderne. Ästhetische Herausforderungen der Kinderliteratur im 20. Jahrhundert. Weinheim/München: Juventa 1990, S. 197–212

Grenz, Dagmar: Darstellungsformen weiblicher Adoleszenz in der zeitgenössischen Literatur für Mädchen und in der allgemeinen Literatur. In: Grenz/Wilkending 1997, S. 277–295

Grenz, Dagmar: Mädchenliteratur. In: Wild ³2008, S. 379–393

Grenz, Dagmar/Wilkending, Gisela (Hrsg.): Geschichte der Mädchenlektüre. Mädchenliteratur und die gesellschaftliche Situation der Frauen. München: Juventa 1997

Grotzer, Peter: Die zweite Geburt. Figuren des Jugendlichen in der Literatur des 20. Jahrhunderts. 2 Bde. Zürich: Ammann 1991 (Bd. 1: Beispielanalysen; Bd. 2: Forschungsbericht und Bibliographie; in Bd. 1 Interpretationen zu Salinger u. Plenzdorf)

Gruber, Friederike: Was leistet Literatur für die Diskussion ethischer Werte bei Jugendlichen? Beobachtungen aus einer Unterrichtsreihe zu Elfriede Jelineks Adoleszenzroman „Die Ausgesperrten". In: Deutschunterricht (Berlin) 2000, H. 2, S. 84–93

Hermanni, A. von: Adoleszenz und Identität als Romanthemen. Ein Beitrag zum besseren Verständnis eines jugendliterarischen Typus. In: Fundevogel 1984, H. 4–5, S. 33–36

Helsper, Werner (Hrsg): Jugend zwischen Moderne und Postmoderne. Opladen: Leske + Budrich 1991

Hoff, Ernst-H.: Frühes Erwachsenenalter: Arbeitsbiographie und Persönlichkeitsentwicklung. In: Oerter/Montada 1998, S. 423–438

Hurrelmann, Klaus: Lebensphase Jugend. München: Juventa 1994

Jentgens, Stephanie: Empfehlenswerte Kinder- und Jugendbücher zum Thema Liebe und Sexualität. In: Praxis Deutsch 1997, H. 142, S. 3–10

Jugendliteratur und Adoleszenzroman. Ein Kolloquium des Instituts für Jugendbuchforschung (23.–25.11.1990). Thesenpapiere und Protokolle (mit Beiträgen von Hans-Heino Ewers, Dagmar Grenz, Reinhard Isensee, Peter Grotzer, Cornelia Rosebrock, Anette Hinkel, Annegret Volpel, Myriam Mieles und Emer O'Sullivan). In: Mitteilungen des Instituts für Jugendbuchforschung 1991, H. 1, S. 5–36

Kaminski, Winfred: Einführung in die Kinder- und Jugendliteratur. Literarische Phantasie und gesellschaftliche Wirklichkeit. Weinheim/München: Juventa ³1994

Kaplan, Louise: Abschied von der Kindheit. Eine Studie über Adoleszenz. Stuttgart: Klett-Cotta ³1993

Karst, Theodor/Overbeck, Renate/Tabbert, Reinbert: Kindheit in der modernen Literatur. Bd. 1: Interpretations- und Unterrichtsmodelle zur deutsch-, englisch- und französischsprachigen Literatur. Bd. 2: Materialien. Kronberg/Ts.: Scriptor 1976

Karst, Theodor: Einleitung. In: Karst, Theodor (Hrsg.): Geschichten vom Erwachsenwerden. Stuttgart: Reclam 1987, S. 4–13

Karst, Theodor: Der Fall Gerat Lauter. Adoleszenz und Erwachsenwerden. In: Lange/Steffens 1995, S. 181–203

Kaulen, Heinrich: Patchwork-Familie und Bastelidentität. Zur Identitätssuche in neuen Adoleszenzromanen. In: Der Deutschunterricht (Seelze) 1997, H. 6, S. 84–90

Kaulen, Heinrich: Jugend- und Adoleszenzromane zwischen Moderne und Postmoderne. In: 1000 und 1 Buch 1999a, H. 1, S. 4–12

Kaulen, Heinrich: Vom bürgerlichen Elternhaus zur Patchworkfamilie. Familienbilder in Adoleszenzromanen der Jahrhundertwende und der Gegenwart. In: Ewers, Hans-Heino/Wild, Inge (Hrsg.): Familienszenen. Die Darstellung familialer Kindheit in der Kinder- und Jugendliteratur. Weinheim/München: Juventa 1999b, S. 111–132

Kaulen, Heinrich: Fun, Coolness und Spaßkultur? Adoleszenzromane der 90er Jahre zwischen Tradition und Postmoderne. In: Deutschunterricht (Berlin) 1999c, H. 5, S. 325–336.

Kaulen, Heinrich: Aufwachsen in der Mediengesellschaft. Leserfiguren und Lektüreprozesse in aktuellen Adoleszenzromanen. In: Ewers, Hans-Heino u. a. (Hrsg.): Kinder- und Jugendliteraturforschung 2000/2001. Stuttgart: Metzler 2001, S. 84–98

King, Vera/Flaake, Karin (Hrsg.): Männliche Adoleszenz. Sozialisation und Bildungsprozesse zwischen Kindheit und Erwachsensein. Frankfurt/M./New York: Lang 2005

König, Andrea: Gibt es einen weiblichen Adoleszenzroman? Eine Untersuchung am Beispiel von „Östlich der Sonne – Westlich des Monds" von Torill Eide. Examensarbeit im Rahmen der 1. Staatsprüfung für das Lehramt an Grund- und Hauptschulen. Braunschweig 1998 (unveröffentlicht)

Kratschmer, Ulrich: Ulrich Plenzdorf: Die neuen Leiden des jungen W.. In: Erzählungen des 20. Jahrhunderts. Bd. 2, Stuttgart: Reclam 1996, S. 167–182

Krebs, Heinz/Eggert-Schmid Noerr, Annelinde (Hrsg.): Lebensphase Adoleszenz. Junge Frauen und Männer verstehen. Mainz: Matthias-Grünewald 1997

Kümmerling-Meibauer, Bettina: Annäherung von Jugend- und Erwachsenenliteratur. Die schwedische Jugendliteratur der 80er und frühen 90er Jahren. In: Der Deutschunterricht 1996, H. 4, S. 68–81

Lange, Günter: Märchen und Adoleszenz. In: Wangerin 1983, S. 147–168

Lange, Günter: Adoleszenzroman. In: Baumgärtner, Alfred C./Pleticha, Heinrich (Hrsg.): Kinder- und Jugendliteratur. Ein Lexikon. Meitingen: Corian 1995 ff. (3. Erg.-Lfg. Februar 1997, S. 1–22)

Lange, Günter (Hrsg.): Taschenbuch der Kinder- und Jugendliteratur. 2 Bde. Baltmannsweiler: Schneider 4. Aufl. 2005

Lange, Günter (Hrsg.): Kinder- und Jugendliteratur der Gegenwart. Ein Handbuch. Baltmannsweiler: Schneider ²2012

Lange, Günter/Steffens, Wilhelm (Hrsg.): Moderne Formen des Erzählens in der Kinder- und Jugendliteratur der Gegenwart unter literarischen und didaktischen Aspekten. Würzburg: Königshausen & Neumann 1995 (Schriftenreihe der Deutschen Akademie für Kinder- und Jugendliteratur, Bd. 15)

Lange-Kirchheim, Astrid: Die vereitelte zweite Chance: Weibliche Adoleszenz in Peter Jacksons Film *Heavenly Creatures*. In: Cremerius u.a. 1997, S. 231–253

Lehnert, Gertrud: Auf der Suche nach der verlorenen Identität. Oder: Die Dezentrierung des weiblichen Subjekts in zeitgenössischen Texten für junge Frauen. In: Ewers 1994, S. 213–238

Lehnert, Gertrud: Literarische Gestaltung weiblicher Adoleszenz. In: Mitteilungen des Deutschen Germanistenverbandes 1995, H. 3, S. 19–26

Lehnert, Gertrud (Hrsg): Inszenierungen von Weiblichkeit. Weibliche Kindheit und Adoleszenz in der Literatur des 20. Jahrhunderts. Opladen: Westdeutscher Verlag 1996

Martin, Susanne/Kleinemeyer, Ariane: Familie, Geschlechterrolle, Sexualität in der Kinder- und Jugendliteratur der BRD. In: Dahrendorf 1995, S. 35–41

Mayer, Gerhart: Der deutsche Bildungsroman. Von der Aufklärung bis zur Gegenwart. Stuttgart: Metzler 1992

Merkelbach, Valentin (Hrsg.): Romane im Unterricht. Lektürevorschläge für die Sekundarstufe I. Baltmannsweiler: Schneider 1998

Nickel, Horst: Reifezeit und Jugend. In: Nickel, Horst: Entwicklungspsychologie des Kindes- und Jugendalters. Bd. 2: Schulkind und Jugendlicher. Bern/Stuttgart/Wien: Hans Huber 1975, S. 265–463

Olbrich, Erhard/Brüderl, Leokadia: Frühes Erwachsenenalter: Partnerwahl, Partnerschaft, Elternschaft. In: Oerter/Montada 1998, S. 396–422

Oerter, Rolf/Dreher, Eva: Jugendalter. In: Oerter/Montada 1998, S. 310–395

Oerter, Rolf/Montada, Leo (Hrsg): Entwicklungspsychologie. Weinheim: Psychologische Verlags Union 4. Aufl. 1998

Olbrich, Erhard: Frühes Erwachsenenalter: Entwicklung im Familienzyklus. In: Oerter/Montada 1998, S. 339–360

Pattenson, Henryk: Jugend und Sucht. Drogenkonsum im aktuellen Jugendroman. In: Ewers 1994, S. 87–106

Peltsch, Steffen: Edgar Wibeau, Frank Mosmann und andere. Jugendliche auf der Suche nach einem Platz in der DDR-Gesellschaft. In: Raecke/Baumann 1995, S. 203–210

Pyerin, Brigitte: Ideal und Wirklichkeit. Emanzipatorische Mädchenbücher. In: Informationen des Arbeitskreises für Jugendliteratur 15, 1989 (a), H. 2, S. 30–38

Pyerin, Brigitte: Mädchenlektüre und Emanzipation. Kritische Fragen an Dagmar Chidolue im Kontext feministischer Literaturpädagogik. Frankfurt/M.: Lang 1989 (b)

Raecke, Renate/Baumann, Ute D. (Hrsg.): Zwischen Bullerbü und Schewenborn. Auf Spurensuche in 40 Jahren deutschsprachiger Kinder- und Jugendliteratur. München: Arbeitskreis für Jugendliteratur 1995 (Aus Anlaß des 40jährigen Bestehens des Arbeitskreises für Jugendliteratur 1955–1995)

Richter, Karin: DDR-Kindheit – Wendekindheit. Neue Kinder- und Jugendbücher ostdeutscher Autoren. In: Deutschunterricht 1994, H. 11, S. 520–528

Richter, Karin/Hurrelmann, Bettina (Hrsg.): Kinderliteratur im Unterricht. Theorien und Modelle zur Kinder- und Jugendliteratur im pädagogisch-didaktischen Kontext. München: Juventa 1998

Rosebrock, Cornelia: Die Lesekultur Jugendlicher zwischen Moderne und Postmoderne. In: Ewers 1994, S. 239–263

Rosebrock, Cornelia: Kinderliteratur im Kanonisierungsprozeß. Eine Problemskizze. In: Richter/Hurrelmann 1998, S. 89–108

Sauerbaum, Evelyn: Literarische Erkundungen weiblicher Adoleszenz in aktuellen Jugendbuchproduktionen. Es ist „viel wichtiger . . . , man selbst zu sein als jemand anderer". In: Ewers 1994, S. 139–164

Schäfer, Beate: Adoleszenzroman und Jugendliteratur. Ein Kolloquium des Frankfurter Instituts für Jugendforschung. In: JuLit. Informationen. Arbeitskreis Jugendliteratur 17, 1991, H. 1, S. 34–40

Scheiner, Peter: Realistische Kinder- und Jugendliteratur. In: Haas, Gerhard (Hrsg.): Kinder- und Jugendliteratur. Ein Handbuch. Stuttgart: Reclam ³1984, S. 37–62

Scheiner, Peter: Realistische Kinder- und Jugendliteratur. In: Lange 2005, Bd. 1, S. 158–186

Scherf, Walter: Kindermärchen in dieser Zeit? Die psychologischen Seiten der Volksmärchen und ihr erzieherischer Wert. München: Don Bosco 1961

Scherf, Walter: Das Märchenlexikon. 2 Bde. München: Beck 1995

Schütz, Erhard: Old Wibeau und Werthers Himmelfahrt. Zur Aktualisierung eines gealterten Jugendkult-Textes. In: Der Deutschunterricht 1996, H. 5, S. 48–58

Schulte, Miriam: Glücklose Identitätssuche. Dagmar Chidolues „Magic Müller" und Jill Eisenstadts „Rockaway". In: Ewers 1994, S. 63–86

Schulte, Miriam: Adoleszenzroman und Postmoderne. Die zerstörte Moderne in Bret Easton Ellis' „Einfach unwiderstehlich!" In: Mitteilungen des Instituts für Jugendforschung 1996, H. 1, S. 31–45

Schweikert, Ralf: „Und wenn nicht anders, dann eben mit Gewalt". Jugendlicher Rechtsextremismus in aktuellen Romanen für Jugendliche. In: Ewers 1994, S. 107–130

Schweikert, Ralf: Adoleszenz im Medienzeitalter. Jugend und Medien in aktuellen Jugendromanen. In: Der Deutschunterricht 1996, H. 4, S. 44–55

Selbmann, Rolf: Der deutsche Bildungsroman. Stuttgart/Weimar: Metzler ²1994 (SM 214)

Steffens, Wilhelm: Beobachtungen zum modernen realistischen Kinderroman. In: Lange/Steffens 1995, S. 25–49

Steffens, Wilhelm: Der psychologische Kinderroman. In: Baumgärtner, Alfred C./Pleticha, Heinrich Hrsg.): Kinder- und Jugendliteratur. Ein Lexikon. Meitingen: Corian 1995 ff. (5. Erg.-Lfg. Februar 1998, S. 1–21

Steffens, Wilhelm: Moderne Formen des Erzählens. In: Lange 2005, Bd. 2, S. 844–861

Stein, Berit: Holden Caulfield und seine Nachkommen. In: Praxis Deutsch 1996, H. 136, S. 10–18

Wangerin, Wolfgang: Pubertät und Sozialisation als Thema. In: Praxis Deutsch 1978, H. 29, S. 63–68

Wangerin, Wolfgang: Lesen, um sich selbst auf die Spur zu kommen. In: Wangerin 1983, S. 225–255

Wangerin, Wolfgang (Hrsg.): Jugend, Literatur und Identität. Anregungen für den Deutschunterricht der Sekundarstufen I und II. Braunschweig: Agentur Pedersen 1983

Wenke, Gabriela: Liebe und Sexualität in Erzählungen für Jugendliche. In: Raecke/Baumann 1995, S. 211–218

Wild, Inge: „In Zukunft wollte sie alles anders als ihre Mutter machen". Zum weiblichen Generationskonflikt in der zeitgenössischen Mädchenliteratur. In: Ewers 1994, S. 165–190

Wild, Inge: Vater – Mutter – Kind. Zur Flexibilisierung von Familienstrukturen in Jugendromanen von Christine Nöstlinger. In: Der Deutschunterricht 1996, H. 4, S. 56–67

Wild, Inge: Zum Wandel kultureller und jugendliterarischer Bilder weiblicher Adoleszenz. Mit einer Analyse von Inger Edelfeldts „Kamalas Buch". In: Ewers, Hans-Heino/Nassen, Ulrich/Richter,

Karin/Steinlein, Rüdiger (Hrsg.): Kinder- und Jugendliteraturforschung 1995/96. Stuttgart: Juventa 1996, S. 78–93

Wild, Inge: Neue Bilder weiblicher Adoleszenz. Wandel eines kulturellen Musters in Jugendromanen von Christine Nöstlinger und Inger Edelfeldt. In: Cremerius u. a. 1997, S. 187–214

Wild, Reiner (Hrsg.): Geschichte der deutschen Kinder- und Jugendliteratur. Stuttgart: Metzler ³2008

Wilkending, Gisela: Man sollte den Trotzkopf noch einmal lesen. Anmerkungen zu einer anderen Lesart. In: Fundevogel 1990, H. 78/79, S. 4–9

Wilpert, Gero von: Sachwörterbuch der Literatur. Stuttgart: Kröner 7. Aufl. 1989

Zipes, Jack: Huckleberry Finns arme Erben. Alltagshelden in der zeitgenössischen amerikanischen Adoleszenzliteratur. In: Doderer, Klaus (Hrsg.) (1986): Neue Helden in der Kinder- und Jugendliteratur. Weinheim/München: Juventa 1986, S. 103–109

2.2 Sekundärliteratur zu Charlotte Kerners Adoleszenzromanen

Beltz & Gelberg: Presseinformation zur Uraufführung von Charlotte Kerners *Blueprint – Blaupause* an den Vereinigten Bühnen Krefeld-Mönchengladbach. Weinheim: Beltz & Gelberg 01. Juni 2005.

Breitmoser, Doris: Klonopoly. Für ihr Jugendbuch *Blueprint – Blaupause* erhält Charlotte Kerner den deutschen Jugendliteraturpreis. In: JULIT 2000, H. 4, S. 22–23.

Budeus-Budde, Roswitha: Kann man Seelen klonen? Jugendautorin Charlotte Kerner liest bei einer Reihe über die Zukunft (Interview). In: Süddeutsche Zeitung Nr. 28 vom 4.2.2000, S. 20.

Chromik, Therese: Laudatio für Charlotte Kerner zur Verleihung des GEDOK-Landespreises am 23.04.1997 (Privatdruck).

Elias, Sabine: Ich weiß nicht, woher ich komme . . . In: Lesebar. Bücher und Medien für Kinder und Jugendliche Okt. 1998, S. 24–25 (zu: *Geboren 1999*).

Gasperi, Klaus: Kerner, Charlotte. Blueprint. Blaupause. Rezension in: 1000 und 1 Buch 1999, H. 3, S. 58–59.

Gerling, Martin: Ego-Klon-Trip: Ein Buch zum Streiten. Charlotte Kerner: Blueprint.Blaupause. Eine Anregung für ein fächerübergreifendes Unterrichtsvorhaben zum Thema Klonen – mit Sachtexten, Medientexten und Jugendromanen. In: Praxis Deutsch 2000, H. 162, S. 62–65.

Gerling, Martin: Arbeitsheft Gulliver Taschenbücher machen Schule: Charlotte Kerner „Blueprint.Blaupause" (Gulliver Taschenbuch 853). Thematik: Die Mitverantwortung des Einzelnen in der gegenwärtigen wissenschaftlich-technischen Lebenswelt. Weinheim/Basel: Beltz & Gelberg 2001.

Grubert, Renate: Schöne neue Welt. Ein menschlicher Klon erzählt. In: Süddeutsche Zeitung vom 24.3.1999. Literaturbeilage zur Leipziger Buchmesse 1999, S. V2/17.

Grunt, Gabriele: Menschliche Ableger. Klone in der Jugendliteratur. In: 1000 und 1 Buch 2003, H. 1, S. 28–29.

Jeschke, Tatjana: Die alten Leiden der neuen Homunculi. Über das Verhältnis zwischen Literatur und Philosophie am Beispiel von Jugendromanen zum Thema Gentechnik. In: Institut für Jugendbuchforschung der Johann Wolfgang Goethe-Universität (Frankfurt am Main) und Kinder- und Jugendbuchabteilung der Staatsbibliothek Preußischer Kulturbesitz (Berlin) (Hrsg.): Kinder- und Jugendliteraturforschung 2002/2003. Stuttgart, Weimar: Metzler 2003, S. 54–75.

Lange, Günter: Kinder- und Jugendliteratur und ihre Verfilmungen am Beispiel von Charlotte Kerners Jugendbuch „Geboren 1999". In: Franz, Kurt/Lange, Günter (Hrsg.): Bilderwelten. Vom Bildzeichen zur CD-ROM. Baltmannsweiler: Schneider 1999, S. 131–165 (Schriftenreihe der Deutschen Akademie für Kinder- und Jugendliteratur, Bd. 24).

Lange, Günter: Charlotte Kerner. In: Franz, Kurt/Lange, Günter/Payrhuber, Franz-Josef (Hrsg.): Kinder- und Jugendliteratur – Ein Lexikon. Meitingen: Corian 1995ff. (12. Erg.-Lfg. 2001, S. 1–29).

Lange, Günter: Charlotte Kerner *Blueprint. Blaupause.* Ein jugendliterarischer Adoleszenzroman in der Sf-Welt. In: Cromme, Gabriele / Lange, Günter (Hrsg.): Kinder- und Jugendliteratur. Lesen – Verstehen – Vermitteln. Festschrift für Wilhelm Steffens. Baltmannsweiler: Schneider 2001, S. 279–295.

Mainka, Iris: Ein Volltreffer. Die Geschichte eines geklonten Mädchens. In: DIE ZEIT vom 15.7.1999, S. 52.

Maiwald, Klaus: Literarisierung als Aneignung von Alterität: Theorie und Praxis einer literaturdidaktischen Konzeption zur Leseförderung im Sekundarbereich. Frankfurt / M. / Berlin / Bern u. a.: Lang 1999 (Zu *Geboren 1999* S. 193–197).

Martin, Carsten: Kinder ohne Wurzeln. In: Bulletin Jugend + Literatur 1990, H. 1, S. 25 f.

Michaelsen, Claudia: Menschen oder Monster. Leben aus der Retorte. In: Eselsohr 1992, H. 5, S. 38.

Presse-Kurzinformation: Blueprint (mit grundlegenden Informationen über den Film, seine Entstehung und die an ihm Beteiligten; Interviews mit Franka Potente, Rolf Schübel, Holy Fink, Detlef Petersen und der Produzentin Heike Wiehle-Timm).

Rese, Tatjana: Blueprint. Duett für einen Zwilling, eingerichtet für die Bühne von Tatjana Rese nach dem gleichnamigen preisgekrönten Roman von Charlotte Kerner. Monolog. München: stückgut Bühnen und Musikverlag o. J. (2005; Premiere: am 17. Juni 2005 in der Fabrik Heeder, Krefeld).

Schübel, Rolf (Regie): Blueprint. (Drehbuch: Claus Cornelius Fischer; Musik: Detlef Petersen; Kamera: Holly Fink; Schauspieler: Franka Potente, Ulrich Thomsen, Hilmir Snaer Gudnason, Katja Studt, Justus von Dohnanyi u. a.) Hamburg: Relevant Film 2004.

Sichtweisen: 4 × „Blueprint". In: Jugendliteratur 1999, H. 3, S. 16–17 (Klaus Gasperi, Renate Grubert, Miachael Guex und Angelika Köhler rezensieren *Blueprint.*).

Simon, Beate: Wenn aus Iris Siri wird. Charlotte Kerner wirft in ihrem Zukunftsroman Fragen zum Thema Identität und Klonen auf. In: Der Tagesspiegel vom 24.3.1999, S. 58.

Stiftung Lesen: *blueprint.* Ideen für den Unterricht. Themenorientierte Leseförderung im Medienverbund. Mainz: Stiftung Lesen 2003.

Waldmann, Günter: Autobiografisches als literarisches Schreiben. Kritische Theorie, moderneErzählformen und -modelle, literarische Möglichkeiten eigenen autobiografischen Schreibens. Baltmannsweiler: Schneider 2000.

Wenke, Gabriele: Das erste geklonte Kind. Zwischen Sachbuch und Roman. In: Eslesohr 1999, H. 5, S. 16.

Wessel, Kai (Regie): Geboren 1999. (Buch: Beate Langmaack; Musik: Günther Fischer; Kamera: Hans-Jörg Allgeier / Jürgen Carle. Schauspieler: Sebastian Rudolph, Peter Sattmann, Marita Breuer, Julia Brendler u. a.) Baden-Baden: SWF 1992.

Wrobel, Dieter: Der Griff nach den Genen: Leben aus dem Labor? Ein Unterrichtsvorhaben für die 10. Klasse zum Jugendbuch „Geboren 1999" von Charlotte Kerner. In: Deutschunterricht 2000, H. 4, S. 279–284.

Wurzenberger, Gerda: Die Gentech-Generation. Wie Jugendbücher an einem aktuellen Thema scheitern. In: Neue Zürcher Zeitung vom 22.05.2002, S. 67.

2.3 Zur Literaturdidaktik und zur Didaktik der Kinder- und Jugendliteratur

Beisbart, Ortwin / Eisenbeiß, Ulrich / Koß, Gerhard / Marenbach, Dieter (Hrsg.): Leseförderung und Leseerziehung. Theorie und Praxis des Umgangs mit Büchern für junge Leser. Donauwörth: Auer 1993

Belgrad, Jürgen / Melenk, Hartmut (Hrsg.): Literarisches Verstehen – Literarisches Schreiben. Baltmannsweiler: Schneider 1996

Belgrad, Jürgen / Fingerhut, Karlheinz (Hrsg.): Textnahes Lesen. Annäherungen an Literatur im Unterricht. Baltmannsweiler: Schneider 1998

Belgrad, Jürgen/Fingerhut, Karlheinz: Textnahes Verstehen. Annäherungen an Literatur im Unterricht. In: Belgrad/Fingerhut 1998, S. 5–13

Boueke, Dietrich: Fachdidaktik Deutsch in den neunziger Jahren. Anmerkungen zu ihrem Woher und Wohin. In: Josting, Petra/Wirrer, Jan (Hrsg.): Bücher haben ihre Geschichte. Kinder- und Jugendliteratur, Literatur und Nationalsozialismus, Deutschdidaktik. Norbert Hopster zum 60. Geburtstag. Hildesheim/Zürich/New York: Olms 1996, S. 79–91

Bremerich-Vos, Albert: Hermeneutik, Dekonstruktivismus und produktionsorientierte Verfahren. Anmerkungen zu einer Kontroverse in der Literaturdidaktik. In: Belgrad/Melenk 1996, S. 25–49

Buchholtz, Elisabeth: Eine Lieb wie jede andere auch? Männliche Homosexualität in Prosatexten der Gegenwartsliteratur im Deutschunterricht. Grundlagen – Unterrichtsmodelle – Materialien. Baltmannsweiler: Schneider 2004 (Deutschdidaktik aktuell, Bd. 15)

Dahrendorf, Malte: Kinder- und Jugendliteratur im bürgerlichen Zeitalter. Beiträge zu ihrer Geschichte, Kritik und Didaktik. Königstein: Scriptor 1980

Dahrendorf, Malte: Literaturdidaktik und Kinder- und Jugendliteratur – oder: Gibt es eine besondere Didaktik der Kinder- und Jugendliteratur? In: Informationen Jugendliteratur und Medien 1982, H. 5, S. 82–90

Dahrendorf, Malte: Umgang mit Jugendliteratur. In: Hopster, Norbert (Hrsg.): Handbuch „Deutsch". Sekundarstufe I. Paderborn: Schöningh 1984, S. 205–225

Dahrendorf, Malte: Zur Frage der Eigenständigkeit einer Didaktik der Kinder- und Jugendliteratur. In: Diskussion Deutsch 1989, H. 109, S. 456–471

Dahrendorf, Malte: Jugendliteratur – Pädagogik – Didaktik. In: Deutschunterricht 1992, H. 5, S. 226–237

Dahrendorf, Malte (Hrsg.): Kinder- und Jugendliteratur. Material. Berlin: Volk und Wissen 1995

Dahrendorf, Malte: Vom Umgang mit Kinder- und Jugendliteratur. Plädoyer für einen lese- und leserorientierten Literaturunterricht. Berlin: Volk und Wissen 1996

Dahrendorf, Malte: Kinder- und Jugendliteratur in schulischer (didaktischer) Perspektive. In: Beiträge Jugendliteratur und Medien 1997, H. 3, S. 153–160

Dahrendorf, Malte: Überlegungen zur immanenten Didaktik und Pädagogik der Kinder- und Jugendliteratur. In: Richter/Hurrelmann 1998, S. 11–25

Dahrendorf, Malte/Knobloch, Jörg (Hrsg.): Kinder- und Jugendliteratur im Offenen Unterricht. München: Juventa 1992 (3. Beiheft von „Beiträge Jugendliteratur und Medien")

Daubert, Hannelore/Ewers, Hans-Heino (Hrsg.): Veränderte Kindheit in der aktuellen Jugendliteratur. Braunschweig 1995

Daubert, Hannelore/Ewers, Hans-Heino (Hrsg.): Lesen in der Schule mit dtv pocket: Moderner Kinderroman. Unterrichtsvorschläge für die Altersstufen 9 bis 12 Jahre. München: Deutscher Taschenbuch Verlag 1996

Daubert, Hannelore/Ewers, Hans-Heino (Hrsg.): Lesen in der Schule mit dtv pocket: Jugendromane. Unterrichtsvorschläge für die Klassen 6–11. München: Deutscher Taschenbuch Verlag 1997

Eggert, Hartmut/Garbe, Christine: Literarische Sozialisation. Stuttgart: Metzler 1995

Ewers, Hans-Heino: Kinder- und Jugendliteratur und Literarische Bildung. In: Deutschunterricht 1995, H. 7/8, S. 348–357

Ewers, Hans-Heino: Themen-, Formen- und Funktionswandel der westdeutschen Kinderliteratur seit Ende der 60er, Anfang der 70er Jahre. In: Germanistik 1995, H. 2, S. 257–278

Ewers, Hans-Heino/Lypp, Maria/Nassen, Ulrich (Hrsg.): Kinderliteratur und Moderne. Ästhetische Herausforderungen der Kinderliteratur im 20. Jahrhundert. Weinheim/München: Juventa 1990

Fischer, Eva/Merkelbach, Valentin u.a.: Zur Methodik epischer Langformen. In: Merkelbach 1998, S. 18–38

Fischer, Helmut (Hrsg.): Umgang mit Kinderliteratur. Essen: Institut für Jugend- und Volksliteratur. Fachbereich 3 der Universität/Gesamthochschule Essen 1995 (Essener Beiträge zur Jugend- und Volksliteratur Bd. 4)

Franz, Kurt/Payrhuber, Franz-Josef (Hrsg.): Blickpunkt: Autor. Baltmannsweiler: Schneider 1996 (Schriftenreihe der Deutschen Akademie für Kinder- und Jugendliteratur, Bd. 20)

Gansel, Carsten: Die moderne Kinder- und Jugendliteratur als literaturdidaktische Herausforderung. In: Deutschunterricht 1994, H. 7/8, S. 352–361

Gansel, Carsten: „Neue Probleme tauchen auf und erfordern neue Mittel" – Kinder- und Jugendliteratur als Gegenstand von Literaturwissenschaft und -didaktik. In: Gansel/Keiner 1998, S. 13–60

Gansel, Carsten/Keiner, Sabine (Hrsg.): Zwischen Märchen und modernen Welten. Kinder- und Jugendliteratur im Literaturunterricht. Frankfurt/M. u. a.: Lang 1998

Grenz, Dagmar: Kinder- und Jugendliteratur, Alltagsbewußtsein und „hohe" Literatur. Überlegungen zum Ort der Kinder- und Jugendliteratur im literarischen und kulturellen System. In: Heidtmann, Horst (Hrsg.): Jugendliteratur und Gesellschaft. 4. Beiheft von „Beiträge Jugendliteratur und Medien". Weinheim: Juventa 1993, S. 29–38

Haas, Gerhard: Das Elend der didaktisch ausgebeuteten Kinder- und Jugendliteratur. In: Praxis Deutsch 1988, H. 89, S. 3–5 (Diskussion dazu in: Praxis Deutsch H. 90–94)

Haas, Gerhard: Wider die alte Eindimensionalität. In: Praxis Deutsch 1988, H. 92, S. 8–9

Haas, Gerhard/Menzel, Wolfgang/Spinner, Kaspar H.: Handlungs- und produktionsorientierter Literaturunterricht. In: Praxis Deutsch 1994, H. 123, S. 17–25 (Basisartikel)

Haas, Gerhard: Handlungs- und produktionsorientierter Literaturunterricht. Theorie und Praxis eines „anderen" Literaturunterrichts für die Primar- und Sekundarstufe. Seelze-Velber: Kallmeyer 1997

Haas, Gerhard: Produktive Imagination als Form der Textbegegnung und Textaneignung im Bereich der Kinder- und Jugendliteratur. In: Schulz/Ossowski 1997, S. 36–45

Haas, Gerhard: Plädoyer für eine Kinder- und Jugendliteraturdidaktik vom Geschehnisfeld und den Figuren der erzählerischen Texte aus. In: Richter/Hurrelmann 1998, S. 35–43

Haas, Gerhard: Kinder- und Jugendliteratur im Unterricht. In: Lange/Neumann/Ziesenis 2003, Bd. 2, S. 721–737

Hintz, Ingrid: Das Lesetagebuch. Intensiv lesen – produktiv schreiben – frei arbeiten. Bestandsaufnahme und Neubestimmung einer Methode zur Auseinandersetzung mit Büchern im Deutschunterricht. Baltmannsweiler: Schneider 4. Aufl. 2011 (Deutschdidaktik aktuell, Bd. 12)

Hurrelmann, Bettina: Wider die neue Eindimensionalität. In: Praxis Deutsch 1988, H. 90, S. 2–3

Hurrelmann, Bettina: Abschließender Versuch der Störung eines Rituals. In: Praxis Deutsch 1989, H. 94, S. 14

Hurrelmann, Bettina: Für die Wiederaufnahme des Gesprächs. Fünf Thesen zum Verhältnis von Kinder- und Literaturforschung und Didaktik. In: Diskussion Deutsch 1989, H. 109, S. 472–480

Hurrelmann, Bettina: Kinder- und Jugendliteratur im Deutschunterricht – eine Antwort auf den Wandel der Medienkultur. In: Der Deutschunterricht 1990, H. 3, S. 5–24

Hurrelmann, Bettina/Hammer, Michael/Nieß, Ferdinand: Leseklima in der Familie. Eine Untersuchung der Lesesozialisation von Kindern. Gütersloh: Verlag Bertelsmann Stiftung 1993 (Lesesozialisation, Bd. 1)

Hurrelmann, Bettina/Hammer, Michael: Lesesozialisation in der Familie. In: Praxis Deutsch 1994, H. 123, S. 3–9

Hurrelmann, Bettina: Leseförderung. In: Praxis Deutsch 1994, H. 127, S. 17–26

Hurrelmann, Bettina: Lesen erhöht den Lebensgenuß, aber wollen Kinder noch genießen? In: Schulz/Ossowski 1997, S. 2–19

Hurrelmann, Bettina: Kinderliteratur – Sozialisationsliteratur? In: Richter/Hurrelmann 1998, S. 45–60

Ingendahl, Werner: Umgangsformen. Produktive Methoden zum Erschließen poetischer Literatur. Frankfurt/M.: Diesterweg 1991

Karst, Theodor (Hrsg.): Kinder- und Jugendlektüre im Unterricht. Bd. 1: Primarstufe, Bd. 2: Sekundarstufe. Bad Heilbrunn: Klinkhardt 1978/79

Kliewer, Heinz-Jürgen: Positionen der Didaktik der Kinder- und Jugendliteratur. In: Dolle-Wein-kauff, Bernd/Ewers, Hans-Heino (Hrsg.): Theorien der Jugendlektüre. Beiträge zur Kinder- und Jugendliteraturkritik seit Heinrich Wolgast. München: Juventa 1996; S. 317–333

Kliewer, Heinz-Jürgen: Eine eigene Literaturdidaktik? – Jugendbücher im Unterricht. In: Richter/ Hurrelmann 1998, S. 27–34

Kreft, Jürgen: Grundprobleme der Literaturdidaktik. Heidelberg: UTB 1977

Kreuzer, Helmut: Medienwissenschaftliche Überlegungen zur Umsetzung fiktionaler Literatur. Motive und Arten filmischer Adaption. In: Schaefer, Eduard (Hrsg.): Medien und Deutschunter-richt. Vorträge des Germanistentags Saarbrücken 1980. Tübingen: Niemeyer 1981, S. 23–46

Krüger, Anna: Kinder- und Jugendbücher als Klassenlektüre: Analysen und Schulversuche. Wein-heim: Beltz ³1973

Kügler, Hans: Erkundungen der Praxis. Literaturdidaktische Trends der 80er Jahre zwischen Hand-lungsorientierung und Empirie. In: Praxis Deutsch 1988, H. 90, S. 4–9 (Teil 1) und H. 91, S. 9–11 (Teil 2)

Kügler, Hans: Brief an zwei Leser. Zum handlungs- und produktionsorientierten Literaturunter-richt. In: Praxis Deutsch 1989, H. 94, S. 2–4

Kügler, Hans: Die bevormundete Literatur. Zur Entwicklung und Kritik der Literaturdidaktik. In: Belgrad/Melenk 1996, S. 10–24

Kultusministerium des Landes Nordrhein-Westfalen (Hrsg.): Lektüre von Ganzschriften im Fach Deutsch der Sekundarstufe I des Gymnasiums in NRW. Frechen: Verlagsgesellschaft Ritterbach 1994 (Die Schule in Nordrhein-Westfalen. Eine Schriftenreihe des Kultusministeriums, Heft 3409/ 1)

Lange, Günter: Film und Fernsehspiel im Deutschunterricht. In: Lange/Neumann/Ziesenis 2003a, Bd. 2, S. 695–720

Lange, Günter: Krimis im Unterricht. In: Lange/Neumann/Ziesenis 2003b, Bd. 2, S. 787–804

Lange, Günter: Science-fiction-Literatur (Sf) im Unterricht. In: Lange/Neumann/Ziesenis 2003c, Bd. 2, S. 805–824

Lange, Günter: Literaturverfilmung. In: Lange, Günter/Petzoldt, Leander: Textarten – didaktisch. Grundlagen für das Studium und den Literaturunterricht. Baltmannsweiler: Schneider 6. völlig überarbeitete und veränderte Aufl. 2011, S. 145–153

Lange, Günter/Steffens, Wilhelm (Hrsg.): Literarische und didaktische Aspekte der phantastischen Kinder- und Jugendliteratur. Würzburg: Königshausen & Neumann 1993 (Schriftenreihe der Deutschen Akademie für Kinder- und Jugendliteratur, Bd. 13)

Lange, Günter/Steffens, Wilhelm (Hrsg.): Moderne Formen des Erzählens in der Kinder- und Jugendliteratur der Gegenwart unter literarischen und didaktischen Aspekten. Würzburg: Königshausen & Neumann 1995 (Schriftenreihe der Deutschen Akademie für Kinder- und Jugendliteratur, Bd. 15)

Lange, Günter/Neumann, Karl/Ziesenis, Werner (Hrsg.): Taschenbuch des Deutschunterrichts. Baltmannsweiler: Schneider 8. Aufl. 2003

Lypp, Maria: Einfachheit als Kategorie der Kinderliteratur. Frankfurt/M.: dipa 1984

Lypp, Maria: Die Frage nach dem Verhältnis von Kinderliteratur und Moderne – ein Glasperlen-spiel? In: Ewers/Lypp/Nassen 1990, S. 9–23

Lypp, Maria: Zum Begriff des Einfachen in der Kinderliteratur. Ein Diskussionsbeitrag. In: Ewers, Hans-Heino/Nassen, Ulrich/Richter, Karin/Steinlein, Rüdiger (Hrsg.): Kinder- und Jugendlite-raturforschung 1994/95. Stuttgart/Weimar: Metzler 1995, S. 43–45

Merkelbach, Valentin: Zur Didaktik epischer Langformen. In: Merkelbach 1998, S. 3–17

Merkelbach, Valentin (Hrsg.): Romane im Unterricht. Lektürevorschläge für die Sekundarstufe I. Baltmannsweiler: Schneider 1998

Müller-Michaels, Harro: Produktive Lektüre. Zum produktionsorientierten und schöpferischen Literaturunterricht. In: Deutschunterricht 1991, H. 8, S. 584–595

Müller-Michaels, Harro: Wider die Handlungseuphorie. Neue Akzente für Aufgabenstellungen im Literaturunterricht. In: Deutschunterricht 1996, H. 9, S. 410–418

Oskamp, Irmtraud M.: Jugendliteratur im Lehrerurteil. Historische Aspekte und didaktische Perspektiven. Würzburg: Königshausen & Neumann 1996 (Schriftenreihe der Deutschen Akademie für Kinder- und Jugendliteratur, Bd. 19)

Pattensen, Henryk: Kinder- und Jugendliteratur in den Lehrplänen. In: Richter/Hurrelmann 1998, S. 75–88

Payrhuber, Franz-Josef: Bekannte Autoren – beeindruckende Bücher. Was Lehrerinnen und Lehrer über Kinder- und Jugendbücher wissen und wie sie mit ihnen umgehen. In: Franz, Kurt/Payrhuber, Franz-Josef (Hrsg.): Blickpunkt: Autor. Baltmannsweiler: Schneider 1996, S. 58–78 (Schriftenreihe der Deutschen Akademie für Kinder- und Jugendliteratur, Bd. 20)

Rank, Bernhard (Hrsg.): Erfahrungen mit Phantasie. Analysen zur Kinderliteratur und didaktische Entwürfe. Baltmannsweiler: Schneider 1994

Rank, Bernhard/Rosebrock, Cornelia (Hrsg.): Kinderliteratur, literarische Sozialisation und Schule. Weinheim: Deutscher Studien Verlag 1997

Richter, Karin/Hurrelmann, Bettina (Hrsg.): Kinderliteratur im Unterricht. Theorien und Modelle zur Kinder- und Jugendliteratur im pädagogisch-didaktischen Kontext. Weinheim/München: Juventa 1998

Rosebrock, Cornelia (Hrsg.): Lesen im Medienzeitalter. Biographische und historische Aspekte literarischer Sozialisation. Weinheim/München: Juventa 1995

Runge, Gabriele: Lesesozialisation in der Schule. Untersuchungen zum Einsatz von Kinder- und Jugendliteratur im Unterricht. Würzburg: Königshausen & Neumann 1997

Runge, Gabriele: Nur keine Experimente! Was und wie häufig lassen Lehrer lesen? – Ergebnisse einer empirischen Untersuchung. In: Praxis Deutsch 1997, H. 143, S. 4–10

Saxer, Ulrich: Leseerfahrungen und Lesekarrieren. Gütersloh: Verlag Bertelsmann Stiftung 1993 (Lesesozialisation, Bd. 2)

Schön, Erich: Selbstaussagen zur Funktion literarischen Lesens im Lebenszusammenhang von Kindern und Jugendlichen. In: Janota, Johannes (Hrsg.): Germanistik und Deutschunterricht im historischen Wandel. Vorträge des Augsburger Germanistentags 1991. Bd. 1, Tübingen: Max Niemeyer 1993a, S. 260–271

Schön, Erich: Veränderungen der literarischen Rezeptionskompetenz Jugendlicher im aktuellen Medienverbund. In: Lange/Steffens 1995, S. 99–127

Schulz, Gudrun/Ossowski, Herbert (Hrsg.): Lernen als genußvolles Aneignen der Künste. Einblicke in die Didaktik der Kinderliteratur. Baltmannsweiler: Schneider 1997 (Schriftenreihe der Deutschen Akademie für Kinder- und Jugendliteratur, Bd. 21)

Spinner, Kaspar H.: Wider den produktionsorientierten Literaturunterricht – für produktive Verfahren. In: Diskussion Deutsch 1987, H. 98, S. 601–611

Spinner, Kaspar H.: Textanalyse im Unterricht. In: Praxis Deutsch 1989, H. 98, S. 19–26

Spinner, Kaspar H.: Literaturdidaktik der 90er Jahre. In: Bremerich-Vos, Albert (Hrsg.): Handlungsfeld Deutschunterricht im Kontext. Frankfurt/M.: Diesterweg 1993, S. 23–36

Spinner, Kaspar H.: Kein „schnelles Einkaufen von Kenntnissen." Produktionsorientierter Umgang mit Kinder- und Jugendliteratur. In: Schulz/Ossowski 1997, S. 20–35

Spinner, Kaspar H.: Handlungs- und produktionsorientierter Umgang mit Kinder- und Jugendliteratur. In: Lange 2005, Bd. 2, S. 978–990

Spinner, Kaspar H.: Didaktik der Kinder- und Jugendliteratur. In: Lange 2011, S. 508–524

Stanzel, Franz K.: Typische Formen des Romans. Göttingen: Vandenhoeck & Ruprecht 11. Aufl. 1987 (Kleine Vandenhoeck-Reihe, Bd. 1187)

Stanzel, Franz K.: Theorie des Erzählens. Göttingen: Vandenhoeck & Ruprecht 8. Aufl. 2008 (UTB 904)

Suerbaum, Ulrich/Broich, Ulrich/Borgmeier, Raimund: Science Fiction – Theorie und Geschichte, Themen und Typen, Form und Weltbild. Stuttgart: Reclam 1981

Vogt, Jochen: Aspekte erzählender Prosa. Eine Einführung in die Erzähltechnik und Romantheorie. Paderborn: Fink 10. Aufl. 2008 (UTBS)

Waldmann, Günter: Produktiver Umgang mit Literatur. In: Lange/Neumann/Ziesenis 2003, Bd. 2, S. 488–507

Waldmann, Günter: Produktiver Umgang mit Literatur im Unterricht. Grundriss einer produktiven Hermeneutik. Theorie – Didaktik – Verfahren – Modell. Baltmannsweiler: Schneider 5. Aufl. 2007 (Deutschdidaktik aktuell, Bd. 1)

Wangerin, Wolfgang: Romane im Unterricht. In: Lange/Neumann/Ziesenis 2003, Bd. 2, S. 600–620

Deutschdidaktik aktuell

Petra Anders

Poetry Slam

Unterricht, Workshops, Texte und Medien
2011. XI, 186 Seiten. Jt. ISBN 9783834008961. € 18,—

Ein Poetry Slam ist ein Wettbewerb, bei dem Slam-Poeten selbstverfasste Gedichte oder Geschichten vortragen. Eine Publikumsjury beurteilt mit Stimmtafeln die Texte und die Performance. Poetry Slams finden auf der Bühne von kleinen Clubs und großen Theaterhäusern statt und sind – weltweit – verbreitet und populär. Die Texte, die sogenannte Slam Poetry, gehören zur Gegenwartsliteratur und zur Jugendkultur.

Petra Anders erschließt mit diesem Buch das moderne und vielseitige Literaturformat Poetry Slam für die Schule und Hochschule: Sie erläutert die zentralen Begriffe und Regeln, führt den Leser in die amerikanische und deutsche Geschichte des Poetry Slam ein und erklärt wesentliche Merkmale der Slam Poetry und der verfilmten Poetry Clips.

Damit Lehrer und Schüler mit der kulturellen Praxis des Poetry Slam vertraut werden, skizziert die Autorin in jedem Kapitel Unterrichtsverfahren für den Deutschunterricht sowie für fachübergreifende und außerschulische Projekte.

Die Schülerinnen und Schüler lernen, moderne Slam Poetry zu analysieren und in der Gegenwartsliteratur sowie in der Literaturgeschichte zu verorten. Die Schreibaufgaben regen Kinder und Jugendliche mit unterschiedlichen Leistungsniveaus dazu an, ihr kreatives und rhetorisches Potenzial zu entfalten.

Das Buch basiert auf einer empirischen Studie, ist in der Praxis erprobt und zeigt Schritt für Schritt, wie eine sowohl rezeptive als auch produktive Auseinandersetzung mit Poetry Slam umfassend zur Stärkung der curricular eingeforderten Kompetenzen beitragen kann.

Mit einer Auswahl aktueller Slam Poetry aus den Jahren 2000 bis 2010.

Anke Stemmer-Rathenberg

Zur Nachahmung empfohlen!

Imitatives Schreiben zu Prosatexten
2011. II, 102 Seiten. Kt. ISBN 9783834008299. € 14,—

Die produktiv-imitative Auseinandersetzung mit Texten, bei der die Schüler(innen) inhaltliche und sprachlich-stilistische Gestaltungsmittel entweder gutheißen und annehmen oder für die eigene Textproduktion ablehnen, kann das eigene Schreiben positiv beeinflussen. Gleichzeitig tragen die unterschiedlichen methodisch-didaktischen Konfigurationen imitativen Schreibens dazu bei – wie anhand von einschlägigen Schülertexten gezeigt werden kann –, dass sich auch das Textverständnis der Schüler(innen) nachhaltig fördern lässt.

Die in diesem Band vorgestellten Aufgaben zum 'kreativ'-imitativen und zum 'analytisch'-imitativen Schreiben lassen sich daher in einen übergreifenden Lernzusammenhang bringen: Abhängig von der jeweiligen didaktischen Schwerpunktsetzung können die Textstellen in einem schreib-, lese- oder literaturdidaktischen Unterrichtskontext eingesetzt werden. Dabei bieten sich die Textausschnitte nicht nur als thematisch passender Schreibanlass zu Beginn oder während einer Unterrichtsstunde an (auch für Vertretungsstunden haben sich die einzelnen Textstellen bewährt), sondern können auch Teil eines Schreibkurses sein, dessen Ziel es ist, die schreib- und lesestrategischen Kompetenzen der Schüler(innen) systematisch zu fördern.

 Schneider Verlag Hohengehren
Wilhelmstr. 13; D-73666 Baltmannsweiler

Deutschdidaktik aktuell

Thomas Edelmann

Gefährdungen

Streitbare literaturdidaktische Entwürfe für die Oberstufe

2010. XII, 140 Seiten. Kt. ISBN 9783834007049. € 18,—

Die Fähigkeit, von vorgegebenen Mustern des Denkens selbstständig abzuweichen und sie durch eigene Ansätze zu ersetzen oder zu ergänzen, entwickeln Schülerinnen und Schüler in der Oberstufe in zunehmendem Maße. Nirgendwo könnte dies willkommener sein als in der Begegnung mit Literatur, die in diesem Sinn neu entdeckt werden kann. Für eine Didaktik der Literatur ergeben sich daraus Konsequenzen. In dem vorliegenden Buch werden acht exemplarische Werke:

- Lessings *Minna von Barnhelm*
- Goethes *Faust*
- Heines Gedichte
- Fontanes *Effi Briest*
- Kafkas *In der Strafkolonie*
- Schnitzlers *Traumnovelle*
- Feuchtwangers *Die Geschwister Oppermann* und
- Kurbjuweits *Zweier ohne*

daraufhin betrachtet, wie in ihnen Leser in äußerst schwierige Situationen geraten. Diese fordern ihre Entscheidung und Stellungnahme heraus, stellen also „Gefährdungen" dar, die indes nicht erlitten werden müssen, sondern einen Impuls auslösen, sich ihnen als individuelle Persönlichkeit auszusetzen und sie für sich intellektuell und imaginativ zu bewältigen. Als Beispiel sei die in *Minna von Barnhelm* aufgeworfene Streitfrage benannt, ob Männer und Frauen von öffentlicher Anerkennung ihrer Redlichkeit unterschiedlich abhängig sind, so dass in dieser Hinsicht über Chancen, Risiken und Grenzen von Aufklärung zu verhandeln ist. Im Unterricht werden die angesprochenen Situationen zuerst rekonstruiert, ehe die Schüler in eine Selbstständigkeit entlassen werden, die von dem Punkt ausgeht, wo der jeweilige Text mehrere Arten, ihn zu deuten und sich zu ihm zu verhalten, nicht nur zulässt, sondern geradezu heraufbeschwört. In den Unterrichtsmodellen zu den einzelnen Werken wird eben dieser Punkt zu bestimmen versucht, wobei der methodische Ansatz und Zugang stets variiert und dem angepasst ist, was die spezifische Problemlage nahe legt.

Hinter den konkreten und mit Materialien ergänzten Unterrichtsmodellen steht ein grundlegendes Konzept einer Literaturdidaktik im Horizont von Gefährdung. Diese nimmt Literatur als lebendige Erinnerung in den Blick, im möglichen Scheitern immer noch oder gar in besonderer Weise ein schätzenswerter, ausgezeichneter oder glückseliger Mensch zu sein. Damit soll bewusst ein Gegenentwurf zu Tendenzen der Literaturdidaktik formuliert werden, die den Forderungen eines Globaldarwinismus bisweilen allzu willfährig entgegenkommt, indem der Einzelne nur noch als Summe seiner Kompetenzen definiert wird, womit man, von einer Didaktik im Horizont von Gefährdung aus gesehen, den eigentlichen Bildungsauftrag verfehlt.

 Schneider Verlag Hohengehren
Wilhelmstr. 13; D-73666 Baltmannsweiler